观念的倒影

股票投资体系的一种构造

黄 伟 ◎著

中国财经出版传媒集团

经济科学出版社
Economic Science Press

·北京·

图书在版编目（CIP）数据

观念的倒影 ：股票投资体系的一种构造／黄伟著 .
北京 ：经济科学出版社，2025.1. -- ISBN 978 - 7
- 5218 - 6582 - 0

Ⅰ. F830. 91

中国国家版本馆 CIP 数据核字第 2024M0W118 号

责任编辑：宋艳波
责任校对：郑淑艳
责任印制：邱　天

观念的倒影

——股票投资体系的一种构造

GUANNIAN DE DAOYING

——GUPIAO TOUZI TIXI DE YIZHONG GOUZAO

黄 伟 著

经济科学出版社出版、发行　新华书店经销

社址：北京市海淀区阜成路甲 28 号　邮编：100142

编辑部电话：010 - 88191469　发行部电话：010 - 88191522

网址：www. esp. com. cn

电子邮箱：esp@ esp. com. cn

天猫网店：经济科学出版社旗舰店

网址：http：//jjkxcbs. tmall. com

固安华明印业有限公司印装

710 × 1000　16 开　28. 75 印张　420000 字

2025 年 1 月第 1 版　2025 年 1 月第 1 次印刷

ISBN 978 - 7 - 5218 - 6582 - 0　定价：88. 00 元

（图书出现印装问题，本社负责调换。电话：010 - 88191545）

（版权所有　侵权必究　打击盗版　举报热线：010 - 88191661

QQ：2242791300　营销中心电话：010 - 88191537

电子邮箱：dbts@ esp. com. cn）

前言

释放投资中的阻塞

我们为什么会有想法和情绪呢？尤其是那些不好的想法和不好的情绪？比如，可能朋友对我说了一句刻薄的话，我感觉"受到了伤害"，于是便与他疏远了。最近几年我逐渐领会，这是因为我们心中有"阻塞"。

过往人生中，那些我们没能处理妥善的事情，都变成了"疤痕"阻塞在我们心中。当类似的事物再度发生时，这些事物携带着能量从脚底板进入我们的身体，撞击到我们心中的阻塞。于是，阻塞被再次唤醒和巩固，撞击以能量振动的形式扩散开来，这些振动就是我们感受到的情绪，随情绪而来的是我们头脑中的想法，乃至身体的行为。

当这样那样的阻塞填满我们的心时，心的通路变得崎岖和狭窄。我们身体里的气流、能量流、精神力之流的天性是向上冲，但却遭遇了这些阻塞，进而被驳回。气流通不过心，无法上升，掉头向下，于是我们感到失落、沮丧、焦虑、愤怒、抑郁。

相反，有些时候我们感到很快乐。比如，我们喜欢某个人、耳边的赞美、眼前的街景、某本书上的某句话，它们触动了我们的心。我们感觉到身体里的气流、能量流、精神力之流得到了某种酣畅的释放。

我们的"心"——不是那个叫心脏的器官，充斥着这样那样的阻塞，因而我们总是感到气流阻滞、向下，总是感到痛苦。但有时候，某些"对的人"或"对的事"，它们携带着的能量撞击到心中的阻塞时，能将那些阻塞驱散开，并在心中开辟出一条通路。此时，我们的气流、能量流、精神力之流得以沿着这条通路水平流出，并与这些"对的人"和"对的事"产生温暖的联结，我们感受到了气流的释放。

于是，我们喜欢和渴爱这些"对的人""对的事"，厌恶和恐惧那些"错的人""错的事"。但是，这些"对的人"和"对的事"时常会变化、离去、消失。更可怕的是，一旦失去它们——比如，我们渴爱的人某天突然不再能理解我们，我们心中的阻塞就会回归，甚至被进一步地确证和加强。气流再次无法通行，我们糟糕的精神状态又回归了。这就是我们人类在一般意义上的爱和恨、贪婪和恐惧的轮回。

心中的阻塞有时候会因为外物能量的撞击而被驱散、稀释，但这些阻塞始终没有消失，而只是被暂时向上推开了一些空间。所以，即便在最佳状态下——当我们遇到"对的人"和"对的事"，我们的气流、能量流、精神力之流也只是水平流出而已，而并没有完成它的天命——向上喷涌而出。

只有当我们心中本来就没有阻塞，我们身体里的气流才能真正意义上向上冲脱，并与更磅礴浩瀚的生命的洪流融汇，此时我们将感觉到自己进入一个全新的、更高的能量状态。在这种状态下，我们拥有持久的、无条件（不依赖那些"对的人""对的事"）的喜悦、幸福、灵感和创造力。这就是释放心中的阻塞的价值，这种状态的持续，被古往今来的很多圣贤们称为开悟。

这与投资又有什么关系呢？显而易见，投资中的贪婪与恐惧，也落在人类之心的爱恨轮回里。

我们的心中有阻塞，例如，我们想变得强大、富有、有价值，我们想受人尊重，在别人的眼里看起来强大、富有、有价值。因为若干年前，当我们还很弱小、贫穷、低价值的时候，我们亲眼看到别人如何冷落我们、远离我们，或者亲眼看到别人如何去讨好那些强大、富有、有价值的人。我们没能很好地处理这些体验和回忆，于是它们构成了我们投资时心灵的阻塞。

当股价上涨时，当我们苦苦钻研了几个月的一家公司真的在经营上困境反转时，这些事件携带着巨大的能量进入我们体内，撞击着我们心灵中的阻塞。阻塞被冲散，变得稀薄，狭小的通路显现。此时，我们感受到身体内的精神力之流沿着这条通路水平流出，我们充满欣喜与希望。

但当股价倾泻而下时，当我们压仓底的"爱股"爆出长期财务欺诈的"大雷"时，同样，这些事件携带着巨大的能量从我们的脚底板涌入，撞击着我们心灵下部的阻塞。这些过去两周还休眠着的阻塞被瞬间激活，能量的撞击产生骇人的情绪振动，我们感到胸闷、心慌、汗如雨下。阻塞被激活后变得坚如磐石，我们的气流、能量流、精神力之流撞上这些阻塞后，向上升腾的企图被完全否决了。我们再次感到精神力向下，低落、坠落。

于是，我们终于明白，好的投资最终来自释放心中的阻塞，让心轮畅通，而不是让外界的事物来牵制我们的心灵，决定心灵的开合、决定我们精神力的流向。

如何能释放投资中的阻塞呢？我的感受是，释放对财富和自我价值感的执念，把投资的初衷从"求财"转变为"求真"，把投资看作是生命交付给我们的一个使命，全情服务于它，而不是把它当作满足自我价值感的手段和工具。这正是沃伦·巴菲特（Warren E. Buffett）说的，你必须热爱投资本身，而不是只爱钱；也是量化投资大师吉姆·西蒙斯（Jim Simons）说的"要接受美的指引"①。

我们来到股市，财富只是副产品。我们的本意是为了参透投资这件事，看看投资到底是怎么样一件事，它长什么样、它的规律是什么，难点在哪里、风险在哪里，什么是好的投资、什么又是坏的投资。跳出投资中恐惧与贪婪的轮回，以"求真"和"服务"的心态对待投资，只是看着和经历着投资世界中的一花一叶，而不掺杂个人的好恶、评判、期待。

这种心态与传统心态的区别在于，当我们投资一家公司，很大程度上

---

① 吉姆·西蒙斯（Jim Simons）在一次谈到他的投资原则时说："要接受美的指引，就像一个伟大的（数学）定理可以非常美丽一样，一个非常出色的公司在各个方面都能非常高效地运作，这也可以是美丽的。"

并不是因为我们判断这笔投资会赚钱，或者说这不是我们的第一反应，而是我们深信，这个世界的钱（包括我的钱）和社会资源应当流向这样一家企业，因为它总是能高效地运用钱，最大限度发挥钱的价值，就像鸟儿应当飞向最安逸的森林一样；又或者是因为大多数人错判了这家公司的潜力，而我们有责任致力于探索和修正这样的错判，让蒙尘的价值得以显现其光彩，这就是服务的思维。财富则是求真的结果，水流到了，沟渠自然会形成。

　　其实不仅是投资，哪怕是经营企业，更好的心态也应该是"求真"和"服务"，而不只是做大企业的规模，以满足我们的自我价值感。就像胡萨托尼克基金（Housatonic Partners）的创始人威廉·桑代克（William Thorndike）总结的，一个 CEO（首席执行官）的职责有两个：一是经营好公司的业务；二是合理地配置公司经营活动中产生的现金流。① 大多数 CEO 只专注于经营好公司的业务，而卓越的 CEO，把主要的精力放在了资本配置上，将公司的资金、资源配置到最需要的地方，在资金暂时没有好去向的时候，宁愿加大分红或者回购公司股票，以最大化股东的价值。

　　只有当我们心中本来就没有财富和自我价值感的阻塞时，我们的心轮才是畅通的，我们身体里的精神力才能在真正意义上向上冲脱，并与更磅礴浩瀚的商业世界和经济世界的"洪流"融汇，此时我们将感觉到自己进入了一个全新的、更高的能量状态。我们对投资的热情和灵感喷涌出来，并长期持续，源源不绝。我们会一直做对的事，而不是一直做让自己感觉好受的事。这也是为什么巴菲特可以一辈子住在自己二十多岁时买的灰色小楼里，日复一日地翻阅财报。这是释放了心中的阻塞所带来的精神力的喷涌和绵延。

　　也因此，我把本书的主题确定为对投资体系的探索，因为一个好的投资体系本身就蕴含在投资的规律或者说真相之中。而投资的规律和真相，

---

　　① ［美］威廉·桑代克：《商界局外人：巴菲特尤为看重的八项企业家特质》，许佳译，北京联合出版社 2016 年版。

它需要我们从数学、科学、哲学、心理学等视角去探索，因为投资观本身只是我们世界观、宇宙观的一个子集。关于释放阻塞的方法，具体可以参考本书第五章的讨论。

坦率地说，我在股票投资上的资历不够深厚，过往的职业经历也更多在于一级市场股权投资。因此，上述探索在很多地方是不完善甚至不正确的。也因此，在很大程度上，这本书是为我自己而写：一方面是对自己的梳理、沉淀；另一方面也是为自己未来的二十年、三十年奠定一个路线图，一个可以在上面一点点积累的体系框架。

本书第一章主要介绍投资体系背后的投资观，以及这些投资观所立足的一些更基本的世界观、哲学观。例如，投资中有没有真理？为什么很多投资经验、投资知识大相径庭甚至互相矛盾？这些分歧的底层逻辑是什么？股票到底是资产还是筹码？如何看待股价的波动？投资投的是变化还是不变？世界到底是不是可知的？投资中什么东西是可知的、什么东西又是不可知的？投资的方法如何与投资者的人格相适配？过往被长期证明有效的投资方法有哪些？等等。

第二章以上述世界观和投资观为依据，提出了一个投资体系的基本概貌，要点包括：好的投资体系在于其长寿性和显著的正收益期望；以"怎么样投资一定会出局"为思考和行动的起点，制定不为清单，严格遵守纪律；立足于公司基本面投资，并主要投资于股价向内在价值回归的过程；对"能力—难度"问题保持敏锐，建立基础收益和超额收益两类仓位；感受市场水温，识别股市中3~5年的牛熊周期，在熊市中积累股权，在牛市中兑现；一以贯之执行这个投资体系，在这个体系进入逆风期时欣然等待或积极储备。

第三章和第四章是对前述基础收益与超额收益两种投资类型的分别介绍。基础收益类投资，对应第三章"操作型"投资，即以简单操作的知识和经验为依据的投资，这类投资应当是我们的商业积累尚不深厚时的主要仓位。具体而言，第三章涵盖了股票指数投资、股债资产配置、市场大周期择时和高息股投资等内容。

超额收益类投资对应第四章"洞察型"投资，即以商业洞察力为基础的投资。前面几节主要探讨企业"价值"的不同方面，如什么是价值、价值的不同层次、价值估算的案例、价值的持续性（竞争护城河）等；其后提出机会成本和比较的思维、什么是投资中的"懂"、人的因素对企业发展的影响，以及洞察型投资需要警惕的价值"陷阱"和财务造假问题等。

第五章则探讨如何对上述投资体系中涉及的基本能力进行练习。具体包括如何对投资能力（尤其是商业分析能力）进行"刻意练习"，以及如何修行我们在投资中的心态和情绪。

囿于写作水平和写作时间，书中难免存在错误和不足之处。因此，欢迎各位读者向我反馈意见或建议，也欢迎与我沟通心得与感悟。大家可以通过本书的读者邮箱（guanniandedaoying@126.com）或我的微信公众号"本然心投研"（微信号：valuerecognizer）与我取得联系。

黄伟

2024 年 10 月 1 日

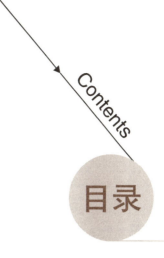

Contents

目录

第一章

投资观是世界观的延伸

我在许多年前就已经觉察到，我从早年以来，曾经把大量错误的意见当成正确的加以接受。从那时起，我就已经断定，要想在科学上建立一些牢固的、永久的东西作为我的信念，我就必须在我的一生中有一次严肃地把我从前接受到心中的所有意见一起去掉，重新开始从根本做起。①

——勒内·笛卡尔（René Descartes）
《第一哲学沉思集》（*Meditationes de Prima Philosophia*）

本章从投资中一些相互矛盾的、令人困惑的说法谈起，提出了种种说法背后的三对基本分歧，即买股票是买"股权"还是买"筹码"，投资应当投资于"不变"还是"变化"，投资中应当以"保守"还是"进取"为先。

在此基础上，我基于对气象中的动力学和热力学问题，哲学、神经科学和控制论视角下的"不可知论"和"可知论"问题，哲学中的真理观问题，人格心理学、实用主义等主题的简单探讨，得出了我对以上三对基本分歧的取向：我更关注股票作为公司"股权"的那一面，我优先投资于"不变"，我以"保守"为投资的基本立场。

---

① ［法］勒内·笛卡尔：《第一哲学沉思集》，庞景仁译，商务印书馆 1986 年版。

第一节 投资中那些令人困惑的说法

一、众说纷纭的投资经验

我们的想法或行为总是出于我们一些有意无意的观念和信念。在投资中，也同样如此。但难点在于，很多说法常常莫衷一是。不同的人各执一词，都信誓旦旦，但却彼此矛盾。

我刚进入股市的那会儿，一个很大的困惑是，到底要不要"止损"。什么叫止损呢？就是说，一旦我们的某笔投资，账面浮亏达到10%（或者20%），此时我们要不要无条件卖出？

对于要不要止损，正反两方都有说得通的道理。

主张止损的人说，亏50%要涨100%才能回本，大亏意味着永久出局，止损正是用局部的小牺牲换取全局的不败。此外，大多数人不愿止损，是出于"损失厌恶"的心理（相比收益，大多数人更看重损失），而"损失厌恶"是一种普遍的、棘手的心理偏误，应当用比如止损这样的刚性纪律来克服。

反对止损的人则说，股价起起伏伏并不是风险，而只是一些噪声，公司的业务经营出问题了才是风险。不盯着公司本身，反而被股价涨跌牵着鼻子走，是本末倒置。这就好比是，我们在打比赛的时候，不把注意力放在场上，而是傻傻地盯着场边的记分牌。

这就是投资者进入投资领域最先遭遇的一个困难——我该相信什么？当然，一定程度上，这是个"盲人摸象"式的问题。世界上大多数事物都像是钻石，它有很多个角度和位面，不同的说法大体是看问题的角度不同、位面不同。正如止损这个例子一样，怎么看取决于你站在哪个角度。

那是不是可以说，投资中并没有分歧，也没有所谓"对错"的问题，一切都只是角度不同，进而可以推导出，投资者选择哪种角度都是可以的？

事实恐怕不是这样，不同的角度将我们带往不同的出路，而不同的出路则很可能意味着不同的前途。投资中的摸索，很大程度上是要找到那个更有效、更可靠的角度和出路。

比如，以下这些说法，你觉得哪些是对的、哪些是错的？或者你更喜欢哪种说法？

a. 股票代表公司的一部分所有权，买股票就是买这家公司。长期持有一只股票的回报率约等于（这家公司的）净资产收益率[①]。——沃伦·巴菲特、查理·芒格（Charlie Munger）

b. 当大家投资股票的时候，关心的不是股票本身的价值，而是别人怎么看这些股票的价值。好比选美比赛，别猜谁是最漂亮的美女，而应该猜大家会觉得谁是最漂亮的。——约翰·梅纳德·凯恩斯（John Maynard Keynes）

分歧：股票投资中，我们究竟是应该更关注公司和生意本身，还是更多关注别人会怎么看？

a. 贵出如粪土，贱取如珠玉。旱则资舟，水则资车。——司马迁《史记·货殖列传》

b. 只要认识趋势在什么地方出现，顺着潮流驾驭你的投机之舟，就能从中得到好处。不要跟市场争论。——杰西·利弗摩尔（Jesse Lauriston Livermore）

分歧：应当总是在股票大跌时买入，还是总是当股票处于上涨趋势时买入？换言之，应当逆势投资还是顺势而为？

a. 止损是投资的第一要义，是最重要的原则。——威廉·欧奈尔（William J. O'Neil）

b. 股价波动不是风险，风险是本金的永久性亏损。——沃伦·巴菲特

分歧：投资要设止损线吗？当股价浮亏了10%，要不要强制卖出？

————————————

[①] 净资产收益率即ROE（return on equity），它等于企业的年净利润除以当年平均净资产。

a. 市场永远是对的，错的全是自己。——《繁花》宝总

b. 公众对于市场最错误的认识在于，他们认为市场总是对的。实际上，市场几乎总是错的。我所说的是属实的，我可以向你保证。——吉姆·罗杰斯（Jim Rogers）

分歧：市场是有效的吗？市场总是对的吗？贵有贵的道理，便宜有便宜的道理吗？应当以什么样的心态看待市场给出的定价？

a. 富贵险中求。——《增广贤文》

b. 谨慎能捕千秋蝉，小心驶得万年船。——民间谚语

分歧：怎么样才能获得可观的投资收益，是主动寻找风险、承担风险，还是小心谨慎、规避风险？

a. 不要和股票谈恋爱。——股市谚语

b. 如果你不想持有一只股票十年，那么连十分钟也不要持有。——沃伦·巴菲特

分歧：投资中，股票应当长期持有，还是随机应变？

……

有人会说，少谈些主义，具体问题具体分析。问题是，不持有任何先天的观点、理论，如何分析具体问题呢？如果说完全按照结果论来分析，赚了就是对的，亏了就是错的，那这个对错只能是事后诸葛亮了，当时的对错要怎么判断呢？如果说此刻的对错需要参考过去的相似经验来判断，那么由于投资中牵涉的要素千丝万缕，没有任何两个时刻的场景是完全一致、完全可参考的，那么又如何判断对错呢？

比如，过去某笔股票投资，由于投资者在浮亏10%时没有止损，结果股价一路急跌了40%，于是投资者更不愿卖出，此后的三年股价一直在这个位置横盘起伏，最终投资者不堪忍受，以亏一半"割肉"告终。那么，这位投资者是否可以据此得出结论，股票投资一定要设止损位，并在此后的投资中都贯彻这个纪律呢？

实际上，这种思考方式是危险的，这样的学习过程也是不扎实和低效的。在一个低迷或者恐慌的行情中，投资者可能因为坚决止损而屡屡亏

钱，很快就亏掉 60% 的本金出局，而在气势如虹的行情中，投资者可能因为止损错失翻倍、五倍的收益。所以，这不是一个简单的结果主义或者经验主义的问题，特别是不能以个人结果、个人经验、局部结果、局部经验、短期结果、短期经验为依据判断对错。

投资"兹事体大"，因为它关系我们的身家性命。《孙子兵法》说："兵者，国之大事，死生之地，存亡之道，不可不察也。"[①] 稍有投资阅历的人都知道，市场是残酷的"修罗场"，如果所有规律都需要我们像一块白板一样，通过直接实践一点一点试错来积累，那这个代价就太大了。寻找一些可靠的、基本的投资规律是必要的。

二、基本分歧

投资中的各种不同的说法，我认为总体上可以归结为三对基本的分歧，或者也可以叫三对基本的选择。

第一对基本分歧是，买股票究竟买的是什么，是"公司的一小部分所有权"（"股权"），还是用来跟别人博弈的"筹码"？

第二对基本分歧是，投资应该投资于"变化"还是"不变"？换言之，投资中我们赚钱了，是因为我们准确预判了变化，做了风口上的"猪"，还是因为我们耐得住寂寞，守住了不变的东西。当然，世上没有什么是不变的，所谓不变，是指相对的稳定。

第三对基本的分歧是，"保守"心态和"进取"心态的分歧。你对人类认识复杂世界的能力持什么态度，进而在投资中，我们应当弘扬"人类精神"、锐意进取，还是敬畏自然、如履薄冰？

我们可以看到，很多更具体的分歧或者说差异，实际上是以上三对基本分歧衍生出来的（见表 1-1）。

---

① 陈曦译注：《孙子兵法》，中华书局 2017 年版。

表 1 –1　　　　　　　三对基本分歧及其衍生分歧

买股票买的是什么？		投资中瞄准什么？		投资中秉持什么心态？	
股权	筹码	不变	变化	保守	进取
便宜（低估）时买入，逆势而为	买在上涨趋势中，顺势而为	看重业务基本面确定性比较高的公司；在公司股价低于内在价值时买入，等待股价回归至内在价值后卖出	关注公司业务基本面的边际变化	投资中先关注"不败"，有明确的"不为清单"	不太关注"不败"，只要全局是胜利的，局部失败无妨
非常看重商业能力圈，商业判断力不足时应该投资指数基金	不看重商业能力	关注 3 ~ 7 年的牛熊周期或宏观经济周期	关注更微观尺度下的市场波动	重视安全边际，只在安全边际很大时才做投资	对安全边际要求低
偏好"好生意"，关注公司的行业格局、商业模式、护城河	对行业无商业模式偏好，偏好热点行业			分散投资于多只股票，一般会在十只甚至数十只以上	集中度更高
以业务经营状况为标准止损	以股价为标准止损			权衡自己的投资能力和其他投资者的能力孰高，如果自己没有优势，就倾向于被动投资指数	自主择股、择时，力求战胜市场
				配置股票、债券和其他大类资产，以避免组合出现大起大落	悉数投资于股票，相信自己能安然应对组合的起落
				设定体系，遵守体系，用体系降低主观因素可能带来的风险	相信自己的具体判断优于体系给出的机械指令

"股权"和"筹码"

我们买股票到底是买入了什么？是"股权"还是"筹码"？这对基础的分歧衍生出了一些更细微的观念分歧。

（1）逆势与顺势

"股权"派偏好逆向投资，因为既然投资者买入的是一家企业、一笔生意，那自然应该在便宜的时候买入，越便宜越值得买。有的投资者说，"别人恐惧我贪婪，别人贪婪我恐惧"，这就是逆向投资的思路。

"筹码"派则偏好顺势而为，比如，当股票处于涨势时买入，当股票处于跌势时卖出。因为筹码本身没有价值，或者说我们无从知道它的价值是多少，因此必须借助对筹码运动的预测，在筹码运动中赚取差价。

顺势投资者要求顺着市场潮流去买卖，比如，只买上涨趋势中的股票。维克托·斯波朗迪（Victor Sperandeo）在《专业投机原理》（*TRADER VIC*：*Methods of a Wall Street Master*）[1]中说："你绝对不可仅因为某只股票的价格较低而买进它，股价偏低往往有一定的理由。你买进股票是希望它有所表现，换言之，它的上涨速度快于一般的股票。相对强度[2]便是衡量这类表现的。在所有条件都相同的情况下，如果你希望买进一只股票，你应该根据相对强度指标来买进一只最强劲的股票。"

（2）商业判断力是否必要

由于买入的是公司和生意，"股权"派看重投资者的商业判断力，毕竟没有商业判断力我们怎么买生意呢？"股权"派主张，如果你的商业判断力不足，你就不应该投资，或者至少不应该做"主动投资"，而应该买指数基金（被动投资）；如果你的商业判断力很强，你也只能对你"懂"的范围内的公司进行投资。

同样，"股权派"关注买的是成长股还是价值股，因为评估公司的成

---

[1]　［美］维克托·斯波朗迪：《专业投机原理》，俞济群、真如译，机械工业出版社 2018 年版。

[2]　相对强度是一只股票的表现相对大盘指数表现的比率关系。相对强度高的股票，它的上涨速度快于大盘和其他股票。

长能力相比评估公司的价值是否被低估，这两者所需的商业判断力是完全不同的。这就好比，我们很容易能判断眼前的陌生人是胖子还是瘦子，只需要看一眼就行；但如果让我们判断他明年会变胖还是变瘦，这就很难了，这需要我们掌握更多信息，比如，他的年龄、他的生活习惯、他父母的基因特质、他的心态……

相反，"筹码"派并不看重股票作为企业股权的属性，因此也就不关注投资者对公司业务的商业判断力。典型的"筹码"派甚至不太关注这家公司是做什么业务的，遑论业务做得如何。如果留心的话，你会注意到，"筹码"派常常用股票代码来称呼一只股票，如 300824、688183、600988……

（3）对行业的偏好

"股权"派买的是公司和生意，他们的立场是成为上市公司的合伙人，所以"股权"派喜欢"好生意"。因而他们常常关注公司的行业格局、商业模式、竞争优势这些东西，进而偏爱少数某些行业的公司，如消费行业和医药行业，而远离另一些行业，如科技和重资产行业。

因为一些优秀的消费企业或者医药企业（特别是中药企业），它们常常能用很少的资本投入，赚取源源不断的现金流，所谓"一本万利"；而很多科技企业或者重资产企业，业务的运营却需要投入源源不断的资本，能分配给股东的现金流少之又少。

"筹码"派则大多不挑剔行业，没有明确的行业偏好。即便有，也是从哪些行业容易形成波动和趋势去考虑的，比如，他们会思考，当下的市场，哪些是热点行业。

（4）止损

关于止损，由于"股权"派买的是公司和生意，所以他们止损的标准也是公司的业务本身。比如，主营产品卖不出去了，过往的竞争优势消失了，或者发现自己之前对公司业务的判断是错的，此时他便可能止损卖出了。"筹码"派的止损标准则往往是价格上的考虑，比如股价跌破止损线。

"不变"和"变化"

投资瞄准的是"不变"的东西还是"变化"的东西，也是一对基础的分歧。什么是"不变"、什么是"变化"呢？比如，我发现刘备有帝王之相，将来一定会成为九五之尊，于是在他还穿草鞋时我就去巴结他，这叫投资于"变化"；而不管王朝兴衰，城头变幻大王旗，我只顾守着山里的一块土地，"才了蚕桑又插田"，这叫投资于"不变"。在"不变"与"变化"的基础分歧上，也会衍生出一些更具体、更细微的分歧。

（1）生意的变与不变

对于同样把买股票看作买公司和买生意的投资者，也有投"不变"和投"变化"的区别。"不变"派看重的是那些业务基本面确定性比较高的公司，如那些长期高分红的公司、那些长期保持较高 ROE 的公司、那些垄断经营的公用事业公司等，进而他们比较看重公司的商业模式、竞争优势（护城河），以确保自己投的公司能长期维持稳定的竞争优势，而不是"昙花一现"。在第四章中，我们把这类公司称为"印钞机"。这是一种维度上的"不变"，是公司生意属性的"不变"。

"不变"的另一种维度是，股价和公司基本面之间的关系中也存在着一些不变的规律，例如，股价总是会向公司的内在价值回归。主人牵着狗遛马路，狗跑前跑后、忽远忽近，但最终它会回到主人的身旁。因而，"不变"派总是在公司股价低于内在价值时买入，以等待股价回归至内在价值后卖出，这个过程常常需要数年的时间。

"变化"派则不同，对于公司的业务基本面，他们更关注基本面的边际变化（而不是基本面的总体、长期属性）。比如，下个季度的原材料价格会提升还是下降、上半年的订单会放量还是缩量等，并基于对这些变化的预判去投资。A 股最重要的机构投资者公募基金，就主要在季度业绩变化的尺度上投资股票。从过去几年公募基金公司披露的基金年报数据来看，公募基金的年平均持股换手率①约为 2.2 倍，这意味着它平均的持股天数为 5~6 个月。一级市场的风投、创投，看重的也是公司基本面"变化"的潜力，但时间尺度往往以数年计。

---

① 持股换手率＝1/2×（买入股票金额＋卖出股票金额）/存续期基金平均净资产。

（2）股价的变与不变

在股价波动的语境下，也有一些相对稳定的"不变"的规律，比如，在 3~7 年的时间尺度下，股市往往会呈现周期性的涨跌，其背后的驱动因素来自宏观经济周期。对此，"不变"派投资于股市总是从牛市走向熊市，又从熊市走向牛市；宏观经济总是从景气走向萧条，又从萧条走向景气的这个不变的规律，在熊市和经济危机中买入股票，在牛市和经济过热时卖出股票。

"变化"派关注的则是更微观尺度下的市场波动，如分钟、日、周、月级别的股价波动。有种说法是要在股票短期均线上穿长期均线时买入，这就是对"变化"信号的一种捕捉。市场上多数投资者的持股期限大概是二三十天，因而其投资逻辑是建立在对股价"变化"的捕捉上的。为什么说是二三十天呢？沪深两市的融资融券余额大体是 1.5 万亿元，而每天融资融券的成交金额为 500 亿~1000 亿元，两者相除，就是两融投资者的平均持股天数，即 15~30 天。类似地，北向资金（即通过沪股通和深股通投资 A 股的境外资金）的累计净流入资金约 1.8 万亿元，单日买入成交金额则在 600 亿元左右，从而其平均持股天数大概是 30 天。

"保守" 和 "进取"

（1）"不败"与"取胜"

投资中是否首先关注"不败"，从而有没有明确的"不为清单"？"保守"派首先想的是怎么不败，所以他们有明确的"不为清单"，以最大限度避免自己出局。

"进取"派则不太关注"不败"，只要全局是胜利的，他们很乐意接受局部的失败。

（2）安全边际①

投资中是否看重足够的安全边际？"保守"派只在安全边际很大时才

---

① 安全边际，是指当我们犯错时，能给我们缓冲而让事情继续正常进展的一种余量。例如，以更低的股价买入，能给我们的投资提供更大的安全边际。

做投资，因为他们假定自己很可能会出错，那么就得保证出错时要有所缓冲。

"进取"派则对安全边际的要求低很多，因为安全边际反过来会束缚投资者的手脚，谨小慎微令投资者错失市场上的大多数机会。

（3）分散与集中

分散投资还是集中投资？"保守"派分散投资于多只股票，一般会在十多只甚至数十只以上，因为他们假定自己很可能错判某只股票。由于分散，即便错判了某些股票，也不至于伤筋动骨；而一旦集中投资，则可能遭遇重大损失。

"进取"派的集中度往往更高，他们更相信自己的判断，并且不愿意把"子弹"浪费在一些二三流的机会上。

（4）被动投资与主动投资

主动择时、择股还是被动投资于指数？"保守"派往往会权衡自己的能力和其他投资者的能力孰高，如果自己没有优势，他们倾向于被动投资于指数。

"进取"派则坚定地主动投资，自己完成择时、择股，力求获得超越市场平均水平的收益。

（5）资产配置与投资单一类资产

做资产配置还是投资单一类资产？"保守"派会配置股票、债券和其他大类资产，以实现不同光景下各种资产类别的风险互抵，避免组合出现大起大落。

"进取"派则不浪费每一颗"子弹"，悉数投资于股票（股票是长期收益率最高的资产类别），他们相信自己能泰然应对组合的起落。

（6）靠体系与靠主观判断

靠体系进行投资，还是随机应变，具体问题要具体分析？"保守"派设定体系、遵守体系，用体系降低主观因素可能带来的风险。

"进取"派则相信自己的具体判断优于体系给出的机械指令。

……

投资体系不是门派之争

参考以上这些分歧，我们会发现，投资的方法和体系其实并不是简单的"价值投资""趋势投资""技术分析""宏观对冲"等这样的"门派"之别。

这些鲜明的、耳熟能详的"门派"标签由于已经被汪洋大海的投资者们附会上太多含义，因而失去了在讨论中厘清思路的价值，反而是给投资者带来误导和困惑。

投资者构建自己投资的体系、理论、方法，需要回溯到一些更基本的观念，以帮助自己厘清思路，并从这些源头观念顺流向下，在更下游的那些分歧中，寻找适合自己的路线，搭配出趁手的"工具箱"。

当我们构建投资体系或者作出投资行为时，我们首先是在基本信念中作出选择。例如，在投资中，你信仰的是"保守主义"还是"进取主义"？进而，这两条道路上分别埋藏着一些更具体的信念：是否要制定负面清单？是否把安全边际放在重要的位置？应当分散投资还是集中投资？是被动投资还是主动投资？

其他的基本信念还包括，你选择把股票看作"股权"还是"筹码"？你的投资瞄准的是"变化"还是"不变"？

当然，很多人不拘一格，尝试搁置分歧、融合分歧，所谓取长补短。例如，把公司基本面投资和以技术分析为基础的趋势投资结合在一起[1]，这类人常常自称"价值投机"。

但客观说，基本面投资和趋势投资是很难糅合在一起的。因为，前者的基本思想是，股票是公司和生意，而后者的基本思想则是股票是"筹码"。两者的侧重点不同，需要下功夫的地方也不同。

例如，某个商业模式稀缺、业务优质的公司，当下因为某些外部因素

---

[1]　比如威廉·欧奈尔（William O'Neil）的投资方法一定程度上融合了"股权"和"筹码"这两种思路，既关注股价的上涨趋势，又强调公司的利润增长和收入增长。但本质上来说，欧奈尔看重的还是股票作为"筹码"的一面。

导致股价从涨势转向跌势，此时你该买还是卖呢？如果你选择卖，你就失去了"股权"路线的最大优势——因不关注筹码层面的涨跌从而获得了对公司基本价值更深入的见解；如果你选择买，你又失去了"筹码"路线的最大优势——因不关注公司基本面的价值从而更准确把握住了股价涨跌的波段。

越是根子上的分歧，越难以被调和，而上层的更具体一些的分歧，有些则是可以融合在一起的。例如，"保守"和"进取"是无法融合的，你必须选定一个作为自己的基本立场。但对于一些更具体的操作，有时候则是可融合的，比如，资产配置是"保守"的子集，纯股票投资是"进取"的子集，但资产配置和纯股票投资却是可调和的，当股市深度下跌，从而展现出罕见的投资价值时，保守的投资者也可以把股债配置组合完全调整成纯股票组合。

对各种莫衷一是的说法，重要的是找到它的源头，搞清楚它的基本立场，这样我们就更容易分辨，哪些是对、哪些是错、哪些不是对错问题而是对不对我们的路子。

我们总把巴菲特等价于价值投资，把学习巴菲特当作学习价值投资，或者把学习价值投资当作学习巴菲特。但这种思维方式会误导我们。例如，如果你很赞赏巴菲特把股票当作公司生意的思想[1]，并觉得在投资上你要跟他走一条道，那你很可能也会模仿他的"集中投资"和"长期持股"，或者把企业卓越与否放在比价格便宜与否更重要的位置，你可能觉得这些都是"价值投资"的"应有之义"。

但是，要知道，上述这些行事方式，"集中""长期持有""好资产比好价格重要"，都建立在巴菲特个人的一些特质和能力基础之上。它们只是投资体系的某一种组合方式，并不是天然就挂钩在一起的。相反，对于一个投资根基、商业阅历不够深厚的投资者来说，"分散""资产配置、动态平衡""好价格优先于好资产"可能才是更好的选项。

---

① 实际上，这个思想是巴菲特从他的老师格本杰明·雷厄姆（Benjamin Graham）那里学的。

所以，不要做"价值投资"这样的门派式思考，而是要把投资方法往底层观念去穿透，看看它建立在什么样的观念根基之上。这样，我们对投资中的林林总总，才能看得更清楚一些。

第二节 热力学与动力学

一、天气预报和气候预测

数值天气预报

为什么天气预报常常不准，尤其是 10 天以后的天气？为什么我们预测不了 10 天以后的天气，却能预测数月甚至数年之后的气候状况？

讨论天气和气候的问题，原因是天气和气候背后的规律，能给我们理解股票市场一些启发，尤其是对于应该把股票看作"筹码"还是"股权"，是投资于"变化"还是"不变"这两对基本分歧。

对天气变化的预测古已有之，在气象仪器出现之前，人们主要靠观察进行经验性的天气预报，大量的天气谚语记录了历史上劳动人民的智慧。例如，"未到惊蛰先打雷，四十九天云不开"，说的是惊蛰节气到来前出现雷雨，意味着这一年春天暖气团活跃的时间比较早（冷气团势力相对较弱），而暖气团中水汽含量比较足，于是其后出现阴雨天气的可能性就比较大。

到了现代，主流的天气预报方式变成在气象仪器定量测量基础上的"数值天气预报"。所谓数值天气预报，它的原理是通过温度、湿度、云和风等来描述天气，求解大气中气块运动遵循的物理方程，从而由此刻的大气状态推知未来的大气状态。

在数值预报的框架下，天气预报模型需要先收集观测资料来描述当前大气的状态，然后用方程计算每个变量的新值，通常时间间隔为 5～10 分钟，这个时间间隔被称为时间步长。上一步的计算结果是下一步计算的初值。通过反复求解大气控制方程，我们得以预报大气未来的状态。一般需要进行几十亿次运算，才能预报基本气象要素 5～10 分钟的变化。新数值算出后，模型继续计算下一个 5～10 分钟的预报，以此类推，可以生成 6 天或更长时间的天气预报。

自牛顿力学横空出世以来，科学家把宇宙看作是一个巨大的机械装置，整个宇宙就像一个错综复杂但按确定规则运转的机器，严格遵守着数学规则。如果你知道这个机器的运行机制和初始状态，你就能预测它未来某个时点的状态。一旦能够找到描述系统的数学方程，就能预测系统的走向。法国数学家皮埃尔·西蒙·拉普拉斯（Pierre Simon Laplace）于 1814 年提出"拉普拉斯妖"（démon de laplace）的思想实验，他假设存在一个假想生物，这个生物可以知道宇宙中每个原子此刻的确切位置和动量，那么它就可以用牛顿定律去展开和展现我们这个宇宙的过去与未来。这种思维方式被称作"决定论"（determinism），数值天气预报实际上就是一种"决定论"式的天气预报方式。

时至今日，尽管关于天气预报的方程已经非常复杂，气象仪器的测量也已非常精密，但我们对天气的预报仍有很强的局限性。目前，各种研究都证明天气预报上限是 2～3 周，实际上，在当前科技水平下只能做到 10 天，而且 10 天之中也只有前 5～6 天有足够的准确性，后几天的预报仅供参考。[①]

为什么天气预报只能准确预测五六天的天气状况呢？一方面，因为我们目前的大气控制方程对大气物理过程的描述并非完全充分；另一方面，我们对初始观测值如温度、密度、气压等的测量还存在一些误差。

但以上两点并非核心原因，最重要的原因在于：天气系统本身是个"混沌系统"，即便大气控制方程与初始观测值都是完备和精确的，天气系统也会自发产生不可预测的现象。

---

① 王绍武：《从科学角度看气候预测难度》，中国气象局官网，2009 年 9 月 18 日。

天气是"混沌系统"

什么是"混沌系统"？"混沌"理论始于 19 世纪法国数学家和物理学家朱尔·亨利·庞加莱（Jules Henri Poincaré）对"三体问题"（the three - body problem）的研究，即在牛顿定理下，人们能准确计算两个互相吸引的物体将来的位置和速度，但一旦涉及三个或三个以上相互吸引的物体，其位置和速度就无法计算了。庞加莱把三体问题归结为多体系统本身的非线性[1]属性。

他在《科学与方法》（*Science and Method*）中写道："如果一个不为我们注意的非常小的原因导致了一个我们无法忽视的相当大的效应，我们就说这个效应源于偶然性。要是我们确切知道自然定律及宇宙在初始时刻的状况，我们就能够确切预测该宇宙在接下去一个时刻的状况。但即便假使自然定律已经被我们全然掌握，我们仍然只能近似知道宇宙在某个时刻的状况。而如果这使得我们能够以同样的近似程度预测接下来的状况，那么这就是我们所要求的全部，而我们就应该说，现象已经得到预测，并且它由这些定律所支配。但情况不总是如此，也有可能出现这样的情况，即在初始条件中的小的差异会导致在最终现象中的非常大的不同。在前者中的一个微小误差会导致在后者中的一个巨大误差。这时预测将变得不可能。"[2]

庞加莱的这段表述已经非常接近后来麻省理工学院气象学家爱德华·洛伦茨（Edward Norton Lorenz）在 1963 年提出的"蝴蝶效应"（butterfly effect）。

"蝴蝶效应"是混沌系统最广为人知的标签：一只蝴蝶在巴西扇动翅膀，不久后有可能在美国引发一场龙卷风。蝴蝶效应这个说法源自爱德华·

---

① 当我们说一个系统是线性的时候，是指变量之间存在一个恒定的比例关系，比如当一个正方形的边变大了，它的周长也会跟着按固定比例变大；而非线性的变量之间不存在这种恒定的比例关系。

② ［法］昂利·彭加勒：《科学与方法》，李醒民译，商务印书馆 2011 年版。

洛伦茨 1963 年对混沌动力学的研究，洛伦茨发现在天气这样的动力系统中，初始条件微小的变化能引起整个系统长期而巨大的连锁反应。

值得注意的是，混沌并非指我们日常所说的"混乱"或者"搞不清楚"，它是另一种维度的"乱"，或者说是一种更高层次的秩序。混沌是指，一个能被数学方程精确描述的系统，可以自发生成不可预测的现象，且不需要任何外界因素的干预。

通过使用非常简单的法则或方程，且不具有任何随机性，系统中所有的元素也都是确定的，并且我们完全掌握系统的法则，即使是这样的系统，也会产生不可预测的现象。

混沌的本质在于自反馈和自适应，自变量会变成因变量，因变量又变成自变量，循环往复。在这样的系统中，即使在初始的时候有很小的一点误差，哪怕这个误差小到难以测量，它也会随着系统的运转而被不断放大，系统的状态会剧烈地偏离我们原本期望的状态。

彼时某次洛伦茨在做例行的天气预测，他用某天的数据做了未来一周的天气预报。到了第二天，他又用这些数据重新计算了下，以便校对，但第二天的结果令他非常困惑。同样的数据计算的两次结果，在一开始是重叠的，但慢慢就分开了，再后来就完全不一样了。洛伦茨在排除了其他可能性之后，发现问题出在这两天他输入数据时用了不同的精确度，前一天输入的是 0.506127，第二天偷懒只输到 0.506。两个输入数据相差甚微，洛伦茨原以为问题不大，不想却导致两条预测曲线最终南辕北辙。洛伦茨把他的发现用通俗的科普语言概括成"蝴蝶效应"，最终这个概念成了混沌动力系统的代名词。

试想这样一个简单的天气预测方程：$Y_{t+1} = aY_t - Y_t^2$，这是一个确定的且并不复杂的方程。[①] 其中，Y_t 是 t 时刻的变量值，Y_{t+1} 则是一个时间步长后的变量值，a 是一个常数。给定初值，每步的预报结果都是下一步

---

① ［美］弗雷德里克·K. 鲁特更斯：《气象学与生活》，陈星、黄樱等译，电子工业出版社2016 年版，第 308 页。

计算的初值，只要不断求解这个方程，我们就能持续预测下一个时点的结果。

我们可以自行计算一下，假定初始值 $Y_0 = 1.5$ 且 $a = 3.75$，看看 Y_t 将如何演化；而把 a 从 3.75 变成 3.749，或者把 Y_0 从 1.5 变成 1.499，Y_t 又将如何演化。我们会看到一个小的观察误差会随着时间的增加而造成巨大的偏差。

正因为天气具有混沌动力系统的特征，即对初始状态高度敏感，所以直至今日，天气预报仍有很大的不确定性，数值天气预报方法的理论可预报上限大约为 10 天。

混沌动力系统之所以有这样的特征，原因在于它是自反馈、自耦合的非线性系统，在这类系统中，输入与输出相互反馈、耦合，因而微小的初始误差经过多次迭代会累积成惊人的差异。

当然，有一些非线性的自反馈系统中也会存在平衡点，也就是说，系统会趋于稳定状态。例如，本章第四节我们会提到的人类的神经系统，它就是经过多次迭代后会趋于内稳态的自耦合系统。但也有一些自耦合的非线性系统最终会趋于混乱或周期性震荡。天气系统就是这样一种会趋于非周期、无序状态的混沌系统。

气候预测的确定性来自哪里？

说完了天气预报的棘手问题，我们再来看看气候预测。气候与天气的区别在于，天气描述的是一个特定时间与一个特定地点的大气状态和现象，它关注大气的"瞬态"，而气候则是关于天气普遍状态的一种综合，它更关注大气的"稳态"。

天气总是在不停的变化之中，一个小时与另一个小时、一天与另一天的天气是不同的。虽然天气在不停的变化中，但可以将其归纳为一个普遍状态，这就是气候。因此，气候是在影响天气的各因子（太阳辐射、地球表面性质、大气环流和人类活动等）长期相互作用所产生的天气的综合。

　　气候预测的思路完全不同于天气预报，因而虽然天气预报的时间上限是 10 天，但我们却可以预测以月、季、年为单位的气候现象。两者预测思路的不同在于，天气预报中，我们关注的是大气的动力学问题，即大气的运动规律；而在气候预测中，更重要的是热力学问题，比如大气中的热传递规律、热平衡问题等。

　　生活中最常见的气候现象是四季的变迁。地球上各地的四季是怎么来的呢？答案是地球接收到的太阳能量会出现季节性的变化。众所周知，太阳辐射是地球最主要的能源，地球表面接收的太阳辐射的变化是地球表面温度变化的最大原因。从根本上说，地球气候系统的运转过程都是有关地球吸收了多少太阳能，以及这些能量是怎样以红外辐射的形式被重新发射回太空的。[①]

　　不同地区在不同的季节接收到不同程度的太阳能量，导致了当地的四季温差和相应的各种季节性差异。接收太阳能的季节性变化来自太阳高度角[②]和昼长的季节性变化。

　　太阳高度角的变化则源于地球相对于太阳的朝向在不断变化。地轴（穿过南北两极的一条假想直线，地球绕其自转）与地球围绕太阳运行的轨道面——黄道面并不垂直，而是倾斜了 23.5°。地轴始终指向相同的方向（指向北极星），因此相对阳光而言，地轴的方向一直是变化的。例如，在每年 6 月的某天，北半球的地轴靠向太阳倾斜了 23.5°，而 6 个月后的 12 月，北半球的地轴则背离阳光倾斜 23.5°。正是这种朝向的变化，使得地面上阳光可以垂直照射的点一年内在南北纬 23.5°之间移动。

　　白天或黑夜的长短也由地球相对于阳光的位置决定。昼长可以通过晨

---

　　① ［美］弗雷德里克·K. 鲁特更斯：《气象学与生活》，陈星、黄樱等译，电子工业出版社 2016 年版，第 32~37 页。

　　② 一方面，当太阳正好位于头顶（太阳高度角为 90°）时，阳光最集中也最强。当太阳高度角较小时，阳光发散，强度降低。这有点类似于手电筒：当手电筒垂直照射物体表面时，会出现一个强光点，而当光线不垂直时，被照射的面积变大，光线变暗。另一方面，太阳高度角决定光线通过大气的路径长短。当太阳位于头顶时，阳光垂直通过大气，以最短路径达到地面，当阳光以 30°角进入大气时，其到达地面的路径长度增加 1 倍。这也是为什么我们无法直视正午的太阳，却可以凝视落日。

昏线"白天"一侧的纬线长度与"夜晚"一侧的纬线长度之比来确定。例如，6月21日北半球夏至，昼长远大于夜长。

以上就是四季的成因。为什么四季如此稳定、如此易于预测？因为太阳是地球最主要的热源，这件事是稳定不变的，地球绕太阳公转这件事是稳定不变的，地轴对黄道平面倾斜23.5°这件事也是稳定不变的，因此四季的规律就是稳定不变的。

以上的地日关系的逻辑，也决定了总体而言地球上不同地区的气候呈现出了明显的纬度特征。不同纬度地区拥有不同的太阳高度角和日照时长，所以温度有明显的纬向运动的特征。例如，热带地区长年高温，因为太阳直射点始终在热带附近。又如，越靠近极地，接收太阳能量的季节性波动越大，当地一年内的高低温差也越大。

当然，各地的气候特征并不只跟纬度有关，其他一些影响因素还有海陆分布、山脉与高原等。以海陆分布为例，水的比热容大于岩石和土壤，因此陆地比海水升温/降温更快，达到的温度也更高/更低。因此，陆地的温度变化要比海洋大得多，从而不同地区呈现出海洋性气候和大陆性气候的特征。海洋性气候的地区，夏季温暖但不炎热，冬季凉爽但不寒冷，而大陆性气候则要更为极端。再如，夏季大陆温度高，形成低压区，海洋上的空气携带水汽流入，冬季则相反，大陆的干冷空气流向海洋。这也是为什么中国的冬季总是盛行西北风，夏季则盛行东南风。

以上都是一些季节性气候变化的例子，由于这些气候现象背后的成因相当稳定——地球与太阳光照的相对关系、纬度、海陆分布、地形等，因而我们可以很可靠地把握住气候在一年内的变化规律。

除了季度性的气候变化外，在一定程度上，我们也可以可靠地预测数年乃至数十年的气候变化。例如，我们可以通过温室气体和气溶胶的排放量，预估未来百年的全球或区域气候变化，如地表的平均气温将升高多少。再如，伴随大气温室气体和气溶胶的长期增加，地表气温和对流层大气温度的平均增加将导致全球水循环的加强，从而引起全球降水状况的变化，即在全球变暖的背景下，全球平均降水量会增加。并且，高纬度地区和热带季风区、热带海洋等热带地区的降水量会增多，而副热带地区降水将会减少。这些都是我们当下就能预判和确认的事实。

二、动力学关注瞬态，热力学关注稳态

天气预报和气候预测的区别，是动力学视角和热力学视角的区别。这个说法不完全严谨，但一定程度上抓住了这两件事的关键特征。

天气预报描述的是大气的运动过程，因此它依赖系统的初始条件和系统的运动方程；气候预测则是对运动结果的观测，它不太依赖初始条件，而是主要依赖边界条件或者外部条件。

当然，热力学现象并非不包含运动过程，实际上，一个热力学系统要达到能量的平衡也需要过程和时间，这个时间被称为"弛豫时间"。但总体而言，热力学关注的是系统达到平衡之后的稳定状态。

大气的动力学过程是混沌的，因而是不可预测的；而大气的热力学问题却可以用简单的因果关系[①]和线性关系去看待，是可以预测的。在热力学视角下，我们可以抛开系统自身运动过程的混沌，转而寻求对这个系统产生影响的外部因素，当这个外部因素本身是稳定的时候（如太阳输出的能量大体是稳定的），系统呈现的结果便是稳定的。

在混沌动力系统中，系统具有对初始条件敏感的依赖性，系统的初始条件仅仅稍有改变，足够长时间后，系统将达到截然不同的状态。由于初始条件总是不能精确地知道，即使系统的运动规律是严格确定的，我们仍无法预测系统的长期行为。所以，天气系统是确定的，但却不可预测。

在热力学视角下，气候预测就其本质而言，是一种概率预报，是对未来可能趋势的预测。我们对于未来 3 个月的气候预测，并不是根据逐日天气预报一直持续求解 90 天得出的，而是基于气候系统的边界条件，预测未

───────────────

① 因果关系意味着，一定的条件集合 C 和一定的现象集合 E 之间存在着确定的联系。若确定性联系不存在，但我们可以将两者的关系表述为类似有关统计规律的陈述，那么可以说两者存在着广义的因果关系。

来 3 个月的平均状况，如总降水量、平均温度等。

动力学和热力学都是基本的物理学科，两者可以看作是从物理学的两种不同观点出发的理论。动力学强调计算系统的演化，热力学描述的是对系统的观测。动力学的数学基础追根溯源是微分方程，热力学则是基于概率论。

再如，化学反应也由动力学和热力学两大原理支配。化学热力学研究的是化学反应的方向、限度、外界对平衡的影响，它的关注点在于一个反应能否发生以及在什么样的条件下才能发生，它不考虑反应所需的时间和反应的中间历程；而化学动力学则主要研究化学反应的速率和反应历程。简单总结，动力学研究的是瞬态，热力学研究的是稳态。

三、投资应该更关注热力学，而不是动力学

股票市场有混沌与线性

探讨天气预报与气候预测问题或者动力学与热力学问题，是为了给我们看待股票市场提供一种视角。很大程度上，股票市场也像气象世界一样，有动力学的一面，也有热力学的一面；有混沌的一面，也有线性的一面。前者如个股股价或者市场指数的每日、每时、每分涨跌，我们称它为"价格运动"；后者如个股或者整体股市数年、数十年的长期稳态，我们称它为"基本面"。

我们说天气系统是混沌动力系统，实际上，股票市场的价格运动是一个更加混沌的系统，我们可以叫它"二级混沌"动力系统。与之对应，天气系统只能算"一级混沌"。

什么叫二级混沌动力系统呢？天气不会因为此刻我们对它的观测而发生改变，而股票市场不一样，投资者对市场的观测，本身就会引起市场的变化。如果很多人预测股票明天会涨，那么他们会在今天买入股票，明天的市场会因为这些人今天的预测而发生改变（股价提前被推高），这就叫二级混沌。

一级混沌的动力系统尚且难以预测，二级混沌的就更是难以预测了。试想，如果分子、原子也像人一样有感觉、有意识、会思考，那自然科学将会有多么难研究？我们会在本章第四节中用控制论的思路看待观察者的观察对被观察对象产生的影响，进而我们会发现，这类观察很难得出可靠的经验。此处我们先将重点放在股市的"一级混沌"上。

股市和气象的关系并不只是一个类比或隐喻，大量的研究表明，股市的运动也像天气一样表现出混沌动力系统的特征，是不可预测的[①]；而股市的平衡状态，则主要是热力学问题，它的边界条件包括宏观经济、居民财富、利率水平、企业基本面等因素，股市和股价在这个层面有很大的可预测性。

"股权"和"筹码"

这对于我们本章第一节中提到的几对基本分歧，包括将股票看作"股权"还是"筹码"，以及投资中应当瞄准"不变"还是"变化"，是有所启示的。

"股权"投资者关注的是公司业务的内在价值，这个内在价值由这家公司与现实商业世界的相对关系决定。例如，公司产品对消费者的锁定能力（基于网络效应或转换成本等）、公司在上下游产业链中的话语权、行业的竞争格局等，共同决定了这家公司的商业价值。这很像地球与太阳光的相对位置对地球上不同地点接收到的太阳能量的影响，而股价在一定的"弛豫时间"之后，最终将反映出公司的商业价值，就像地球的气温终将反映所接收到的太阳能量一样，以上逻辑是简单的、线性的"因果"逻辑。

"筹码"投资者关注的则是股价的运动，因为筹码本身没有价值或

---

① 例如，美国投资者和金融作家埃德加·彼得斯（Edgar Peters）从赫斯特指数、李雅普诺夫指数、分形维数等角度计算 1950 年 1 月至 1988 年 7 月间每个月的标普 500 指数数据，论证了股市的非线性特征。具体可参考其《分形市场分析》《资本市场的混沌与秩序》《复杂性、风险与金融市场》等著作。

者说我们不知道它的价值是多少，所以"筹码"投资者必须借助对股价运动方向的预测，在运动中赚取差价，即通过过去的股价和交易量状态，推演出未来的股价状态。这正像我们从此刻的大气状态推算出下一刻的大气状态，而在股市这样一个混沌的动力系统内，这种推演是没法做到的。

由于股价运动很难预测，"筹码"投资者常常使用移动均线、相对强度指标、动能指标这些技术分析工具，以提升预测股价运动的胜算。移动均线是将不规则的价格平滑化，因而能凸显出股价趋势或趋势的反转，交易者研究各种均线的形态，试图发现某些重复出现的模式，并根据这些模式判断未来可能的价格方向。例如，如果 200 日均线由先前的下降趋势开始转为平坦或上升，且价格由下往上穿越 200 日均线，则代表买进信号，或者 10 周均线穿越 30 周均线，且两者斜率都向上，股价又同时位于两条均线的上方时，代表买入信号。

然而，技术图形背后的人类心理是非常复杂的。技术分析的问题在于，大多数时候，技术分析给出的说法是模糊的，技术分析者的看法总是非常不明确的，会提出一些相互矛盾的可能性，不同的技术分析者对于模式的解释也往往各不相同。更重要的是，投资者对技术图形（即市场人心）的观察，会影响到图形本身，这正是我们前面说的股市"二级混沌"的地方。关于这一点，我们会在本章第四节中再做探讨。

股价运动充满不确定性，马克·吐温（Mark Twain）戏称："十月，是股票投机生意最危险的月份之一。其他的月份还包括七月、一月、九月、四月、十一月、五月、三月、六月、十二月、八月及二月。"①

值得一提的是，"筹码"投资者往往倾向于频繁交易，而这产生的中间成本是非常高的。证券交易印花税、交易佣金、两融利息、基金认购赎回手续费等，每年合计 5000 多亿元，而以行情可观的 2017 年为例，A 股市场全部散户一年的整体盈利仅为 3000 亿元出头，专业机构投资者的合计

① ［美］马克·吐温：《傻瓜威尔逊》，张友松译，百花洲文艺出版社 1992 年版。

盈利则约为 10000 亿元。

"不变"与"变化"

至于"不变"与"变化"的问题，同样是把买股票看作买公司的投资者，有人喜欢投资于"不变"，有人则喜欢投资于"变化"。"不变"投资者关注公司的品质，他们希望所投的公司有优秀的商业模式、垄断性的市场地位和竞争对手难以逾越的护城河，从而这家公司可以稳定地、持续地获得超额的资本回报率，就像低纬度地区可以稳定地、持续地获得更多的太阳光照那样，"不变"投资者用纬度、海陆地形来预测哪里的气温会更高。当然，经济世界中不存在像地球纬度、地形这样亘古稳定的事物，但相对的稳定并不鲜见，很多企业的竞争优势维持了十数年、数十年，商业模式更是如一个行业和企业的基因，很少会发生变化。

"变化"投资者关注的则是公司业绩的短期变化，如公司这个季度接到了大单，销售额和利润水涨船高，或者最近上游原材料成本大跌，导致公司产品毛利率和净利率显著上涨。"变化"投资者同样也在寻找气温更高的地方，但他不是靠纬度或海陆位置来找，而是寻找哪里会发生火山喷发（如当季度订单量突然大增），或者什么时候太阳黑子数目会发生变化（如行业供给侧改革），使得当地气候变暖。

以上说的是个股基本面投资中的"变化"与"不变"。股价运动中同样有"不变"与"变化"的区别。股市的长期运动是"不变"的，这是指市场整体股价（也就是指数点位）将在宏观经济的"照射"下达到的某种热平衡，这是热力学问题，可以用线性的因果关系去把握。

例如，A 股总是跟随债务周期表现出三五年的牛熊更替；在更长期的意义上，如 30 年、100 年，股市则以略高于 GDP 增速的速度反映全社会经济建设和财富积累的成果。陈鹏等的《中国大类资产 2023 年报》（*SBBI China Yearbook* 2023）中提到，A 股 2004 年底至 2023 年底的年复合收益率为 9.61%（美股过去 100 年为 11% 左右），与其间中国 10.91% 的人均 GDP 的年复合增速大体相当。此外，一种测算股市整体水温（即股市的冷暖状态）的思路，是计算股市总市值与本国 GDP 的比例①，其基本依据即在于，在长期尺度下，社会财富积累水平决定股市回报水平。

相反，所谓"变化"则是微观尺度下市场的短期波动，如周线、日线、小时线、分钟线级别的波动，这些是动力学问题，是混沌和不可预测的。纳西姆·尼古拉斯·塔勒布（Nassim Nicholas Taleb）在《随机漫步的傻瓜：发现市场和人生中的隐藏机遇》（*Fooled by Randomness：The Hidden Role of Chance in Life and in the Markets*）一书中提到，如果一年内市场上涨的概率是 93% 的话，换算到较小的时间尺度后，某一个月上涨的概率仅有 67%，而某一分钟上涨的概率是 50.17%——基本等于抛硬币，某一秒上涨的概率则是 50.02%。②

股市的上涨往往大部分来自少数几个好日子，而要预判这些好日子具体是哪天，则是典型的动力学问题，我们没法通过之前的市场走势去预测它。很可能，我们会因为非要去预测，而错过这少数几个好日子，而错过的代价是非常惨重的。

按照密歇根大学的内扎特·塞伊洪（Nejat Seyhun）教授对美国股市的研究，在一个为期 30 年的时段里，在重大的市场获利中，有 95% 的部分来自其间约 7500 个交易日中的 90 天。如果你碰巧错过这 90 天，虽然这些日子只占全部交易日的 1.2%，但其间股市提供的长期丰厚回报将会一笔勾销。③

拉斯洛·比里尼（Laszlo Birinyi）在《交易大师：比里尼理解市场的法宝》（*The Master Trader：Birinyi's Secrets to Understanding the Market*）一书中研究了一个更长的时段，他得出结论说："倘若一位投资者坚持买入持

---

① 这个指标被称作"巴菲特指标"，巴菲特认为，若美国股市的市值与美国 GDP 的比率处于 70%~80% 区间之内，这时买进股票就会有不错的收益，合理的区间是 75%~90%。当然，A 股语境下，股市市值的增长很大程度来源于上市公司数量的增加，而非存量股票股价的提升，因此这一指标未必可以照搬。从实际情况看，近 10 年 A 股总市值/GDP 比率在 40%~55% 时，市场是底部机会，高于 70% 为高估，80% 则是高风险。

② ［美］纳西姆·尼古拉斯·塔勒布：《随机漫步的傻瓜：发现市场和人生中的隐藏机遇》，盛逢时译，中信出版集团 2012 年版。

③ ［美］伯顿·G. 波兹曼（Burton G. Malkiel）：《漫步华尔街》，张伟译，机械工业出版社 2022 年版。

有策略，于 1900 年将 1 美元投入道琼斯指数，那么到 2013 年初，这 1 美元将升值为 290 美元。然而，倘若该投资者因交易而错过每年中最好的 5 个交易日，那么到 2013 年，这 1 美元将仅剩不足 1 美分。"①

流动性的隐喻

尼尔·波兹曼（Neil Postman）的名著《娱乐至死：公共话语的沦丧》（*Amusing Ourselves to Death：Public Discourse in the Age of Show Business*）② 讲了一个道理，叫"媒介即隐喻"。它的意思是，表达信息的媒介，比如书本或者电视，不仅仅是传递信息的工具，媒介会反过来影响甚至主导信息的内容。

所谓"隐喻"，是指以一种隐蔽而有力的暗示来定义现实世界。一方面，每一种媒介都有它的倾向性，用波兹曼的话说，"某个文化中交流的媒介对于这个文化精神重心和物质重心的形成有着决定性的影响"；另一方面，虽然媒介指导着我们看待和了解事物的方式，但它的这种介入却往往不为人所察觉。

我们觉得是信息的内容本身引导了我们的想法或者选择，但很多时候，这些倾向性，在我们选择以什么媒介去表述信息的时候，就已经注定了。对此，《娱乐至死：公共话语的沦丧》里说的是人类从印刷术时代走向电视时代，进而社会话语体系发生根本变化，从理性和秩序走向了无聊和无意义。想想当下短视频这种媒介对信息内容的影响，我们会对这个观点表示认同。

在投资中，媒介和隐喻的逻辑也是成立的。我们实现投资的交易媒介也不是中性的，交易媒介不仅仅是一种兑现股权价值的工具或手段，交易媒介自带世界观，不同的交易媒介，会天然有不同的倾向性。

投资的交易媒介可以分为两类：一类是股票交易所里，以秒为单位进行的高换手、高流动的交易，可以称它为高流动性③的交易媒介；另一类

---

① Laszlo Birinyi, *The Master Trader：Birinyi's Secrets to Understanding the Market.* John Wiley & Sons, 2013.

② ［美］尼尔·波兹曼：《娱乐至死：公共话语的沦丧》，章艳译，中信出版集团 2015 年版。

③ 流动性是指交易变现的难度。高流动性即易变现，投资者可以以很少的折扣把资产变卖出去；低流动性即难变现，投资者要把资产卖出，需要承受更大的折价。

是现实世界里，以年甚至十年为单位进行的、低频的、面对面的买卖，可以称作是非流动性的交易媒介。

高流动性和非流动性的媒介，看似只是我们买卖企业股权的工具和手段而已，但这个媒介，会隐蔽而强力地塑造我们对于投资和企业价值的世界观。这就是流动性的隐喻。而我们本节中所探讨的投资中动力学取向和热力学取向的分歧，很大程度上是高流动性投资和低流动性投资的区别。

高流动性生态里，我们每时每刻面对的是瞬息万变的股票价格，久而久之，潜移默化中，股票价格就似乎直接等价于企业的价值了。股票价格是成千上万投资者对企业的"看法"，此时，人们对企业的看法就代表着企业的价值本身，更进一步说，人们对企业的每分每秒的看法，代表着企业每分每秒的价值。高流动性的交易媒介暗示着："市场永远是对的。"因为市场价格就（很大程度上）是价值本身，"贵有贵的道理、便宜有便宜的道理""涨有涨的道理、跌有跌的道理"。

在这样的话语体系里，企业的价值是高度异变的（每分每秒都在变动），股票价格的波动代表着企业价值在发生波动，股票价格大跌了，一定是"企业的内在价值和基本面逻辑发生了什么（我不知道的）根本性的变化"，先抛掉观望再说。所以，在高流动性的交易媒介里，多数投资者热衷于动力学问题，而不是热力学问题。

非流动性的交易媒介，它的隐喻是完全不同的。非流动性的生态里，我们看不到企业价格的瞬息万变，我们唯一面对的，是企业实实在在的业务经营，是企业的利润、现金流、客户、原材料采购、资本开支、分红、品牌、销售渠道和经营战略。在这种语境下，企业的价值等价于企业"赚钱"的能力，除了偶尔关注，我们不会太在意别人对我们这家企业价值的看法。如果我们自己开了一个家具厂，我们可能只会在准备退休的时候关注下别人的报价。

非流动性的交易媒介暗示着：企业的价值只取决于它创造利润的能力，它不会随着别人对企业看法的变化而变化，要想获得投资的成功，只有"搞清楚企业的价值到底值多少钱"这一条路。

在这样的话语体系里，企业的价值是高度稳定的，只要企业赚钱的内在能力没有发生变化，企业的价值就不会发生变化。在这样的话语体系里，价值兑现往往需要漫长的时间，动辄以年为单位。因为企业的赚钱能力、企业的价值短时间内往往不会有什么变化。除非市场极度亢奋或者极度恐惧，对企业给出了离谱的报价，那我们也可以欣然接受，卖出或者买入。大多数情况下，我们只能耐心等待，慢慢变富。

类似于波兹曼说的"信息—行动比"（每单位信息带来的行动）[1]，交易媒介深刻地影响了投资的"交易—价值兑现比"。

我们交易是为了兑现价值，当企业价值发生变化时，我们匹配性地进行买或卖，又或者价格大幅偏离价值时，我们也可以欣然套利。但高流动性极大地降低了投资的"交易—价值兑现比"。高流动性使得投资者大部分的交易行为变成了废动作甚至负动作。在高流动性的交易媒介下，投资者很多对于企业贵或便宜的看法，并不是基于对企业价值的评估得出的，而是高流动性强加在投资者头脑中的报价渴望。

第三节 "世界是不可知的"

一、唯心主义与"不可知论"

纯粹的客观是不可知的

哲学上自古以来有唯物主义和唯心主义的争论。按唯物主义的说法，世界由独立于我们心灵的外在客体组成。与此相对的是唯心主义，这一派的观点是，由于人没法脱离自己的经验和感觉来谈一切，因而不存在所谓

---

[1]　在印刷术时代，人们了解的信息具有影响行动的价值。但在多媒体时代，人们失去了行动的能力，因为整个世界都变成了资讯存在的语境。所有的一切都事关每个人。我们第一次得到了不能回答我们任何问题的信息，而对于这些信息，我们也不必作出任何回答。

独立于人而存在的纯粹客观。唯心主义者认为，"心外无物""存在即被感知""我思故我在"。两种世界观针锋相对，在不同的历史时期此消彼长，各有其拥趸。

16世纪以后的三四百年，唯物主义阵营扶摇直上、如日中天，原因在于近代科学的快速崛起（正是基于唯物主义），哥白尼、伽利略、牛顿、达尔文、瓦特、爱迪生……群星闪耀。在此时期，唯心主义的门庭逐渐冷落。

但到了20世纪，量子力学的兴起，使两个阵营的争论又出现了戏剧性的变化。人们发现，当进入微观世界以后，常识上显而易见的唯物论居然解释不了电子的行为。

量子力学的"测不准原理"主张，在一个量子力学系统中，对于运动粒子，我们无法同时准确地测量它在某一时刻的位置和速度（动量），粒子的位置与动量不可同时被确定。

进一步而言，量子力学认为，谈论任何物理量是没有意义的，除非我们先讲清楚测量这个物理量的方式。一个电子的动量是多少？这么问没有意义，一个电子没有什么绝对的动量。但如果你告诉我准备怎么去测量，我就能测量出它的动量。根据测量方式的不同，这个动量可以从十分精确到万分模糊，这些结果都是可能的，也都是准确的。简言之，一个电子的动量，只有当你测量时，才有意义。

《上帝掷骰子吗?》[①] 一书中有个例子，想象有人在纸上画了两横夹一竖，问你这是什么字。这可能是一个"工"字，但也可能是横过来的"H"。在他没告诉你怎么看之前，这个问题是没有定论的。现在，你被告知："这个图应该横过来看。"这下我们明确了：这是一个大写字母H。因此，只有观测手段明确后，答案才有意义。脱离了观测手段去讨论这个图案是什么，这样的问题是无意义的。

也就是说，世界并没有所谓"本来的样子"，一切取决于我们人的观

---

① 曹天元:《上帝之掷骰子吗?》，北京联合出版社2019年版。

察。正如量子力学的奠基人维尔纳·海森堡（Werner Heisenberg）所说，"我们所观测到的并非自然本身，而是自然根据我们的探索方式所呈现出来的现象"。

如果人不观察电子，电子会怎么样呢？海森堡说，当人们不观察电子时，谈论"电子是什么"是没有意义的。也就是说，海森堡在哲学上，取的是唯心主义的立场。① 当时的量子力学科学家不无夸张地说："现在我们已经知道，月亮在无人看它时确实不存在。"②

实际上，物理学的许多公式和概念只有在有观察者或者有人进行测量时才有意义。物理学家约翰·惠勒（John Archibald Wheeler）称之为"参与式宇宙"，并建议以"参与者"代替"观察者"这个词，即在原子物理学中，我们没法作为独立的观察者存在，而是被卷入自己所观察的世界中，以至于我们影响着被观察对象的性质。宇宙学家安德烈·林德（Andrei Linde）说："宇宙和观察者是成对存在的。你可以说，只有当观察者存在时宇宙才是存在的。观察者可以说，是的，我看到宇宙就在那儿……如果你说宇宙是存在的，却没有任何观察者，我对此是无法理解的。"③

存在就是被感知，并没有什么独立于人存在的纯粹客观。果真如此的话，世界的客观性就被否定了。如果世界并没有什么本来的、真实的样子，那我们所谓认识世界是什么意思呢，世界是不是"不可知"的？如果一切都只是我们充满主观性的观察而不是事物本来的样子，那么世上是否还有"理性"可言？科学还有存在的基础吗？如果世界是不可知的，我们投资者又怎么可能对不可知的事物作出有效的判断和投资呢，毕竟投资本身是求"真"的事业？我们如何知道自己对商业、对投资市场的某种基于

---

① 金观涛：《人的哲学：论"科学与理性"的基础》，四川人民出版社 1988 年版，第 6 页。

② 转引自金观涛：《人的哲学：论"科学与理性"的基础》，四川人民出版社 1988 年版。这句话的背景是爱因斯坦和波尔之间的一个故事。有一天爱因斯坦问波尔："你是否真的相信，当没有人看月亮的时候，月亮就不在那里？"波尔则回答："你能提供给我一个反向证明吗？你是否能够向我证明，当没有人看着它的时候，月亮一直在那里？"

③ ［美］罗伊·古尔德：《生命是宇宙的偶然吗》，陈海滨译，上海科学技术文献出版社 2022 年版。

个人观察的认知是可靠的认知呢？

神经科学之于"不可知论"

人类大脑天生不是用来认识世界真相的；相反，大脑的使命在于高效管理我们身体的能量，进而帮我们更好地生存和繁衍下去（尤其是在几十万年前的狩猎采集社会），即便这以牺牲我们的"求真"能力为代价。近现代物理学告诉我们，在这个世界里，即使空无一物的空间也是弯曲的。再看看我们的眼睛日常看到的世界，我们还有信心说我们的头脑能完满地理解现实世界吗？

我们的大脑，是自然进化所塑造的。5 亿年前，地球进入寒武纪。在这个时期，捕食和狩猎行为开始出现（在此之前生命体只有简单的刺激反射），地球于是变成了一个竞争更激烈、更危险的地方，动物的感觉器官、运动系统都大幅进化。在这样的环境中，那些能远距离感知、完成复杂动作，以及保持充分身体能量（水、盐、葡萄糖等资源）的生物获得生存和繁衍优势。大脑在此背景下应运而生，因为生命体需要大脑来负责整合、处理各种感官信息，并对身体能量进行高效的分配和管理。[①]

生命体的一切行动都需要消耗能量，在能量来源匮乏的远古时代，每一卡路里的能量都来之不易；想要活下去，人类需要对能量的积累和释放作出最高效的管理，提高能量管理的效率意味着提高生存和繁衍的机会。

如果你是大脑，你会怎么处理这门差事呢？大脑进化出了两个底层逻辑：一是节能，二是建模。

所谓节能，是指大脑对信息的筛选是高度选择性的。大脑并非什么信息都要接纳，相反，大脑只接纳它认为有价值的很小一部分信息。有部以量子物理学来探讨心灵的纪录片叫《我们到底知道多少！？》（*What the Bleep Do We Know*!?），里面提到，我们的大脑每秒会接收 4000 亿比特的信息，但出于节约能量，引起大脑注意的信息只有 2000 比特，也就是

---

① ［美］莉莎·费德曼·巴瑞特：《认识大脑》，周芳芳译，中信出版集团 2022 年版。

0.0000005％！这是什么概念呢？如果用黑笔在纸上点一个黑点代表 1 比特信息，假定我们每秒点 5 个点，那么点 2000 个点需要花 6.7 分钟，而点 4000 亿个点则需要 2537 年。也就是说，了解此刻的现实世界，本需要我们花 2537 年，但实际上我们却只花了 6.7 分钟！

大脑像个筛子一样不停地筛选，挑选出哪些信息需要去看。一旦大脑决定让哪些信息进入，就在神经细胞间搭建了一条通路。一旦大脑的神经通路建成，我们就不会去这条高速路以外的地方游窜了。总之，大脑对能量非常吝啬。

建模，则是指大脑在认识世界时，有一张已经提前绘制好的简化的地图。大脑会通过调节神经元之间的连接，把外部世界的信息尽可能储存起来。例如，大脑发现一个刺激总是反复出现，就会把对应神经元的优先级调高，如果两个信息总是经常被联系在一起，就在对应的神经元之间创建一条更短的通路。这个不断优化、调整的神经网络模型，就是我们的心智地图，也是在大脑看来世界"应有的样子"。

有了这张心智地图，当我们接触到新信息时，大脑会根据地图对未来的信息进行推断，"预测"我们可能遭遇什么，需要作出什么反应。也就是说，我们所"看到"的画面，并非事物真实的样子，而是大脑通过这套认知地图预测出来并播放给我们看的"幻象"。

在以上两个基本逻辑的基础上——节能和建模，我们再来梳理下大脑所谓的"认识世界"，究竟是怎么一回事。

大脑认识世界的第一步是对世界的"知觉"，而知觉始于感受器官接收外部世界的刺激。例如，我们之所以能看见一棵树，是因为树的反射光进入了我们的眼睛，刺激了感受器，感受器受到刺激后会诱发一系列电位变化，随后电信号由感受器传向大脑皮层的视觉感受区。电信号到达大脑后，我们就可以"看见"树了。

但是，在接收外部世界刺激这个层面，我们的知觉并非仅仅由这套自下而上的链路所决定。实际上，根据所处情境，我们可能还使用了"知识"和"期望"，而知识和期望是一种自上而下的加工链路。例如，当我们观察的东西大部分被遮盖住时，大量与个人知识经验和期望有关的信号会从更高级的脑区传递过来，帮助我们判断这个东西是什么。[1]

　　感受器官接收外部刺激之后，下一个步骤是"注意"。如果没有注意的参与，我们不能完成知觉过程。大多数时候，大脑的注意是选择性注意，也就是将注意聚焦在一个特定的位置、客体或信息上。

　　1890 年，美国心理学家威廉·詹姆斯（William James）对此曾评论道："大量的事物……呈现在我们的感觉系统之内，这些事物并不能准确地进入我的经验之中。为什么？因为我对这些事情并不感兴趣。我的经验是那些我所能注意到的……每个人都知道注意是什么。注意是聚精会神的一种思维，这种思维是以清晰和生动的形式所表现的，独立于一些同时出现的客体或一连串的思想……这就意味着我们必然会为了更加有效地处理一些事物而选择放弃另一些事物。"[2]

　　我们的注意力就像是瓶子的瓶颈一样，尽管瓶子里的水很多，但由于瓶颈很狭窄，水流只能慢慢流出。与瓶颈不同的是，离瓶颈最近的水优先流过瓶颈，而信息能否通过注意力通道，是基于信息的特性，如速度、音调等。

　　虽然我们注意到的信息是片面的、破碎的，但大脑会对它们进行一个自动化的加工认知。"构建性知觉"理论认为，人们通过主动选择刺激并将感觉与记忆相融合，从而"构建"出了知觉。我们头脑中此前已经存储的知识和眼睛提供的感觉输入对我们的知觉同样重要。头脑将破碎的信息借由我们过去的经验，添油加醋地补全成完整的意义符号。

　　19 世纪的物理学家兼生理学家赫尔曼·冯·赫尔姆霍兹（Hermann von Helmholtz）提出了"无意识推理理论"。该理论认为，我们的某些知觉源于我们对环境作出的无意识假设。这种理论是为了解释当刺激信息可以以多种方式被解读时，我们是如何对它们进行知觉的。我们会将外部信息

　　①　［美］布鲁斯·戈登茨坦：《认知心理学》，张明译，中国轻工业出版社 2015 年版。
　　②　［美］威廉·詹姆斯：《心理学原理》，方双虎译，北京师范大学出版社 2019 年版。

感知为与我们过去曾感知过的刺激模式最接近的信息。起到决定作用的是观察者运用他们自己关于环境的知识对客体可能是什么加以推测，并且这种推理过程是无意识的。①

这些要被理解的意义符号在被输送进显意识层之前又要经过一个关卡的筛选。绝大部分情况下，只有能实现特定功能、符合既定认知（也就是我们的世界观）或与自我有较高相关度等条件的信息会被成功放行。

虽然大脑采用这种加工方式只是出于节能的考虑（以尽量少的能量获得尽可能必要的信息），但对这个过程，我们却不知情，我们理所当然地把这个经过几道筛选和扭曲后送到我们面前的假象错认为世界的"真相"。

这一连串的错认还没结束，非但是对外界的观察，就连完全在我们身体内部的记忆也远远没有我们自以为的那么靠谱。为了维护我们对这个世界总体认知的统一与完整，记忆随时都会因整体印象的转变而被篡改。

大脑认识外部世界的每一个步骤，都存在大量主观性扭曲。概括而言：我们的大脑对现实信息的提取一定是不全面的；信息的加工是虚假的认知模式和有限真实的碎片信息的结合；这一结合只有在能实现特定功能时才会发生，不然它们只是碎片信息；结合出的认知会因为自我统一性的需要被偶然事件所篡改；所有的认知扭曲都不会被我们察觉，我们始终相信它们就是现实世界的忠实反映，一旦对它产生怀疑，我们的认知功能、社会功能都将开始错乱或丧失。

二、投资是个"乘法游戏"

在 1996 年伯克希尔·哈撒韦公司（Berkshire Hathaway Inc.）的股东大会上，巴菲特谈到伯克希尔·哈撒韦的股价"越公平②越好"时曾说："大多数（公司的）管理层认为，他们公司的股价越高越好。这是一种可

---

① ［美］布鲁斯·戈登茨坦：《认知心理学》，张明译，中国轻工业出版社 2015 年版。
② "公平"即股价与公司内在价值基本相当。

以理解的感觉，但问题是'比赛并没有结束的时候'……当有人告诉你一些事情时，你知道，你要问自己的第一个问题是：'然后呢？'所以，股票上涨不是终点，因为下一个问题是：'然后呢？'"[①]

世界上有两类事业，一类是那种"只要大胜一次就好"的，过程中输再多次也无所谓，只要大胜一次就行，比如创业、做科研、找对象；还有一类是那种"一次也不能大输"的，如果这次惨败，那前面赢了再多也是功亏一篑，直接出局或者需要从头再来，比如保持健康、维持信誉和做投资。

前一类事业的成果公式是加法式的，即 $P = x_1 + x_2 + x_3 + \cdots + x_n$；后一类事业则是乘法式的：$P = x_1 \times x_2 \times x_3 \times \cdots \times x_n$。

当然，投资事业也有不同的类型，并非所有投资都属于"一次也不能大输"的游戏。例如，天使投资、风险投资就是"输得起"的，它的成功在于一次或少数几次的极大胜利。谷歌或者快手的早期投资人获得了上万倍的收益，只要他们后面不再进行持续自我毁灭式的投资，凭借这一笔，他们的投资生涯就可以宣告成功了。但是，这种事毕竟离普通人很遥远，基本也没有股票投资者是抱着一票赚几万倍收益的心态进入股市的。

还有一些投资者，如公募基金等资产管理人，它们往往有多个基金经理、多只基金，所以很多时候它们的投资行为也属于"只要大胜一次就好"的范畴。只要有一个基金经理或者一只基金作出了漂亮的业绩，就可以就此充分营销，大量的客户资产便会涌来。所以，这些资产管理人跟自有资金投资人，玩的并不是同一类游戏。当我说"乘法游戏"时，面向的主要是以自有资金投资于股票二级市场的投资者。

但凡需要依靠"复利"来获得可观投资成果的投资者，必然得玩"乘法游戏"，也就是"一次也不能大亏"的游戏。因为复利本身蕴含着"对亏损敏感"的数学特性。

假设有两个投资人 A 和 B，A 每年赚取 12% 的投资收益率，持续 30

[①] 伯克希尔·哈撒韦 1996 年年度股东大会上巴菲特与股东的问答，笔者根据公开信息整理。

年，30 年后 A 将会赚到近 30 倍收益；B 的投资能力显著强于 A，每年投资回报率高达 20%，持续 30 年，30 年后 B 将赚到 230 多倍的收益，远胜于 A。作为参考，过去十年，沪深 300 指数不考虑分红再投资因素的年复合收益率为 5.11%。

但是，在这 30 年里，只要 B 有任意两年分别亏损 60%，他的累计收益就会比 A 低，只能赚到约 25 倍的总收益，即便剩下的那 28 年里，他依然每年都保持着赚 20% 的远胜于 A 的高水平。A 在 93.3% 的时间里都大胜 B，但只需要 6.7% 时间的大亏，A 就会败北。但如果是加法游戏呢？A 的总收益率是 360%，B 为 440%，B 显著胜于 A。

维克多·尼德霍夫（Victor Niederhoffer）曾在 1996 年被评为世界排名第一的对冲基金经理，他在 1980 年创办了尼德霍夫投资公司（Niederhoffer Investments），公司成立后的 16 年间取得了超过 30% 的年复合收益率。但 1997 年 10 月 27 日，亚洲金融危机期间，尼德霍夫的对冲基金因为出售标普 500 指数期货的卖出期权，在一天之内亏损了 1.3 亿美元，此时公司的资产管理规模约 1 亿美元（其中不少是尼德霍夫自己的钱），于是公司宣布破产。

2002 年 2 月，尼德霍夫又成立了新公司——斗牛士基金，2001~2005 年公司的年复合收益率高达 50%，并在 2004 年和 2005 年斩获 CTA 最佳表现基金奖。但 2007 年 8 月 16 日（美国次贷危机期间），尼德霍夫又因为做空股指期货，在一天内亏损了 7.5 亿美元，公司再次破产。

对于投资来说，无论过往积累了多大的成就，只需要一次大亏，就会彻底出局，这就是乘法游戏的玄妙之处。所以巴菲特才说，投资最重要的是三件事：第一，不要亏损；第二，不要亏损；第三，记住第一和第二两条。对于复利来说，"不要亏损"非常重要。

有人会说，不亏损还不容易吗，拿着现金不投资股票就行了。但由于通货膨胀的存在，持有现金、存款、国债不是"不亏损"，而是财富的"确定性亏损"。这又是另外一个话题了。

乘法游戏和加法游戏的区别，让我想起巴菲特、芒格和马斯克的"拌嘴"。早在 2008 年，芒格曾有机会以 2 亿美元的估值买入特斯拉 10% 的股份，但他并没有这样做。马斯克在回忆当时的午餐时说，芒格告诉整桌人，特斯拉会以种种方式一败涂地，这让马斯克深感难过。2020 年 3 月，在雅虎的一次采访中，记者问巴菲特如何看待马斯克，巴菲特说："我对他不感兴趣，见面也聊不了几句。"记者追问巴菲特是否会投资特斯拉，巴菲特很果断地回复："不会！"几个月后，马斯克参加播客节目，宣称他认为巴菲特的工作很无聊，每天看年报只是为了搞明白可口可乐这类公司是否有价值。[①]

其实他们的思路在各自领域内都是正确的。对于科技创新、技术突破这样的事业，锐意进取乃至冒险试错是最优解，因为失败了没什么，重新开始一局就行了，甚至失败还是成功的必经之路。对于投资，特别是以复利为根基的投资，冒险进取则是不行的，保守和确保不大亏才是最优解，因为过去赚得再多，只需要大输一次就可能满盘皆输。

对此，芒格的评价很公允，他在 2023 年伯克希尔·哈撒韦的股东会上说："如果没有尝试极其不合理的目标，他（马斯克）就无法取得他现实生活中的成就。他喜欢承担不可能完成的任务，并且去做。我们不同，沃伦和我会去找那些我们可以确定的简单的事。"[②]

回到我们本章第一节中提到的几对分歧，在投资的语境下，"保守主义"和"进取主义"似乎不仅仅是个人的一种价值选择，而是事关投资成败、有对错之分的事实判断了。因为投资很大程度上是一个乘法游戏，在这样的游戏中，不亏特别是不大亏的重要性要远高于赚钱。

加之本节前面提到的，我们人类的大脑至今仍然是狩猎采集时代的大脑，它的使命不在于认识世界"真相"，而是确保我们更好地生存繁衍，即使这些保障我们生存繁衍的特性很大程度上牺牲了我们认识世界"真相"的能力；而投资正是一门需要在复杂的市场环境中最大限度"求真"

---

① 王赛：《马斯克与巴菲特互相不感兴趣说明啥》，载于《中国商人》2021 年第 12 期。
② 伯克希尔·哈撒韦 2023 年年度股东大会上巴菲特与股东的问答，笔者根据公开信息整理。

的事业，能否做好投资、能把投资做得多好，很大程度上取决于我们的大脑对于世界"真相"的认识把握程度。

这就形成了一对天然的矛盾——投资对"求真"的要求和我们大脑在"求真"上有重大缺陷这两者之间的矛盾。① 这对矛盾叠加投资本身作为"乘法游戏"而对亏损高度敏感的特性，便自然地推导出，我们在投资中应当秉持的基本心态是保守而非进取，即应当把"保守"放在"进取"的前面。

三、保守主义者如何投资？

投资是"一次也不能大输"的游戏，加之世界高度复杂，而受限于大脑的天然性质，世界之于我们近乎是"不可知"的，有鉴于此，保守主义是理性投资者必然的选择。

保守主义的逻辑起点

保守主义本身是作为一种政治哲学的流派而存在的。这种政治思想，系统性地成型于 18 世纪末。爱尔兰政治活动家埃德蒙·伯克（Edmund Burke）在他 1790 年出版的《法国大革命反思录》（*Reflections on the Revolution in France*）中，首次明确表达了保守主义思潮。

伯克大力反对法国大革命，因为他认为法国大革命建立在乌托邦理想之上，是完全由抽象的理性所引导的社会运动；相反，他主张保持社会传统的价值。"我们担忧人们会依照自身的理性主导其生活和交易，因为怀疑每个人的理性其实是相当有限的，因此个人最好是依靠国家的既有传统……传统夹带着其本身的理性，也会允许理性有所活动，这种互动关系

---

① 对于我们大脑的局限性，保守主义者和进取主义者的心态有所不同。保守主义者选择为此寻找安全边际，即便在我们大脑犯重大错误时，我们也能存活下来；进取主义者则选择因势利导，试图掌握并运用这种局限性的规律。后者的代表是乔治·索罗斯（George Soros），如他在《金融炼金术》（*The Alchemy of Finance*）中所说："从根本上说，我们所有人的世界观都是有缺陷或扭曲的。于是我把注意力集中在了这种扭曲对事件的重要影响上。"

是永恒不变的。"①

保守主义并不反对变革,"无法接受改变的国家是无法生存的"。但伯克主张变革必须经过有系统、有条理的改变,而非突然爆发的革命,革命如果是为了某种理论或学说,会试图改变人类社会中复杂的人类互动关系,这将会造成无法预料的后果。

本质上,保守主义这种政治思想,是基于一体两面的两个逻辑起点。

一方面,保守主义者对人性持十分悲观的看法,认为人的本性是不完善的、有缺陷的。这意味着每个人都有无知的一面,有很多东西是人的知识所不及的。一个人可以通过努力学习增加新知识,但即便如此,仍不能克服无知,反而会带来新的无知。知识的"岛屿"越大,无知的"海岸线"就越长。

另一方面,保守主义者相信,天地间存在着人类的理性和哲学无法探究或揣摩的伟大力量,确信存在着某种主导社会生活和个人良心的神圣意志。这些神定的秩序和永恒的道德真理,即是保守主义者说的"传统"和"习俗"。

前一个逻辑起点,即人性不完善,引致的结论是对"权力"和"人类激情"进行审慎限制;后一个逻辑起点,即恒久的神定秩序,则使得保守主义者敬畏时间与传统,重视信仰与道德。

保守主义的"十大原则"

美国保守主义复兴运动的领袖罗素·柯克(Russell Kirk)说,保守主义不像《圣经》或《资本论》那样提供清晰的教义,而是一种情感体系(a body of sentiments)。保守主义没有教条但有原则,罗素·柯克归纳为以下几点。

① 保守主义者认为,存在"持久的道德秩序"(an enduring moral order);秩序为人类而存在,人类也为秩序而存在:人性恒定不变,道德真理永存

---

① [英]埃德蒙·伯克:《法国大革命反思录》,冯丽译,江西人民出版社2015年版。

（human nature is constant, and moral truths are permanent）。

② 保守主义者遵从"习俗、惯例和延续性"（custom, convention and continuity）。

③ 保守主义者相信所谓"约定俗成原则"（the principle of prescription）。

④ 保守主义者遵循"审慎原则"（principle of prudence）。

⑤ 保守主义者关注"多样性原则"（principle of diversity）。

⑥ 保守主义者接受"不完美主义"（principle of imperfectability）。

⑦ 保守主义者相信，自由和财产密切相关（freedom and property are closely linked）。

⑧ 保守主义者支持"自发形成的社群"（voluntary community），反对"非自愿的集体主义"（involuntary collectivism）。

⑨ 保守主义者认为，需要对"权力"（power）和"人类激情"（human passions）均予以审慎限制。

⑩ 理性的保守主义者懂得，一个充满活力的社会必须认同"持久和变化（permanence and change）"且令两者相得益彰。①

投资中的保守主义

保守主义基于两个逻辑起点：一是人性不完善、有缺陷；二是存在着超越人类经验的恒久秩序，也就是习俗、惯例、常识。保守主义在投资中的运用，实际就是对这两个逻辑的贯彻。

（1）投资中，人性是不完善的、有缺陷的

大脑的机制原理已经充分告诉我们：人性是不完善的、有缺陷的。我们人类的人性，是自然进化所塑造的。虽然自然进化没有主动的意识，但客观上它达成了主动塑造人性的效果。自然进化把人性塑造成我们现在这个样子，它的本义在于让人类能更好地适应自然、更好地生存和繁衍，而不是要我们去求得世界的真相。

———————————

① Russell kirk, *The Politics of Prudence*. Access Publishers Network, 1993, pp. 17 – 29.

但自然选择的塑造有时滞性，我们当下呈现出来的人性特质，是数十万年前狩猎采集的原始社会的环境塑造出来的。例如，我们为了不被猛兽吃掉，宁愿每次都把树丛里风吹树叶的声响都误判成猛兽出没，每次都虚惊一场地落荒而逃，也不愿意犯一次掉以轻心的错误，因为哪怕有一次"该跑而没跑"，我们就死了。

但当下的社会环境，已与几十万年前的远古社会大相径庭。在现代社会中，特别是在投资中，这种对风险的"一惊一乍"，会让我们连续亏钱。人类社会的现代环境总体是安全的，但自然选择还没来得及把环境的这种根本变化印刻进人类的基因里。因此，我们总是看到人性中有太多"不理性""不合理"的成分。

比如，我们非常害怕风险，极度厌恶不确定性，这种恐惧的心态可能带来盲目胡乱的行动。当股市某天突然暴跌，我们会惊恐地卖出手头的股票——"先跑了再说"，而不顾公司是不是真的有实质性的风险。

比如，由于大脑天然的节约能量的倾向，如非必要，我们总是倾向于"犯懒"。我们懒于深入细致地研究我们要买入的公司，懒于挑战自己的观点，这让我们的买卖行为总是很随意。

比如，由于大脑的节能倾向，我们特别重视自己的劳力付出。我们常常因为自己研究过某个公司，就对它期待过高，越看越顺眼，因为我们投入了自己的劳力。

比如，我们天然渴望归属于大众，融入人群。因而我们总是用股价（大众的看法）倒过来解释企业经营，跟随大众的趋势。

比如，我们的大脑是"故事型"的，它让我们对"人"和"意义"高度敏感，从而在混乱的世界中找出"清晰"的线索。但很多时候，这些"故事"和"线索"都是我们自己的牵强附会——我们常常从随机的股价波动或短期业绩波动中"总结"出清晰的故事，进而导致了幸存者偏差、确认偏误这些错误。

（2）投资中，"普世规律"即是"神定秩序"

保守主义者寻找的投资的"神定秩序"，是那些普世的原理、规律，特别是那些已经被充分检验、颠扑不破、成为我们共识的普世原理、规律，例如，数学知识、物理学知识或者其他的自然科学知识，以及一些哲学知识和伦理学知识。

这些普世规律不应当多，应当少而精，因为一旦很多，其中便必然有大量的"人类激情"建构的"伪规律"。这样的普世规律有哪些呢？

比如，"复利法则"就是一种"普世规律"。爱因斯坦称复利是"世界第八大奇迹"。一张 1 毫米厚的纸对折 50 次，厚度会变成 1.1 亿公里，300 倍于地球到月球的距离。建立在"顺复利法则"（即顺应复利规律的法则）基础上的投资，将会迸发出惊人的成果。人类投资史的几百年实践告诉我们，伟大的投资业绩大多来自"顺复利法则"式的投资。什么样的投资是"顺复利法则"的？我认为，一是投资的时间要能持续得足够久，你最好在投资行当存活几十年；二是投资要建立在可复利增长的事物上，比如，相较而言，股价的波动就不是能复利成长的，因为它不是生命体，就像落叶是很难飞得很远的，而作为生命体的少数优秀企业，它的盈利可以在数年、数十年的时间里复利增长，就像蝴蝶相比落叶能飞得更远。

比如，"时空尺度和信噪比"。越大的时空尺度里，信号噪声比越高，信号越是能在噪声中得以呈现。一天的股价涨跌更多是随机波动的噪声，但十年的股价涨跌，却能反映出某种信息，呈现出某种"图景"。单只股票、单个公司的发展，可能受各种因素的扰动而表现出很大的偶然性、随机性，但分散的"一篮子"股票、公司，则只受一些更"基本"的因素的影响，如这类资产的长期收益率。

比如，"周期律"或"均值回归"。《道德经》言："反者道之动。"[1]事物的发展方向，就是走向它自身的对立面。在金融市场，历史虽然不是重演，但常常会押着同样的韵脚。周期的常识不在于刻舟求剑，保守主义者不会假定自己的理性能精准地找到周期的峰与谷，保守主义者只是把回归均值的思想内化到自己的投资中。

---

[1]　老子：《道德经》，中华书局 2022 年版。

比如，"竞争法则"或"供需法则"。更高的利润率，会吸引更多的竞争者；更多的竞争者，会导致更低的利润率。这条常识，无论是对于一家企业的经营获利，还是一个投资策略的运用，都是成立的。因而，护城河便非常重要，把竞争对手挡在外面望洋兴叹非常重要。当然，护城河是否长期有效，什么情况下会失效，这些问题与找到护城河一样重要。

保守主义者如何投资？

（1）人性是不完善的、有缺陷的，因此要限制自己的"人类激情"

人性是不完善的、有缺陷的，因此，我们在投资中的主旋律是"无知"。正因为如此，投资中我们始终应当作消极思考、逆向思考，例如，"凭什么我就是对的，别人就是错的，如果是我错了呢"，或者像芒格说的，去思考"我"大概率会死在哪里。

这种思维倾向和风格，会极大地塑造我们的投资行为。例如，对于保守主义者，在投资中，买得足够"便宜"是第一要义。保守主义者知道自己的分析和判断很可能是错的，因此，必须保证即便最后证明自己错了，也不会伤筋动骨。

再如，在设计我们的投资体系时，保守主义者的起点问题应当是：我怎么样投资一定会出局？进而，在保守主义者的投资体系中，他会严格禁止这些会让我们"必死"的做法。例如，在险象环生的投资环境中，主动降低自己的容错率，如单吊少数几只股票、高杠杆投资、高仓位投资高杠杆企业、使用有被迫卖出机制的资金等；或在投资过程中长期处于"无意识""无计划""无坐标系"状态，随波逐流，投自己不懂的股票，在人声鼎沸中买入、在恐慌中卖出等。

又如，分散投资、在自己"能力圈"内行事，这些都是保守主义者站在人性不完善、限制自己"人类激情"的立场上所选择的投资风格。以能力圈原则为例，保守主义者清楚自己懂这个企业不懂那个企业、懂这个行业不懂那个行业，更清楚自己"懂"的究竟是公司"低估"还是公司"优秀"，或是公司有好的"成长"前景，并只对自己懂的东西下注。

（2）重视、信仰普世规律

投资中，保守主义者尊重、信仰普世规律。所谓普世规律，它代表着"先验概率"。如果说，事物的价值等于状态发生的概率（胜率）与状态价值（赔率）的乘积，那么保守主义者与激进主义者的区别很大程度上在于，保守主义者更看重胜率（常识），激进主义者则更看重赔率。因此，激进主义者常常更偏好高赔率低概率的投资机会，极端的如彩票，常见的如 VC 投资，保守主义者则更偏好确定性。

正是基于这样的逻辑，保守主义者把买卖"股票"当作是买卖"生意"，而不是买卖"筹码"，因为相比筹码的博弈和交易，生意的运营是相对更可研究、更好把握、有更高胜率的。

同样，保守主义者倾向于中长期投资，因为只有在更大的时间尺度内，事物的发展才更多取决于"信号"，而不是被"噪声"扰动。

同样，保守主义者喜欢投资简单、稳定、无聊的公司，如某些"嘴巴类"的、"上瘾类"的必需消费品。保守主义者很少投资创新药、新能源、互联网、半导体，因为这些日新月异的领域"胜率"不足。保守主义者说，那些已经存在了一百年的事物，很可能会继续存在一百年，而那些刚兴起两三年的事物，很可能两三年后就被淘汰了。

同样，保守主义者喜欢有很强竞争优势的生意，他们把这叫作护城河，比如，垄断性的地理位置、护城河宽且深的企业，它在竞争中有更高的成功概率。

第四节 | 世界更是可知的

一、科学界如何应对"不可知论"危机？

16 世纪以后的三四百年，唯物主义哲学如日中天，因为人类科学成就的突飞猛进正是来自对鬼神的祛魅和对物质世界客观规律的孜孜以求。但到了 20 世纪，当量子力学兴起后，人们发现，虽然"外部世界客观存在"这一观点天然符合人类的直觉，但世界上似乎并没有所谓独立于人存在的"纯粹客观"，或者至少，这种纯粹的客观是不可知的，因而去谈论纯粹客观没有意义。世界并没有所谓本来的样子，一切都只是我们主观的观察，世界的客观真相是不可知的。脑科学、神经科学的进展也支持了这种立场。

那么，如果说客观性确实不存在、世界的客观真相不可知，我们的世界还有什么科学理性可言吗？"科学大厦"应该瞬间倾塌才对，毕竟"科学大厦"的构建，不就是人类运用理性不断获得外部世界的客观真相的过程吗？

但事实是，人类的科学事业并没有受到客观性危机的影响，反而继续突飞猛进地发展着。原因在于，整个"科学大厦"的构建并不以"纯粹客观"为根基！

也就是说，在科学发展的历程中，科学家们并不使用纯粹的客观实在的经验来检验经验、理论的真伪。实际上，科学家构建"真理大厦"的根基是"可靠"，而不是纯粹客观。

控制论学者海因茨·冯·福斯特（Heinz Von Foerster）用"第18只骆驼"的比喻，来说明客观性在科学和理性中的位置。从前，有个老人死后留下 17 只骆驼，遗嘱指定 17 只骆驼的 1/2 由大儿子继承，1/3 由二儿子继承，1/9 由小儿子继承，但不能把骆驼杀了。家人们傻眼了，不知道如何分配。此时有位智者牵来一只骆驼，说"把我这只骆驼也算上吧"。于是大儿子牵走 9 只，二儿子牵走 6 只，小儿子牵走 2 只，一共 17 只骆驼。问题解决了，智者于是把自己那只骆驼牵走了。福斯特说，客观性就像这第 18 只骆驼，看起来是必须的，实际上是多余的。[①]

进一步而言，既然"科学大厦"的根基是"可靠"，那么，科学如何区分哪些知识和经验是可靠的、哪些是不可靠的呢（如个人偏见、幻觉）？

对此，科学使用的标准是经验的"可重复性"。这个可重复性包含着两层含义。

---

① 金观涛：《人的哲学：论"科学与理性"的基础》，四川人民出版社 1988 年版，第 31 页。

一是观察者以一定操作观察到某种现象之后，只要他继续重复这种操作，他就能重复得到这个观察现象；

二是不仅这个观察者本人，社会上其他任何观察者，只要他们也按照上述操作来做，就能得到相同的结果。

前者是经验在观察者个人层面的可重复性，后者则是这个经验在全社会层面的可重复性，也即它可以被社会化。

培根以来，受控实验（对无关变量进行控制）成为科学研究的主要方式。科学家在报告自己的实验成果时，必须准确完整地公布自己观察到这一现象的条件和过程。科学家认为，如果一个科学观察是有效的，那么对于任何一个合格的科学家，只要有足够的时间、金钱和设备，他就可以重复这一实验，观察到同样的现象，得出同样的结论。

不仅我们自己做实验时可以观察到，任何一个科学家只要用同样的方法做实验，他必定能看到同一现象。这就证明我们的观察并非错觉或偏见。这样，作为观察者的个人主观因素便被排除，一种与观察者无关的"纯粹客观"得以显现。

除了观察和实验之外，还有假说和理论，不仅观察有真伪之分，理论假说也有真伪之分。例如，如果有人提出，所谓闪电，它其实是云在摩擦中产生静电，且因为与地面的电位差而导致的放电。我们如何检验这个理论假说的真伪呢？

我们可以用这个假说去推导一个新的现象，然后看看能否观察到这个推导出来的现象。如果新现象确实被观察到了，那么就可以认为这个假说是正确的。既然闪电是云向地面放电的过程，那么，如果我们在云中安装导电体接到地面，应该能观察到地面的电容器被充上了电。于是，我们可以放一个风筝到空中，用一根导线将风筝与电容器相连，看看电容器是否放电，如果观察到电容器放电，前面的假说就被证实了。

这就是我们人类科学技术所立足的理性根基，通过受控实验、通过全社会广泛的重复，以及用社会广泛的重复验证理论假说，来鉴别观察和假说（理论）的真伪，进而去伪存真。

整个过程中，始终不需要那个独立于人类观察的"纯粹客观"现身；相反，科学家用人类观察或操作的"公共性"代替了"客观性"，作为鉴别经验、知识真伪的标准。

二、控制论的视角："客观实在"是神经网络的"市征态"

"知"的本质是我们的大脑对认识对象所传递过来的信息的接收和加工，因此控制论很适合作为工具来研究"知"的过程。原因在于，控制论正是一门关于信息反馈的学科。例如，我们把恒温箱的温度控制在一个目标值附近，靠的就是把内部温度信息不断反馈给加热器。

"纯粹客观"被消解后，我们理性和知识的基础是什么？为什么"公共性"可以代替"客观性"，成为理性和知识的基础？金观涛先生在《人的哲学：论"科学与理性"的基础》一书中用控制论的研究范式对这些问题进行了深入的探讨。① 对其分析过程，我简单予以总结。

我们人类的神经系统由大几百亿个神经元（神经细胞）组成。每个神经元都包含了树突、胞体和轴突这样的结构。树突像树根一样从神经元向外伸出，分叉众多，以收集来自相邻神经元的活动信息，或者感觉器官直接传来的刺激，树突进而把传入的信息传递到神经元的中心；胞体是神经元的中心，含有细胞的染色体，能够迅速评估同时接收到的数百上千条信息，有些信息是兴奋性的（"放电"），有些则是抑制性的（"不要放电"），胞体的唤起程度取决于所有传入信息的汇总；轴突从胞体上生出，上面有髓鞘，把被唤起的神经元的信息传递出去，以让相邻神经元的树突接收到。

在以上的整个过程中，神经元可以简单看作一个信号的输入输出系统：轴突输出信号（输出的内容由树突的输入信号和这个神经元自身的阈值决定）给树突，而树突的输入信号则是其他神经元的轴突输出的。

---

① 金观涛：《人的哲学：论"科学与理性"的基础》，四川人民出版社 1988 年版。

可以把神经网络抽象成这样一个模型，它由感知器、中枢和效应器三个部分组成。所谓感知器，它是信息输入端，负责接收信息；中枢是处理器，负责加工感知器接收到的信息；效应器则是输出端，即运动肌，运动肌产生动作。三个部分每一个都由许多神经元组成，且相互之间产生反馈。

作为输入端的感受器，它会接收两类信息：一类是外部信息 I，另一类是运动肌通过体内神经系统反馈回来的信息 S（即内反馈）。

我们的神经系统大约有 1 亿个外部感受器，用以接收外部信息 I。这个数量相当庞大，但神经系统用以接收内部信息 S 的感受器有多少个呢？10^5 亿个！神经系统接收到的 S 是 I 的 10 万倍！也就是说，感受器接收到的信息几乎 100% 都是神经系统自己内反馈回来的信息，外部信息的输入在整个神经系统的输入端的占比极小，几乎可以忽略不计。

因此，我们的神经系统几乎是一个 100% 封闭的自耦合系统——它的输入来自自己的输出。运动肌的输出反馈回来成为输入，用 $\{S\}$ 表示输入信息的集合，用 F 表示神经系统对 S 的加工方式，那么，初次加工的结果为 F（S），由于是自耦合系统，F（S）再次变成输入代入运算法则中进行运算。运算法则 F 代表着神经系统的结构。

此外，即便是那 1 亿个面向外部世界的外部感受器，它也不意味着我们打开感受器便纯粹地接收外部信息。真实的过程往往是，我们对外部对象进行某种操作之后，再接收到操作结果，因而即便是外部感受器，它接收到的仍然很大程度上是内部信息输入。

封闭的自耦合系统，它的特征是，无论 S 的初始值是什么，经过多次迭代，集合 $\{S\}$ 会趋向于和初始值无关的平衡值 S_0（我们称这个平衡值为"内稳态"），内稳态 S_0 代表正常人的运动肌活动模式的确定性，比如正常人可以顺利地在平地上走路。

初始输入 S_1 运算的结果 $F(S_1)$ 会变成新的 S_2，代入 F（S）中变成 $F(F(S_1))$，因此，F(S) 是关于 S 的非线性函数。这类似我们本章第二节提到天气系统的混沌属性时说的情况。

S_1 一次又一次地反复加工的结果最终必然要么趋于和初始值无关的内稳态 S_0，要么出现周期性震荡或混乱。天气系统就是一种会趋于混乱的非线性系统。

神经系统则是正常情况下会趋向于内稳态的一种非线性系统。这种内稳态就是我们的神经网络计算出来的稳定的"现实"。

一旦人的神经系统受损，F 的功能就会发生变化，变成 F'，这时内稳态 S_0 可能会被破坏，或者 F'(S) 压根就找不到内稳态，此时 {S} 就会陷入混乱或者进入周期性震荡。例如，癫痫患者由于大脑中的神经元高度同化，导致异常放电，就会出现四肢抽搐、痉挛的现象。一直到 S 重新找到新的内稳态，才说明病人康复了。人的很多能力，比如适应性、学习能力，都是重新找到新的功能函数，进而达到新的内稳态的过程。

所谓内稳态，它必须满足方程：$S_0 = F(S_0)$，这个方程被称为"本征方程"，它的解 S_0 被称为方程的本征值（或本征态）。[1]

也就是说，我们的神经网络用一个封闭的功能耦合网络来模拟或者计算外部世界的种种复杂事物，而人对"客观实在"的认识，实际上就是这个神经网络中的"本征态"。换句话说，所谓"客观实在"，是我们的神经网络对外部认识对象的某种稳定的"建构"。这个结论倒是没什么意外，与我们在本章第三节中提到的脑科学、神经科学的那些研究结论是一致的。

人对外部世界的描述就是由一些本征态构成的，每个本征态由本征方程 $S_0 = F(S_0)$ 解出，而本征方程对外部世界的描述 S_0，则完全依赖神经网络的运算法则 F。如果神经网络的结构不同（F 不同），那么即使外部输入信息相同，方程的解也会大相径庭。因此，无论如何，我们看到的外部世界已经包含了我们个人神经网络的建构。

---

[1]　本征方程和本征态都是量子力学里的概念，量子力学中任何一个可观察状态都满足本征方程，这个状态在算符作用下不变，所以被称为本征态。但一个物理对象通常并不处于某个本征态上，而是本征态的线性叠加，也就是所谓的叠加态。我们能观察到的且具有确定性、稳定性的存在现象都是某种本征态，而世界其实通常并不处于这种本征态，而是本征态的叠加态。也就是说，量子力学认为，本征态只是呈现出来的存在物，而叠加态是存在物呈现前的不确定性状态。

三、投资中的"可知"与"不可知"

不同层次的经验和知识

既然所谓"客观实在",它实际上就是我们神经网络的本征态(神经网络对认识对象的某种稳定的"建构"),那么外部世界如何谈得上是"可知"的呢?我们神经网络的这种建构是可靠的吗?在一些需要"求真"的领域,比如科学、投资,我们所认知的"客观实在",与小说、诗歌、迷信这些纯粹的主观建构有什么区别呢?我们如何保证在科学与投资中获取的知识和经验是可靠的呢?

前面讲过,科学界对此的处理是,用"公共性"代替"客观性",即当某些经验可以普遍地重复时,它们就是可靠的。

这个"可重复性"包含了两层含义:一是经验在观察者个人层面可重复;二是这个经验可以被其他人重复,即可以被社会化(社会化进而带来了经验的积累、进步)。

第一个层面,经验在观察者个人层面可重复。这就意味着,这个观察是观察者神经网络的内稳态。因为假如不是他的内稳态,而是一些诸如错觉、幻听、想象之类的非内稳态,那么他就没法稳定地重复这些经验。

我们的神经网络和某一观察对象构成了认知结构的封闭网络——观察者操作客体,客体的反应作为输入进入观察者的神经网络。作为神经网络的内稳态,外界对象在微小的干扰下能保持稳定,这是观察者和外界对象耦合成某种认知结构时,这个观察者的某种经验的可重复性的基础。而那些不是内稳态的感觉,比如错觉、幻听、想象,就如昙花一现,它们不具有在观察者个人层面的可重复性。

第二个层面,某一个观察者的个人经验如何社会化,成为所有观察者公共的经验呢?这首先要求,这个观察者这次观察所立足的具有内稳态的认知结构（由观察者的神经网络和被观察对象构成），它的结构是稳定的，它意味着观察者神经网络的稳定和被观察对象的稳定；其次，社会上所有其他观察者也都同样拥有这个稳定的认知结构，尤其是拥有相同的神经网络（当然也需要拥有相同的被观察对象）。也就是说，经验的可社会化要求这个认知结构是稳定的，且所有人都拥有这样的认知结构。一旦这个认知结构是不稳定的，或者只有少数观察者拥有这样的认知结构，就不能保证别的观察者可以重复他的经验，即使别的观察者非常严格地去模仿他的观察条件也不行。

只有当一群观察者有着相同的、结构稳定的神经网络和被观察对象时，这个认知结构中的内稳态才是真正可以普遍重复的，也就是可以社会化的。这些基础的、普世的因而可靠的内稳态，可以被视作客观事实存在，它们构成了我们这个世界"可知"的部分，并且它们也是用于鉴别其他各种经验的最后标准，并构成人类理性的基础。我们说世界是"可知"的，正是站在这个层面上说的。

有鉴于此，人的感觉—操作系统可以区分出三类经验。

第一类是结构稳定的认知结构的内稳态，它们满足个人可重复和可社会化的要求。例如，把 10 和 20 相加，我们每个人都能得到结果是 30。

当一个经验具有社会普遍的可重复性，它便是每个观察者都可以共享的相同的本征态，我们就把它等价于无可置疑的客观实在。人们平常所说的用客观事实来鉴别，就是指用这一类经验来作为鉴别的标准。

之所以不同的人能做到互相统一，是因为我们有着近乎相同的身体构造、相同的神经网络、相同的眼睛和相同的手。这些相同的构造保证我们观察者可以形成几乎相同的认知结构，并且这些认知结构是稳定的。这样，虽然人与人之间多少有些不同，但在基础的身体构造上，我们几乎是一样的，进而这些软硬件求解出来的本征态就几乎是完全相同的。这是人们可以共享很多日常经验的本质原因。试想，如果我们和一个具有青蛙视觉系统和神经网络的人去交流，我们就很难有公共的经验，因为两者的本征态大不相同。

在投资中，两家公司，A 公司的年净利润为 5 亿元、市值为 60 亿元，B 公司的年净利润为 10 亿元、市值为 300 亿元，A 公司和 B 公司谁的估值倍数（PE[①]）更高？不同的投资者就此都能得出相同的结论：B 公司比 A 公司的 PE 倍数更高。

因为只需要把市值和年净利润相除，我们就能得出一家公司的估值倍数——A 公司的估值倍数是 12 倍，B 公司的估值倍数是 30 倍。把市值和年净利润相除，就是我们观察估值倍数的操作过程，由于我们每个人都拥有几乎相同的身体构造（眼睛和手）和相同的对于四则运算的神经网络，只要我们保证操作过程相同，就能得到相同的内稳态。因此，不妨把投资中的这类基于简单操作的知识与经验称作"操作型"知识和"操作型"经验，而以这类知识和经验为基础的投资，就是"操作型"投资。

第二类是结构稳定的认知结构的非内稳态，这类经验即使在个人内部也是不可重复的，如错觉、幻听、误差等。这类经验往往是假象。

第三类是那些不稳定的认知结构的内稳态。虽然对于甲来说，它是内稳态，具有可重复性（由于神经网络并不稳定，即便甲的经验复现也并非绝对，而是有一定偶然性），但乙由于不具备这样的神经网络，即便严格限制操作条件，乙也无法重复甲的内稳态。一个人的可重复的经验，不一定可以转化为社会普遍的公共经验。

对于第三类经验，只需要去关注一些人拥有或者声称拥有的神技，就能找到例子。比如，有人能徒手爬墙，有人可以背诵圆周率至小数点后 10 万位[②]，有人声称可以透视别人体内的器官和组织结构，有人可以吞玻璃，有人可以承受极低或极高的温度，有人可以击杀公牛。这里面，有谎言，也有神技，但无论如何，这些经验很难社会化，很难被大众广泛掌握。

回到前面那个例子，A、B 两家公司，A 公司的年净利润为 5 亿元、市值为 60 亿元，B 公司年净利润为 10 亿元、市值为 300 亿元。如果此时我

---

① PE 即市盈率，它等于股价除以每股收益或者公司市值除以年净利润。
② 日本东京千叶县人原口证于 2006 年 10 月 3 日背诵圆周率 π 至小数点后 10 万位。

们问，A 公司和 B 公司谁更贵呢？

不同的投资者可能会得到不同的内稳态。甲说 A 公司更贵，虽然 A 公司的 PE 是 12 倍、B 公司的 PE 是 30 倍，但是 A 公司所在的行业江河日下，今年净利润 5 亿元，明年大概率只剩 3 亿元，后年、大后年形势更差，看似 12 倍，实际马上会变成 120 倍；而 B 公司所在的行业旭日东升，今年净利润 10 亿元，明年可能是 20 亿元，后年可能是 50 亿元，它的 PE 还能算是高吗？

但乙不这么认为，乙说 A 公司所在行业的不景气只是暂时的，三年后必将走出泥潭，到时 A 公司的净利润很可能不减反增；反观 B 公司，当下蒸蒸日上，但由于行业没门槛，几年后必然有大量的竞争者涌入，到时想继续每年赚 10 亿元恐怕都很难，更遑论增长了。

这个例子与前面那个比较估值倍数高低的例子区别在于，比较估值倍数所立足的神经网络是基础而稳定的（简单的识数算数、简单的加减乘除），因而每个投资者都拥有一致的神经网络，不同的观察者只要确保操作过程相同（如明确什么是 PE 倍数），就能得到相同的内稳态。后面这个商业判断的例子，投资者观察这个问题所需的神经网络——商业洞察力，却是复杂而不稳定的，因而无论甲和乙谁说得对，他们的知识和经验都难以被社会化（即被别人重复）。

简言之，在投资中有两种投资类型，一种是基于简单的操作就能进行的投资，一种则立足于少数投资者特殊的神经网络。前者要比后者更稳定，也更能被广泛地传授、传播（即社会化）。前者比如指数投资、股息投资、套利（如简单基于估值历史分位数的低买高卖类投资等）；后者比如基于专业的商业洞察的成长股投资、风险投资等。

一个人的可重复的内稳态，如果是基于他本人的独特的神经网络，那么其他人就很难得到同样的内稳态，因而这个内稳态就没法社会化、没法转化成社会普遍的公共经验，即使他把自己得出结论的操作过程一条一条清清楚楚地写下来让别人照做也没用。

经验的可社会化意味着经验的可积累和可进步。在神经网络内稳态的框架下，当某个观察者和某一被观察对象组成自耦合系统时，这个系统的结构可以由参数集 $A_i = \{a_1, a_2, a_3 \cdots\}$ 规定，那么，只要别的观察者实现参数集 $A_i \pm \Delta A$，而且当这个系统是结构稳定的，那么这些观察者就可以获得普遍可重复的、可社会化的新观察经验 B，他们得到的新知识 B 就是可靠的。

新经验 $\{B_i\}$ 的个人和社会可重复性除了取决于整个认知结构的稳定外，还必须保证每个观察者都可以实现参数集 " $\{A_i\} \pm \Delta A$"，进而 $\{A_i\}$ 必定是个人和社会可重复的。而作为起点的 $\{A_i\}$，就是那些基于人类普遍的生理结构的操作性的经验和知识。人们用原来已经确立的内稳态，积极在此基础上进行各种组合，从 $\{A_i\}$ 拓展到 $\{B_i\}$，又在 $\{B_i\}$ 的基础上建立更复杂的认知结构 $\{C_i\}$ ……这就是不断发现新知识、新科学的过程。

投资中的"客观实在"

前面提到，一个可以被当作"客观实在"的经验应当具有可重复性，包括观察者个人可重复和社会上所有其他人可重复。其中，在观察者个人层面可重复是称这个经验为"客观实在"的更基本的那个前提。而经验可重复的关键在于，观察者所依赖的神经网络和被观察对象都是稳定的。换言之，在这个世界上，只有某些情况、某些领域、某些场景，存在"客观实在"这么个东西，即那些观察者 b_i 和被观察对象 O_i 都能保持稳定的情况、领域和场景。我们寻找"客观实在"，需要到这些情况、这些领域和这些场景中去找；而反之，在其他情况、其他领域、其他场景中，就并没有所谓"客观实在"这回事。

说得再具体点，"客观实在"存在，至少要确保以下两个前提条件的满足：

一是 b_i 在观察研究某一对象时，使所有输入保持恒定。即把我们为了获得信息的所有操作保持固定，从而避免了因 b_i 和输出信息之间的封闭性导致的输出对输入的连续变换；

二是确保输入对研究对象的作用可以忽略不计，即作为被观察对象的

O_i 与输入不相关。

第一个条件也就是使所有的输入保持恒定是什么意思？观察者 b_i 为了获得 O_i 的信息，必须进行某种输入，才能得到 O_i 输出的信息，可以用变量集合 $\{A_i\}$ 来刻画 b_i 的输入行为。保持输入为恒定意味着我们控制 $\{A_i\}$ 为内稳态。这要求我们以某种受控实验的方式来获得对象 O_i 的有关信息，即明确获取信息的操作条件。

第二个条件则意味着对受控实验进行进一步限定。它要求代表认知结构的参数 $\{A_i\}$ 不会对 O_i 造成干扰。

对于第二个条件，在科学领域，几百年前科学研究的对象主要还是力学和天文学的宏观事物，比如月球、苹果，此时这个条件是可以满足的。一旦到了 20 世纪，科学进入微观世界，有关电子、生物、生态、心理等领域，这个条件便不再满足，因为在这些微观领域，观察者的观察会对被观察对象造成影响。对于电子、生物、生态、心理这些领域，纯粹的客观不再存在，被观察对象的存在依赖于观察者的观察。因而不同 b_i 的不同内稳态 $\{A_i\}$，必然会得到不同的 O_i。

将以上思路应用到投资中，我们来看看在投资中什么情况下存在"客观实在"，进而"客观实在"是可知的，什么情况下则"客观实在"很大程度上不可知。

假如投资者的观察对象是企业的财务数据，那么此时 $\{A_i\}$ 恒定（条件一）和 O_i 不受 $\{A_i\}$ 干扰（条件二）都是成立的。我们从企业公开的定期报告中获取企业的财务数据，自然这个获取过程可以做到恒定，并且我们对财务数据的观察，不会对财务数据本身造成影响（少数财务造假迎合投资者的情况除外）。此时，我们可以说，财务数据中存在着"客观实在"，财务分析是"可知"的。

同样是企业基本面信息，假如我们观察的是企业的业务经营情况呢，比如观察企业的研发能力如何？

此时条件二大多数时候依然是满足的，我们的观察和研究不会改变企业的经营，不会影响企业的研发行为。[1]

但条件一是否满足就很难说了。我们如何获得有关企业研发水平的信息呢？一方面，比如毛利率、研发费用明细、研发费用占比、知识产权储备、过往的研发成果等，这些信息往往可以基于简单的操作采集到；另一方面，我们可能需要去产业中实地调研，询问企业的管理层、基层员工、客户、供应商、竞争对手，在对话、谈话的过程中，我们问了什么可能会影响到对方的回答，对方回答了什么又会反过来影响我们的提问，如此反复耦合。此时，不同的观察者有不同的思维、性格、风格、做法，我们还能保证 $\{A_i\}$ 的恒定吗？这是做不到的。因而，所谓企业的研发水平，这类问题本身是不存在"客观实在"的。

那么，如果投资者观察的是股价或者技术图表呢？那么此时条件一虽然比较容易满足，但条件二却无法满足。原因在于，当投资者观察股价的时候，他的观察会对股价本身造成影响。例如，投资者看到某股股价有向上突破的迹象，于是他会提前买入股票，当众多投资者都这样做时，作为观察对象的股价便被深刻地改变了。这正是我们在本章第二节中提到的股价运动是"二级"混沌系统。卡尔·波普尔（Karl Popper）说："预测会对预测事件产生影响。"[2] 股价是人心，人心不会傻傻地"站"在那里任你观察；你观察它时，它也在观察你。因此，在股价层面，实际上并不存在"客观实在"。

实际上，当我们的观察对象是有自由意志、七情六欲的"人"时，条件二总是不满足的。不仅限于股价或技术图形（股价和技术图形的背后是人心），当我们在投资中主张"投资就是投人"时，我们也会面临这个问题，即我们的观察对象——人（如企业管理者），会因为我们的观察而发

---

① 但某些情况下，投资者的观察也会影响到企业的经营。比如，在一级市场的风险投资中，投资人与企业经营者的联系相当深入，且投资人的钱对初创企业往往很重要，那么此时企业经营者可能会以迎合投资人的方式开展经营，从而投资者的观察行为便实质上地影响到了企业经营。但在二级市场，这种情况比较少见。

② ［英］卡尔·波普尔：《历史决定论的贫困》，杜汝楫、邱仁宗译，上海人民出版社 2009年版。

生变化。在这类投资中，真相往往是不存在的，我们的观察和在观察基础上形成的经验、知识往往是不可靠的。哪些投资属于"投资就是投人"呢？比如风险投资、早期投资、成长股投资①。

我们在本章第一节中曾提到把买股票当作买"股权"还是买"筹码"、是投资于"不变"还是投资于"变化"这两对基本分歧。其实质在于，不同投资者对于"什么东西是可知的"这个问题持有不同观点。

"筹码"派认为，人心博弈的规律是可知的，股价趋势、波动临界点是可知的，而企业经营的基本面（由于牵涉因素太多且外部人很难获取）则是不可知的，基本面投资者是幸存者偏差；"股权派"认为，基本面是可知的，而股价的变动则是不可知的。

"变化"派认为，"变化"是可知的；而"不变"派则认为，"变化"是不可知的。

基于本节控制论的分析框架，笔者认为这些分歧是有结论的。首先，企业的基本面中存在着"真相"（"客观实在"），但基本面中那些需要我们用主观方式采集的信息中则不存在"真相"，原因在于它不满足条件一；其次，对于"投资就是投人"的那些领域，比如风险投资、早期投资、成长股投资，由于我们的观察对象是"人"，因而我们的观察本身会对被观察对象产生影响，条件二不满足，进而这类投资的过程中并不存在"真相"；此外，人心的博弈和股价的波动也不存在"真相"，因为它的观察对象同样也是"人"，条件二不满足。

不存在"真相"的事物，并不意味着就完全是"不可知"的，很多时候我们可以用一些实用主义的经验来处理这些领域的问题，效果常常也不错。但对于这类事物，我们投资者要加倍小心、心怀谦卑，因为我们对这些事物的认知有很强的主观性，因而认知这些事物往往需要独特的技能（独特的技能则来自独特的神经网络）。而即便我们拥有独特的技能，也不

---

① 菲利普·费雪（Philip A. Fisher）在《成长股获利之道》（*Paths to Wealth through Common Stocks*）一书中说："在评估一只股票时（费雪面向的是成长股），管理层因素占90%，行业因素占9%，所有其他因素占1%。"

要太自信于自己的认识、认知，因为一个无所谓"真相"的事物，我们看到的可能只是"镜中花、水中月"。

第五节 | 检验"真理"的标准

一、三种真理观

我们前面两节讨论的世界是"可知"的还是"不可知"的，以及人类理性和知识的基础是什么等这些问题，在哲学中归属于"认识论"（epistemology）范畴。所谓认识论，它研究知识的真实性、可能性及知识的范围。"epistemology"这个词，由"episteme"和"logos"两个希腊单词组成，前者指学问或知识，后者指理性或道理，合在一起就是关于知识的道理。

认识论问题在投资中体现为：各种投资的理论、经验、方法（如本章第一节中罗列的种种说法），究竟哪些是对的、哪些是错的？我们应该如何去判断？

严格来说，大部分有关投资的经验和知识都称不上是认识论问题。因为在哲学语境下，无论是知识还是真理，它都首先必须是一个命题；而所谓命题，是可以明确判断真假的陈述或论断。但投资中我们说的很多说法，都是模糊的，很难明确地判定真假，或者说它可真可假，因而不是命题，也更谈不上是否是真理。

比如，"买入 ROE 更高的股票，能获得更好的投资回报"这个说法，我们就没法说它是真的还是假的，因为有人买了高 ROE 的公司赚钱了，也有人却亏钱，有人去年赚了，今年却亏钱了，因而它对不对，要因时因地因人因事而异。另外一些说法则甚至不是一种陈述或论断，比如"（投资中要）顺势而为"，就更没有对错真假的问题了。

所以，投资中的很多东西，是没法严格放进哲学和逻辑学的框框里分析的。但我们仍然可以借鉴哲学中有关真理观的一些思想来帮助我们厘清思路。

真理何以为真，判断真理的标准是什么？这个问题在哲学上有三种观点，分别是真理的符合论、融贯论和实用论。对这三种观点，罗伯特·所罗门（Robert C. Solomon）和凯思林·希金斯（Kathleen M. Higgins）的《大问题：简明哲学导论》（*The Big Questions : A Short Introduction to Philosophy*）[①] 一书进行了清晰的总结。

真理的符合论

一种标准被称作"符合论"，它也是最契合大众直觉的一种观点——一个信念为真，当且仅当它与"事实"相符。例如，我相信"我昨晚睡了不少于 7 个小时"是真的，当且仅当我昨晚确实睡了 7 小时或更久；我相信"2022 年卡塔尔世界杯的冠军是阿根廷队"是真的，当且仅当阿根廷队确实在这届世界杯中夺冠了；"地球绕着太阳转"这一说法是真的，当且仅当现实中地球确实围绕着太阳转。如亚里士多德所说："凡以不是为是、是为不是者，这就是假的；凡以实为实、以假为假者，这就是真的。"[②]

符合论的真理观和我们前两节中讨论的唯物主义的世界观是一脉相承的。我们把符合论称作是一种形而上学的真理观。所谓形而上学，是指它超然于我们人类，站在上帝视角看问题。因为按照符合论的观点，世界由独立于我们心灵的外在客体组成。并且，对世界存在的方式恰好只有一个真实而全面的描述，真理正是我们的语言或思想和外部事物之间这种一一对应的符合关系。正因为符合论是我们对真理的天然的理解方式，所以我们也天然认为真理是客观的、绝对的、确定的。人类的整个求知旅程无非就是不断接近这个客观、绝对、确定的真理的过程。

但正如本章第三节"世界是不可知的"中所探讨的，实际的情况是，对我们来说，并没有什么独立于我们心灵的外在的客观世界，一切都只是

---

①② ［美］罗伯特·所罗门、凯思林·希金斯：《大问题：简明哲学导论》，张卜天译，清华大学出版社 2018 年版。

我们的主观观察而已。进一步地，我们不可能真正地搞清楚，真理是否与客观事实相符。关于这一点，可以具体参考本章第三节，在此不再做赘述。包括在科学界，科学家们也并不是使用纯粹的客观实在的经验来检验经验、理论的真伪，科学大厦的根基是"可靠"，而不是纯粹客观。总而言之，符合论真理观有其根本性的缺陷，已经不是目前被我们所共识的主流真理观。

即便抛开哲学维度，从日常生活层面来谈，真相往往也是很难获得的。现实世界中，事实错综复杂，或者因受限于种种条件而难以获取。比如，在法院的刑事审判中，法官如何知道案发时的事实真相是什么呢？实际上，法官无法知道，因为时光不可逆转，谁也没办法让昨日重现。当事人自己的说法也只能是一种参考，因为他未必诚实；即便诚实，他的记忆也可能有偏差。甚至摄像头的记录也只能是一种参考，因为它的角度未必合理、全面，不同的人对同一幅画面也可能有不同的理解。常识告诉我们，我们现实世界中的大多数事实，都是复杂、缠绕、模糊，甚至难以获取的。如果法律以符合论为标准追究事情的真相，那世界上可能就没有可以裁判的案子了。

此外，符合论的另一个缺陷是，它不能涵盖所有类型的真理。并非所有真理都需要与事实相符，有些真理先于事实存在，甚至无法找到与它相符的事实，如数学和逻辑中的真理。试想"龙是龙"这个命题，它必然是真的[1]，但我们无法找到与这个判断相对应的事实，因为我们找不到龙这种东西。

有鉴于此，过去几个世纪，在真理的"符合论"之外，两种哲学理论占了上风，它们都把重心从"事实"转向了接受某种说法为真理的"理由"：一种是真理的"融贯论"，另一种是"实用论"。

真理的融贯论

融贯论认为，"真"意味着能与我们的经验和信念的整体网络相一致。

---

① 这是形式逻辑的基本定律"同一律"，通常表述为"A 是 A"。

我们之所以接受一个原理，是因为它能与我们已知的其他原理相匹配；我们之所以接受一个论证，是因为它源自我们所相信的东西，而且我们能够接受由它导出的结论；我们之所以能够就证据达成一致，是因为它们能相互形成一幅融贯的、相互印证的和谐图像。

试想法官判案的例子，当谁也无法还原已发生的客观事实时，我们应当如何裁判案件呢？全世界的法律系统对此形成了一致的答案——用"法律事实"代替"客观真实"。只要法官获得的证据符合法律规范，且能相互印证，形成一幅融贯的图景，那么就认定这些事实在法律上是"真"的，从而可以就此定罪量刑。

融贯论的核心：真理之所以是真理，在于它是合理的，在于它有好的理由，在于它合乎我们已有的种种知识，特别是那些颠扑不破的基本知识。如希拉里·普特南（Hilary Whitehall Putnam）所说："真理是某种合理的可接受性。"[1] 自伊曼努尔·康德（Immanuel Kant）以来，这种"合理性"的视角，已经取代传统的符合论真理观而主宰了哲学。

实际上，融贯论与本章第四节中我们基于控制论框架对"世界何以可知"这一问题的回答思路是一致的。科学用人类观察、操作的"公共性"（即可重复的控制实验）来近似代替"客观性"，而控制论框架下，世界的"可知"是建立在操作性经验、知识（所谓操作性经验，是观察者个人某一稳定的认知结构的内稳态，同时全社会其他人均共有这个认知结构）的"可靠性"的基础上的。

科学用众人各自观察、操作的融贯一致来验证观察和学说的真伪；控制论的框架下，经验和知识的真伪则取决于是否与我们众人共有的基本的操作性经验、知识相融贯。

由于融贯论判断真理的标准是它是否合乎我们已有的种种知识，因而它势必意味着，这样的真理具有"相对性"。因为融贯论下的真理，它只

---

[1] ［美］希拉里·普特南：《理性、真理与历史》，童世骏、李光程译，上海译文出版社2016年版。

是相对于它所在的知识网络而言是真的，而这张网络里的与它相邻的真理是否为真，又取决于它们自己的相邻真理，如此无限倒退。就像我们问 A 有多高，回答是略比 B 高一些，那 B 有多高，答案是比 C 高很多，C 又是多高呢，答案是与 D 一般高……我们可以搞清楚 A、B、C、D 之间的高矮关系，但始终无法明确回答出，A 到底多高。

融贯论下的真理具有相对性，在融贯论下，对世界的"真实"的理论或描述很可能不止一个。正因为这种相对性，我们可能存在"楚门的世界"① 的问题，即我们怎么知道我们生活在真实的世界中，而不是一个虚构的被操控的"楚门的世界"中呢？

与我们已有的知识相融贯，并不意味着正确。当我们已有的知识尚不丰富时，我们所能达到的真理可能是幼稚的，甚至是错误的。正如古代人信奉"地心说"，这在当时便是合理的，是与已有知识相融贯的。

有鉴于此，融贯论的真理观意味着真理需要动态的、渐进地达到。因为无论是全人类还是我们个人，我们已有的知识网络是逐步丰富起来的，从而作为检验真理的"工具箱"也是逐步丰富起来的。正因为真理需要动态地、渐进地达到，所以我们需要持续地付出努力才能达到真理，在已有知识网络之内，找到那个最优答案。

此外，更重要的是，虽然融贯论下的真理具有相对性，但这不意味着真理"怎么样都可以"，因为有些说法是明显的谬误。真理需要理由，需要说得清楚，需要其他一整套真理系统性地相互印证。

我认为，融贯论对符合论最大的提升在于，它把我们从"客观真理"或者"真理唯一"的武断中拉了出来。在符合论中，对世界的"真实"的理论或描述只有一个，存在一种"上帝眼光"，脱离任何人所制定的理论来谈论事实本身如何。但在融贯论中，真理是某种合理的可接受性，世界本身容许不同描述、不同对应和不同绘制。

————————————

① 电影《楚门的世界》讲述了一个人从出生起就被关在一个虚构的真人秀节目中，直到多年后才意识到这个事实。楚门的人生是融贯的、自洽的、合理的，他恋爱、结婚、成为保险销售，但他的整个人生却不是"真"的。

真理的实用论

第三种真理观，即实用论真理观，则是对融贯论的一种补充。因为融贯论是完全在我们内部的观念世界内寻找真理的，而实用论需要跟外部世界打交道，这在一定程度上弥补了融贯论内部主义视角的缺陷。

实用论说的是，我们接受一种说法或一种信念为真的理由，是它能够让我们更好地行动，能为我们提供更富有成效的出路，也就是它"管用"。俗语说："黑猫白猫，能捉老鼠的就是好猫。"把有用性视为真理的根本特性，是实用论真理观的核心。

实用主义哲学家查尔斯·桑德斯·皮尔士（Charles Sanders Peirce）在其《如何使我们的观念清晰》（How to Make Our Ideas Clear）著作中提出："确立信念的基本要求就是以效果作为意义解释的必要方式。"生存意识是人的本能，人们为了求得自己的生存必须把这种本能付诸一定的行动，行为是在一定的行为规则或习惯下进行的，一种行为规则或行为习惯当它为人们所接受时，就转化为人的思想的一种信念，而"真正的信念或意见是人们借以准备行动的东西"。[1]

在皮尔士看来，思想的唯一职能就是消除混乱、确定信念。一种信念只要能够给人们带来可以感觉到的满意效果，那么就没有理由否认它是好的、有用的信念，而一切好的、有用的信念都是真理。

实用论真理观实际上相当于是绕开了真理问题，不去较这个"真"，只要管用就行。但是，怎么样算是管用呢？今天管用的东西明天是否还管用呢？对你管用的东西对我是否也一样管用呢？所以实用论的界定有很强的主观性和相对性。

实用主义者把真理视作工具，真理是有用的、有益的、便利的。不过，真理固然是有用的或有效的，但有用和有效是真理的结果，而不能成

---

① Charles S. Peirce, How to Make Our Ideas Clear, *Popular Science Monthly*, January 1878, pp. 286 – 302.

为真理的依据，把有效性等同于真理性，是倒果为因。另外，"真"是一个认识论概念，而有用是一个价值论概念，这样相当于是夸大了真理的主观性。假如按照效用来看，宗教、神话在解释世界时也都非常管用，那它们与科学是否就没有区别了呢？

二、好的投资知识在于合理与实用

在投资中，我们判断一个理论、方法、经验是否是对的，应当主要参考真理的"融贯论"和"实用论"，以合理和实用为标准来做判断。其中，合理是根基，实用是辅助。

合理很好理解，投资真理应当是合理的。那么，真理在投资中合的是什么理呢？我们的投资理论、投资方法应当最大限度地与普世的原理、规律相融贯，特别是那些已经被充分检验、颠扑不破、成为我们共识的普世原理、规律，如数学知识、物理学知识或者其他自然科学知识，以及一些哲学知识和伦理学知识。本章中所探讨的诸多问题，如热力学与动力学、可知论与不可知论、人类的大脑和神经机制、真理的哲学观等，都是这样一些普世的原理和规律。我们构建的投资体系应当与这些普世原理相融贯，应当在这个真理网络中能站得住脚。

需要注意的是，"常识"并不适合作为检验投资真理的标尺，因为常识往往模糊和片面。这也是为什么，大多数耳熟能详的俗语，我们都能找到一句跟它正好相反的俗语。正如本章开篇我们提到的那些各执一词的投资说法。

"真理掌握在少数人手里"和"群众的眼睛是雪亮的"，这两个常识究竟哪个才是对的呢？其实这两个常识都是对的，只是所站的角度不同。前一个论断的角度是，真理总是先被少数人掌握；后一个论断的角度则是，真理最终会从少数人中走向大众，为大众所认识。严谨地说，这两句话应当合在一起，"真理总是先属于少数人，并最终走向大众"。

常识和俗语，它的功能在于让更多的人记住和传播（或者说正是因为能被广泛记住和传播，它才成为常识和俗语)，而不在于力求严谨、全面。所以，以与常识相融贯为依据判断投资真理，会因为常识本身的模糊性而导致真理判断的模糊性。

至于实用主义，虽然它本身有很强的主观性和随意性，不适合作为独立的判断真理的标准，但由于它要求真理与外部世界的某种连接，因而可以作为一种补充，修正融贯论这种有很强内部性的判断方法。

当我们说一种投资的方法或体系是实用的，我们有几个层面的所指。首先，这个投资的方法或体系应当是可操作的。这是显而易见的，一个无法被操作的投资方法如何能称得上实用呢？若无法被操作，进而也就无法被投资者相信、信任和信仰，而投资道路上的千难万险很多时候都需要靠着对投资体系的信仰才能涉险过关。除了方法本身的简单易懂外，可操作很大程度上意味着，投资的方法与体系应当与投资者个人的人格和禀赋相适配。

其次，所谓实用，是指这个投资方法或体系能长期、持续地带来更好的投资回报。本书将在下一节中对此具体介绍，哪些方法被长期证明能带来持续的超额回报。

此外，实用还意味着，这种投资方法应当能将投资者导向更好的生活和人生。对于这个问题，只需去看看投资的历史长河中不同投资体系下的投资者，他们最终的人生结局和归宿，相信我们就能有所感悟。有的投资者一生中多次破产，晚年潦倒甚至自杀，或终生生活在持续的压力和贪婪中，荒废了自己的家庭和幸福；有的投资者则终生沐浴在美好的心情中，人生取得了惊人的成就。

第六节 | 实用主义视角

本章其他各节大多是从"合理"的角度去探讨什么是好的投资方法和投资体系，本节的视角则是"实用"。这里，主要介绍实用主义的两层内涵：第一，这些投资方法与投资者的人格 (personality) 相匹配，进而我们才可能去实践它、遵循它、信仰它、发扬它；第二，这些投资方法过往被广泛地、普遍地、长期地证明是有效的。

一、投资者的人格

投资者、交易者和精算师

从股票投资的角度来说，投资者的个性和人格大体可以分成三类：投资者（狭义）、交易者和精算师。

这其中，"投资者"取狭义，是指以企业基本面为投资对象的投资者；交易者则不太关注企业基本面，他主要关注投资标的的价格走势和交易量走势；精算师关心数字和概率，就像保险公司一样，他关心整个资金资产池的收益情况，而不在意具体的个别项目。

投资者的代表人物是沃伦·巴菲特、查理·芒格。他们讲究买股票就是买企业、买生意，除非搞清楚这家企业的经营前景、竞争优势走向，否则他们不会买入这家企业的股票。

交易者的代表人物是乔治·索罗斯（George Soros）。他们讲究对市场和人心的"感觉"。他们买入或卖出股票的逻辑往往不在于股票背后的生意本身会如何，而是市场人心可能会朝着哪个方向发酵和发展，进而相应地买入或卖出。

精算师的代表人物是沃尔特·施洛斯（Walter J. Schloss）。他们不以股票背后的生意为买卖的第一考量，也不指望预判股价的走向趋势，他们的投资纯粹基于概率和数字。比如，买入50只便宜的股票（如股价不到公司每股净流动资产的2/3），股价上涨50%就卖掉，那么长期来看，整个股票组合获利的概率将会超过亏损的概率，至于具体哪只股票获利、哪只股票亏损，则并不重要。

每种投资类型都有其杰出代表①，关键是，从实用主义的角度说，投

_____

① 就像我们在前一节说的，融贯论的真理观允许对世界有不同描述、不同绘制，真理并非刚性绝对的东西。

资者应该选择与其自身个性、人格相匹配的体系和方法。否则，我们将很难去实践它、遵循它、信仰它、发扬它。正如商品交易员威廉·埃克哈特（Willian Eckhardt）所说，"如果你发现你经常背离自己的系统，那么肯定有一些你希望包含在系统中的东西没有包含在系统中"。

一个急躁、冲动、希望马上看到成果的人，不太可能实践巴菲特式的投资，因为这种投资方法的获利要求股票的价格回归其价值，而搞清楚一家公司的价值可能需要数年的时间，等待这家公司的价格向价值回归，可能再需要数年的时间。

一个喜欢运用直觉寻找事物间的关系和意义、喜欢从零碎细节中建构完整故事的人，可能做不了精算型的投资，因为精算型投资要求就数字论数字，拒绝在客观数据中加入个人的主观理解。

一个保守谨慎，凡事喜欢做好详尽研究、搞清楚各种细节和因果关系的人，可能并不适合做交易，因为交易要求在瞬息万变的量价波动中灵活应变，听从直觉，寻找市场信号并持续行动。

一个个性保守且信仰"眼见为实"，厌恶各种想象、愿景、洞察的人，可能并不会参与投资科技股，或者参与创业投资、风险投资，因为这些投资在他看来是建立在"空中楼阁"上。

当然，不太会有哪个人刚好完全落在某一种类型上，大多数人都兼具投资者、交易者和精算师的一些风格，并且我们在一些卓越投资者（广义）身上，也常常能看到投资、交易、精算几种能力的汇聚。但就天性而言，我们往往与某种投资类型有天然的姻缘，我们的思维方式和行为方式天然倾向于此。

就笔者自己的个性而言，更倾向于是一个投资者，因此本书所谓投资体系的基调，总体是站在投资者立场上说的。此外，如本章第四节"世界更是可知的"中对不同层次的经验、知识的探讨，操作性投资应当成为大多数人投资体系的起点（在建立起深厚的商业洞察之前），而操作性投资很大程度上就是立足于数字和概率的精算型投资。因此，本书投资体系的面向对象实际上是投资者和精算师的融合。

我认为，不同的投资风格，其区别在底层的人格因素上来源于两点：一是性格上是保守还是激进；二是认知风格上偏向于"直觉"（intuition）还是"实感"（sensing）。保守与激进的问题在本章第三节"世界是不可知的"中已经有过讨论，这里想重点探讨的是直觉和实感这两种人格特质的区别。

刺猬与狐狸

希腊诗人阿基洛科斯有言："狐狸多知，而刺猬有一大知"。这句话的原意是，狐狸机巧百出，却不如刺猬总是用一招防御。

实际上，这里也可以用"刺猬"和"狐狸"代表两种不同的人格。"狐狸"代表百科全书式的人，知道很多东西，灵活多变，随机应变，不拘泥于固有的理论、原则、套路；而"刺猬"信奉公理、原则，追求确定的真理，希望所有事物一以贯之地遵循某套系统。

"狐狸"的底层逻辑是对经验的归纳，他喜欢说"实事求是""具体问题具体分析"；"刺猬"的底层逻辑则是对理论的演绎，他喜欢说"框架""体系""第一性原理"。

1951 年，以赛亚·柏林（Isaiah Berlin）写了一本《刺猬与狐狸》（*The Hedgehog and the Fox*）[1] 的书，讲述托尔斯泰的作品与思想，对"刺猬"和"狐狸"两种人进行了总结。

他说："刺猬是一元论者，狐狸是多元论者，刺猬型人格凡事归于某个单一的中心原理、一个逻辑连贯的体系，他们把一切归纳于某个单一、普遍、有统摄组织作用的原则，他们的人、他们的言论，必须遵循这个原则才有意义；而狐狸型人格追逐许多目的，甚至这些目的经常彼此矛盾，他们的生活、行动、观念是离心的而不是向心的，在许多层次上运动。"

美国实用主义哲学家、心理学家威廉·詹姆斯（William James）在《实用主义：某些旧思想方法的新名称》（*Pragmatism: A New Name for Some*

---

① Isaiah Berlin, *The Hedgehog and the Fox*. Orion Publishing Group, 1993.

Old Ways of Thinking)① 一书中对这两类人也有类似的描绘："在礼仪上，我们发觉有拘泥礼节的人和放任随便的人；在政治上，有独裁主义者和无政府主义者；在文学上，有修辞癖者或学院派和现实主义者；在艺术上，有古典主义者和浪漫主义者……在哲学上，我们也有极相似和对比……那就是'理性主义者'和'经验主义者'。'经验主义者'是喜爱各种各样原始事实的人，'理性主义者'是信仰抽象和永久的原则的人。任何人既不能够离开事实，也不能离开原则而生活一小时，所以，其差别不过是着重在哪一方面罢了；然而，由于各人的着重点不同，彼此之间就产生了许多非常尖锐的嫌恶感。我们将会觉得，用'经验主义者'的气质和'理性主义者'的气质来表示人们宇宙观的差别是非常方便的。这两个名词使得整个对比显得简单而有力量……理性主义始终是一元论的。它从整体和一般概念出发，最重视事物的统一性。经验主义从局部出发，认为整体是一种集聚，因此并不避讳称自己为多元论的。"

纯粹的"刺猬"更像是哲学家，热衷于钻研理论体系，用少数几个核心概念和核心原则推导万物。纯粹的"狐狸"则是投机家，他们不信赖理论和体系，而是信仰具体经验。当然，现实中，很少有人是纯粹的"刺猬"或者纯粹的"狐狸"，每个人更多是这两种人格要素的不同配比。就像詹姆斯说的："……我们大多数人在智力上都没有明确的气质，我们是两种相反气质的混合物，而每种气质都不突出。"②

直觉（intuition）和实感（sensing）

瑞士心理学家卡尔·荣格（Carl Gustav Jung）在其代表作《心理类型》（*Psychological Type*）③ 中提出了人的不同类型的心理倾向。其中，个体在收集信息时的注意力指向有直觉型（intuition）和实感型（sensing）两类。实感型的人倾向于通过各种感官去注意现实的、直接的、实际的、

---

①② ［美］威廉·詹姆斯：《实用主义：某些旧思想方法的新名称》，陈羽纶、孙瑞禾译，中国青年出版社2012年版。

③ ［瑞士］荣格：《心理类型》，吴康译，上海三联书店2009年版。

可观察的事件，而直觉型的人则对事物将来的各种可能性和事件背后隐含的意义、符号、理论更感兴趣。

"直觉"和"实感"这组人格特质的区别，大体上对应着前面所说"刺猬"和"狐狸"的区分。很大程度上，"刺猬"是偏直觉的那类人，他们关注模式、概念、可能性；而狐狸则是偏实感的那类人，他们注重实际，需要有具体的经验来激发自己思考。

实感型的人更喜欢接受能够衡量或者有证据的事物，关注真实而有形的事件，他们相信感官告诉自己的关于外界的准确信息，相信自己的经验，他们关注此时此刻。

直觉型的人喜欢去辨认和寻找事物的含义，他们重视想象力，喜欢使用隐喻和类比，他们看到一个环境就想知道它的含义和结果可能如何；相比当下，他们更注重未来，努力改变事物而不是去维持它们的现状。实感告诉我们"某物存在"，直觉则告诉我们"事物从哪里来，到哪里去"。

瑞·达里奥（Ray Dalio）也提到过这两类人：喜欢关注宏观概念的"直觉型人格"和更关注具体事实与细节的"感觉型人格"。一些人看到全局（森林），另一些人看到细节（树木）。[1]

实感是很好理解的，相对来说，直觉的机制更神秘一些。直觉有点类似于跳台滑雪：从一个地点起跳，直接越过中间的种种障碍和细节，然后俯冲降落在一个遥远的地点。中途越过的那些障碍和细节并非真的抛诸脑后，而是在无意识中以极快的速度对这些信息进行处理，并将处理结果投射到有意识的思考中，进而表现为某种"灵感"或直觉。对于直觉型的人来说，灵感就如同呼吸一样自然而重要。

就像《史记·司马相如列传》里说的："盖明者远见于未萌而智者避危于无形，祸固多藏于隐微而发于人之所忽者也。"[2]《韩非子·说林上》也有言："圣人见微以知萌，见端以知末。"[3] 这些说的，都是直觉这种能力。

---

① ［美］瑞·达里奥：《原则》，崔苹苹、刘波译，中信出版集团 2022 年版。
② 司马迁：《史记（点校本二十四史修订本）》，中华书局 2014 年版。
③ 高华平、王齐洲、张三夕：《韩非子》，中华书局 2010 年版。

此外，直觉型的人喜欢关注未来和可能性。美国人格评估与研究中心的麦克金农博士（DR. D. W. MacKinnon）在 1961 年发现，那些富有创新和开拓精神的人，无论是建筑师、作家、科学家或者数学家，几乎都是直觉型的人。

当然，并不是说直觉就优于感觉，两者各有自己更适用的场景。例如，在军事指挥中，直觉就很危险，经验主义可能是更好的策略。拿破仑对此评价说："有些人仅仅根据一个细节就能臆想或编造出完整的图景，无论具备多少优秀品质，仅此一点就注定了他们无法指挥军队。"[1]

刺猬型投资者和狐狸型投资者

对应到投资中，"刺猬"和"狐狸"是怎么样的呢？巴菲特、芒格是比较典型的"刺猬"（芒格要比巴菲特更"刺猬"），他们的投资行为是"理念驱动"的。巴菲特和芒格先有一套"正确投资"的理论体系，这个体系里包含着"买股票就是买企业""内在价值""能力圈""商业模式"护城河"安全边际""市场先生"这些第一性的核心概念，然后在这个大一统的体系下，以这些核心概念为基准，他们一以贯之地评估企业、思考投资，绝不越雷池半步。例如，他们喜欢投资"卓越企业"，而什么是"卓越企业"，它的标准即是从"内在价值"这个概念推导出来的，什么又是"内在价值"呢，它来自企业未来"自由现金流"的折现，这些观念环环相扣、一脉相承。

相反，"狐狸"型投资者觉得这些理论和概念只是一些"说法"或者"故事"，是不可靠的。"狐狸"更倾向于把股票看作是筹码，因为筹码的信号是看得见、摸得着的——比如"量价齐升"、套牢盘、换手率、资金流入流出，而所谓企业的"竞争优势""内在价值""未来自由现金流"这些东西却是看不见、摸不着的，只是一些模棱两可的可能性。

---

① ［美］伊莎贝尔·迈尔斯、彼得·迈尔斯：《天生不同：人格类型识别和潜能开发》，闫冠男译，人民邮电出版社 2016 年版。

当然，早期的巴菲特实际上"狐狸"的属性相当高。在管私募基金的那个年代，巴菲特很多投资都是套利式的，他多数时候买入股票是因为"公司市值大幅低于公司账上净运营资本"这些现实具体的理由，而不是抽象地觉得这是家"卓越公司"或有"经济护城河"之类。巴菲特自己也说，他是在遇上芒格之后，才"从猿进化成了人"，开始投资"卓越企业"。同样是把股票看作企业和生意（而不是筹码），"烟蒂企业"是偏实感的，而"卓越企业"则是偏直觉的，财务数据是实感的，而"经济护城河"是直觉的。

投资中，并非就是说"刺猬"比"狐狸"优秀，或者"刺猬"更能做好投资。实际上，由于"刺猬"必须先创设一套有关投资的"理论""体系""原则"，再把现实中的信息糅进自己的大一统的框架里，以让信息符合框架，这便可能带来以下两方面的风险：一是"刺猬"容易"扭曲"现实以适应理论。二是越抽象的理论，它的模糊性就越大，这些模糊地带只能靠"专家级"的直觉来处理，一旦"刺猬"的洞察力不足，它就可能被这种模糊性反噬。

前者比如，对于一家公司的竞争优势，"刺猬"倾向于认为企业的竞争优势在于某种"撒手锏"——比如独一无二的地理位置，这种倾向于抽象单一因子的思维方式从理论上看很美妙，但往往不符合实际情况。很多时候，公司的竞争优势来自成千上万件小事上都做出了一点小的优势，从而积累成了公司整体的强大优势。

后者比如，"刺猬"提出了一套投资理论，"在价格低于公司内在价值时买入，在价格回归公司内在价值时卖出"，摆在他眼前的，是一家过往10年平均 ROE 达 15%、净利润年复合增速 12%、当前净资产 100 亿元的公司，于是"刺猬"需要去测算这家公司的"内在价值"是多少。正常来说，公司的"内在价值"等于其未来每年能产生的自由现金流的折现值之和。但此时"刺猬"不具备预测公司未来自由现金流的能力，因而他退而求其次，用公司过去的状况类比未来，进而推算这家公司的"公允价值"大致是 180 亿元（$15\% \times 100 \times 12$，假定一家增速 12% 的公司它的合理 PE

为 12 倍）。目前这家公司的实际市值是 120 亿元，因而"刺猬"大举买入公司，因为股价显著低于"内在价值"。

但假如接下来的一年，公司的净利润不增反降，大幅下滑了 30%，市值也跟着大幅下跌到 70 亿元呢？此时"刺猬"应该作何反应？由于"刺猬"的理论是在价格低于"内在价值"时买入，在价格回归"内在价值"时卖出，而公司虽然短期利润下滑，但公司的品牌、渠道、管理团队这些"内在品质"都没有发生变化，因而其内在价值不变，所以此时"刺猬"选择继续持有。

但接下来的两三年里，公司继续上演业绩"洗澡"，此时"刺猬"终于发现，公司过往的亮丽业绩，靠的是长期的虚构交易、虚增收入。

上述例子的关键点在于，"内在价值"这样的投资理论是高度抽象的，高度抽象带来了巨大模糊，而巨大的模糊，需要极高的商业智慧来洞悉。当"刺猬"的商业直觉达不到处理模糊性所要求的水平时，他的投资便是非常危险的。

相反，如果是"狐狸"买入了这家公司，在股价下跌了 10% 的时候，他可能已经全部止损卖出了，反而少亏了很多，因为他不相信"内在价值"护城河这些抽象的说法，他宁愿相信"股价""交易量"这些看得见、摸得着的信息。

"刺猬"深刻依赖它的"撒手锏"，每次遇到危险时就蜷起身子保护自己，但正因如此，它要对自己的"撒手锏"高度谨慎，确保自己的理论体系是久经考验而靠谱的，且自己有充分的专家直觉驾驭这个理论的模糊性，否则很容易被自己的"撒手锏"反噬。在直觉力、洞察力较少的阶段，"刺猬"应当把自己的理论和原则设计得更"实感"一些，而少一些"直觉"的成分，比如，以静态低估的标准去评估投资机会。

反观"狐狸"，则应当清醒地认识到，纯粹的"随机应变"在股票投资中会导致凭着眼下的感觉做投资，而"感觉投资"是最常见的取败之道。越是"灵活"往往越是缺乏原则、越是缺乏方向，折腾了一圈之后，"狐狸"常常发现，自己还是停在原地。

投资者必须搞清楚自己更倾向于是"刺猬"还是"狐狸"，然后在此前提下，以自己的人格特点为地基，搭建自己的投资体系。否则，对于与自己个性不相匹配的体系，我们是很难去实践它、信仰它、发扬它的。此外，好的投资体系应当兼采不同路线的优点，尤其是在自己的本门功夫还没修炼到家的时候，尤其要做好均衡。

二、投资中什么行得通？

实用主义的第二个维度是投资体系、投资方法过往长期被证明有效，能带来良好的投资业绩。如果说，本章其余各节谈的更多的是"演绎"，即我们怎么从普世的规律法则中推导出合理的投资体系和方法，那么这里主要是站在"归纳"的角度来看待投资体系的问题——过往哪些投资理念和方法是被验证为有效的，作为对"演绎"思维的一种补充。

需要注意的是，我认为实用主义或者结果导向的检验只能作为一种参考和辅助，投资方法本身的合理性，即与我们普世法则、规律的融贯才是更重要的判断对错的准则。

原因在于，首先，什么样的检验才是完备的检验，这一点是比较模糊的。以时间尺度为例，对一个投资策略的回测需要多久才够？三年？五年？还是十年？实际上，按照詹姆斯·奥肖内西（James P. O'Shaughnessy）在《华尔街股市投资经典》（*What Works on Wall Street*）[①] 一书中的说法，要判断一个投资策略是否有效，最少需要 25 年的时间，多于 25 年则更好。从这个角度说，中国股市本身已有的数据不足以支持我们对投资策略的有效性做判断。

其次，也是更重要的一点，过去有效不代表未来有效，过去与未来之间始终隔着一条天堑。其核心在于，使过去的方法有效的内外部因素，未

---

① ［美］詹姆斯·P. 奥肖内西：《华尔街股市投资经典》，王丹等译，经济科学出版社 1999 年版。

来可能会发生变化，过去有效的东西可能失去了生长的土壤。我们只能说，过去有效的、行得通的东西是一种重要的参考。运气好的话，也许将来它还会一直有效下去。

Tweedy Browne 公司的研究

1984 年，为了纪念本杰明·格雷厄姆和戴维·多德（Benjamin Graham & David L. Dodd）合著的《证券分析》（*Security Analysis*）出版五十周年，哥伦比亚大学邀请巴菲特作了一场题为"格雷厄姆—多德部落的超级投资者"（The Superinvestors of Graham and Doddsville）的演讲。在这场著名的演讲中，巴菲特提到了作为"超级投资者"之一的汤姆·纳普（Tom Knapp），他是巴菲特在格雷厄姆—纽曼公司的同事。1956 年，格雷厄姆退休并解散格雷厄姆—纽曼公司后，汤姆·纳普于 1958 年和格雷厄姆的另外几个学生一起加入特威迪—布朗合伙公司（Tweedy, Browne Partners，以下简称"Tweedy Brown 公司"）。

Tweedy Brown 公司成立于 1920 年。巴菲特在演讲中提到 Tweedy Brown 公司 1968～1983 年的近 16 年间，累计投资收益率为 1161.20%，年复合收益率 20%，对应给到它的有限合伙人的收益分别为累计 936.40% 和年复合 16%，而其间标普 500 指数的年复合收益率为 7%。

1992 年，Tweedy Brown 公司发布了一份研究报告，题为《投资中什么行得通：对带来杰出回报的投资方法和投资风格的研究》（*What Has Worked in Investing：Studies of Investment Approaches and Characteristics Associated with Exceptional Returns*）。

这份报告回顾了 44 份股票领域的主流研究，其中美国股市和非美股市的研究各占一半。在这些研究的基础上，报告总结了五个被证明长期下来能带来超额收益的股票要素，而这些要素的核心，总结起来就是一点：买得便宜！

在此，我将 Tweedy Brown 公司的《投资中什么行得通》这篇报告的研究内容做下总结。

（1）低市净率①

格雷厄姆在《证券分析》②中提出：买入那些"股价≤2/3×（每股流动资产 - 每股总负债）"的公司。

例如，如果一家公司的流动资产是每股 100 美元，而每股总负债（流动负债、长期债券、优先股等）是 40 美元，那么它的净流动资产（net current assets）就是每股 60 美元，格雷厄姆会以不超过每股 40 美元的价格买入这样的公司。运用这样的方法，通过分散买入，格雷厄姆—纽曼公司在截至 1956 年的 30 年里，取得了 20% 的年复合收益率水平。

1986 年，在一篇发表在《金融分析师期刊》（*Financial Analysts Journal*）上的题为《本杰明·格雷厄姆的净流动资产法：投资业绩更新》（Ben Graham's Net Current Asset Values：A Performance Update）的文章中，作者亨利·奥本海默（Henry Oppenheimer）用 1970 年 12 月 31 日至 1983 年 12 月 31 日的包含纽约证券交易所、美国证券交易所和其他柜台市场的股票数据，检验了格雷厄姆的投资方法。格雷厄姆方法 13 年间的年复合收益率是 29.4%，而同期的 NYSE – AMEX 指数③的年复合收益率为 11.5%。1970 年 12 月 31 日，如果你拿着 100 万美元用格雷厄姆的方法投资股票，那么到 1983 年 12 月 31 日，这 100 万美元会变成约 2550 万美元，而投资于 NYSE – AMEX 指数则变成 373 万美元。

当然，在这 13 年间，格雷厄姆的方法并非总是跑赢指数。例如，1970 年 12 月 31 日至 1973 年 12 月 31 日的三年时间里，格雷厄姆方法的年复合收益率是 0.6%，跑输指数的 4.6%。

耶鲁大学管理学院教授罗格·伊博森（Roger Ibbotson）在 1986 年发布了一份研究报告，题为《纽约证券交易所 1967 – 1984 年的十分位股票组合》（*Decile Portfolios of the New York Stock Exchange*，1967 – 1984）。作者

---

① 市净率即 PB（Price-to-Book Ratio），是股票估值倍数的一种，它等于股价除以每股净资产。

② ［美］本杰明·格雷厄姆：《证券分析》，巴曙松、陈剑译，中国人民大学出版社 2013 年版。

③ NYSE – AMEX 指数即"纽交所—美交所股票指数"，是作者统计的涵盖纽约股票交易所（NYSE）、美国股票交易所（AMEX）和其他柜台市场的 645 只股票的整体价格指数。

将 1966 年 12 月 31 日至 1984 年 12 月 31 日间纽交所所有股票按市净率从低到高分成 10 个组,并分别计算它们在这 18 年间的收益率情况。结果显示,低市净率的股票显著跑赢了高市净率的股票。10 个组里市净率最低和第二低的组,年复合收益率分别为 14.36% 和 14.40%,对应期初每 1 美元投入到期末分别增长至 12.80 美元和 12.88 美元;而市净率最高的两个组,年复合收益率分别为 6.06% 和 5.26%,应对应期每 1 美元投入到期末分别增至 3.06 美元和 2.65 美元。同期纽交所指数(NYSE Index)的年复合收益率为 8.6%。

Tweedy Brown 公司的报告还列举了其他多个研究结果,包括对英国、法国、德国、日本股市的研究,这些研究结果都支持了:在比较长的时间尺度内,投资低市净率股票将获得显著更高的投资收益。

进一步,投资者可能会问,低市净率股票相比高市净率股票的高收益,是因为前者承担了更高的风险吗?约瑟夫·拉克尼肖克、罗伯特·维什尼和安德里·什雷弗(Josef Lakonishok, Robert W. Vishny and Andrei Shleifer)三位教授在其 1993 年发表的论文《逆向投资、外推和风险》(Contrarian Investment, Extrapolation and Risk)中,对这个问题进行了验证。三位作者以纽交所和美交所上市的所有股票为样本,把 1968 年 4 月 30 日至 1990 年 4 月 30 日的 264 个月分为行情最差的 25 个月、其他下跌的 88 个月、行情最好的 25 个月及剩余 122 个月,并比较不同市净率的股票在以上几类月份的分别表现。结果显示,在行情最差的 25 个月及其他 88 个下跌的月份里,低 PB 股票跑赢了高 PB 股票;在行情最好的 25 个月,低 PB 股票也击败了高 PB 股票;而在剩下 122 个月里,低 PB 股票和高 PB 股票的月度表现大体相似。总体来说,购买低 PB 股票的策略比买高 PB 股票更好。并且,低 PB 股票的更好表现在股市表现不佳的月份里更明显。低 PB 股票并没有给投资者带来更大的股价下行风险,低 PB 股票的超额收益并非来自使投资者面临更高的风险。

1993 年,诺贝尔经济学奖得主威廉·夏普(William F. Sharpe)和另两位来自瑞士联合银行的学者卡洛·卡保罗(Carlo Capaul)和伊恩·罗利（Ian Rowley）合作发表论文《价值股和成长股投资回报的国际研究》（International Value and Growth Stock Returns）。该论文比较了法国、德国、瑞士、英国、日本和美国"价值股"（低市净率股）和"成长股"（高市净率股）的投资回报，时间区间为 1981 年 1 月至 1992 年 6 月。结论是，在这 11 年时间里，以上所有国家都是价值股跑赢成长股，无论绝对收益还是风险调整后收益。

（2）低市盈率[①]

加拿大麦克马斯特大学金融学教授桑贾伊·巴苏（Sanjoy Basu）在其论文《基于市盈率的股票投资表现：对有效市场假说的检验》（Investment Performance of Common Stocks in Relations to Their Price/Earnings Ratios：A Test of the Efficient Market Hypothesis）中检验了股票市盈率和投资收益率之间的关系。他的研究覆盖了纽交所上市的约 500 只股票，从 1957 年至 1971 年的 14 年，每年按市盈率高低将股票分成五组，且每年重新排序一次，每个组合持有一年。结果显示，最低 PE 组年复合收益率 16.3%，对应期初投入的 100 万美元将变成 8282 万美元，而最高 PE 组则为 9.3%，期初的 100 万美元仅变成 347.3 万美元。

前面提及的耶鲁大学管理学院罗格·伊博森教授在《纽约证券交易所 1967~1984 年的十分位股票组合》（Decile Portfolios of the New York Stock Exchange，1967－1984）一文中同样对市盈率做了回测。作者将 1966 年 12 月 31 日至 1984 年 12 月 31 日间纽交所所有股票按市盈率从低到高分成 10 个组，并分别计算它们在这 18 年间的收益率情况。结果显示，10 个组里市盈率最低组的年复合收益率为 14.08%，对应期初每 1 美元投入到期末增长至 12.22 美元；而市盈率最高组，年复合收益率为 5.58%，应对应期初每 1 美元投入到期末增至 2.81 美元。同期纽交所指数和美国短期国库券（U.S. Treasury bills）分别为 8.6% 和 7.4%。

───────────

① 市盈率即 PE（Price-to-Earnings Ratio），是股票估值倍数的一种，它等于股价除以每股收益。

一般而言，低市盈率的股票也总是低市净率，低市盈率的股票总是有超过平均水平的股息率，而现金股息之外的留存收益（retained earnings）将被用于业务的再投资，因而留存收益增加了公司的净资产，而增加的净资产则增加了公司的内在价值，尤其是当留存收益能维持相当的生产效益时。低市盈率的公司也因此能提供更高的股息率和留存收益率。另外，市盈率或市净率更低的股票，常常此前股价经历了大幅下跌，也通常更易被高管、大股东等内部人入场收集。

亨利·奥本海默（Henry Oppenheimer）于 1984 年发表了《对本杰明·格雷厄选股标准的检验》（A Test of Ben Graham's Stock Selection Criteria）。在该文中，作者检验了格雷厄姆低市盈率选股法的投资业绩。所谓格雷厄姆的低市盈率选股法，是指买入那些盈利收益率（earnings yield）即市盈率的倒数达到 AAA 级债券收益率两倍以上且公司的总负债小于其净资产的上市公司的股票，并且对上述满足条件的股票要么一直持有两年、要么股价上涨了 50% 后卖出，视哪种情况先发生而定。亨利·奥本海默筛选了 1974 年至 1980 年每年 3 月 31 日纽交所和美交所满足格雷厄姆标准的股票，据此得出的年平均收益率（非年复合收益率）为 38%，而同期市场指数的平均收益率为 14%（含股息收入）。

高股息率、市现率等是其他一些低估值指标。迈克尔·开普勒尔（A. Michael Keppler）检验了包括澳大利亚、奥地利、比利时、加拿大、丹麦、法国、德国、中国香港、日本等在内的多个国家和地区的股票股息率与投资回报率之间的关系，时间跨度为 1969 年 12 月 21 日至 1989 年 12 月 31 日的 20 年。数据显示，收益最好的策略是投资于股息率最高的股票组，其年复合收益率为 18.49%，而股息率最低的股票组的投资回报是最差的，年复合收益率为 5.74%。同期 MSCI 指数的年复合收益率为 12.14%。

开普勒尔（A. Michael Keppler）同样也检验了全世界各国股票的市现率（股价/每股现金流）与投资回报之间的关系，时间跨度为 1970 年 1 月 31 日至 1989 年 12 月 31 日的 19 年。投资于最低市现率组股票的年复合收益率是 19.17% ，而投资于最高市现率组股票则是 4.37% ，同期 MSCI 指数的年复合收益率为 12.45% 。

（3）"内部人"大量买入

紧随公司内部人买入也能带来超额收益。所谓内部人买入，是超过一个内部人（管理层或大股东）在买入上市公司的股票，且同期内部人买入规模显著超过卖出规模。这种投资方法是假定内部人买入的公开信息出来后马上就跟随买入。

不同的学者做了不同的研究，得出了类似的结论。例如，罗格夫（Rogoff）比较了 1958 年内部人股票和市场指数的表现，发现前者的收益率是 49.6% ，后者是 29.7% ；格拉斯（Glass）统计了 1961 年至 1965 年的情况，两者收益率分别为 21.2% 和 9.5% ；德维尔（Devere）统计了 1960年至 1965 年的情况，两者收益率分别为 24.3% 和 6.1% ；杰斐（Jaffe）统计了 1962 年至 1965 年的情况，两者收益率分别为 14.7% 和 7.3% ；茨威格（Zweig）覆盖了 1974 年至 1976 年，两者收益率分别为 45.8% 和 15.3% 。

内部人大量净买入的股票有超额收益，其原因在于：一方面，内部人往往在公司股价被低估时买入；另一方面，内部人有公司的内部信息，比如新的项目、产品提价计划、降本计划、行业环境的变化及不为外人所知的隐藏资产等。

有一种内部人大量买入是公司回购自己的股票。在一篇 1985 年 4 月29 日发表于《财富》（*Fortune*）杂志的题为《回购股票，战胜市场》（Beating the Market by Buying Back Stock）的文章中，作者卡罗尔·卢米斯（Carol Loomis）挑选了 1974 年至 1983 年所有大量回购自己的股票的公司，并假定在股票回购发生后的相近日期买入，一直持有至 1984 年。其间，这些股票产生了 22.6% 的年复合收益率，大幅跑赢同期标普 500 指数 14.1%的年复合收益率水平。

一般而言，上市公司大量回购本公司股票，是由于管理层认为公司股价被显著低估。以较低折扣（相较公司内在价值）回购公司股票，可以提升股东持有的每股价值。如果管理层是公司的主要股东的话，那么公司用于回购股票的资金很大程度上就是管理层自己的钱。从这个角度来说，公司回购自己的股票也是一种内部人买入的行为。

如果股票回购的投资回报率高于公司把这笔钱配置到业务上的回报率，或者高于公司为这笔回购举债的资金利率，那么公司的每股净利润就会提升。同样，以低于净资产的价格回购公司股票，则公司剩余每股净资产会提升。

（4）股价大幅下跌

威斯康星大学教授沃纳·德邦特（Werner F. M. DeBondt）和康奈尔大学教授理查德·塞勒（Richard Thaler）在其1985年合作发表的论文《股票市场是否反应过度？》（Does the Stock Market Overreact?）中检验了过去一段时间走势最好和最差的股票接下来的回报率表现。

德邦特和塞勒选择了纽交所所有上市公司中在1932年12月31日的过去五年中表现最差的35只股票和表现最好的35只股票，以及接下来一直到1977年一共46年的每年12月31日的过去五年中表现最差的35只股票和表现最好的35只股票，一共合计46个测试。这其中，过去五年表现最差的股票，五年间平均下跌了45%，这些股票在建仓17个月后，相比市场指数平均产生了累计18%的超额收益，对应年化12.2%的超额复合收益率。过去五年表现最好的股票，相比市场指数平均则产生了累计6%的超额亏损，对应年化4.3%的超额复合亏损率。德邦特和塞勒把过去五年期表现调整为过去三年期表现之后，也得出了一致的结论。

麻省理工学院教授詹姆斯·波特巴（James M. Poterba）和哈佛大学教授劳伦斯·亨利·萨默斯（Lawrence H. Summers）在其1988年合作发表的论文《股价的均值回归：证据和含义》（Mean Reversion in Stock Prices, Evidence and Implications）中检验了是否全世界股票的回报率都倾向于向平均回报率均值回归，即当股价大幅增长之后，随之而来的就是更低的甚至负的回报率，而股价大幅下降之后，随之而来的就是正的投资回报率。两位作者统计了纽交所股票1926年至1985年的股票月度回报率，以及美国之外17个国家的股票市场（包括奥地利、法国、荷兰、西班牙、英国、日本等）从1957年至1986年的股票月度收益率。作者得出结论，在比较长的时间尺度内（如超过一年），全世界的股票回报率都倾向于向平均回报率均值回归。当前的高回报意味着未来的低回报，当前的低回报意味着未来的高回报。因此，这意味着应当买入那些股价过去显著下跌的股票。

（5）小市值公司

罗尔夫·本茨（Rolf Banz）将纽交所所有上市公司按市值大小，从1926年至1980年每年排序分组并计算投资回报，市值最大组的年复合收益率为8.9%，即期初投入1美元，到1980年末升值为108.67美元；市值最小组的年复合回报率为12.1%，期初的1美元变成期末的524美元。

马克·莱茵甘姆（Marc Reinganum）在1983年研究了纽交所及美交所所有股票从1963年至1980年的投资回报。每年初所有股票按照市值大小分成10组，结果显示，市值最小组的年平均收益率（非年复合收益率）为32.8%，期初的1美元变成46.28美元，市值最大组的年平均收益率为9.5%，期初的1美元变成4.12美元。

对于应当投资小市值公司还是大市值公司，除了Tweedy Brown公司的报告提到的这些，还有一些其他的研究可供参考。2023年，亚利桑那州立大学商学院教授亨德里克·贝森宾德（Hendrik Bessembinder）发表论文《股东的长期回报：来自全球64000只股票的证据》（Long-term Shareholder Returns：Evidence From 64,000 Global Stocks）。他统计了1990年至2020年全球主要经济体的42个市场中6万多只股票的市值变动情况，并得出结论：美国股市中，表现最好的0.25%的公司创造了市场44.3%的财富，表现最好的1%的公司则创造了70.2%的财富；非美国股市中，表现最好的0.25%的公司创造了该国市场51.2%的财富，表现最好的1%的公司则创造了90.1%的财富。在过去30年，全球63785家公司的统计样本中，有26967家（占比42.28%）创造了财富、36818家公司（占比57.72%）毁灭了财富。苹果、微软、亚马逊、谷歌、腾讯这5家公司创造了全球股市净财富增长的10%。从这个角度说，似乎应当投资于大市值公司股票，而非小市值公司股票。

之所以会产生上述结论差异，原因在于，当我们把投资小市值公司作为一种策略的时候，尽管策略的回测时间可能是数十年，但组合的持有期一般是1年，1年后重新按市值排序股票，重新调整持仓，策略长期不变，但持有的股票可能不断在变化；而当我们关注数十年时间里，哪些股票创造了财富、哪些股票消灭了财富时，我们测算的是特定股票几十年的股价和市值变化。小市值策略长期能带来超额回报，但特定的小市值公司，拉长时间看，可能是价值毁灭的。

（6）总结

Tweedy Brown 公司的报告从各项研究中总结的长期来看能带来超额收益的股票特征，如低市净率、低市盈率、高股息率、低市现率、内部人大量买入、股价大幅下跌、小市值公司，这些特征很大程度上是内在一致的。例如，低市净率、低市盈率、高股息率、低市现率经常同时出现；低市净率和低市盈率股票常常过往经历了大幅的股价下跌；这类公司也往往市值较小；公司高管和大股东常常在股价较低时大举入场收集公司的低价股票，公司自己也会因为股价低而回购股票。以上这些要素，都是一幅大的图景中的零碎拼图，而这幅图景可以被描述为：价值被低估的股票。

另外，Tweedy Brown 公司提到的这些低价策略，在大尺度测试期中的各个更小尺度的时间段内，是否总是能产生优秀的回报？这是不一定的。因此，没法说买便宜货就一定能取得好的投资回报。只能说，历史经验表明，持续买便宜的股票，长期下来，能产生超额回报。

在科学中，两个氢原子和一个氧原子总能得到水分子，但在投资中，不存在什么投资公式能让投资者在每个时期都获得超额收益。投资回报总是随着时间剧烈波动，这个时间尺度如三五年对于人类来说很长，但对于统计学来说则很短。

我们只能说，历史经验表明，存在着某种模式能让我们在长时间尺度内取得投资成功。我们投资的洞见、耐心和毅力，很大程度上取决于对这些模式的认识。

中国股市的经验

中国股市成立于 1990 年 12 月，至今仅 30 年有余。因而对投资策略的回测，其丰富性和有效性相比美股都要低很多。

董鹏飞在《基本面量化投资策略》[①] 一书中，以中国股市 1998 年至 2021 年的数据为基础，收录了过去 20 多年中国股市中表现较优的 53 个单因子指标和 31 个多因子指标，对中国股市过往经验做了比较完备和有价值的回测总结。在此简单总结书中一些结论，具体细节可直接参考该书。

① 市值因子在中国股市中的效果非常明显，市值越低，投资收益率越高。超级大盘股（年复合收益率 8.34）、大盘股（8.44%）、整体股票（10.5%）和超级小盘股（13.9%）的模拟组合滚动 5 年期的表现验证了这个道理。同时，对于这几类股票，紧接着 5 年期最差收益率的，是未来较好的 5 年期表现；紧接着 5 年期最好收益率的，是未来较差的 5 年期表现。"风水轮流转"这个道理普遍适用于书中提到的各种策略。

需注意的是，关于市值大小与投资回报的关系，我们前面提到了亨德里克·贝森宾德的研究成果，即长期来看，极少数超大市值公司创造了股市绝大多数的财富，这与此处所讲的小市值投资策略的超额收益并不矛盾，两者角度不同。对此，前面已经给出了解释，不再赘述。

② 估值越低，如市盈率、市净率、市销率、市现率（股价/每股现金流）、企业估值倍数越低，投资收益率越高。但某些估值极低的股票，表现可能不如估值稍高一些的第二、第三分位股票，要警惕"低估值陷阱"。价值股和成长股存在跷跷板效应，价值股流行时，成长股可能表现不佳，成长股流行时，价值股可能表现不佳；有无分红的股票投资业绩差异明显，应尽量选择有分红的股票。

③ 成长性指标中有效性最高的是净利润增长率。成长性中等偏上的股票表现较好，成长性最高和最低的股票表现都很差。

---

① 董鹏飞：《基本面量化投资策略》，中信出版集团 2022 年版。

④ 利润率越高，股票的投资收益率越高。毛利率的有效性高于净利率。

⑤ 经营活动现金流与营业利润比值、销售商品或提供劳务收到的现金与营业收入的比值、营业利润与利润总额的比值、利息保障倍数、应收账款周转天数是 5 个有效的危险信号，可以用来排除股票。

⑥ 资产价格变化主要源自产业的周期性变化。这种周期性变化每 3 ~ 5 年就会重复一次。股票 3 年期收益率表现出明显的反转效应。

构建一个好的投资体系

> 我相信，系统对发明者比对其他人更有用、更成功。重要的
> 是将一种方法个性化；否则，你不会有使用它的信心。[1]
>
> ——吉尔·布莱克（Gil Blake）

在第一章"投资观是世界观的延伸"中，我梳理了投资中种种莫衷一是、相互矛盾的说法，并将这些说法概括为三对基本的分歧：买股票买的是公司的股权还是用来交易的筹码？投资中应当瞄准于那些变化的东西还是不变的东西？投资中应当以保守为先还是以进取为先？

结合对气象学中的动力学和热力学问题，哲学、神经科学、控制论层面的"不可知论"和"可知论"，不同的真理观，以及投资方法的实用主义维度等方面的探讨，我提出了自己构建投资体系所基于的投资观，同时也是对上述几对基本分歧的立场：买股票是买公司"股权"，投资应尽量立足于"不变"，应当"保守"地进行投资。

本章即是对上述基本投资观的细化，并在此基础上，尝试构建一个好的投资体系，该体系的要点包括以下六点。

① 一个好的投资体系，会让我们"长期下来显著地赚到钱"，而这要求我们的体系是长寿的，可以长期运行，且体系在数学上有显著的正收益期望；

---

[1] ［美］杰克·D. 施瓦格：《金融怪杰：华尔街的顶级交易员》，戴维译，机械工业出版社2015 年版。

② 投资体系的长寿性要求我们，在投资中以保守为基本立场，以"怎么样投资一定会出局"为思考和行动的起点，这进而要求我们制定"不为清单"，并严格遵守纪律；

③ 投资的效益最终归于胜率、赔率、资金周转率和杠杆率几个要素，对这些要素的不同偏好，塑造了投资者不同的风格和方法，我将投资体系定位于公司基本面投资，并主要投资于股价向内在价值回归的过程；

④ 在投资中，对"能力—难度"问题保持敏锐，建立基础收益和超额收益两类不同的持仓，分别制定筛选和买卖的标准，在商业积累不足的阶段，从基础收益类投资做起，随着商业智慧的长期积累，再逐步提升超额收益类仓位的比例；

⑤ 感受市场水温，识别股市中 3 ~ 5 年的牛熊周期，在熊市中积累股权，在牛市中兑现；

⑥ 一以贯之执行这个投资体系，在这个体系进入"逆风期"时欣然等待并积极储备。

第一节 | 什么是好的投资体系？

一、好的投资体系会让我们"长期下来显著地赚到钱"

我们抱着求真的心态进入股市，而一个顺应了股市规律的投资体系，客观上会让我们"长期"下来"显著"地赚到钱。

先看第一个关键词——"长期"。为什么要看长期的结果呢？第一章第三节提到过投资是个"乘法游戏"。对于以自有资金投资于股票市场的投资者来说，当我们某个时刻通过投资赚到了钱，哪怕是很大一笔钱，这本身不代表我们的投资生涯就此画上了完美的句号，因为我们并不会就此退出市场。

投资赚钱总是面临着一个"然后呢？"的问题。此刻赚了钱、今年赚了钱，然后呢？在市场中继续待 10 年，这笔钱还在吗？因此，有意义的是，"长期来看"我们赚到了钱。这个"长期"是如 30 年、50 年这种时间尺度，是我们整个投资生涯。

对投资成效的评判要看"长期"的更重要的原因在于，只有在足够长的时间下，复利的惊人效应才得以显现。想象在一个 5 年的时间尺度内，A 的年收益率高达 20%，近 4 倍于过往多年沪深 300 指数的年收益率①，那么 A 初始的 1 元会增值至 2.5 元；而 B 的年收益率则逊色得多，2 倍于沪深 300 指数，为 10%，则 B 初始的 1 元将增值为 1.6 元，A 最终的投资成果约 1.5 倍于 B；但如果是 30 年的时间尺度，A 的 1 元将最终增值为 237 元，而 B 的 1 元增值为 17 元，A 最终约 14 倍于 B；如果时间拉长到 50 年，差距更是变成了 77 倍。

所以，从"顺复利法则"的角度来说，投资结果的好与不好，应当在"长期"的尺度下进行讨论。有人觉得"长期"这个词是"遮羞布"，是对短期赚不到钱的粉饰和狡辩。其实大可不必理会别人怎么看，投资是我们自己的事业，重要的是自己要清楚地知道，长期来看我的投资体系到底能不能真的为我们赚到钱。

当然，长期赚不赚钱，这个问题未必需要等到自己 30 年、50 年投资生涯的最后一秒才能算出总账、得出结论，实际上，可能 10 年下来自己心里就有数了。

长期下来赚到了钱并不意味着在长期中总是赚钱、时时赚钱。实际上，一个"必胜"的投资体系或投资方法必然以牺牲投资回报率为代价，比如把钱存银行就是必胜的，可以确保每天都赚到钱，但存款的收益率低得惊人。某种意义来说，一个好的投资体系的超额收益，一定内嵌在它的"时灵时不灵"里——否则就会有大量的人和资金涌入而摊薄这个体系的超额收益。

---

① 过去十年，沪深 300 指数不考虑分红再投因素的年复合收益率为 5.11%，数据来源于 Wind 金融终端。

我们在第一章第六节中提到，亨利·奥本海默用 1970 年 12 月 31 日至 1983 年 12 月 31 日的包含纽约证券交易所、美国证券交易所和其他柜台市场的股票数据，检验了格雷厄姆的投资方法。格雷厄姆方法 13 年间的年复合收益率是 29.4%，显著超过同期 NYSE - AMEX 指数 11.5% 的年复合收益率。但在这 13 年间，格雷厄姆的方法并非总是跑赢指数。例如，1970 年 12 月 31 日至 1973 年 12 月 31 日的 3 年间，格雷厄姆方法的年复合收益率是 0.6%，同期指数则为 4.6%。

再来看第二个关键词——"显著"。"显著"地赚到钱，或者赚到"显著"多的钱。年 5% 的收益率，即便 30 年复利滚雪球，也只增值了三四倍，100 万元的本金变成了 432 万元，对人生的助力无法让人满意。

这个"显著"具体是多少，取决于每个人的需求和能力，但它的下限和上限是比较清楚的。一般来说，我们的投资收益率需要明显高于通货膨胀率（即"M2[①] 增速 - GDP 增速"），否则我们甚至无法达到财富保值的目标。

中国的 M2 增速长期显著高于 GDP 增速，更远远高于人均可支配收入的增速。1978 年，中国的 M2 是 1159 亿元，GDP 为 3679 亿元，M2/GDP 比率为 31.5%，当时全国人口为 9.63 亿，年人均可支配收入为 171 元，从而当年居民总收入为 1647 亿元，分别占 GDP 和 M2 的 44.5% 和 140%；到了 2023 年，M2 增至 292 万亿元，GDP 为 126 万亿元，M2/GDP 比率已变为 232%，全国人口为 14.1 亿，人均可支配收入为 3.92 万元，居民总收入为 55 万亿元，分别占 GDP 和 M2 的 44% 和 19%。[②] 居民收入的增长大幅跑输 M2。

过去 20 年，中国的年通货膨胀率在 7% 左右，过去 10 年则是在 5% 左右。[③] 那么，就"显著"而言，10% 的年复合收益率可能是最低要求。此外，沪深 300 的历史年收益率（考虑分红再投资因素）也正是接近 10%[④]，

---

① M2（广义货币供应量）是全社会货币供给的一种口径，它等于流通于银行体系之外的现金加上企业存款、居民储蓄存款以及其他存款，它包括了一切可能成为现实购买力的货币形式。

②③ 以上 GDP、M2 等宏观经济数据来自国家统计局网站。

④ 沪深 300 全收益指数（即考虑分红再投资）的历史年复合收益率为 8.91%。

我们既然参与了股票投资，就应当力求跟上市场的整体增速。

上限则主要取决于投资技能和市场的内在结构，如果我们参考成熟市场百数年的历史，那么能取得20%长期（数十年）年复合收益率水平的屈指可数，已经是殿堂级的大师。一方面，人类数百年的股票投资史告诉我们，长期投资收益率的上限大概就是20%，持续50年以上年20%的收益率，全世界只有巴菲特一人，而A股市场，从业10年以上的基金经理，年收益率达到20%的一个都没有；另一方面，股票的长期投资收益率大致与投资者所投企业的ROE水平相当，而极少有企业其长期ROE能达到20%（考虑到对一个经济体而言，10%的长期GDP增速已经堪称奇迹），何况投资者投的实际上是"一篮子"股票。

有鉴于此，所谓"显著"，我认为它的区间大体是在年复合10%～20%。以15%为例，期初100万元的本金，30年后会增值为6600万元，对于提升我们的生命体验来说，这笔增值堪称"显著"了。

需要注意的是，我们设定的长期显著赚钱的年收益率目标应当略高于我们的期望收益率。原因在于，在长期的投资生涯中，我们不可避免地会遭遇极端的市场环境，比如某一年组合跌了50%或者我们的组合5～10年市值不涨。那么，在30年的投资周期里，这需要我们的收益率在目标收益率的基础上每年再抬高约3个百分点（投资年限长于30年的话这个差损还可以再往下降一降）。也就是说，如果我们的年复合收益率目标是15%，那么我们的投资体系和投资方法应当是奔着年18%的水平去的。

二、长寿性与显著的正收益期望

一个好的投资体系，应当是能帮我们在长期内显著地赚到钱的体系。自然地，这个体系蕴含着两方面的内涵：一是这个体系是"长寿"的，是一个可长期运行的体系（30～50年尺度），而不易导致我们中途早早出局；二是这个体系在数学上有显著的正收益期望。

当然，好的投资体系也需要与投资者的人格个性相匹配，否则，投资者便无法去实践、相信、信任、信仰这个体系。关于这一点，由于在第一章第三节和第六节有过相关讨论，所以在此不另行赘述。

就"长寿性"而言，这个问题的关键在于，思考它的反面，即"怎么样投资一定会失败"。在我们的语境中，"失败"意味着"永久性"地损失全部或者部分投资本金。如果我们认同"一个好的投资体系应当能长期运行"这个结论，那么我们的投资体系就应当坚决回避这些必然会导致我们失败的因素。

在第一章中我们曾提到，投资作为"乘法游戏"对亏损的敏感性，以及我们的大脑在"求真"上的缺陷，要求我们在投资中应当以"保守"为先。投资中先思考怎么样投资一定会失败，而不是先思考怎么样收益最大化，这正是保守原则的体现。

至于显著的"正收益期望"，则要求在我们的投资体系下，一个投资对象的胜率和赔率必须满足一定的内在关系，即一种不对称的能让我们占到便宜的内在关系。在竞争中，优势的根源就在于不对称性。由于"收益期望＝胜率×胜时的盈利幅度－（1－胜率）×输时的亏损幅度"，若要使收益期望显著为正，那么需要满足"胜时的盈利幅度/输时的亏损幅度"（即"盈亏比"）显著大于"1/胜率－1"。换句话说，我们需要不对称地承担风险、占便宜地承担风险，或者叫聪明地承担风险。

举一个简单的例子，有人跟我打赌抛硬币1000次，每次若硬币正面朝上，他付给我1元，若硬币反面朝上，则我付给他5毛。这对于我就是一个有显著的"正收益期望"的游戏，在这个游戏中，我们的收益与风险是不对等的。只要长久地玩下去，对方的钱会全部输给我。

当然，事情还有糟糕的一面，假如我一共只有3块钱（只够输6局的），而硬币恰巧连续抛出6次反面（这件事发生的概率只有1.6%，但确实可能发生），那么即便赌局高度有利于我，我也会"破产"出局。

正如很多投资者有正收益期望的投资系统，但他依然无法盈利，原因是他熬不过投资体系的逆风期。即使有更高的盈亏比，但是低于50%的胜率带来的连赔效应仍可能导致投资者出局。经常的情况是，一次盈利并不能覆盖之前的亏损,然后接着连亏又来了。

但无论如何,显著的正收益期望是好的投资体系的必要条件。此外,投资体系还应当尽量保守(如相比盈亏比,更看重胜率),以使自己不容易出局,投资体系的正收益期望才能显现出应有的效果。

正收益期望来自高胜率或高赔率,或两者兼而有之,而对胜率、赔率的不同倾向,塑造了不同的投资方法。这种不同,直接反映在比如我们把股票当作"股权"还是"筹码",投资于"不变"还是投资于"变化","保守"地投资还是"进取"地投资上。

以上两个要点,即投资体系的"长寿性"和"正收益期望",我们会在后续小节中进一步探讨。

第二节 | 怎么样投资一定会出局?

一个好的投资体系内含的第一个要求是,它应当能长期运行,而不易于导致我们中途被迫出局。如查理·芒格所说:"要是知道我会死在哪里就好啦,那我将永远不去那个地方。"[1] 什么样的体系能长期运行,这个问题的关键就变成了:我们怎么样投资一定会出局?

如果我们认同"一个好的投资体系应当能长期运行"这个结论,在我们的投资体系中,就应当坚决摒除这些必将导致出局的做法。

值得注意的是,当我们说怎么样投资一定会出局时,并不意味着绕开了这些做法就一定能取得理想的投资成果。不作死仅仅是投资的基本要求,就像空气和水一样,拥有空气和水并不意味着我们会活得很好,但没有空气和水的后果是显而易见的。

所谓出局,是指投资这个游戏被迫中断,我们没法继续玩下去了。我

---

[1] [美]彼得·考夫曼:《穷查理宝典:查理·芒格智慧箴言录》(全新增订本),中信出版集团 2021 年版。

想，这里有必要区分两种类型的出局。

一种出局是，外部环境本身就险象丛生，而我们无知无畏，非但不谨言慎行、如履薄冰，反而冒进求快，走上激进路线，主动降低了自己的容错率，从而使自己成了"时间的敌人"。换言之，只要时间稍一长，概率性的风险必定兑现，而由于我们毫无防备，只要风险一旦发生，我们便出了局。我把这种出局称为被"炸"出局。

另一种出局则是，由于我们在投资的过程中长期处于"无意识""无计划""无体系"的状态，与大多数其他"大众投资者"一同随波逐流，而由于股市中仅有少数个人投资者长期下来赚到了钱，从而作为"随波逐流"的一员，我们虽然不至于像前一类投资者那样"行为激进"，但依然长期处于小幅亏损或不赚钱的状态，长此以往，心灰意冷，便实质性地退出了股市。我把这种出局称为被"熬"出局。

一、"炸"出局

"炸"出局的关键是，我们主动卸下武装，赤身裸体地站在枪林弹雨中，甚至自缚手脚，主动给自己套上铁链、设起障碍。这不是投资，也不是投机，这是"寻死"。

高集中度投资

股市看上去很亲和，因为它欢迎任何人参与，不问身世出处，无须巨款或学历文凭。但就其真实面目而言，股市是异常残酷而凶险的。

从原理来说，投资面向的是未来，而未来却是不可知的，实际上我们从"不可知论"或者大脑的认知机制来说，即便过去和现在，也很大程度上是不可知的，这意味着我们要把真金白银押注在一些可能本质上不可知的事物上。未来一切都可能发生，企业会破产、老板会婚变、国家会打仗、消费潮流会改变、疫情会发生、技术路线会分岔……另外，这个市场上的参与者——人，对以上所有事物的看法和预期都是难以被准确把握的。上述一切变化，好的坏的，都会影响我们的证券账户。

从结果来说，100 个人中只有约 7 个人可以做到长期赚钱。想想看自己高考的时候考上"211"了吗，全国"211"大学的平均录取比例是 5%，寒窗苦读多年都没做到的事，如何能指望每天花点精力看看行情软件就能做到呢？何况世界上有大量的聪明人以投资为志业，他们在这件事情上投入的精力心力财力远胜我们高中时的那些对手，我们何德何能不是那"93%"呢？

股市残酷而凶险，未来的一切不确定性都可能变成子弹射向我们，我们生活在此起彼伏又无法预判的枪林弹雨中。

在这样的一种处境下，"单吊"一只股票无异于把自己裸身暴露在枪林弹雨中，时间一长，便只有中弹身亡一个结局。"单吊"的特点在于，胜败在此一举，我们只要输一次就是大输，就会彻底出局。

"单吊"的人有两种，一种人花了数年时间深研自己"单吊"的企业，对企业事无巨细如数家珍；另一类则随意得多，完全不了解自己买入的股票或公司。

对于前一种人，即便是我们深研过且真正理解的公司，实际上我们也无法确保它未来一定会一帆风顺。所谓"黑天鹅"，本身就意味着它的发生出乎我们预料，当我们"单吊"在一只股票、一个公司上，一旦遇上"黑天鹅"，我们就会出局。纳西姆·尼古拉斯·塔勒布（Nassim Nicholas Taleb）在《黑天鹅：如何应对不可预知的未来》（*The Black Swan：The Impact of the Highly Improbable*）一书中说："我们的环境比我们意识到的更为复杂。为什么？现代世界是极端斯坦，它被不经常发生及很少发生的事件所左右。它会在无数白天鹅之后抛出一只黑天鹅。"[①] 更可怕的是，即便这次"单吊"没遇上"黑天鹅"，但只要时间够长，在我们漫长的投资生涯中，下次就一定会遇上。

对于后一种人，情况就更糟糕了，假若我们并没有深研过且并不理解

---

① ［美］纳西姆·尼古拉斯·塔勒布：《黑天鹅》，万丹、刘宁译，中信出版集团 2019 年版。

我们"单吊"的公司，只要时间稍长，我们就必然会买到问题企业。还记得我们在前一章中提到的统计吗？亨德里克·贝塞姆宾德（Hendrik Bessembinder）教授的研究显示，在 1990～2020 年的美国股市中，表现最好的 0.25% 的公司创造了市场 44.3% 的财富，表现最好的 1% 的公司则创造了 70.2% 的财富；非美国股市中，表现最好的 0.25% 的公司，创造了该国市场 51.2% 的财富，表现最好的 1% 的公司则创造了 90.1% 的财富。在过去 30 年，全球 63785 家公司的统计样本中，有 26967 家（占比 42.28%）创造了财富，36818 家公司（占比 57.72%）毁灭了财富。只要我们"随机"地去投资，从概率上来说，我们一定会买入财富毁灭的公司，而不是财富创造的公司。财富毁灭的公司，或者叫问题公司，它发生"黑天鹅"的概率总是更高的，我们会说这些公司、这些行业老出"幺蛾子"。更糟的是，当我们并不懂我们"单吊"的股票或公司时，其实并不需要出现"黑天鹅"，只需要正常的股价波动或者经营业绩波动，就会把我们"炸毁"，因为我们会误以为或担心企业真的"出问题"了，而在小幅下跌时就仓皇出局。

与"单吊"类似的是高集中度投资，如仅持有 3 只股票，特别是当这几只股票属于同一个行业，高集中度投资是一种弱化版的"单吊"，因而也会面临着与"单吊"类似的困境。怎么样算是不高的集中度呢？我认为，初阶投资者，持股应当在 10 只以上（最好是 20 只以上），且单只的仓位比例不高于 20%。

高杠杆投资

高杠杆投资的特点与单吊相似。单吊相当于自卸武装裸身站在枪林弹雨中迎接子弹，而高杠杆则是我们故意把自己虐到奄奄一息然后再站到枪林弹雨中。因为当你的投资杠杆很高的时候，你的承受能力很低，轻微的波动就足以致死，甚至都不用遇上"黑天鹅"。

在股市中，公司本身没有发生什么变化而股价莫名下跌 30% 的情况是很常见的，这时如果你的杠杆是 3 倍，那你将几乎亏光本金。根据陈鹏、有知有行、罗格·伊博森（Roger Ibbotson）编写的《中国大类资产投资

2023 年报》，2004 年底至 2023 年底的近 20 年，A 股的整体波动率达到 56.98%，其中大盘股 56.33%、小盘股 64.03%。平均每 4 年 A 股就要经历一次 30% 的回撤，当市场整体下跌 30% 的时候，大量的个股可能已经下跌了 70%。

高杠杆投资的另一层含义是，我们投资的企业本身的业务杠杆很高，即高资产负债率。企业经营本身也是一种投资行为，公司管理层将公司资金投资到具体项目上，买产线、雇员工、投研发、铺销售渠道，进而以收入和利润的形式收回投资回报。所以即便我们本身的投资杠杆不高，但只要我们投资的企业高杠杆，我们的账户就已经处在脆弱的状态中。

此时，一旦外部产业周期或信贷周期导致终端产品价格下跌，就会导致企业利润大幅下跌甚至因无法偿债而破产。企业资产负债率多高算高？我认为，尽量不要投资负债率超过 50% 的企业。

我们在这里探讨的是那些"必然"会导致投资者出局的行为，因此，如果投资分散度比较高，所投高杠杆企业的仓位不高，那么即便高杠杆企业被周期波动或"黑天鹅"炸毁，也不会导致整体组合市值毁灭性下跌；而一旦所投高杠杆企业的仓位很高，我们就必定会被"炸"出局。

被迫卖出

被迫卖出主要源自资金属性的不恰当。例如，资产管理者的客户无法承受亏损，而在基金产品净值下跌时赎回，基金管理人便只能被迫卖出资产。从这个角度讲，私募基金产品的本性是非常脆弱的，一方面，它受制于清盘线①；另一方面，基金投资者会与沪深 300 指数之类的"业绩基准"进行比价，一旦基金性价比低于指数基金，投资者也会出逃。

对个人投资者来说，资金属性的不恰当导致的被迫卖出显见于以下两类情形。

---

① 行业内一般的约定是，基金产品净值跌破 0.75 的预警线，就需要采取减仓策略，要求 10 个工作日内必须将仓位减至 50% 以内，且期间只能减仓不能加仓，直至高于预警线才能加仓到 50% 以上，净值跌破 0.70，则产品直接清盘。

第一种是投资者的本钱几年后有刚性的用处，比如 3 年后需要买房结婚，那么到那时候无论账户赚没赚钱，他都需要卖出股票，而实际上，没有人能保证自己的股票在 3 年内一定能赚钱。

第二种是融资融券或场外配资带来的强制平仓机制。杠杆比例的高低则会决定我们在被"炸"时只是缺胳膊少腿还是彻底出局。在这些强制卖出的情形下，即便我们很懂我们买入的企业，我们也束手无策，只能被迫出局。

二、"熬"出局

被"熬"出局的关键是，我们靠着"感觉"在投资，而缺乏系统的章法和技巧，像股市中所有那些随波逐流的"大众"一样投资，总是在"公允"地甚至"吃亏"地承担风险。

随着时间的推移，我们的投资结果不断向"大众结局"靠拢，而在投资中，"大众结局"意味着长期不赚钱或亏损。久而久之，我们要么心灰意冷退出了股市，要么即便不退出，也不愿在股市中投入足够多的身家。

"大众"投资者普遍是"感觉"型投资者。"感觉"型投资者对投资没有意识、没有计划、没有坐标系，凭感觉进行买卖。靠感觉的意思是顺着我们人性的习惯方向思考和行动，从而凭感觉买卖的结果是，在标的的选择、时机和价格的选择上，几乎总是与"正确"方向搞反——因为"正确"方法常常是与大众人性相反的。

时间一长，我们的投资成绩就会向市场的"大众水平"靠拢，而市场的"大众水平"是什么呢？"大众水平"不等于指数水平。沪深 300 指数自 2004 年底发布以来的历史年收益率是 7%。这个水平已经很不错了，但就"大众水平"来说，实际上，93% 的个人投资者长期下来都是亏损的。

靠"感觉"投资的人，并非在"随机"或"均匀"地投资，而是深受外部主流声音的误导。这些声音蜂拥热门股而抛弃冷门股，在股市顶部看涨而在股市底部看跌，久而久之，"大众"投资者的投资行为系统性地向"买入热门股、卖出冷门股""买在狂热时、卖在恐慌时""买贵卖贱"

这种吃亏的方向偏斜。

投自己不懂的股票

投资自己不懂的股票和企业是"感觉"型投资的表现方式之一。什么叫懂什么叫不懂，这是一个艰深的值得探讨的问题，我们会在本书第四章中试着探讨这个问题，这里暂且略过不表。一般来说，不确定自己懂不懂，肯定就是不懂。当然，确信自己懂的，很多时候也只是一种幻觉。

作为结果，如果我们总是投资自己并不了解、并不理解的股票或企业，那么：首先，我们买入基本面有问题的企业的概率会大增，毕竟优秀的、总是能一帆风顺的企业少之又少，而基本面有问题的企业总是会发生"黑天鹅"和"幺蛾子"，我们则总是会亏损；其次，由于我们并不懂自己买入的企业和股票，不知道未来它的利润、现金流、ROE会不会维持目前的水平，不知道它的内在价值究竟是多少，那我们就很容易买贵，而买贵就意味着未来大概率亏损；最后，买入自己不懂的企业和股票，那股价哪怕正常范围内的稍微波动就会把我们"震"出局，因为我们不知道下跌是不是因为公司基本面真的出问题了，总想着赶紧卖了再说，波动便成了实质亏损。

泡沫中买入/恐慌中卖出

总是在泡沫中买入或总是在恐慌中卖出是"感觉"型投资的另一个基本表现。当我们凭感觉投资时，我们缺乏一个判断股票是好还是坏、是贵还是便宜、与其他潜在选项相比是优是劣的评估体系。相反，我们只能顺着股价走势去感觉它是好是坏，股价涨了就是好股、股价跌了就是坏股。于是，我们总是在股票的阶段高点买入、在阶段低点卖出，这会导致总是吃亏地承担风险、吃亏地挥霍收益，久而久之亏损积少成多，我们便成了股市的失意人。

总结来说，一个好的投资体系首要的一个基本要求是，它应当是一个长寿的体系，它需要能长期运转下去，不至于让我们中途被迫出局。通过反思"我们怎么样投资一定会出局"，这个"好的投资体系"应当严格禁止以下行为：

一是自断手脚，比如"单吊"、高杠杆投资、高仓位投资于高杠杆企业，使用不匹配的资金（如未来可能导致我们强制卖出的资金）；

二是靠感觉投资，比如投自己不懂的股票，或者总是在泡沫中买入或在恐慌中卖出等。

第三节 收益公式与投资路线

一、投资的收益公式

我们都知道，在财务上，一个企业经营得好不好，不能只看营收，甚至不能只看净利润，还要看企业取得这些营收、净利润所付出的代价是什么。例如，以多少净资产为代价取得的这些营收和利润。所以，更好的评判指标是净资产收益率（ROE，也叫股东权益报酬率）或者投入资本回报率（ROIC，其内涵和计算公式参考第四章第一节相关内容）这样的相对指标。

以净资产收益率为例，它等于年净利润/净资产，它反映了一家企业净资产的回报水平，代表着这家企业是否赚钱，以及赚钱效率如何。

如果对净资产收益率做拆解的话，那么：

$$净资产收益率 = 净利润/净资产$$
$$= (净利润/营业收入) \times (营业收入/总资产)$$
$$\times (总资产/净资产)$$
$$= 净利润率 \times 资产周转率 \times 杠杆率$$

也就是说，一家企业的经营效益取决于三个指标，分别是净利润率、资产周转率和杠杆率。

类似地，股票投资也可以从净资产回报率的角度来看，即把我们的投资业绩也拆解成投资利润率、资金周转率和杠杆率三个基本方面。实际上，企业经营本身就是一种投资行为，经营者把股东和债权人投进来的钱，通过建厂房、购置设备、招人、研发产品、生产产品、销售产品、赚取利润的方式，实现这些钱的投资。

在投资中，"周转率＝交易额/本金"，它代表着我们的投资本金在一年内周转了多少次，我们的投资周期越短，资金周转率就越高。打新股就是一种高周转的投资方式，资金周转一次可能只需要几天时间。高频交易更是如此，持仓周期极短（毫秒、秒、分钟），以极高的交易频次，捕捉微小的买卖价差，积少成多。

"杠杆率＝总资产/本金"，即通过举债（一般是向券商融资），提高投资组合的杠杆率。

"投资利润率＝投资收益/本金"。投资收益是投资的期望收益，"单笔投资的期望收益＝胜率×胜时的盈利幅度－（1－胜率）×输时的亏损幅度"，而"期望收益率＝胜率×胜时的收益率－（1－胜率）×输时的亏损率"。所以，投资的利润率取决于胜率和盈亏比。胜率就是赢的概率，而盈亏比就是赔率，也就是胜时的收益率/输时的亏损率。

综上，我们投资体系的效益，取决于胜率、赔率、资金周转率和杠杆率。

二、不同的投资路线

对于胜率、赔率、周转率、杠杆率这几个要素的不同偏好，以及对如何提升这几个要素的不同思路，塑造了投资者不同的投资方法。

投机、交易、投资和套利

首要的是区分投机、交易、套利和投资这四种行为。很多混乱，源于对这几种行为的混淆。

交易、套利或者投资，它们都与投机相对立。用本杰明·格雷厄姆的话说，"投资是以深入分析为基础，承诺本金安全，并获得适当的回报，不满足这些要求的操作就是投机"。这里，格雷厄姆所说的"投资"是广义范畴，涵盖了投资、交易、套利。因而，投机是最可辨识的，它不以深入分析为基础，不指望保障本金的安全，且期望获得不切实际的回报。

相反，投资、交易和套利都是理性的，我们深入分析，努力保障本金不受损失，力求合理回报。但是，这三者着眼的东西有显著的差异。

在股票的语境下，交易者面向的是股票的价差，交易者买入股票是为了以更高的价格卖给其他投资者，卖出股票则是为了以更低的价格买回来，因此交易者关心的是股票价格的变动方向。这正是我们在第一章中提到的，以"动力学"视角观察股票和股市——观察股价的运动过程。交易者从过去和当下股票的量价状态，推导股票未来的量价状态，而他们基于的"运动方程"是大众人心惯常的思维方式。

交易是"动力学"问题，而股价的运动是复杂的混沌动力系统。因此预测股价的变动面临很大的风险。于是，交易者运用一些方法来保护自己。

比如，交易者往往会等到股价形成趋势之后再参与进去，以提升交易的胜率，这被称为"右侧交易"。

比如，交易者需要设定止损线（如10%），以"截断亏损"，降低自己输的时候的亏损幅度，同时交易者在赢的时候不轻易止盈，而是"让利润奔跑"，从而提升交易的盈亏比，形成有利于自己的赔率优势。

比如，交易者试探性地以小仓位进行交易，一旦价格走势符合自己的预判，就加大仓位，在赚钱的时候大仓位、亏钱的时候小仓位，获取不对称的赔率优势等。

此外，相比投资，交易的周转率更高。交易寻求的是小时间尺度（一般是秒、分钟、日、周级别）下的快进快出和薄利多销；且由于是薄利，交易者常常需要借助更高的资金杠杆（券商的两融等）来放大收益。

投资的对象并不是股票的价差，投资投的是企业的基本面，投资的对象是企业的经营。投资者认为"买股票就是买生意"。股价的提升是企业的业绩成长或者经营改善的结果，如我们所说，这是个热力学问题。

如果不加以理解和区分，投资者常常会被"交易"范畴的一些概念搞混淆。比如，投资者要不要止损？要不要在股价跌破成本价10%时就坚决卖出？这其实是一种逻辑混淆，交易者由于不关注企业的业务经营，在这个前提下，交易者为了塑造出正期望值的交易体系，从而设置了止损机制，这是合理的；而投资者的面向对象是企业基本面，卖还是不卖应当从基本面本身的逻辑出发。同样，交易者也可能被"长期持有"这样的"投资"概念迷惑，投资者长期持有是为了等待股价向企业"内在价值"回归，交易者并不研究企业的"内在价值"，那么"长期持有"的逻辑是什么呢？

投资者也需要着力提高投资体系的胜率与赔率。有的投资者更看重赔率，他们的关切常常是"水大鱼大"、行业发展空间，他们往往更看重新兴的大行业里的成长股，典型的如各类科技股投资。

有的投资者更为保守，他们看重胜率甚于赔率，因而常常只关注经营前景确定的"垄断"类企业，或者给投资设定很高的"安全边际"要求。

投资的周转率往往比较低，投资的逻辑在于股价回归企业的内在价值或者企业的内在价值提升，而这个过程往往需要数年的时间，从这个层面来说，投资比交易要慢得多，也无聊得多。

投资的资金杠杆率可高可低，但最好是不要有什么杠杆，因为在股价回归的这数年过程中，谁也不能保证不会发生什么"黑天鹅"事件。按照安德烈·弗拉齐尼、大卫·卡比勒和拉斯·彼德森（Andrea Frazzini, David Kabiller & Lasse Heje Pedersen）的《巴菲特的超额收益》（Buffett's Alpha）一文，伯克希尔·哈撒韦1976~2017年的资金杠杆率为1.7倍，在此基础上其较整体股市的年超额收益率为11%，若扣除资金杠杆，则超额收益率为6%。

但须知，伯克希尔·哈撒韦的资金杠杆来自保险浮存金，1976~2017年其资金成本仅为1.72%。更重要的是，保险浮存金没有刚性卖出机制（而券商两融等资金则有平仓线），因而本质上是非常优越的杠杆资金，普通投资者是无法效仿的。

套利，则是一种特殊的投资。套利者不需要像投资者那样对企业的业务经营有深入的商业洞察，从对公司业务的商业认知来说，套利是一种低难度投资行为。

例如，由于政策制度的原因，股权一级市场和股票二级市场①，其估值倍数有显著的差异，因而，我们把一家公司从一级市场搬到二级市场，就可以确定性地取得收益回报，这就是 Pre – IPO 投资（即在企业临近上市时投资其股权）的逻辑。我们可以投资一些马上准备申报 IPO 的公司，赚取估值溢价。在这个过程中，投资者无须对这家企业的经营情况和业务前景有深入的理解，只需要确定这家公司能通过 IPO 审核，就能确保获利，这就是一种典型的制度套利。由于牵涉上市审核，这类套利的周转时间往往需要数年。

又如，打新股也是一种套利行为，它相当于弱化版的 Pre – IPO 投资，只是它的利润率更薄一些，周转率也相对更高一些。

再如，可转债的强制赎回条款套利，假设某转债的转股价为 10 元，其回售保护触发条件为股价连续 30 个交易日中至少有 20 个交易日不低于转股价的 130%，那么，当股价即将触发该条件时，上市公司为了促成强制赎回的发生，可能会采取措施拉抬股价，这时就存在提前买入股票进行套利的空间。

套利虽然不需要像投资那样，以深入理解、预判公司的业务经营为前提，但它也并非没有门槛。例如，拿到确定性很高的 Pre – IPO 项目，需要有很强的在产业中的人脉资源。同时，套利的胜率虽然较高，但由于股价变动空间有限，其赔率往往不高，所以，在胜率很高的情况下，套利往往需要结合高周转和适当的杠杆来提升收益期望。除了套利外，少有成功的投资体系建立在高周转率或高杠杆的基础上。

对于套利，巴菲特在 1964 年致巴菲特合伙公司（Buffett Partnership, Ltd.）全体合伙人的信中总结："套利投资有时间表可循。套利投资机会出现在出售、并购、重组、分拆等公司活动中。我们做套利投资不听传闻或

① 所谓一级市场股权和二级市场股票，前者是公司股份尚未在交易所公开发行的阶段，此时公司仍然是私人公司，后者是公司在交易所公开发行股份（把股份公开卖给公众）后，公司变为上市公司，股份变为股票，可以在交易所买卖。

'内幕消息'，只看公司的公告。在白纸黑字上读到了，我们才会出手。套利类投资有时也受大盘影响，但主要风险不是大盘涨跌，而是中途出现意外，预期的进展没有实现。常见的意外包括反垄断等政府干预、股东否决、税收政策限制等。许多套利类投资的毛利润看起来很低，就像我们平常生活里找哪个停车计时器还有剩余时间。但是，套利投资的确定性高、持续时间短，除去偶尔出现的重大亏损，年化收益率相当不错……在市场下跌时，套利类投资积少成多，能给我们带来很大的领先优势；在牛市中，此类投资会拖累我们的业绩。从长期看，我认为套利类能和低估类一样跑赢道指。"①

投资：变化 vs. 不变

因为动力学问题的混沌困境，笔者把投资体系的根基建立在热力学问题上。首先把股票当作公司"股权"，而非"筹码"，从而在投机、交易、投资和套利中，选择了投资和套利。

进一步，从"变化"和"不变"的视角来看，套利天然是一种立足于"不变"的投资，因为套利的核心是赚取价格从"扭曲"向"合理"回归的这段利润，"合理"正是"不变"，套利是一种典型的守株待兔式的着眼于"不变"的投资。

"投资"（狭义）则有不同的路线，有的投资者押注的是"变化"，可以称之为"变化"投资者；有的投资者押注的是"不变"，可以称之为"不变"投资者。

"变化"投资者常常是顺势投资者，他们关注变化、把握变化、顺势而为。"变化"投资者需要预判行业或企业将要发生什么样的变化，比如某家企业的收入将大增或者毛利率将大幅下降或者政府即将大力补贴某个行业，并尽力在这个变化发生之前买入或卖空股票，以"骑"上这股趋势，享受"变化"带来的收益。

在行为习惯上，"变化"投资者总是拥抱强者、抛弃弱者。因此，在

---

① 笔者根据公开信息整理。

"变化"投资中，难点就在于"竞速"，你需要比别人更早意识到企业经营将发生变化，并拥抱这一变化，一旦你后知后觉参与进来，就成了埋单者。还记得我们在第一章第六节中提到的结论吗？过往二十年，A股成长性最高的股票表现反倒是最差的。根据 Wind 提供的数据，科创50指数自基日（2019年12月31日）至2024年第一季度末的年复合收益率是 -6.18%。

"不变"投资者常常是逆势投资者。"不变"投资者的思考角度是，在瞬息万变的股票市场，有没有什么东西是不变的，而我只需要抓住这个"不变"的锚点，只要事态走向背离了这个锚点，我就可以逆向地去操作，并等待事物回归"应有状态"从而获得回报。

对"不变"投资者而言，重要的不是预判变化，而是理解什么东西是不变的，以及这个东西的不变是否牢靠。比如，长期来看企业的股价终归会回归它的"内在价值"，此时企业的内在价值就是这个"不变"的东西，因而"不变"投资者会在股价低于企业内在价值的时候买入，在股价高于企业内在价值的时候卖出。当然，企业的内在价值并非真的不变，它只是相对比较稳定，特别是一些经营比较稳定的企业。

在行为习惯上，"不变"投资者需要拥抱被抛弃者、抛弃被拥戴者。因此，在"不变"投资中，核心的难点在于：一方面，投资者需要能找到那个稳定的锚定，为了确保投资的成功，这个锚定应当是充分牢靠的，而不是镜花水月；另一方面，"不变"投资者需要对"异于大众"感到舒服，并且需要做到耐心等待，等待股价大幅偏离内在价值的机会出现，并等待它向应有的位置回归。

三、"变化"投资

投资中，典型的"变化"主要有两类：一类是产业浪潮，如过去几年新能源产业的异军突起；另一类是特定公司经营业绩的短期变化。

投资于产业浪潮、产业大势

投资于产业浪潮、产业大势是着眼于产业的大"变化"、大趋势，如产业从初生走向大爆发、从繁荣走向江河日下。投资者从宏观经济、政策方针、行业周期等角度，预判一个行业的产业趋势，进而投射到行业内企业的突飞猛进。比如，政府鼓励传统化石能源向锂电、风光等绿色能源转型，于是，新能源汽车行业迎来了巨大的发展前途，循着这个思路去提前布局生产新能源汽车的上市公司，就是很好的投资机会。事实上，宁德时代曾经在两三年的时间里涨了 10 倍，而比亚迪也在一两年的时间里涨了六七倍。

这类通过研判宏观的经济或产业趋势，进而自上而下投资具体企业的方法，可以称为"产业投资"或者"浪潮投资"。一级市场股权投资是典型的"产业投资"，当然，在二级市场，特别是科技行业，"产业投资"也很有其受众。毕竟，产业浪潮带来的高赔率诱惑太大了。

由于大多数人参与产业投资，核心看重的是这股趋势起来可能带来的高赔率，所以，这种顺趋势的产业投资方法往往是赔率优先的，投资者首先选择了一个有足够成长空间的领域进行投资，俗称"水大鱼大"。但这里面临两个挑战：一是赔率不仅要考虑胜利时向上的收益幅度，还要考虑失败时向下的亏损幅度，因此，如何解决盈亏比的问题？二是光有赔率还不行，还要考虑胜率的问题，如果胜率很低，整个投资体系的收益期望也不会高。

面对上述问题，产业浪潮投资又衍生出了不同的路线。

一是投资者不断精进产业洞察，通过"看得准"，提升胜率和赔率。所谓提升产业洞察，它的难度是极高的，特别是很多远离大众消费者的中上游科技产业，普通人包括大多数投资机构，很难去深入地学习研究，看得准很难，更别提比别人更早地看准了。因此这一条路线实际上只适用于长期浸淫在行业里的"圈内人"。投资者如果想选择这条投资道路，那就应当尽可能地向核心圈子靠拢，把全部精力都投入成为产业"圈内人"的修行中。

二是忽略胜率，转而寻求"超大"赔率，以补偿胜率的不足。由于向下亏损的空间是有限的，最大幅度为 100%。因此，只要向上的盈利幅度足够大，就可以带来"超大"赔率，当赔率足够大，胜率不足的缺陷也可以被弥补。比如早期风险投资做的就是这样的事。有的 VC 或者天使投资人能在一个项目上赚一万倍，那么其他项目胜率再低也不是问题。就像投资人刘芹说的，"干一级（股权投资）的人需要 animal spirit（动物精神）"。一级股权投资人应当相信着、渴望着这样的大爆款。但在这种投资路线下，投资者只能待在风险投资、早期投资行当里，因为二级市场股票提供不了这种超大赔率。

试想，假如风险投资投中爆款项目的胜率是 1%，那么需要投 240 个项目，才能保证大概率（90% 概率）投中一个爆款项目，而这意味着这个爆款项目需要有高达 200 多倍的收益率，才能使所有项目的整个赢面为正。由于要求 200 多倍的回报率，因此这个路线不适合二级市场的普通个人投资者。同时，投资这种超大赔率项目有很强的运气成分，综合下来，这类投资体系的收益期望是不高的，买彩票就类似于这种投资体系。

三是主动降低向上盈利的潜在幅度，以换取更高的胜率。在股市中，降低向上盈利空间以换取更高胜率的方法，是等产业趋势已经清晰可见地起来了再投资，或者产业趋势下的"胜者"已经跑出来了再投资。但这种时候，股价往往也已经涨完了，国内股市一向有"提前炒"的传统。2021 年新能源行业股票火爆的时候，券商分析师对宁德时代的业绩预测已经算到了 2060 年！等一切明朗了再参与进去，大概率就成了埋单者，不仅失去了向上的盈利空间，还收获了极高的"取败"概率。从这个角度说，在股票市场，顺趋势的产业投资很难用"赔率"换到"胜率"，你只能与别人竞速、争先，只能立足于对产业趋势的"先知先觉"，而"先知先觉"又有赖于你拥有作为"圈内人"的产业洞察。参与这种游戏的投资者一定要问问自己有没有这种禀赋。

投资于公司业绩的短期边际变化

产业浪潮投资是一种最典型的"变化"投资，然而这类投资的主战场在一级股权行业，且一级市场由于可以击鼓传花给二级市场（这是一层很厚的"安全垫"），因而在产业趋势投资方面，天然比二级市场更有优势。

　　二级市场更普遍的，是针对上市公司业绩的短期边际变化进行的"变化"投资。比如，投资者预期某上市公司下个季度营收将大幅增长，而进行买入，等业绩兑现（如季报发布）之后卖出。相比产业浪潮投资，这类投资路线面向的是企业经营中的"小趋势"，之所以叫"边际变化"，就是因为这些变化往往是短期的、细微的，如以月、季度为单位的业绩变化。

　　我们如何能预知企业业绩的短期变化呢？这就需要我们"密切跟踪"公司和行业的短期经营数据。实际上，券商卖方研究员们的工作，就主要在这些边际变化数据上，你是不是一个好的研究员，关键就在于你掌握多少这种上市公司的内部信息，而投资机构们买卖股票的主要依据，也正是这些边际变化数据。我们在第一章提到过，过去几年公募基金的年平均持股换手率约为 2.2 倍，这意味着它平均的持股天数为 5～6 个月。因此，公募基金主要是在季度业绩变化的尺度上投资股票。

　　相比长期变化，事物的短期变化往往更多地受到随机性的扰动影响。原因在于，随机性在长期内会相互抵消，从而事物的发展在长期来看会回归其本来面目；而短期内，随机性则无法相互抵消，会极大地干扰事物的呈现。比如，我们抛硬币，当我们只抛 5 次时，我们没法预测正面出现的概率，甚至有可能连着 5 次都是反面；但如果我们抛 1000 次，那我们就会看到，正面反面出现的概率基本是一半一半。

　　在企业经营中，下个季度的业绩会受很多随机因素的扰动。如经济周期会影响到消费者的收入和对公司产品的需求；如原材料价格可能波动进而影响公司的毛利率，如我们可能突然遭遇疫情，而公司产线被迫关停三个月；如本币突然贬值，从而使上市公司在境外的贷款成本大增。所以，就短期而言，公司业绩的涨跌是很难预测的。

　　更重要的是，大量的"圈内人"掌握公司业绩短期涨跌的内部信息，他们会抢跑，正如我们说的，"变化"投资的核心难点在于竞速和争胜，在于比你的对手跑得更早更快，从而很多时候，即便我们正确地预判了公司短期业绩的走向，我们也会因为预判得不够早而亏钱。短期业绩的随机性和内部人对短期业绩的可抢跑性，决定了我们普通投资者顺着公司业绩短期变化投资的胜率比较低。

而就赔率而言，由于是短期的业绩变化，它的变动上限是有限的，它不像企业长期业绩的变化因为有复利这个因素存在而可能变动成百上千倍。因而，对于面向公司业绩边际变化的顺向投资而言，赔率本身就不是它的优势，加之短期业绩的随机性和内部人对短期业绩的抢跑，这个投资体系的胜率也有很大的问题。

假如，投资于公司短期业绩边际变化的投资者，在没有持续的内幕信息的情况下，他的胜率是 60%（这已经非常高了），那么他需要投资 3 笔才能保证大概率（93.6% 的概率）能投对 1 笔；这意味着这投对的 1 笔，它赢的幅度要保证大于输的幅度的 3 倍，才能实现整个盘子的正赢面；如果亏的时候要亏 20%～30%，那么赢的时候就得赢 60%～90%，什么样的短期业绩边际变化能带来如此大的上涨呢，何况还有内部人抢跑的因素在；而如果通过止损将亏损时的幅度降到比如 10%，那么由于设置了强制卖出机制，胜率又会显著下降。因此综合来说，面向公司业绩变化的"变化"投资体系，其投资效益堪忧。

总结来说，"变化"投资，大的产业趋势适合有深入商业洞察的"圈内人"参与，对普通投资者，这很难做到；而小的经营业绩的边际变化，由于短期时间尺度内杂波扰动多，胜率低、赔率小，也不是个好的投资方式。

四、投资于"不变"

典型的"不变"投资是投资于股价向"内在价值"的回归

"不变"投资，它的核心在于找到投资中不变的东西，最常见的一条是，股价总是会向公司的"内在价值"回归的这个规律是不变的。因此，"不变"投资的一种最典型的方式是，投资于股价向"内在价值"回归的规律，即在股价显著低于"内在价值"时买入，在股价回归到"内在价值"或者产生泡沫时卖出。

那么，"不变"投资的关键点就落在了对"内在价值"的把握上。何谓"内在价值"呢？它的意思是，假定没有股价的此起彼伏，假设公司是一家非公众公司（并且以后也不会上市），基于它每年的赚钱能力（创造收入、利润、现金流、分红的能力），如果让你把整家公司100%买下来，你会出多少钱？

股票作为公司股权，它的内在价值的严谨算法是，公司未来每年的"自由现金流"的折现值之和。而所谓"自由现金流"，是指一家公司每年在不影响公司正常经营的前提下，能拿出多少钱来分给股东。自由现金流的金额，往往介于当年度公司的净利润和实际分配给股东的股息金额之间。

这是学理上看待公司内在价值的方法。但实践中，除了极少数公用事业股，我们无法真的通过这种方法计算出公司的内在价值，因为我们无法预知公司未来哪怕任何一年能产生的自由现金流，更遑论未来每一年的自由现金流了。对于越远未来的现金流，我们的把握越小。

"内在价值"的不同层次

换个思路审视公司的内在价值，我们将公司价值的来源分成三个部分。

第一部分是"资产的价值"，即公司账上的现金、存货、应收账款、机器设备、厂房等资产的静态价值。所谓静态价值，是假定这家公司没有管理层来经营，它的唯一价值来自账上拥有的这些资产，因而这家公司的价值就等于它的资产净价值，即对这些资产进行出售并扣除公司负债后所能获得的价值。当然，在评估公司资产价值的时候，并不是照单全收，而是要对资产依据其变现难度打折计算。

第二部分是公司的"盈利能力价值"。当一家公司有正常的业务经营，而不是仅有一些资产"趴"在账上，并且公司的经营创造了价值而非毁灭了价值，我们就认为这家公司拥有盈利价值。什么样的经营创造了价值？什么样的经营又毁灭了价值？如果一家公司投入资金所产生的回报甚至不能覆盖融入这些资金的成本，那么它的经营就是在毁灭价值；反之，则是创造价值。因此，并不是有利润的企业就有盈利能力价值，还需要评估公司的经营回报是否在资金成本之上。

什么样的企业能以资金成本之上的回报率为股东创造自由现金流呢？显然，这家公司需要有明显的竞争优势，否则，如果它与行业里的其他竞争对手并无差异，且行业充分竞争的话，那么假以时日，随着大量竞争者涌入，这家公司只能获得与资金成本持平（甚至低于资金成本）的盈利。一家公司的盈利价值超过资产价值的部分，正体现了它的竞争优势。

第三部分是公司的"利润增长价值"。盈利能力价值是基于公司当前的盈利水平，即假设公司当前的盈利水平能持续下去且不会发生变化，不会下滑也不会增长。那么，那些盈利水平未来能持续增长的公司，它便拥有"利润增长价值"。所谓利润增长价值，它也像盈利能力价值一样，要求公司必须有持续的竞争优势，从而经营回报能覆盖资金成本；同时，不同于盈利能力价值，有利润增长价值的公司，它的盈利水平未来还会继续增长。一家公司的利润增长价值超过盈利能力价值的部分，体现的正是其盈利水平未来的增长前景。

以上对于资产价值、盈利能力价值、利润增长价值的区分，参考自哥伦比亚大学商学院教授布鲁斯·格林沃尔德（Bruce C. N. Greenwald）在《价值投资：从格雷厄姆到巴菲特的头号投资法则》（*Value Investing：From Graham to Buffett and Beyond*）① 一书。我们会在本书第四章中对价值的上述分类再作具体的分析，并介绍其计算方式。

可以看到，资产价值、盈利能力价值和利润增长价值，其绝对价值是依次升高的，对公司的经营能力和竞争优势的要求也是依次递增的。这也意味着，我们所谓的公司的内在价值，它有不同的层次（而非"铁板"一块），从而投资于"不变"也存在着不同的路线。

---

① ［美］布鲁斯·C. N. 格林沃尔德：《价值投资：从格雷厄姆到巴菲特的头号投资法则》，草沐译，中国人民大学出版社 2020 年版。

资产价值完全基于过往和当下的财务数据；盈利能力价值主要基于过往和当下的财务数据，但也有赖于公司的竞争优势在未来能继续维持；利润增长价值则完全着眼于未来，有赖于投资者对公司未来发展的前瞻。如蒂姆·科勒（Tim Koller）在《价值评估：公司价值的衡量与管理》（*Valuation: Measuring and Managing the Value of Companies*）[①] 一书中所说，资本回报率（盈利能力）具备一定的延续性，过往数据能够预测部分未来，成长性则无法用过往数据来预测。

内在价值的以上分别，也衍生出"内在价值"投资的不同风格。有的投资者只信赖资产价值，因为资产是看得见、摸得着的，本杰明·格雷厄姆的"净流动资产法"就是一种投资于公司的资产价值的投资方法。

有的投资者愿意为无形的"盈利能力价值"和"利润增长价值"支付对价，但其中一些人更看重公司竞争优势的可持续性，即公司本身的"品质"；另一些人则偏好投资于未来业绩能保持增长的公司，即他们更看重公司的"成长性"。

投资于资产价值的优势在于，它是客观、易操作的，对投资者主观判断的要求很低，它要求投资者客观地把公司当下的资产价值进行计算然后跟股价进行比较。同时，这种买卖标准是相当保守的，因为投资者假定公司的盈利能力和利润增长能力为零。这种路线的缺点在于：一是股价显著低于资产价值的投资机会相当少见，往往只在重大的全市场危机中出现；二是如果不是全市场的重大危机，那么当一只股票的股价大幅低于它的资产价值时，很可能是因为这只股票本身确实有大问题，它未来可能会每况愈下，这会极大侵蚀投资者的胜率，因而必须结合高度分散投资；三是由于投资者把股价的回归标准设在资产价值的水平上，忽略公司的盈利能力和增长能力，从而投资的赔率明显受限。

投资于盈利能力价值和利润增长价值的投资者把公司的竞争优势、成

---

① ［美］蒂姆·科勒：《价值评估：公司价值的衡量与管理》，高建、魏平、朱晓龙等译，电子工业出版社 2007 年版。

长前景也折算在"内在价值"中，因而在这种路线下，公司的内在价值是主观的且是动态变化的，它需要随着公司未来经营状态的发展而动态调整。这就大大增加了投资者锚定内在价值的难度。

尤其是增长价值，很多公司固然能长期维持优秀的经营回报率，但它必须将赚到的利润以分红的形式派出，否则当前优秀的经营回报率大概率无法容纳越积越多的资金，因而这类回报率优秀的公司，未必能有明显的业务成长性。正因为对竞争优势的维持和增长前景的评估非常困难，如果投资者没有独特的、深厚的领域内的知识经验积累，将很难获得好的胜率。关于这一点，我们在第一章第四节中作了专门的讨论。

很大程度上，投资于公司的利润增长价值，虽然仍然是在"股价终将向公司内在价值回归"这一"不变"的逻辑框架内，但此时对"内在价值"的评估已经变成对"变化"的考量和预判了，从而归属于投资于"变化"的范畴。因此，当我们说投资于"不变"，更多是指股价向公司资产价值和盈利能力价值回归的过程。

第四节 | 投资中的难度意识

投资中把"保守"放在"进取"前面是本书第一章的几个主要结论之一。本节所讲的"难度意识"正是"保守"思维的具体体现，即把投资的胜率放在赔率前面进行考虑。

此外，本章第一节中提到，一个好的投资体系，一方面它应当是一个可以长期运行的体系，而不易于使我们中途出局，这进而衍生出我们投资体系中的"负面清单"；另一方面这个体系应当具有显著的"正收益期望"。

所谓显著的"正收益期望"，它要求在我们的投资体系下，一个投资对象的胜率和赔率必须满足一定的内在关系，即一种不对称的能让我们占到便宜的关系。我们需要不对称地、"占便宜地"承担风险，或者叫聪明地承担风险。

对于收益期望，胜率由我们的投资能力对投资难度的覆盖程度决定，投资的对象越简单、投资的能力越强，投资的胜率就越高；赔率则一定程度上取决于投资的难度，一般来说，投资的难度越大，投资的赔率越高。

提高投资体系的收益期望，要求我们在能力不足时只参与低难度投资，始终确保投资能力对投资难度的覆盖；当能力提升后，且更高的难度能带来更高的赔率时，参与中高难度投资。

一、不同难度的投资

主动投资比被动投资难

主动投资，是指自己主动买卖股票或者基金，这涉及对标的和买卖时机的主动选择。被动投资则是一种"傻瓜式"投资，投资者买入"整体股市"（如指数基金），既不择股也不择时，被动投资者关注的是获得股票这类资产的基础收益。显而易见，主动投资相比被动投资，难度更高。

在主动和被动的语境下，保守并非意味着就是被动投资。准确的说法是，当我们的投资水平与市场整体水平相比没有明显的优势时，我们应当选择被动投资，以跟上市场的整体水平；当我们的投资水平相比市场整体水平显著更高时，我们则可以选择主动投资，尝试击败市场。

美国洲际弹道导弹（ICBM）系统之父和系统工程学创始人西蒙·拉莫（Simon Ramo）曾总结过"赢家游戏"和"输家游戏"的理论，详见拉莫写的一本关于比赛策略的书——《网球庸手的高超打法》（*Extraordinary Tennis for the Ordinary Tennis Player*）。

拉莫说有两种类型的网球比赛，一种是专业比赛（pro tennis），另一种是业余比赛（ordinary tennis）。在专业比赛中，专业网球手的击球准确有力，这些球员很少失误，因此比赛得分往往来自某一方打出漂亮的制胜球（主动得分）。运动员用很大的力度或精巧的角度，迫使对方无法顺利防守。相反，在业余比赛中，优质的进攻非常少见，而非受迫性失误很常见，比赛得分总是来自双方球员的低级失误。

拉莫发现，在专业比赛中，80%的得分是"赢来"的；而在业余比赛中，80%的得分是"输掉"的。他把专业网球比赛称作"赢家游戏"，把业余网球比赛称作"输家游戏"。

美国先锋基金（The Vanguard Group）董事查尔斯·埃利斯（Charles Ellis）在他的投资著作《赢得输家的游戏》（*Winning the Loser's Game*: *Timeless Strategies for Successful Investing*）中对拉莫的"赢家游戏和输家游戏"理论加以延伸，谈到了美国投资管理行业自20世纪七八十年代以来，逐渐从一个赢家游戏变成了输家游戏，因为期间投资环境发生了显著变化。

"在20世纪五六十年代，个人投资者主导美国股市，有些专业投资经理夜以继日进行研究，一度战胜市场，但时至今日，这种情况已极为罕见。首先，互联网带来信息的迅速传递，使得投资人几乎总是获得各项同样的资讯，即使少数投资机构能建立更强大的信息系统，所获收益也会被成本吞噬。其次，个人主导市场的情况逐渐让位于机构投资人，他们的整体表现在某种意义上讲构成了市场，机构投资者想要战胜市场无疑会陷入自己战胜自己的悖论，最终不得不接受各类投资机构投资收益不如指数基金的结果。"①

实际上，赢家游戏和输家游戏的核心不在于是专业比赛还是业余比赛，而是竞争对手之间的实力差距是否悬殊。当实力悬殊时，比赛是"赢"出来的，更强、更高技巧的那一方可以主动取胜；反之，如果实力差距不大，那么比赛往往是"输"出来的，失误更少的那一方赢得比赛。

所以，并不是说专业比赛就是赢家游戏、业余比赛就是输家游戏。很多时候，专业比赛反而是输家游戏，特别是当各竞争方的实力都很强时。

NBA（National Basketball Association，美国职业篮球联赛）中有句名

---

① ［美］查尔斯·D. 埃利斯：《赢得输家的游戏》（原书第5版），王茜、笃恒译，机械工业出版社2010年版。

言：进攻赢得常规赛，防守赢得总冠军。其中的道理正是在于，在常规赛中有强队和弱队，两者彼此实力差距较大，此时比赛是赢家游戏，强队可以凭借更强的进攻火力主动取胜；而到了季后赛，特别是总决赛，参与竞争的已经没有弱队了，此时竞争双方势均力敌，比赛成了输家游戏，取胜的关键变成了"不失误"和"逼迫对手失误"，防守成为取胜之匙。

作为股票投资者，我们应当主动择股择时还是被动投资于指数基金，这个问题的回答，将主要取决于两个因素：我们所参与的市场整体上是个赢家游戏还是输家游戏？投资者自己的投资能力相比竞争对手如何？

赢家游戏和输家游戏给我们的第一个启示是：投资者要清楚自己的历史坐标，清楚自己所在的投资市场整体上是个赢家游戏还是输家游戏，以及清楚自己相比竞争对手究竟实力几何。

倘若市场整体上是个赢家游戏，而我们自己恰好是游戏里的弱势一方，那我们就需要高度警惕了，要么远离这个游戏，要么以一种更务实的态度参与游戏，如购买指数基金，把注意力放在避免失误上，要么全力精进自己的投资能力，确保自己成为赢家游戏中的优势一方。

倘若市场整体上是个输家游戏，那么此时我们应当以更谨慎的心态参与游戏，把注意力放在避免失误上。在第三章第一节中，我们将探讨 A 股是赢家游戏还是输家游戏的问题。简单的结论是，A 股目前仍是一个赢家游戏，A 股的有效性仍不高，因而这个市场仍给我们留下了进取投资和努力提升投资技能的余地。

赢家游戏和输家游戏对投资的第二个启示是：市场整体上是赢家游戏还是输家游戏是一回事，局部市场是赢家游戏还是输家游戏又是另一回事，如果投资者判断市场中仍有机会，且有信心精进自己的投资能力，那么就应当尽量让自己置身于更"赢家"的那些游戏，而回避更"输家"的那些。例如，热门股就偏向于是个输家游戏，因为热门股被大量的投资者广泛研究，你的竞争对手太强。再如，技术分析也偏向于是个输家游戏，因为技术分析一目了然，可分析的东西过少，你很难在这方面显著地超越其他人。

动力学问题比热力学问题难

有一些投资的方法属于动力学视角，如用过去的股价来推断未来的股价，如用股市前一刻的走势来推断下一刻的走势；有一些则属于热力学视角，如从企业经营的基本面推断合理的股价，或者用宏观经济、流动性的基本面推断整体股市的状态，以及股市的大尺度牛熊周期。

在第一章中，我的结论是，投资的动力学系统具有二级混沌特性，因而我们无法从过去的股价预测未来的股价（这甚至不是"难易"的问题，而是"能否"的问题），相反，投资的热力学系统则可以用简单的因果逻辑和概率思维去判断。

从投资的难度来说，我认为动力学投资比热力学投资难，即把股票当筹码比把股票当公司股权难，投资于股市的短期波动比投资于股市大尺度的牛熊周期难。

投资于"变化"比投资于"不变"难

同样是把股票当作公司股权的投资者，有的押注于变化，大的变化如产业浪潮，小的变化如上市公司经营业绩的季度月度变动；有的投资者押注的是不变，如投资于上市公司股价向其内在价值的回归，在股价低于内在价值时买入，在股价回升至内在价值之上后卖出。

投资于变化要比投资于不变更难，我们在前一节收益公式与投资路线中做过具体的讨论。

对内在价值的判断：找到优质比找到低估难，找到成长比找到优质难

我们在前面提到，公司的内在价值大致可以从三个视角去看待和评估，分别是资产的价值、盈利能力价值和成长价值。这三类价值的评估对投资者的商业洞察力要求逐次提高，因而其投资难度也逐次加大。

何谓对投资者的商业洞察力要求？一笔投资所需要的商业洞察，简单说就是，我需要对公司的业务经营和行业状况这些相关商业知识掌握到什

么程度，才能确保我做这笔买卖大概率能赚钱。

比如，某家高成长性的科技类上市公司过去 5 年快速增长，净利润年复合增长率达到 50%，市场非常看好，因而它的 PE 倍数高达 100 倍，这样一家公司，如果我要去投资它的话，我必须具备这样的商业洞察：我能确定，这家公司未来大概率能继续长期维持 50% 以上的利润增速。否则，一旦公司增速下滑，它的 PE 就会骤然下跌（以保持跟下滑后的增速相匹配），而我也会因此面临大幅亏损。显然，要下这样一个判断是很难的，因为这个世界上罕有能长期高速成长的公司，这家公司正好就是这么一家稀缺公司的概率非常低。

总体来说，判断"低估"要比判断"优秀"更容易，而判断"优秀"则比判断"成长"（意味着"越来越优秀"）容易。对应到投资，投资"价值股"（静态看很便宜）、投资"高品质股"（过往长期高 ROE、高自由现金流，且未来能维持高品质）和投资"成长股"（能在维持高品质的前提下吸纳不断增多的净资产），这三类投资的商业洞察难度依次上升，对应的投资难度也依次上升。

举个例子，有人跟你打赌，让你对街上某位体型肥胖男士的体重作一些判断，如果你的判断是正确的，你就赢钱，否则你要倒亏钱。自然，下越"简单"、越"显而易见"的判断，越有利于你赢钱。最简单的判断是："他是个胖子。"这样的判断是显而易见的，不需要你有什么独特的观察能力。

相应地，如果你说"他是个胖子，并且未来五年内他依然会是胖子"，这个判断是否正确就比较难说了。这个判断有一定的不确定性，因为我们很难知道未来五年他会不会减肥，从而导致三年后他变成一个苗条的人。但从概率上来说，肥胖的人未来依然胖的可能性总体上比较大。

作为比较，如果你的判断是，"他是个胖子，并且未来五年他会一年比一年更胖"，那么这个判断的胜算就更小了。要有把握地下这样的判断，需要额外很多的信息，如他的年龄、个性、职业、生活习惯、家庭状况等，它所需要的"洞察"陡增。

对应到投资中，判断"他是个胖子"相当于我们去判断一家公司的现状，比如相比它目前账上的净资产，它的股价是高估还是低估。对这类投资，我们并不需要什么额外的商业洞察，我们只需要会加减它报表上的资产负债就行。

判断"他是个胖子，并且未来五年内他依然会是胖子"，就相当于我们去评判一家公司的"品质"（可以用类似 ROE 或自由现金流/EBITDA 这样的指标来判断），同时，我们预判这家公司的品质（经营效率）未来仍会继续保持。这就比单纯地判断这家公司的现状（如是否静态低估）要难很多，我们需要很多商业知识和商业洞察来评估这家公司过往为什么能获得好的经营效率，以及在此基础上，这些因素未来能否继续维持。

判断"他是个胖子，并且未来五年他会一年比一年更胖"则是在判断"成长性"。我们判断一家公司的经营效率很高，且我们预判这家公司未来会比当下赚到更多的钱，以至于它的经营效率越来越高（否则就不能在吸纳越来越多净资产的情况下还维持住高效率）。这个判断之所以比前一个判断更难，其关键在于，"高品质"（如高 ROE）的维持，可以通过多种方法实现，比如如果净利润的增速能赶上 ROE，那么 ROE 就能维持，或者虽然净利润的增速不高，但我们可以通过分红把净资产分配给股东，来达到 ROE 继续维持的效果；而"成长"则无路可退，公司的经营效率必须越来越高，才能实现持续成长。

二、难度与能力

前面介绍了投资中不同行为和方法所对应的难度。概括起来讲，指数投资、投资于股市大的牛熊周期、投资低估股、投资优质股、投资于成长股、交易股价短期波动，上述投资行为的难度依次上升。

从投资的期望收益来说，好的期望收益来自投资者"聪明地承担风险"，也就是（潜在）收益足以弥补投资风险，而收益来自赔率，风险则来自投资能力对投资难度的覆盖程度，无法覆盖或覆盖不足，意味着较大的投资风险，远远足以覆盖，则意味着较小的投资风险。聪明地承担风险意味着，要么风险特别低（高胜率）、要么收益特别高（高赔率）。

投资的胜率在于能力对难度的覆盖程度，确保投资能力大于投资难度

当一个投资者对于股票、股市和上市公司业务经营都缺乏了解与认知时，如果他想参与股票投资，那么他只能投资于指数基金，并且投资策略应当是买入并长期持有或者定投并长期持有。[①] 当一个投资者对市场数年一轮的牛熊周期有所觉知，能够分辨自己所处牛市还是熊市，那么他可以在熊市时更多买入，等待数年，到牛市时卖出，但此时他的买卖标的应该仍然是市场指数。当一个投资者对于企业经营、公司价值逐渐有所认知，那么他可以在自己的认知范围内投资于个股，普通投资者应当专注于那些股价大幅低于公司内在价值的公司，而拥有独特信息优势和认知优势的特定行业的产业中人，则可以尝试投资于本行业的一些产业浪潮、产业趋势或者业内公司经营业绩的边际变化。

对于公司的内在价值，当一个投资者商业阅历不深时，他应当更多地站在静态资产的角度来评估公司的内在价值，如公司拥有的现金、存货、应收账款、机器设备、厂房等。

当一个投资者有出色的商业阅历，能够分辨哪些企业拥有稀缺的、可持续的竞争优势，那么他可以尝试为公司的盈利能力价值支付对价。

当一个投资者作为产业中人，对他所在产业的长期趋势、竞争格局或者业内公司的短期业绩波动有胜于常人的信息或者理解，能做到先知先觉时，他可以投资于产业和公司的"变化"，也就是投资于产业浪潮或者公司业绩边际变动。例如，如果我要选择一家人工智能公司来投资，我的投资要想成功，我就必须要对这个行业有深入且正确的商业洞察，比如我需要了解人工智能行业未来十年的技术趋势和技术路线，我需要了解一家人

---

① 但就 A 股而言，定投或长期持有股票指数的回报不佳，原因是 A 股长期偏贵，因而总是会买贵。

工智能公司要胜出需要具备哪些要素、行业中哪些人工智能公司会胜出，而这些，显然是非常难的商业判断。

以上不同的投资难度，其核心是投资者拥有什么水平的商业认知和商业洞察。此外，还会有一些其他的影响投资难度、能力的维度。

① 这笔投资的安全边际几何？安全边际越小的投资，投资成功的难度越高，这是显而易见的。当我买入的价格足够低，哪怕最后证明我错判了一些东西，我也可能能够全身而退甚至赚钱出局；相反，如果我买贵了，即便我的判断是对的，我也可能在中途被"震"出局。

② 这笔投资是顺向的还是逆向的？这决定了这笔投资对投资者的考验是"争先"还是"等待"。从难度来说，与别人争先比静静等待更难。因为在竞速和争先中，你要比其他大量的对手"更高、更快、更强"才能取胜，而对于等待来说，你不需要跟别人比，你只需要保持耐心。当然，保持耐心并不容易，但至少这是可以通过练习做到的。

③ 这笔投资的时间是长是短？一笔投资，你要求它短期内就赚钱获利是很难的，相较于给它足够长的时间。例如，我赌"上海未来一定会下雨"，如果这场赌局的时限是两天，那我很可能会输，但如果是一年呢，那我就一定会赢，因为上海不可能连续一年不下雨。当然，投资股票并非持有时间越长越好，尤其在中国股市的语境下，但把投资持股的预期拉长到数月以上，相比以天为单位，可以很大程度上降低投资的难度。

投资能力不足时，只参与低难度投资

由于投资的胜率取决于投资能力对投资难度的覆盖程度，因而，当我们的投资能力不足时，我们要做的是低难度投资，亦即：

① 这笔投资不需要我们有深刻的商业洞察或者有独特的信息优势；

② 我们投资的安全边际足够高，即便发生了我们未预料的意外，我们也可能全身而退；

③ 这是笔逆向投资（它所要求的就是静静等待），从而相比跟别人争抢，我有更高的取胜可能；

④ 这是笔中长期的投资，从而我不必受制于短期随机性杂波的干扰。

参照以上标准，我们可以罗列一些典型的低难度投资行为。

① 指数投资：指数投资是最典型的低难度投资，原因在于它不需要我们拥有什么商业洞察。当然，如果我们投资的是行业指数，那我们仍需要对所投行业的情况有所洞察。在投资股票指数时，选择那些编制和调仓逻辑更合理的指数（如选择红利指数），在足够便宜的时候逆向买入（如参考指数 PE、PB 的历史上下限区间），在足够贵时卖出，只专注大级别的牛熊周期，忽略短期波动。

② 烟蒂股投资：这是格雷厄姆和施洛斯的做法，比如格雷厄姆买的是市值低于股票"净流动资产"2/3 的公司股票，净流动资产则等于流动资产减去总负债。净流动资产可以直接从当下财务报表中计算出来，而不需要我们额外拥有什么关于公司业务经营的商业洞察，这正是它的"低难度"之处。但格雷厄姆的烟蒂股投资方法有其时代局限性，当下我们很难套用这样的方法，从而我们需要对"安全边际"的幅度做现实性的修正。此外，我们可以对烟蒂股的商业模式优劣（比如所属行业）做一些限制，以进一步降低我们的投资难度，比如施洛斯对烟蒂股的要求是，公司必须是"生产产品"的企业。值得注意的是，烟蒂股投资应当高度分散，否则容易被"价值陷阱"拖累。

③ 高息股投资：投资那些长期高分红的商业模式优秀的公司（需求刚性且稳定、竞争壁垒高乃至特许经营），在其低点买入，长期持有，赚取股息，不在意股价。

④ 可转债投资：可转债的低难度投资方法，会在第三章中具体介绍。

以上虽然是低难度投资，但每类投资方法都有其门道和要点，都有其必要的功课需要做，我们会在第三章中具体探讨，这里仅做简单介绍。

当能力提升后，且更高的难度能带来更高的赔率时，参与中高难度投资

当我们的投资能力不足时，我们能参与的，就只能是低难度投资。当我们的投资能力提升后，实际上，我们也应当选择低难度投资，除非提升投资难度能显著提高我们的投资赔率。此时，当我们的投资能力能够覆盖投资难度时（这永远是前提），我们就可以去挑战这些更高难度的投资。

但并非提高投资难度就会提升投资的赔率。实际上，在"投资所需的商业洞察""安全边际""顺向逆向""投资时长"这几项影响投资难度的因素中，只有"投资所需的商业洞察"这一项，属于提高它的难度能提高投资的赔率。

例如，降低投资的安全边际，在更高的价格买入公司股票，有助于我们提高投资的赔率吗？答案显然是否定的；又如，顺向投资能提高投资的赔率吗？恐怕也很难，它的道理与安全边际类似；再如，缩短投资时长能提高赔率吗？同样也不行，因为赔率需要企业的"高经营效率"在"时间复利"下积累。

但需要更高商业洞察的投资，往往确实蕴含着更高的赔率。比如，回到我们前面说的"低估""优质""成长"这三个难度阶梯上升的商业判断。

在对"低估"的投资中，我们赚的是公司市值回归到账上资产价值的水平的这段钱，比如一个账上资产净价值100亿元，而公司市值只有60亿元，那我们赚的就是这40亿元的钱。

在对"优质"的投资中，假如这家公司账上资产净价值仅100亿元，但它每年能产生20亿元的净利润，那么我们假设它未来仍能持续维持每年产出20亿元的水平，那么它合理的市值就可能是比如250亿元（假定它的WACC①是8%），此时，我们赚的是公司从目前60亿元市值涨到250亿元的这段钱。

在对"成长"的投资中，假如我们预期公司未来很长一段时间内，每年能在今年20亿元净利润的基础上保持15%的成长速度，那么这家公司的合理市值可能就不是250亿元而是300亿元以上了，此时，我们赚的是

---

① WACC（Weighted Average Cost of Capital），即加权平均资本成本，它反映一个企业通过股权和债务进行融资的平均成本。本书第四章会对WACC等公司估值相关的内容做具体介绍。

公司从目前 60 亿元市值涨到 300 亿元、400 亿元的这段钱。

因而，从评估"低估"到评估"优质"到评估"成长"，评估所需要的商业洞察越来越高，同时也带来了越来越高的投资赔率。在此基础上，如果我们的投资能力跟得上，如果我们确实拥有这笔投资所需要的商业洞察，那么我们可以去参与更高难度的投资，因为这可能为我们带来更高的投资收益。

在高难度投资中，问题的关键就落到了我们的商业洞察力上，这也正是巴菲特总是挂在嘴边的"能力圈"的概念。如果我们致力于获得超过低难度投资所能带来的收益水平，就一定要有"商业洞察"意识，不断反问自己，我作出这笔投资所必需的商业洞察是什么？我有这样的商业洞察力吗？我们必须不断修行自己的商业洞察，并确保我们的商业洞察匹配得上我们所要参与的投资难度。

例如，你有多大把握确定你所投资的公司五年后能赚到比今天更多的钱？又有多大把握确定它这五年的年复合增长率能达到 10% 呢？问问自己能清楚地回答这些问题吗。这背后支撑我们下这些判断的就是商业洞察，而这也是投资者（相交交易者），特别是面向中高难度投资的投资者，需要下终生功夫、日日精进的地方。

除了商业洞察外，其他方面我们仍然应当坚守低难度投资的原则，也就是买入时确保足够的安全边际，逆向投资，并给投资留有足够的时间、避免受短期波动干扰等。

三、两类仓位

本章第三节中讲的，投资的业绩可以拆解成投资利润率、资金周转率和杠杆率三个基本方面。投资的利润率则取决于胜率（赢的概率）和赔率（赢时的幅度/输时的幅度）。投机、交易、投资和套利的区别，主要就在于这些基本方面。

而在基本面投资的语境下，我们可以对投资收益的来源再做另一种视角的拆解：投资收益率＝股息率＋股息年增长率＋估值倍数年变动率。

这个公式蕴含着我们在本节中讨论的不同难度的投资行为，以及与之对应的不同的投资类型。

我们可以简单推导下这个公式。根据股利增长模型，公司的内在价值 $V = D1/(R - G)$。其中，D1 为公司第一年年末支付的股息，G 是股息的固定增长率，R 是股票的贴现率或者投资者的要求收益率。

这意味着，若我们以公允的价值买入股票，即以 V 的价格买入，则对价 $P = V = D1/(R - G)$，进而可得 $R = D1/P + G$，即：

$$投资收益率 = 股息率 + 股息增长率$$

这是在以公允价格买入的前提下得出的结论，当我们以低于股票内在价值的价格买入时，除了股息和股息的增长，还能再赚一道估值倍数提升的钱。因而：

$$股票的投资收益率 = 股息率 + 股息年增长率 + PE 年变动率$$

又由于：

$$股息率 = EPS × 分红比例/股价 = 净资产 × ROE × 分红比例/(净资产 × PB)$$
$$= ROE × 分红比例/PB$$

$$股息增长率 = ROE × (1 - 分红比例)$$

因而：

$$投资收益率 = ROE × 分红比例/PB + ROE × (1 - 分红比例)$$
$$+ PE 年变动率$$

注意，股息率中的 ROE、分红比例和 PB 都是指买入时的 ROE、分红比例和 PB，而股息增长率中的 ROE、分红比例则指未来持股期间公司所能达到的 ROE 和分红比例。

在上述公式中，PE 的年变动率可以独立来看，它取决于我们投资的时候是以较低的价格买入还是以较高的价格买入。例如，若期初我们以 10 倍 PE 买入，五年后 PE 变为 20 倍，则这 5 年期间，PE 的年变动率即为年增长约 15%。相反，若买入时是 20 倍，5 年后跌至 10 倍，则期间 PE 的年变动率为约 -13%。

其余影响投资回报率的要素主要是买入时的 PB、ROE、分红比例和后续持股期间的 ROE 及分红比例。其中，PB 与 PE 有内在关联，因而我们也暂时抛开不看。

进而，不考虑买入后 PE 倍数变动这个因素，参考本节前面我们对不同投资类别的投资难度的探讨，可以按照上述公式按从易到难的顺序把投资分为以下几类：

① 容易类：低 ROE、低分红比例，即低股息率、中低或低增长率。

② 较难类：高 ROE、高分红比例，即高股息率、中低或低增长率。

③ 更难类：中高 ROE、低分红比例，即低股息率、中高或高增长率。

④ 最难类：高 ROE、低分红比例，即低股息率、高增长率。

其中，容易类由于低股息率、中低或低增长率，因而除非配合很高的 PE 提升，否则，整体回报率较低；较难类和更难类的整体回报率大差不差，区别在于较难类的股息率更高一些，而更难类的股息增长率更高一些，即更难类的需要投资者对公司未来的"成长"性有一定把握；最难类的投资收益则主要来自公司未来业绩股息的成长性。

由于我们在本章第一节中提出，对于一个好的投资体系，投资者的年收益率目标是在 10%~20% 区间，因而，我将上述几类投资分为两类持仓。

第一类是基础收益类持仓，它的关键在于，这类投资对投资者的商业洞察的要求较低，我们可以单纯地从"便宜"的角度进行投资。对于这类仓位，我设定的年收益率要求是 15%。此外，除了针对个股的"便宜"型投资，我将指数投资、可转债投资等也纳入基础收益类仓位，从而基础收益类仓位的整体年收益率要求为 10%~15%。

在本书第一章第四节中，我们曾得出结论，人的感觉—操作系统可以区分出三类经验和知识。第一类是结构稳定的认知结构的内稳态，它们往往立足于人与人相似的基础身体构造，因而可以被顺利地社会化。只要我们保证操作过程得当，就能得到相同的内稳态。因而，这类知识和经验可以称作"操作型"知识和"操作型"经验，而以这类知识和经验为基础的投资，就是"操作型"投资。本书中所谓基础收益类持仓，究其实质，正是"操作型"投资。

第二类是超额收益类持仓，它的关键在于，这类投资对投资者的商业洞察有较高要求，我们需要基于公司当下及未来的竞争优势和成长性来进行投资。对于这类仓位，我设定的年收益率要求是 20%~25%。

超额收益类持仓所立足的经验和知识，是那些不稳定的认知结构（如专家的商业洞察、商业智慧）的内稳态。一个人的可重复的内稳态，如果是基于他本人的独特的神经网络，那么其他人就很难得到同样的内稳态，因而这个内稳态就没法社会化，没法转化成社会普遍的公共经验，即使他把自己得出结论的操作过程一条一条清清楚楚地写下来让别人照做也没用。因而，这类持仓可被称为"洞察型"投资。

四、两类仓位的投资方法

基础收益类仓位和操作型投资

基础收益类度仓位的投资有以下几类：

① 指数投资，如宽基指数、红利指数，参考指数历史估值区间，在低估值时买入、高估值时卖出；

② 可转债，如借助在转债存续的 5~6 年内上市公司股价极可能涨到转股价 130% 这一事实，在 100 元左右分散买入可转债，130 元左右卖出，或者用"双低"策略投资可转债（低价格、低转股溢价率）；

③ 高股息投资，投资于大概率不会衰退、能维持派息能力的公司，赚取股息，从收益率公式的角度说，这类股票的投资收益主要来自股息率；

④ 烟蒂股[①]，着眼于财务报表层面的便宜（比如 PB < 0.7），需要足

---

① 烟蒂股投资法源于本杰明·格雷厄姆，他提出的买入标准是，股价低于每股净流动资产（即每股流动资产－每股总负债）的 2/3，但这一投资标准的提出背景是 20 世纪 30 年代"大萧条"后美股大量股票跌入谷底（大萧条时道琼斯指数一度下跌达 90%），以这一标准来套用当下的 A 股甚至港股，是无法适用的，即便能筛选出一些满足此标准的股票，其投资风险也相当之大，很可能存在财务欺诈风险或公司治理风险。因此，投资者应当自己设定合理的烟蒂股投资标准，比如"PB < 0.7"等。

够分散以降低"踩雷"影响，建议分散到数十只以上，从收益率公式的角度说，这类股票的投资收益主要来自估值倍数的提升。

基础收益类仓位的投资，关键点是低价买入、分散配置和定期轮动（被动实现低买高卖）。也就是说，对于这类资产的买入和卖出都应当尽量遵循一些定量的、机械的标准，而较少掺杂个人主观判断。我们将在本书第三章中对此类投资进行具体介绍。

以可转债投资为例，在"双低"策略下，我们对可转债按照"转债价格 + 100 × 转股溢价率"（称为"双低值"）进行从低到高排序，选取最低的 10% 的转债作为初始持仓，若初始转债下滑到 20% 位置以外就调出，增补新进前 10% 的转债，循环往复。一般可以持有 20 只可转债，等权持有，轮动的频率可以是如一个月一次。若所有转债双低值的均值大于 170，或者双低值小于 130 的转债消失，则意味着转债市场被明显高估，此时应当降低转债类资产的配置仓位。

超额收益类仓位和洞察型投资

超额收益类仓位的投资则包括两类投资，其增长率、股息率和 PE 变动率的结构仅代表不同种类优质资产的侧重点所在，投资者未必需要拘泥于具体的数字。

第一类：7% 业绩增长率 + 3% ~ 5% 股息率 + 10% ~ 12% PE 年变动率 = 20% ~ 25% 年投资收益率。

此类股票一般需要达到以下要求：

- ROE 长期保持在 10% 以上，低负债率、高毛利率；
- 保持基本的成长性，未来 5 年大概率能保持 7% 以上的利润增速；
- 股息率 3% 以上；
- 低价买入，10 倍 PE 以内，股价显著低于内在价值，尽量买在过往几年股价的低位；
- 分散买入 10 只左右，单只股票仓位 3% 以下。

第二类：15% ~ 18% 业绩增长率 + 2% ~ 3% 股息率 + 5% ~ 7% PE 年变

动率＝25％年投资收益率。

此类股票一般需要达到以下要求：

- ROE长期保持20％～25％以上，低负债率、高毛利；
- 竞争优势明显的品牌消费品或医药企业；
- 行业前景好，公司业绩有望以较高速度增长；
- 公司派发股息，股息率2％以上；
- 公允价格以下买入（20倍PE以内买入，且股价低于内在价值），尽量买在过往几年股价的低位；
- 3只以内，单只股票仓位一般15％以下。

在投资生涯的早期，当投资者的商业阅历尚不足时，他应当把资金主要甚至全部配置在基础收益类仓位上。随着自己的商业智慧日积月累地积累（通过多年长期持续的商业研究、调研等），再慢慢提升超额收益类仓位的比重，比如到50％：50％。

超额收益类仓位的股票，无论是第一类还是第二类，投资者都应当抱着"股价显著低于内在价值"的思路去筛选和投资，并按照我们的要求回报率测算股票的"击球区"，即在什么价位以下买入才能使我们未来三年、五年的投资回报能达到要求水平。内在价值的估算应当尽量保守，尽量只考虑资产价值和盈利能力价值，而不要为利润增长价值埋单。

例如，假如我们得出结论，某家上市公司的内在价值大约是500亿元，投资期为5年，且我们对这笔投资的要求回报是20％，那么当下买入的市值就应当在200亿元以下，即500亿元/$(1+20\%)^5$。

值得注意的是，由于我们买入的都是股价跌到内在价值以下的股票，从而这些股票往往在跌势之中。那么，很可能，当我们买入之后，股价会继续下跌，甚至继续跌个50％，这都是正常的，这是"低价买入"型投资者的宿命。重要的是，要做好多次买入的心理准备和资金准备，确定好总仓位和总金额，分次买入，当股价继续下跌时，继续买入，而不是在最开始就把"子弹"打完。不要担心还没买完股价就起飞了，股市中永远不缺机会。这样，几年下来，我们可能已经积攒了大量的股份，且持有成本不断下行，而未来当股价小幅反弹时，我们可能就已经实现了盈利。当然，越跌越买的前提是我们对股票的内在价值要有充分的认知和把握。

关于卖出，当上市公司市值增至我们预估的合理的内在价值水平时（即股价已经从低估变为公允），此时重新对公司的内在价值进行评估，看看股价是否确实已经不便宜。同时，要考虑市场整体的氛围，指数估值是否在危险区间，投资者是否普遍洋溢着乐观的情绪。如果此时确认了股价不便宜，则对股票进行卖出，且卖出应当坚决。

对基本面投资者来说，卖出是相当不容易的，尤其当这只股票是他们在股价低谷时买来的。约翰·聂夫（John Neff）曾说："最艰难的投资决定就是卖出的决定。你对一个好股潜力的判断可能无懈可击，但如果你流连忘返，结果你将一无所得。可怕的是，太多的投资者捂股的本领达到了极致，他们的理由是持股让他们有一种成就感，尤其是当他们采用了逆向操作法获得成功的时候。如果他们卖出，他们将失去夸耀的资本。"①

要保持耐心，股价并不会在我们买入后马上就"回归"，一般这个过程需要 2 ~ 5 年时间。但这不意味着持有一只股票一定达到数年的时间（所谓长期持有），重要的是股价回归内在价值，而不是持有多久。公司内在价值的计算方式，我们会在第四章中具体介绍。

当然，有时候，当我们买入并持有一段时间后，随着对公司越来越了解，我们会发现最初对它的内在价值的理解是不着调的，或者公司后来的经营出现了实质性的恶化，背离了我们最初的买入逻辑，此时正是基本面投资者需要"止损"的时候，我们应当卖出。

值得注意的是，第二类股票往往是具有显著竞争优势的卓越公司，它们已经长期被证明拥有能力高效地配置生意中不断新增的现金流和净资产，从而投资者不必总是焦虑应当把这些新增的现金流和净资产（以分红的形式给到投资者）投到哪里去的问题。这类股票非常稀缺，而它的价格

---

① ［美］约翰·聂夫、史蒂文·明茨：《约翰·聂夫的成功投资》，吴炯、谢小梅译，机械工业出版社 2018 年版。

跌到我们买入标准的机会更是极度稀缺，常常需要多年的等待。因此，对于这类股票，不要轻易卖出，而是要尽量长期持有，除非企业经营基本面出现实质性的恶化（如原有的竞争优势已分崩离析或者行业面临永久性衰退），或者股价出现了巨大的泡沫。原因在于，卖掉这类资产，我们将面临把这些钱投资到哪里去的问题，概率上来说，我们可能把钱投到一些长期收益率不佳的二三流机会上，这是不划算的。

上述这些不同投资仓位的具体分类和指标参数的设置仅仅是参考，投资者应当根据自己的理解，找出不同投资类型的"难"与"容易"、"中高难度"和"高难度"之间的界限以及它们各自的标准与操作方法，并在使用的过程中不断更新完善。正如吉尔·布莱克所说，"系统对发明者比对其他人更有用、更成功。重要的是将一种方法个性化。否则，我们不会有使用它的信心"。

第五节　抓住股市的牛熊周期

我们在第一章第二节得出一个结论：股市的牛熊周期也是一种"不变"。这种"不变"体现在，每隔几年，股市就要经历一轮从繁荣到衰退到萧条到复苏，再从复苏到繁荣的牛熊轮回，一如春夏秋冬，四季更替。在股市萧条期买入，在繁荣期卖出，是一种投资于"不变"的方法。

根据西南证券的策略研报《论A股的周期性》的统计，A股市场周期的平均长度为42.67个月，与经济短周期——库存周期[①]41个月的平均时长一致。

理查德·塞勒和沃纳·德邦特在1985年的论文《股票市场是否反应过度？》（Does the Stock Market Overreact?）中总结：以3~5年为一个周

---

① 库存周期也称为基钦周期，最早由英国经济学家约瑟夫·基钦（Joseph Kitchin）提出，是指由于企业生产滞后于需求变化，从而使库存呈现周期性变动的一种现象。

期，一般而言，原来表现不佳的股票开始摆脱困境，而原来的赢家股票则开始走下坡路。

投资股市的牛熊周期与投资市场或者股价的短期波动不同，前者是个"热力学"问题，即股市的长期走势，反映的是经济周期和流动性周期这些基本面因素对股市的影响；后者则是个"动力学"问题，即从过往股价中预测出股价的未来变动。

当然，股市的牛熊周期并不像四季气候那样稳定和精准，因为股市周期背后的基本面并不像太阳和日地关系的变动那样稳定。人类行为的噪声会加速、拉长、延误、提前周期。但股市仍然每隔几年就要经历一轮从繁荣到衰退到萧条到复苏，再从复苏到繁荣的牛熊轮回，正如马克·吐温（Mark Twain）所说，历史不会简单地重复，但总是押着相同的韵脚。

一、股市牛熊周期的成因

股市周期的背后是经济周期和流动性周期

单只股票的内在价值等于公司未来每年可以分配给股东的自由现金流折现值之和。整体股市是所有股票的集合，因而整体股市的内在价值就是未来每年股市合计产出的自由现金流的折现值之和：

$$V = \sum_{t=1}^{\infty} \frac{投入资本 \times ROIC \times d}{(1 + rf + \beta \times 风险评价 / 风险偏好)^t}$$

其中，V 代表整体股市的内在价值。分子是股市产出的自由现金流，它由投入资本、$ROIC$（投入资本的回报率）以及有多少利润能成为自由现金流（即自由现金流系数 d）决定。分母由无风险利率（rf）和风险溢价（$\beta \times$ 风险评价①/风险偏好②）组成；无风险利率由市场流动性决定，流动性越宽松，无风险利率越低；风险溢价由股票自身的贝塔系数（β）、风险评价

---

① 风险评价：投资者在风险识别和风险估测的基础上，对风险发生的概率、损失程度等的评估。

② 风险偏好：投资者追求风险和承担风险的意愿。

以及投资者的风险偏好共同决定，投资者风险偏好越高（投资者对相同预期收益要求的风险补偿越低），则风险溢价越低。

当经济和企业盈利上行时，即企业的投入资本增加或者企业的资本回报率抬升（d 可视作相对稳定），则分子端上升，进而股市内在价值上升；反之，分子端下行，股市内在价值下行。

当流动性收紧时，无风险利率上升，同时投资者的风险评价上升，风险偏好则降低，分母端上升，进而股市内在价值下降；反之，分母端下行，股市内在价值上升。

当分子与分母的走向相矛盾时，如经济基本面上行，而流动性收紧，或者经济基本面下行，而流动性放松，则此时需要观察两者的变动幅度哪个更大，进而哪个对股市的内在价值影响更大。一般而言，分子端即经济基本面和企业盈利的周期性变化，是塑造股市周期最主要的因素。股市 3~5 年一轮的牛熊周期，其背后的分子端驱动因素是宏观经济的"库存周期"。

库存周期和其他宏观经济周期

"库存周期"也被称为"基钦周期"，是指企业"库存"驱动的宏观经济周期。中国自 1998 年以来的几轮库存周期，其平均持续时间约为 41 个月。

为什么企业库存可以驱动宏观经济的景气与萧条？因为库存代表着市场的供给与需求的此消彼长。企业的生意好，库存就消化得快，收入、利润、现金流状况就好；反之，则库存积压，企业经营面临压力。

企业的生产和需求不会完全同步，一般生产会滞后于需求的变化。在生产和需求不同步变化的时候，库存就会随之波动。有时库存的增减是企业根据价格和盈利预期主动做出的调整，有时则是市场需求波动导致的被动变化。

一轮完整的库存周期往往会经历四个阶段："被动去库存""主动补库存""被动补库存""主动去库存"。一般我们从工业企业产成品存货的同比增速来判断宏观经济是处于"补库存"还是"去库存"阶段，增速向上为"补库存"，增速向下为"去库存"。并且，企业营收与库存同升为"主动补库"，营收与库存同降为"主动去库"，营收降而库存升为"被动补库"，营收升而库存降则为"被动去库"。

营收和库存一般是同升同降，所以在一轮库存周期中，"主动补库"和"主动去库"的持续时间比较长，而当市场需求意外收缩或扩张时，才会出现"被动补库"和"被动去库"，因而这两者持续时间较短。

首先，当经济从底部开始好转，市场需求开始改善，但商品价格依然低迷，企业对未来的预期仍不乐观（企业主要根据价格信号作判断），一般不愿意扩大生产。这时，生产扩张慢，而需求增长相对较快，库存被动下降，这叫"被动去库"。

其次，当经济继续好转，市场需求逐步走强，此时由于需求"跑"得比生产快，因此商品价格逐渐抬升，企业就此对未来的预期也明显改善，开始主动扩大生产，这时虽然需求还在增长，但生产扩张更快，库存主动上升，这叫"主动补库"。

此后，当经济见顶回落，市场需求也随之开始走弱，但此时企业还没及时作出反应，还在沿着乐观预期扩大生产，库存出现被动积压，这叫"被动补库"。

最后，当经济继续回落并逐步转向衰退，市场需求也随之陷入低迷，这时企业已经觉察到需求端的变化，开始主动根据需求收缩生产、消化库存，这叫"主动去库"。

在具体分析的时候，一般用企业的产成品存货来判断存货水位，用企业的营收增速来判断生产，用PPI（生产价格指数，衡量工业企业产品出厂价格变动趋势和变动程度）来判断价格和供需状况，然后综合这几个指标判定库存周期。值得注意的是，不同行业的库存周期节奏可能是不同频的，比如中下游行业的库存周期往往领先于上游行业。

总体上，"被动去库"和"主动补库"阶段对应经济的复苏与繁荣，"主动去库"和"被动补库"对应经济的回落与萧条。历史经验表明，

"被动补库"和"被动去库"阶段,库存周期与股市表现的相关性较弱,而"主动补库"时,股市往往上行趋势明显,"主动去库"时,股市则下跌趋势明显。

2020年8月,中国经济进入"主动补库存"阶段(即繁荣阶段),需求持续走强,企业主动扩大生产。即便如此,也没从2020年8月开始往后数41个月,即到2024年1月进入新一轮的"主动补库存阶段",实现经济彻底好转,从而股市将迎来明显上行。事实上,过往五轮库存周期的时间跨度相当大,从27个月到47个月不等,41个月只是平均时长。库存周期只给我们提供一种"周期"和"反转"的思维,一旦试图精确定位,就会闹"刻舟求剑"的笑话。

除了库存周期之外,宏观经济还有一些更大持续的周期类型,比如朱格拉周期、库兹涅茨周期和康波周期等。每个周期同样包含了不同的阶段——繁荣、衰退、萧条、复苏。由于周期跨度较长,其作为分析工具的稳定性和精确性不如库存周期。

朱格拉周期一般10年左右一轮,核心驱动力是设备投资和资本开支周期。各个行业的实物资本(机器设备等)随着技术和产业升级进行定期的更新换代,进而产生了固定资产投资的周期性。

库兹涅茨周期一般15~25年一轮(通常是15年上行、5年下行),核心驱动力是房地产和基础设施建设。库兹涅茨周期是1930年美国经济学家库兹涅茨提出的,不过即便在美国,房地产周期的长短也是不稳定的。

康波周期则一般为50~60年一轮,核心驱动力是技术变革周期,20世纪20年代由苏联学者康德拉季耶夫提出,如18世纪末的纺织和蒸汽机技术、19世纪中的钢铁和铁路技术、19世纪末的电气和化工技术、20世纪中的汽车和计算机技术、20世纪90年代以来的信息技术和生物技术等。一般认为,下一轮康波周期将由新能源和人工智能技术驱动,起点则可能在21世纪30年代,并于21世纪中叶达到顶峰。康波周期的理论有其惊人的洞察力,对于解释过往全球范围内各个经济体的兴衰起伏有很大的参考意义。但由于周期跨度达五六十年,误差便也相对较大,因而这一理论不适合被用来"刻舟求剑"，即精准锚定不同周期阶段的起止时间。

二、在极寒和极热时有所行动

时空尺度与"信噪比"

数目的多寡、空间的大小、时间的长短，都可以称之为尺度。数目少、空间小、时间短称为小尺度；数目多、空间大、时间长称为大尺度。大量的现象表明，随机性一般出现在小尺度上，而规律和模式往往出现在大尺度上。正如我们无法预测地球上一粒石头未来一段时间的运动轨迹，因为我们不知道它什么时候会被谁踢一脚或者被水冲走，但我们却可以预测宇宙尺度的运动，并精确发送卫星到预定轨道。

股市的大周期总是比短期走势呈现出更稳定、清晰的模式，这里面除了热力学和动力学视角的原因外，即股市短期波动是动力学问题，有混沌特性，不可预测，而股市长期走势则受宏观经济基本面和流动性基本面的辐射，是热力学问题，因而可以用线性的因果逻辑和概率思维进行处理。另一个层面的原因在于，股市短期波动掺杂了大量市场噪声，而长期走势则具有更高的"信噪比"。

"信噪比"代表着一个系统中信号与噪声的比例。噪声会使我们对信息的捕捉、存储、传输和处理都受到干扰，因此信号和噪声的比例决定了我们能否有效地获取和使用信息。

在细微的时空维度上，噪声往往会压过信号，而当时空维度足够大，信号得以清晰呈现。典型的是历史，如果过于看重细节的话，我们会发现历史"事实"错漏百出。如《史记·周本纪》讲的"烽火戏诸侯"的故事，周幽王为博褒姒一笑，多次点燃烽火，戏弄诸侯，导致诸侯不再相信周幽王，最终西戎入侵，西周灭亡。但实际上，人工的烽火台最早在战国才出现，烽火传讯技术被普遍应用要到东汉时期了。2012 年，考古学者在一组战国竹简中找到这段历史的记录，发现西周灭国是周幽王主动攻打申国时，被申国联手其他几个诸侯国合力打败。褒姒和戏弄诸侯的桥段大概率是后人杜撰。

再如，我们所熟知的陈胜、吴广的故事，二人被征发去渔阳戍边，走到蕲县大泽乡时，因被大雨阻挠，无法按时到达目的地，依秦朝律法，他们会因此被处死。于是乎，"王侯将相，宁有种乎"，陈胜、吴广杀死押解军官，在大泽乡起义。但1975年，湖北省云梦县睡虎地秦墓中出土了一千一百多枚竹简，包括《秦律十八种》《效律》《秦律杂抄》《法律答问》《封诊式》等，按照这些竹简的记载，秦律并没有如此严苛。实际的情况是，服徭役迟到的，如果是三五天，口头批评就行；迟到六天到十天的，罚一个盾牌钱；十天以上的，罚一个甲胄的钱；没来的，也只是罚两甲；如果遇到大雨，则免罚。

历史的细节中充斥着这类噪声，让所谓"史实"的可信度大降，于是很多人对历史采取虚无主义的立场，认为所有历史都是不可信的。但如果我们拉大历史的尺度，提高历史的信噪比，我们仍然能还原出历史中很多真实的大脉络，比如王朝的兴衰更替、比如天下"分久必合，合久必分"的基本规律、比如外来文化和本地文化交融的一般模式。这就是时空尺度与信噪比的关系。

在物理学上，钚[1]这种元素的放射性衰变有非常奇特的性质，如果我们观察单个钚原子，绝对没有办法预测它什么时候分裂。也许它明天就会解体，也许一千年以后才分裂，要么它可能永远也不会衰变。一个不稳定的原子什么时候寿终正寝，我们永远也不会知道，甚至连大自然自己也不知道。然而，当我们观察大量钚原子的行为时，却可以看到一种模式：如果耐心等上两万四千年，我们会看到，其中一半的钚原子会在这段时间内衰变。[2]

———————————

① 钚是一种放射性元素，原子序数为94，元素符号为Pu，是原子能工业的一种重要材料，可作为核燃料和核武器的裂变剂。

② ［美］罗伊·古尔德：《生命是宇宙的偶然吗》，陈海滨译，上海科学技术文献出版社2022年版。

对于股市，当我们把时空尺度拉大，更清晰的模式便呈现在我们眼前。在数年和全市场的时空尺度上，投资者可以看到股市稳定、清晰的牛熊更迭的规律。

信噪比要多高，获取的信息才准确呢？这取决于接收者捕获和处理信息的能力。比如有的人耳朵非常好，信噪比较低的讲话也能听清楚，但有的人你就需要冲他大吼才行。对于 A 股，我认为比较好的观察尺度是三四年一轮回的牛熊周期，背后是我们前面提到的宏观经济的库存周期。它相当清晰，以至于在股市极热和极寒的时候，理性而训练有素的投资者都能分辨出异常的市场水温。

在股市极寒和极热的时候要有所意识并加以利用

投资于股市的牛熊周期，并非意味着要去研究宏观经济周期和流动性周期。实际上，宏观经济高度复杂，牵涉的要素千丝万缕，不是我们普通投资者可以研究清楚的，甚至连经济学家对宏观经济的预测也大多谬以千里。

我们只需要知道，宏观经济和流动性总是会呈现周期性的波动，进而股票市场也总是会周期性起伏。那么，我们只需要能辨别市场极热和极寒的时候即可。巴菲特对此说："市场十分高时和十分低时，我是知道的，其他大部分时间我也不知道市场会如何演变。"[1]

回顾最近五轮经济周期（库存周期）和股市周期，可以看到，经济周期和股市周期的稳定性相当高（见表 2-1），除当下这轮正在经济的周期外，每轮经济周期的时长相当均匀，平均为 3~4 年，市场周期时间长短差异更大，但也在 2 年 7 个月到 3 年 9 个月之间。并且，市场周期的起步和结束往往都比经济周期提前数月。从这个角度来说，3~4 年一轮的股市周期和宏观经济库存周期是投资中比较好的周期观察尺度。我们的投资体系，应当包含对这一股市牛熊周期规律的运用，在股市进入萧条和寒冷区

---

[1]　李驰：《中国式价值投资》，中国人民大学出版社 2010 年版。

间时加大对股权的储备，在股市进入景气和狂热区间时加大对股权的出售。

表2-1   过去五轮经济周期和市场周期

轮次	经济周期	市场周期
第一轮	2006.3~2009.4	2005.6~2008.10
第二轮	2009.5~2012.10	2008.10~2014.5
第三轮	2012.10~2016.1	2014.5~2016.1
第四轮	2016.2~2019.8	2016.1~2019.1
第五轮	2019.9至今	2019.1至今

资料来源：西南证券《论A股的市场周期》，Wind金融终端，2022年7月14日。

反过来说，如果不对牛熊周期加以利用，只做盲目的长期持有，甚至运气不好，做了反向操作，结果会怎么样呢？

熊市底部大幅减仓的后果是实质性的大亏，这无须多言；牛市高点大幅加仓（哪怕熬过了随后的熊市，一直没有减仓），那么即使三五年后下一轮牛市终于来了，投资者也大概率仅仅只是回了本而已，要想赚钱，要继续等待下下次牛市的到来（距离上次牛市买入是6~10年后的事了），时间成本巨大不说，有几个投资能在这么长的时间跨度内始终保持耐心等待而不主动或被动地犯错呢？

如何判断市场水温，并在股市极寒或者极热时能加以识别和利用？我们可以参考指数估值倍数、股债性价比、股市总市值/GDP、平均股价、新基金发行份额、新开证券账户数量、北上资金买入金额占比、市场换手率历史分位数、情绪标杆性指标的走势（如创业板指数走势、中证2000指数每日涨幅与沪深300指数每日涨幅之差等）、恒生AH股溢价指数（代表境内外流动性差异）、破净个股占比、创新低个股占比等。当我们将这些角度各异的指标综合起来看时，就能对市场"水温"形成一个相互印证的、大体准确的判断。以上这些指标的追踪我们会在第三章中具体介绍。

第六节 | 投资体系之总结

综合本章前述内容，我所谈论的投资体系，包含以下几个方面的内涵。

①一个好的投资体系会让我们"长期下来显著地赚到钱"，而这要求我们的体系是长寿的，可以长期运行，并且体系在数学上有显著的正收益期望；

②投资体系的长寿性要求在投资中我们以保守为基本立场，以"怎么样投资一定会出局"为思考和行动的起点，这进而要求我们制定不为清单，并严格遵守纪律；

③投资的效益最终归于胜率、赔率、资金周转率和杠杆率这几个要素，对这些要素的不同偏好，塑造了投资者不同的风格和方法，我将投资体系定位于公司基本面投资，并主要投资于股价向内在价值回归的过程；

④在投资中，对"能力—难度"问题保持敏锐，建立基础收益和超额收益两类不同的持仓，分别制定筛选和买卖的标准，在商业积累不足的阶段，从基础收益类投资做起，随着商业智慧和投资能力的长期积累，再逐步提升超额收益类仓位的比例；

⑤感受市场"水温"，识别股市中3~5年的牛熊周期，在熊市中积累股权，在牛市中兑现；

⑥一以贯之执行这个投资体系，在这个体系进入"逆风期"时欣然等待或积极储备。

长期下来显著地赚到钱

一个好的投资体系，会让投资者"长期"下来"显著"地赚到钱。之所以要长期来看（30年、50年的时间尺度），原因是投资是一个"乘法游戏"，当我们在某个时刻通过投资赚到了钱，哪怕是很大一笔钱，这本身不代表我们的投资生涯就此画上了完美的句号，因为我们并不会就此退出市场。此外，只有在足够长的时间下，复利的惊人效应才得以显现。

所谓"显著"，我认为它的区间大体为每年 10% ~ 20%。过去 20 年，中国的年通货膨胀率在 7% 左右，过去 10 年则是在 5% 左右。此外，沪深 300 的历史年收益率（考虑分红再投资因素）也正是接近 10%。那么，就"显著"而言，10% 的年复合收益率可能是最低要求。上限则取决于投资技能和市场的内在结构。人类数百年的股票投资史告诉我们，长期投资收益率的上限大概就是 20%。

需要注意的是，我们设定的长期显著赚钱的年收益率目标应当略高于我们的期望收益率。原因在于，在长期的投资生涯中，我们不可避免地会遭遇极端的市场环境，比如某一年组合跌了 50% 或者我们的组合 5 ~ 10 年市值不涨。那么，在 30 年的投资周期里，这需要我们的收益率在目标收益率的基础上每年再提高约 3 个百分点。

什么样的投资体系会让我们长期下来显著地赚到钱呢？这个体系应当蕴含以下两方面的内涵。

一是，这个体系是"长寿"的，是一个可长期运行的体系（30 ~ 50 年尺度），而不易于导致我们中途早早出局。就"长寿性"而言，这个问题的关键在于，思考它的反面，即"怎么样投资一定会失败"。

二是，这个体系在数学上有显著的正收益期望。显著的正收益期望要求在我们的投资体系下，一个投资对象的胜率和赔率必须满足一定的内在关系，即一种不对称的能让我们占到便宜的内在关系。我们需要不对称地承担风险，占便宜地承担风险。

建立负面清单并严格遵照

本章第二节总结了投资中"作死"的两种基本形式：一种是被"炸"出局，即在险象环生的投资市场中走上"激进主义"路线，主动降低自己的容错率，比如"单吊"、高杠杆、集中投资高杠杆企业或给自己套上被迫卖出的枷锁，一旦风险从概率兑现为现实，我们便立刻出局；另一种是被"熬"出局，即靠感觉投资，像股市中所有随波逐流的"大众"一样投资，总是在不利地承担风险，投资自己不懂的股票，或者总是在泡沫中买入或在恐慌中卖出，随着时间的推移，我们的投资结果不断向"大众结局"靠拢——亏钱，久而久之，我们要么心灰意冷退出了股市，要么即便不退出，也不愿投入足够的身家。

基于以上结论，我们投资体系的第一个组成部分是"不为清单"。最好把清单打印出来，贴在醒目的地方，投资前和投资中逐条对照，严格规避"高危"行为。

（1）把整个投资组合押注在一只股票或一个行业上

一般而言，投资组合应该包含 10 只以上股票、3 个以上细分行业；对于初阶投资者，分散度应当更高，一般要达到 15 只以上股票、5 个以上细分行业。

（2）高杠杆运行

避免投资组合整体杠杆率超过 150%，我个人的选择是避免任何杠杆。

（3）集中投资高杠杆企业

我个人的选择是不投资负债率超过 50% 的公司。

（4）未来有强制卖出可能

不使用 3～5 年内必须要用到的资金进行投资，不使用券商两融、场外配资、银行贷款等资金进行投资。

（5）投资自己不懂的东西，未经充分研究就买入，跟随"权威"人物买入

"懂"的门槛很高，从"不为"的角度来说，至少应当不投资自己没充分研究过的公司（商业模式、财务特征、行业前景、竞争格局、估值区间、公司治理等），不因为自己"信任"的人看好或鼓吹就买入。

（6）习惯性地在群体性乐观中买入、在群体性恐惧中卖出

我们会在第三章中探讨股票市场水温的问题，市场水温有时不是那么清晰明了，但对市场的极端水温要有所感知（参考指数估值、大众言论等），避免在大众极度狂热时买入，也避免在大众极度悲观时卖出。

投资于企业基本面，投资于股价向企业内在价值的回归

投资体系的效益，取决于胜率、赔率、资金周转率和杠杆率。对于胜率、赔率、周转率、杠杆率这几个要素的不同偏好，以及对如何提升这几个要素的不同思路，塑造了投机、交易、投资（狭义）和套利等不同的投资方法。

因为动力学系统的混沌困境，我把投资体系的根基建立在热力学问题上，把股票当作公司"股权"而非"筹码"，从而在投机、交易、投资和套利中，选择投资和套利。投资（狭义）的对象是企业的基本面，投资者认可"买股票就是买生意"。套利，则是一种特殊的投资行为，它不需要像投资者那样对企业的业务经营有深入的商业洞察，从对公司业务的商业认知来说，套利是一种低难度投资行为。

从"变化"和"不变"的视角来说，"投资"（狭义）则有不同的路线，有的投资者押注的是"变化"，有的投资者押注的是"不变"。典型的"变化"主要有两类：一类是产业浪潮，另一类是特定公司经营业绩的边际变化。前者适合有深入商业洞察的"圈内人"参与，对普通投资者，这很难做到；而后者由于短期内杂波扰动多，胜率低，赔率小，也不是个好的投资方式。因此，本章投资体系的立足点是，优先投资于"不变"，而最重要的"不变"，是公司股价总是会向"内在价值"回归的规律。

对"能力—难度"保持敏感

不同的投资行为和投资方法对应不同的难度，如被动投资（指数投资和资产配置）、投资于股市大的牛熊周期、投资低估股（或高息股）、投资于高品质股、投资于成长股、交易股价短期波动，上述投资行为的难度和失败概率依次上升。

投资的胜率在于能力对难度的覆盖程度，我们应当确保自己的投资能力远大于投资的难度。因而，当我们投资能力不足时，我们能参与的就只能是低难度投资。当我们的投资能力足够高时（比如我们对某些行业、某些股票积累了充分的商业感觉、掌握了相对全面的信息），同时提升难度又能够显著地提高我们投资的赔率时，我们就可以去挑战那些更难的投资。

具体而言，投资者需要对所投市场的有效性有基本的判断。市场有效性如何？是高度有效还是基本无效？若市场高度有效，那么作为投资者，我们大体上只能被动投资和赚资产配置的钱；若市场相当无效，那么在资产配置之外，我们还有机会赚取"专业能力"的钱（前提是我们通过长期深度练习获得了超越市场整体水平的专业能力——主要是指商业洞察力）。我认为，以 A 股为例，当下的 A 股市场处于从无效市场向弱有效市场过渡的阶段，仍属于"赢家游戏"，投资者应当抓住时间窗口，努力精进专业，立志获取超额收益。这一点将在第三章中具体讨论。

但作为对个人专业能力的风控，特别是在投资生涯的初期，投资者应当以被动投资和资产配置为底色，组建均衡分散的投资组合，并定期再平衡。在此前提下，精进自身投资能力和商业阅历，获取超额收益，如对股市牛熊周期择时的能力、对股票定价错误的识别能力、对行业和企业发展前景的洞察力等。并且，我们迈出的步子应当严格与自身的专业能力相匹配，由易至难，如个股投资可以从高息股开始，进而向商业模式优秀、护城河宽阔的高品质股延伸，进而再涉足成长股投资。放眼未来，倘若市场的有效性快速提升，进入半强有效的阶段，此时，我们或许要考虑全面切换至被动投资和资产配置。

设置基础收益类仓和超额收益类仓，根据自己的商业洞察能力，匹配两类持仓的比例

从投资收益的来源来说，投资收益率 = 股息率 + 股息年增长率 + 估值倍数年变动率。一个好的投资体系的年收益率目标应当在 10% ~ 20% 区间，可以基于投资的收益来源，将投资分为两类仓位。

第一类是基础收益类持仓，它的关键在于，这类投资对投资者的商业洞察的要求较低，我们可以单纯地从"便宜"的角度进行投资。对于这类

仓位，我设定的年收益率要求是15%。此外，除了针对个股的"便宜"型投资，我将指数投资、可转债投资等也纳入基础收益类仓位，从而基础收益类仓位的整体年收益率要求为10%~15%。

第二类是超额收益类持仓，它的关键在于，这类投资对投资者的商业洞察有较高要求，我们需要基于公司当下和未来的竞争优势（ROE）和成长性（ROE和分红比例）来进行投资。对于这类仓位，我设定的年收益率要求是20%~25%。

基础收益类仓位的投资包括：指数投资、可转债投资、稳健类高股息投资、烟蒂股投资等。

基础收益类仓位的投资，关键点是低价买入、分散配置和定期轮动（被动实现低买高卖）。也就是说，对于这类资产的买入和卖出都应当尽量遵循一些定量的、机械的标准，而较少掺杂个人主观判断。

超额收益类仓位的投资则包括两类投资，其增长率、股息率和PE变动率的结构仅代表不同种类优质资产的侧重点所在，投资者未必需要拘泥于具体的数字：一类是7%左右的业绩年增长率（即业绩可以维持一定的基本增速），辅以3%~5%的初始股息率，以及10%~12%的PE年增长率，进而对应20%~25%的年投资收益率；另一类是15%~18%的业绩年增长率（即业绩有望高速增长），辅以2%~3%的初始股息率，以及5%~7%的PE年增长率，进而对应25%左右的年投资收益率。

在投资生涯的早期，当投资者的商业阅历尚不足时，应当把资金主要甚至全部配置在基础收益类仓位上。随着自己的商业智慧不断地积累，再慢慢提升超额收益类仓位的比重。

超额收益类仓位的股票，投资者都应当抱着"股价显著低于内在价值"的思路去筛选和投资，并按照我们的要求回报率测算股票的"击球区"。

由于我们买入的都是股价跌到内在价值以下的股票，从而这些股票往往在跌势之中。很可能，当我们买入之后，股价会继续下跌。要做好多次买入的心理准备和资金准备，确定好总仓位和总金额，分次买入，当股价继续下跌时，继续买入，而不是在最开始就把"子弹"打完。

关于卖出，当上市公司市值增至我们预估的合理的内在价值水平时（即股价已经从低估变为公允），此时重新对公司的内在价值进行评估，看看股价是否确实已经不便宜。同时，要考虑市场整体的氛围，指数估值是否在危险区间，投资者是否普遍洋溢着乐观的情绪。如果此时确认了股价不便宜，则对股票进行卖出。

要保持耐心，股价并不会在我们买入后马上就"回归"，一般这个过程需要2~5年时间。但这并不意味着持有一只股票一定需要达到数年的时间（所谓长期持有），重要的是股价回归内在价值，而不是持有多久。

当然，有时候，当我们买入并持有一段时间后，随着对公司越来越了解，我们会发现最初对它的内在价值的理解是"不着边界"的，或者公司后来的经营出现了实质性的恶化，背离了我们最初的买入逻辑，此时正是基本面投资者需要"止损"的时候，我们应当卖出。

把握大的牛熊周期，在熊市中积累股权、在牛市中兑现

股市的周期性运行受宏观经济基本面和流动性的影响。当经济和企业盈利上行时，即企业的投入资本增加或者企业的资本回报率提升，则股市内在价值上升，反之，股市内在价值下行；当流动性收紧时，无风险利率上升，同时，投资者的风险评价上升，风险偏好则降低，进而股市内在价值下降，反之，股市内在价值上升。

回顾最近五轮经济周期和股市周期，可以看到，经济周期和股市周期的稳定性相当高，除当下这轮正在进行的周期外，每轮经济周期的时长相当均匀，平均为3~4年，市场周期时间长短差异更大，但也在2年7个月到3年9个月之间。并且，市场周期的起步和结束往往都比经济周期提前数月。

从这个角度来说，3~4年一轮的股市周期和宏观经济库存周期是投资中比较好的周期观察尺度。我们的投资体系，应当包含对这一股市牛熊周期规律的运用，在股市进入萧条和寒冷区间时加大对股权的储备，在股市进入景气和狂热区间时加大对股权的出售。

一以贯之地执行，欣然应对"逆风期"

任何投资风格和方法都有其适用周期，有顺风期和逆风期。但长期以来，很多人一直觉得这样或那样的策略、方法要么一直行得通，要么永远行不通。他们之所以会这么想，是因为他们在之前的某些场景下"亲眼看到"了这一点，于是先前的经历深深地刻在了他们的脑子里，并影响到他们对当前情况的判断。然而，事实却是，几乎所有成熟的策略、方法都是在某些情况下非常奏效，另一些情况下则导致失败。

本书所提到的投资体系，本质上仍然可以归类为"低价买入优质公司"的"价值"策略，而这套策略并不是一直都顺风顺水的。相反，基本上每隔几年，这套策略就会失效，进入"逆风期"。

威廉·伯恩斯坦（William J. Bernstein）在他的著作《有效资产管理》（*The Intelligent Asset Allocator*）[①] 中提到过："最成功的资产组合战略大约在10年中有4年表现得差于道琼斯工业指数和标普500指数。"

以"低估值"策略为例，2000年初到2007年这几年，A股低市盈率策略明显跑赢市场整体，而2008～2015年这几年低市盈率策略明显跑输大盘，2015～2018年再度跑赢，2019～2021年再度跑输，2022年至今则又重新跑赢大市……

那么，是否应当在投资体系和策略处于"逆风期"时，"调整"自己的策略呢？我个人认为最好不要。

首先，策略和风格的周期往往事后看才是清晰的，身处其中时，我们很难分辨这些周期什么时候开始、什么时候结束、什么时候应该坚持价值、什么时候应该切换，"滑头"容易两边挨打。类比到抛硬币，假如抛出正面的概率是70%，背面的概率是30%，猜100次正反面，按照人类的天性，我们会以70∶30的分布，多数时候猜正面，少数时候猜背面。但理性的做法应该是，每一次都猜正面，这样我们就有把握一定拿到70分，而

---

① ［美］威廉·伯恩斯坦：《有效资产管理》，李曜译，上海财经大学出版社2004年版。

如果我们首鼠两端，有时候猜正面、有时候猜背面，企图找到更吻合的规律，我们很可能只能拿到 50 分。

按照密歇根大学的内扎特·塞伊洪（Nejat Seyhun）教授对美股市场的统计，在一个为期 30 年的时段里，重大的市场获利有 95% 的部分来自其间约 7500 个交易日中的 90 天。如果你碰巧错过这 90 天，虽然这些日子只占全部交易日的 1% 多一点，但其间股市提供的丰厚回报却会一笔勾销。

其次，由于我们的投资体系本质上是一套"逆向投资"的系统，因此，"逆风期"正好应该是我们"工作"的时候，此时应当加紧研究、加大投入、加强布局。相反，到了顺风期我们反而可做的不多了，只需收获收益。因此，顺风和逆风是一个整体，赚钱和亏钱是一个整体。"逆风期"是逆向投资者赚钱的原因，去掉了原因，结果如何发生呢？

此外，最重要的，一个好的投资体系，习得它的框架本身并不难，但之所以这柄剑有的人用得好、有的人用不好，区别在对它的用法，只有当你完全信仰这个投资体系时，你才能用得好它，你才能在"逆风"的时候沉得下心来多研究公司。实际上，只有会阶段性失效的策略，才能让"永远坚守"变得很难，才使得只有少数人会去"永远坚守"，才不至于因为太多人模仿和竞争而让策略失效。"永远坚守"的人性门槛很高，少有人能做到。当投资者持之以恒地坚守"低价买入好公司"时，他对于"什么是好公司"的商业认知会形成复利，他的商业感觉不断精进深入，以至于最后完全甩开了对这个投资体系只是浅尝辄止的人。

第三章

操作型投资

> 不要尝试任何花哨的东西，坚持简单的多元化组合，保持较低的管理费用，定期对组合中的资产动态再平衡，以保持你的资产配置符合你的长期目标。[1]
>
> ——大卫·斯文森（David F. Swensen）

　　本书第二章在第一章投资观、世界观的讨论基础上，提出了一个基本的投资体系，包括长期来看以赚到钱为目标，以"不出局"为思考和行动的起点，投资于公司基本面以及投资于股价向内在价值回归的过程，对"能力—难度"问题保持敏锐，设置基础收益和超额收益两类仓位，把握大级别的牛熊周期，以及一以贯之地执行这个体系。

　　本章是对以上体系中提到的基础收益类仓位的具体说明，而这类投资的本质就是我们在第一章中提出的"操作型"投资，即以简单操作的知识和经验为依据的投资。具体而言，本章各节依次列举了股票指数投资、股债资产配置、市场大周期择时和高息股投资等操作型投资的基本知识与操作方法。如无特别说明，本章涉及的各项数据均源自 Wind 金融终端。

　　操作型投资并非难度很低的投资，而是我们有较大把握仅依靠细致学习公开信息（如财务数据、估值数据等）和严格遵守操作纪律就能做好这

---

① 杰拉尔丁·法布里坎特（Geraldine Fabrikant）：《简单投资，耶鲁基金掌门人如是说》，纽约时报官网，2008 年 2 月 17 日。

类投资。它的核心在于搞清楚各项指标的基本概念和计算方法，搞清楚财务报表和财务数据的内在逻辑，并始终遵从既定的操作步骤和规范。

投资者在起步阶段，比如投资生涯的前面五年，应当以学习操作型投资为重点，并以此类投资为组合的主要仓位。同时，在此过程中不断积累对行业和企业的商业认知，进而逐步向洞察型投资（见第四章）延伸，以获取超额收益。很多投资者起步就是深研和集中投资少数成长型公司、卓越公司，进而试图获得卓越的投资业绩，这种做法是鲁莽的。

第一节 | 指数投资

一、何时投资于指数？

在第二章第四节中，我们区分了不同难度的投资行为。其中，被动投资，即投资于指数基金，是相对于我们主动择股、择时、择基而言，更容易、更傻瓜式的一种投资方法。

在第二章中我们得出结论，选择主动投资还是被动投资，核心取决于两个因素：一是市场整体是否还有大量的挖掘超额收益的机会，即市场是"赢家游戏"还是"输家游戏"；二是当市场仍有大量可进取的机会时，投资者自己的投资能力和商业认识处于什么水平，是否胜过竞争对手。

只有在一个赢家市场里，且我们的投资能力修炼到比大多数竞争对手更强时，我们才应当选择主动投资。并且，这个主动的程度，要跟我们的投资能力和商业认知亦步亦趋，步子不能迈得超过我们的能力。

为什么大多数投资者"跑"不赢指数？

股市素有"七亏二平一盈"的说法（更准确的数据可能是 93% 亏、7% 盈），而指数长期来看是盈利的，因而在股市中，能长期"跑"赢指数的人不足一成。

指数仅是市场的平均水平，为什么大多数人仍然"跑"不赢指数呢？这个现象，其实在数学上就能看得很清楚。

我们假设在股票市场中：

① 股票每天上涨和下跌的概率都是50%，上涨的股票称为"好股"，下跌的股票称为"差股"；

② 股票上涨则涨幅为40%，下跌则跌幅为20%；

③ 那么，整个市场投资收益的期望值为40%×50%−20%×50%＝10%。

在主动投资的语境下，即如果投资者主动选股，我们假定他每次都全仓买入一只股票，则他的预期收益率为140%和80%的几何平均值减去1，即5.83%。

计算过程为：假定他一共投资了n次，其中n/2次中买入的是好股，即涨40%的股票，n/2次中买入的是劣股，即跌20%的股票，则其平均收益率为n/2个140%相乘再乘以n/2个80%，算出来的乘积取1/n次方，再减去1。因而若他买入好股和劣股的概率一样，那么他的投资收益率就是5.83%。

如果投资者平均买入全市场所有股票，则他的预期收益率为140%和80%的算术平均值减1，即10%。

在数学上，几何平均值几乎总是小于算术平均值，因此投资者主动挑选股票的预期收益率便总是低于被动投资——买入全市场所有股票的预期收益率。

当投资者分不出什么是"好股"、什么是"差股"时，他就一定会"跑"输指数。当然，如果投资者的投资能力比较强，买入好股的概率远高于市场中好股数量的占比，那么他全仓买入一只股票的预期收益率就可能高于平均买入全市场股票的预期收益率。

这也说明了，如果投资者要主动投资，那么他的投资能力必须显著高于市场平均水平，即买入好股的概率显著高于好股的分布概率，才能取得优于市场整体表现（即股票指数）的收益率水平。

因而，对于投资能力和商业认知修炼得尚且不算精深的投资者来说，以被动投资等低难度投资开始构建自己的投资体系，是非常好的选择。同时，随着自己投资能力的进步，投资者进而可以逐渐提升自己投资体系中主动的成分和比例。

A 股当前仍是一个"赢家游戏"

评估自己的投资能力和商业认知是否显著高于市场平均水平有时候是不容易的。了解自己尚且不易，了解市场更是不容易，我们不知道市场的平均水平到底是个什么水平。

回到第二章第四节中提到的西蒙·拉莫的赢家游戏和输家游戏的说法，当市场还是个赢家游戏时，这意味着市场并非高度有效，市场中仍有大量的漏可以捡，此时投资者可以尝试自我提升和击败市场；但漏越捡越少之后，市场会逐渐演变为一个输家游戏，此时投资者的命运在于避免失误，跟上市场平均水平。

以 A 股为例，倘若我们相信 A 股高度有效，这意味着在这个市场里，"一分钱一分货""贵有贵的道理""便宜有便宜的道理""市场永远是对的"。那么，无论我们作何努力，都不可能获得市场"许诺"的回报之外的任何其他的回报。那么，我们的努力和进取就是没有意义的，从而我们应该彻底地"躺平"，如投资于指数基金，享受市场的平均收益。

反之，倘若我们相信 A 股高度无效，这意味着市场里充斥着"定价错误"，那么有眼力的投资人就能从错误定价中持续不断地获利。那么，我们的投资策略就应当积极进取，应当全力精进我们的专业技能——"捡漏"的能力，从市场的错误定价中系统性地收获超额收益。

当然，大概率市场介于高度有效和高度无效之间。那么，我们就需要搞清楚，在有效和无效之间，这条线究竟应当画在哪里，A 股多大程度上是有效的，以及未来会变得更加有效还是更加无效，进而我们要据此决定自己的投资策略中"躺平"与进取的配比，应当以"躺平"（被动投资、资产配置）为底色，还是以进取（主动投资）为主旋律。

市场是否有效是一个至关重要的问题，如果我们对于这个问题全然无知，那我们如何知道应当以何种心态在这个市场中生存和发展呢？就 A 股来说，它是否有效，以及多大程度上有效，可以从以下两个方面来观察：

一是散户贡献的交易量在总交易量中的占比，散户的成交占比越高，市场就越无效；

二是作为"专业投资者"的基金经理能否系统性地战胜市场，专业投资者越是有显著的超额收益，就越是说明市场无效。

（1）散户成交量占总成交量的比例

一般而言，在一个股票市场上，散户也就是个人投资者的成交占比越大，市场的有效性就越低。因为散户的交易行为常常不理性，进而导致市场失效的情况出现。

当然，纵观 A 股，专业投资者比如公募基金和私募基金的行为也未必就理性，如基金经理大量追逐高估值公司，但他们不理性的原因很大程度上是 A 股仍有大量散户。也就是说，机构投资者的投资行为常常并不理性，但这种不理性的底层逻辑是机构有"围猎散户"的特权，当散户数量足够多时，"围猎散户"的策略就能为投资机构带来大量利润，此时"不理性"才是最优解。当散户的比例下降到足够低，专业投资者的行为才不得不回归到理性范式。

A 股个人投资者贡献的成交量占比常年超过八成，如 2018 年为 82%[1]，可以说 A 股长期以来是个不折不扣的散户市场。但过去五年，个人投资者成交量占比快速下降。注册制试点以来，2019～2021 年，这个比例逐年下降到 78%、72.60% 和 65.10%。2022 年前三季度，A 股个人投资者交易占比创出新低，为 61.35%。[2] 相信 2022 年全年和 2023 年的数据应该已经下降到 60% 以下了。

就持有市值（流通市值）的投资者结构而言，个人投资者持股比例从 2015 年末的 40% 左右下降到了 2023 年第三季度末的 29.53%，降幅与成交

---

[1] 上海证券交易所：《上海证券交易所统计年鉴（2018 年卷）》，上海证券交易所官网，2018 年 8 月。

[2] 董少鹏：《建设好中国特色现代资本市场》，载于《经济日报》2022 年 8 月 12 日。

量占比的下降幅度相当。[1]

个人投资者成交量占比下降的这 20 个百分点，主要流向了公募基金、私募基金等机构投资者和外资。2022 年前三季度，公募基金、私募基金等机构投资者的交易占比达 28.85%，比 2018 年上升 12.43 个百分点，外资交易占比则从 2018 年的 3.49% 上升至 9.08%。[2]

从 80%~60%，过去五年 A 股散户交易占比快速下降，这意味着 A 股在快速变得更有效，非专业投资者赚钱的门槛在快速升高。着眼未来，或许 5 年、10 年后，散户成交占比会继续快速下降到 50%、40%。但就目前的 60% 而言，尽管相比 2018 年已下降了 20 个百分点，但 A 股散户交易的占比仍然很高，因而当前的 A 股仍处于有效性比较低的阶段，市场中仍有大量错误定价带来的投资机会。作为对比，根据彭博（Bloomberg，全球领先的金融数据和资讯提供商）的数据，港股的散户交易额占比约为 12%（2023 年 3 月数据）、美股约为 11%（2021 年数据），一般认为美股属于半强式有效的市场。

（2）专业投资者能否系统性"跑"赢市场

除了散户成交占比外，另一个视角是观察专业投资者，如公募基金能否在市场中系统性地获得超额收益。在美股，80% 的共同基金无法战胜标普 500 指数，说明美股已经是一个有效性相当高的市场。

沪深 300 指数起始于 2004 年 12 月 31 日，截至 2023 年末的 19 年时间里，指数年复合收益率约 6.70%，考虑股息再投资则为 8.55%。

同期，Wind 偏股型混合基金指数（2003 年 12 月 31 日成立，等权重加权取平均数，包含市场上成立 3 个月以上、股票资产占基金资产净值 60%~95% 的全部公募基金）的年复合收益率为 11.41%，Wind 普通股票型基金指数的年复合收益率则为 13.04%，均大幅"跑"赢沪深 300 指数。

过去 10 年来看（2013 年末至 2023 年末），沪深 300 指数年复合收益

---

[1]　华西证券研究所：《A 股投资者结构全景图（2023Q3）》，Wind 金融终端，2024 年 2 月 19 日。

[2]　董少鹏：《建设好中国特色现代资本市场》，载于《经济日报》2022 年 8 月 12 日。

率则为 3.95%（考虑股息再投资则为 6.31%），Wind 偏股型混合基金指数的年复合收益率为 8.24%，普通股票型基金指数的年复合收益率为 9.70%，也都是显著"跑"赢沪深 300 指数。

筛选全市场成立 10 年以上的普通股票型基金和偏股混合型公募基金，沪深 300 指数 2013 年末至 2023 年末年复合 3.95% 的收益率水平，战胜了 36% 的股票型公募基金和 14% 的偏股混合型公募基金。亦即，对比沪深 300 过去 10 年 3.95% 的年复合收益率，成立年限 10 年以上的股票型公募基金（平均成立年限 13.27 年）和偏股混合型公募基金（平均成立年限 14.76 年），分别有 64% 和 86% 的比例能战胜指数。当然，这个比例存在一定高估，因为年限 10 年以上的公募基金是所有公募基金中的幸存者和佼佼者，大量水平欠佳的基金没撑满 10 年便已出局。

但总体上，从以上数据可以看到，以公募基金为代表的专业投资者整体是"跑"赢市场的，而专业投资者有系统性超额收益则意味着 A 股并非高度有效。事实上，在美股这样有效性比较高的市场，80% 的共同基金无法战胜标普 500 指数。

考虑到 A 股散户交易量占比和公募基金"跑"赢市场指数的情况，可以初步判断 A 股目前仍然是一个赢家游戏，仍然有很多可捡漏的空间。如果美股算半强式有效市场的话，A 股顶多算弱式有效市场。这些捡漏的空间来自大多数投资者的不专业和不理性，这里既有散户投资者，也有机构投资者，但散户投资者是不专业和不理性的主要来源。

但放眼未来十年、二十年，A 股还会继续是赢家游戏吗？作为要把投资当成志业的人，需要谨慎、客观地思考这个问题。从过去几年 A 股散户成交量占比的快速下行来看，也许未来在很短的时间内，比如 5 年、10 年，A 股会快速走向半强式有效，届时，对于进取型投资者的投资能力和商业认知能力的要求会变得非常高。因此，专业投资者，或者有志于成为专业投资者的人，应当充分把握当前的时间窗口，积极进取，全力精进自己的专业技能、商业智慧，甄别市场的错误定价，系统性地收获超额收益。

二、股票指数概论

什么是股票指数?

所谓股票指数,是指股票的价格指数,也就是为了度量和反映股票市场总体的价格水平以及价格变动趋势而编制的股价的"相对数"。指数并非股票特有,债券、商品等也都有各自的指数。

为什么会有股票指数呢?因为面对全市场几千只股票,有的股票涨了、有的股票跌了,且每只股票的股价都涨跌无常,那么我们如何知道市场的整体状态如何呢?此时我们便需要统计市场所有样本股票的整体"平均"价格,进而在平均价格的基础上能计算出平均价格过往的涨跌情况。所以,我们编制股票指数,核心是为了便捷地看清市场的全貌。这个全貌可以是整体全貌,也可以是局部全貌,取决于我们选取的股票样本的范围。

由于计算所有股票的平均价格比较烦琐,同时也没必要,因为很多市值小、成交量低的股票是无人问津的,与大多数人无关,因此我们就从全市场股票中挑选了一些有代表性的样本股票,并按照一定的权重(比如等权重或者按市值加权),来计算这些股票某一时刻股价的平均数。所以,从这里也可以看出来,股票指数有很多可调节的空间,比如样本股怎么选、权重怎么定。

我们按选择哪些成份股,把股票指数分为宽基指数、行业指数、主题指数和策略类指数几类。

一般当大家说到指数,指的都是宽基指数。A 股常见的宽基指数有上证指数(000001. SH)、沪深 300 指数(000300. SH)、上证 50 指数(000016. SH)、中证 500 指数(000905. SH)、创业板指数(399006. SZ)、科创 50 指数(000688. SH)等。所谓宽基,宽在它涵盖范围广,不像行业指数或者主题指数那样限定在特定行业或领域的股票,宽基指数对各行各业的上市公司和股票都做了覆盖。

　　与宽基指数相对的是窄基指数，主要指行业指数和主题指数。窄基指数的成份股选样集中在特定行业或者特定主题。按照中证指数公司[①]的行业分类标准，中证一级行业指数共 11 个，包括金融、信息技术、主要消费、可选消费、医药卫生、工业、能源、原材料、房地产、通信服务、公用事业。此外，一级行业下面还有二级、三级、四级行业。例如，主要消费这个一级行业可以分为食品饮料与烟酒、农牧渔、家庭与个人用品 3 个二级行业；食品饮料与烟酒可以分为酒、软饮料、食品、烟草 4 个三级行业；而酒可以进一步分为白酒、啤酒、黄酒、葡萄酒及其他 4 个四级行业。

　　主题指数则是按主题来选成份股，同一个主题可能涵盖了多个行业，比如中证养老产业指数，涵盖医药卫生、健康食品、休闲旅游、人寿保险、小家电等各行各业与养老相关的上市公司。

　　投资者投资于宽基指数和窄基指数的区别在于，前者是更彻底的被动投资，不需要投资者有什么商业判断，而投资行业指数和主题指数是建立在一定的行业、产业洞察上的，比如需要投资者对特定产业的前景、格局有所判断（但无须向下进一步判断行业里哪个公司会"跑"得更好），而本章"操作型"投资的基调是，在投资者投资能力和商业认知不足的阶段，应当致力于低难度投资，因而行业指数和主题指数不属于我们这里讲的指数投资的重点。

　　策略指数，则是按特定投资策略来选择成份股。前面说过，我们编制指数，是为了便捷地看清特定市场的全貌，而从另一个角度说，股票指数本身也是一个投资组合，当某只股票满足指数的选股标准时，它就进入了指数的股票样本，这代表着指数这个投资组合建仓买入了这只股票；反之，当样本股票不再满足指数的选股标准，组合则将这只股票卖出。所以，指数的业绩表现反映了这个指数的投资规则是否有效。从这个层面来说，所有指数其实都是"策略指数"，因为所有指数都遵循一定的买卖成

---

①　中证指数有限公司由上海证券交易所和深圳证券交易所分别持股 50%。

份股的策略规则。我们此处所讲的策略指数，则是从更狭义的角度来专指某几种策略。常见的策略指数有基本面指数、红利指数和低波动指数，分别是按上市公司的基本面财务指标、股息率和波动率来选择成份股。

策略指数与我们平常说的 Smart Beta 这个概念本质上是一样的。一般我们把股票组合的投资收益来源分为三个部分：一是无风险收益率，用 10 年期国债收益率来表达；二是市场整体或平均收益率，被称为贝塔（β），无风险收益率和 β 合在一起表示被动投资的收益；三是投资者主动择股、择时带来的阿尔法（α）收益。其中，指数投资的收益率只与前两项有关，而与主动择股、择时无关。Smart Beta 的意思则是，我们可以对 β 做一些策略性的处理，更好地选择成份股、优化成份股权重等，所以 Smart Beta 策略实际上就是特定策略的指数化投资。

主要宽基指数介绍①

（1）上证指数

上证指数全称是上证综合指数，指数代码为 000001. SH，由在上海证券交易所上市的股票（和红筹企业发行的存托凭证）组成，因而它反映了上交所上市公司的整体表现。

上证指数的基日（计算指数的基准日）为 1990 年 12 月 9 日，基点为 100 点，由中证指数公司编制，自 1991 年 7 月 15 日正式发布。

指数都有"样本空间"的概念，样本空间是指数成份股的基础，是所有有可能作为成份股入选指数的样本所构成的集合。上证指数的样本空间是上海证券交易所上市的所有股票（含红筹企业存托凭证），但 ST 和 *ST 证券除外。样本空间中的这些样本，全部都作为成份股纳入上证指数。目前，上证指数共有 2175 只成份股，各成份股按照总市值进行加权。

新股并非上市第一天就纳入上证指数。上市以来日均总市值排名在上交所前 10 位的股票于上市满 3 个月后计入指数，其他股票于上市满 1 年后

---

① 指数相关数据来自 Wind，数据统计时间截至 2024 年 3 月底。

计入指数。一旦成份股被风险警示（即 ST、*ST 股票）或退市，那么就会被指数剔除。

由于上证指数按照总市值加权，所以金融类股票是上证指数的第一大权重，截至 2024 年 3 月末约占 23.6% 的权重。这个权重相比 10 年前，已经大幅下降了，彼时金融行业的权重在 40% 左右，这也反映着过去十年中国经济结构的显著变化。其他权重较高的行业有工业、信息技术、材料和日常消费等。

由于上证指数有 2000 多只成份股，因而集中度并不高。截至 2024 年 3 月末，上证指数前 5 大成份股的累计权重为 15.90%，前 10 大为 22.75%、前 50 大为 41.65%。

哪些股票对上证指数的涨跌影响比较大呢？上证指数前 10 大成份股分别为贵州茅台（权重 4.65%）、工商银行（权重 3.14%）、中国石油（权重 3.13%）、农业银行（权重 2.92%）、中国银行（权重 2.06%）、招商银行（权重 1.44%）、中国神华（权重 1.39%）、中国人寿（权重 1.38%）、长江电力（权重 1.34%）和中国石化（权重 1.30%）。所以，如果你的投资风格不是这些大块头垄断央企，那很可能，你的投资组合走势会和上证指数有比较大的出入。

对于个股来说，PE 等估值倍数的算法是市值/归母净利润，指数的 PE 倍数则是指数全部成份股的总市值/全部成份股的总归母净利润。PB 等其他估值倍数也同理。

截至 2024 年 3 月末，上证指数的估值倍数处在历史低位。指数 PE – TTM[①] 为 13.03 倍，自发布以来中位值 21.76 倍，处于历史 18.71% 分位点；PB 为 1.25 倍，自发布以来中位值 2.46 倍，处于历史 2.12% 分位点；股息率 2.77%，自发布以来中位值 1.54%，目前处在历史 93.96% 分位点（股息率越高，PE、PB 等估值倍数越低）。当前上证指数 PB 的历史分位数

---

① PE – TTM 即滚动市盈率，是市盈率的一种，TTM 是 Trailing Twelve Months 的缩写，也就是过去 12 个月，PE – TTM = 股价/过去 12 个月累计每股收益。

要比 PE 低很多，原因在于上证指数的主要成份股（如银行股等）当前净利润与净资产的背离，由于宏观经济仍处于衰退阶段，成份股上市公司净利润数据不佳，从而 PE 被一定程度拉高，但净资产受经济周期影响较小，因而 PB 的历史分位数很低。

自基日 1990 年 12 月 9 日以来，上证指数截至 2024 年 3 月末累计上涨 29 倍，年复合收益率 11.07%，近三年则累计涨幅为 -11.32%，年复合为 -4.05%。上证指数较高的历史年收益率，很大程度上是因为指数在 20 世纪 90 年代的飙涨，如果我们从 2000 年初起算的话，累计收益仅为 1.21 倍，对应年复合收益率为 3.33%，表现乏善可陈。如果是过去十年的话，累计收益率为 48%，对应年复合收益率为 4%。

需要注意的是，上证指数是股票价格指数，它未包含成份股的股息，成份股发生分红派息时，指数不予修正，任其股价自然回落。参考上证指数发布以来 1.54% 的中位值股息率，上证指数发布以来的真实年复合收益率应当为近 13%，2000 年以来以及过去十年的真实年复合收益率约为 4.87% 和 5.54%。①

我们需要通过投资基金公司发行的挂钩指数类基金产品，实现对指数的投资。挂钩于上证指数且规模较大的基金产品有富国上证综指 ETF（510210.SH）、汇添富上证综指 A（470007.OF）、国泰上证综合 ETF（510760.SH）、汇添富上证综合 ETF（510980.OF）、富国上证指数 ETF 联接 C（013286.OF）等。

指数的收益率不等于投资指数基金的收益率，这里面的差异在于以下几个方面：

一是指数基金的收益率受其建仓时点的影响。

二是指数基金要收取一定费用，一般是每年 0.50% 的管理费和 0.10% 的托管费。

---

① 为体现指数的股息再投资收益，中证指数公司对各宽基指数推出了相应的全收益指数。但上证指数的全收益指数 2020 年 10 月才发布，参考价值有限。因而可以大致用上证指数的收益率加上其股息率中位数来代表上证指数的全收益水平。

三是指数基金对于指数可能存在跟踪误差。例如，指数基金为了满足投资者日常申赎，会持有一部分现金不投资；再如，如果指数成份股流动性不佳，指数成份股调整时，指数基金可能无法及时买卖等。

以汇添富上证综指A（470007.OF）为例，这只基金于2009年7月1日成立，总费率0.9%（管理费率0.75%、托管费率0.15%），截至2024年3月末，该基金成立以来累计收益34.42%，年复合收益率仅为2.03%，而同期上证指数的收益率为3.39%（考虑1.54%的股息率）。

（2）沪深300指数

沪深300指数的代码是000300.SH和399300.SI，由上海证券交易所和深圳证券交易所上市股票中规模最大、流动性最好的有代表性的300只股票组成，一定程度上反映了沪深市场上市公司股票的整体表现。

沪深300指数的基日为2004年12月31日，基点为1000点，由中证指数公司编制，自2005年4月8日正式发布。

满足以下条件的沪深A股（非ST、*ST）和红筹企业存托凭证构成沪深300指数的样本空间：科创板、创业板证券上市时间需要超过一年；其他证券要求上市时间超过一个季度，除非自上市以来日均总市值排在前30位。

沪深300指数选取成份股主要考虑流动性和总市值两个因素。具体而言，过去一年日均成交金额排名后50%的证券首先被排除，在此基础上，按过去一年日均总市值由高到低选取前300名作为成份股。也就是说，当样本股市值增长时，它可能会被新纳入指数；而成份股市值下跌时，则可能被指数剔除。

成份股按照"调整市值"来加权，调整的主要是股票的股本数，而股本数按照自由流通量和分级靠档两个因素进行调整。所谓分级靠档，即根据自由流通量占股票总股本的比例赋予总股本一定的加权比例。

由于这300只成份股是挑选出来的，所以沪深300指数每半年审核和调整一次指数样本，一般在每年5月和11月下旬审核，每年6月和12月的第二个星期五的下一个交易日实施调整。

与上证指数一样，金融也是沪深 300 指数的第一大权重，截至 2024 年 3 月末约占 22.5% 的权重（上证指数为 23.6%），10 年前金融行业在沪深 300 中的权重在 45% 左右。其他权重较高的行业同样也是信息技术、工业、日常消费和材料等。

截至 2024 年 3 月末，沪深 300 指数前 5 大成份股的累计权重为 14.87%，前 10 大为 21.50%，前 50 大为 49.63%，上证指数则分别为 15.90%、22.75% 和 41.65%，两者集中度大体相当。

具体而言，沪深 300 指数的 10 大成份股分别为贵州茅台（权重 5.90%）、中国平安（权重 2.58%）、宁德时代（权重 2.42%）、招商银行（权重 2.20%）、美的集团（权重 1.77%）、五粮液（权重 1.54%）、长江电力（权重 1.36%）、兴业银行（权重 1.34%）、紫金矿业（权重 1.22%）和中信证券（权重 1.16%）。

沪深 300 指数当前估值倍数处在低位。指数 PE - TTM 为 11.58 倍，自发布以来中位值 13.19 倍，目前处于历史 24.35% 分位点；PB 为 1.27 倍，自发布以来中位值 1.65 倍，目前处于历史 4.77% 分位点；股息率 2.98%，自发布以来中位值 2.21%，目前处在历史 88.29% 分位点。

自基日（2004 年 12 月 31 日）以来，沪深 300 指数截至 2024 年 3 月末的近 20 年累计上涨 252.97%，年复合收益率 7.00%；近十年累计涨幅 64.67%，年复合收益率 5.11%；近三年则累计涨幅为 -29.66%，年复合收益率 -11.40%。考虑到自基日以来中位数股息率为 2.21%，沪深 300 指数的长期真实年复合收益率约为 9.2%，过去十年的真实年复合收益率为 7.3%。

为体现指数股息再投资收益，中证指数公司同步发布了沪深 300 全收益指数（H00300. CSI），其自基日（2004 年 12 月 31 日）以来，年复合收益率为 8.91%，过去十年年复合收益率为 7.41%，与沪深 300 指数叠加中位数股息率测算的值大体相当。

（3）上证 50 指数

上证 50 指数的代码是 000016. SH，由沪市 A 股中规模大、流动性好的最具代表性的 50 只股票组成，反映沪市龙头公司的股票价格表现。

上证 50 指数的基日为 2003 年 12 月 31 日，基点为 1000 点，由中证指数公司编制，自 2004 年 1 月 2 日正式发布。

上证 50 指数的样本空间为剔除了上市不足一个季度的股票（除非其日均总市值排在沪市前 18 位）和暂停上市的股票之后的沪市所有 A 股。对于样本空间中的股票，按照最近一年总市值、成交金额进行综合排序，选取排名前 50 位的股票组成样本。与沪深 300 指数类似，上证 50 指数的加权规则也是按照调整市值来加权。

上证 50 指数每半年调整一次指数样本，每年 6 月和 12 月的第二个星期五的下一个交易日实施调整。当样本股暂停上市或退市时，从指数中剔除。

与上证指数、沪深 300 指数一样，金融也是上证 50 指数的第一大权重，截至 2024 年 3 月末占 28% 的权重，10 年前金融行业的权重更是高达 70% 以上。此外，日常消费行业权重占比也较高，约为 21.5%，除金融和日常消费之外的行业占比均在 10% 以下。

由于上证 50 指数的成份股只有 50 只，所以其成份股集中度要明显高于上证指数和沪深 300 指数。截至 2024 年 3 月末，上证 50 指数前 5 大成份股的累计权重为 36.28%，前 10 大为 51.06%。具体而言，前 10 大成份股分别为贵州茅台（权重 16.03%）、中国平安（权重 6.95%）、招商银行（权重 5.97%）、长江电力（权重 3.69%）、兴业银行（权重 3.65%）、紫金矿业（权重 3.25%）、中信证券（权重 3.13%）、恒瑞医药（权重 2.87%）、工商银行（权重 5.33%）和伊利股份（权重 2.72%）。

上证 50 指数当前的估值低估程度不及上证指数和沪深 300 指数。指数 PE-TTM 为 9.95 倍，自发布以来中位值 10.93 倍，目前处于历史 32.59% 分位点；PB 为 1.14 倍，自发布以来中位值 1.46 倍，目前处于历史 6.71% 分位点；股息率 3.95%，自发布以来中位值 2.78%，目前处在历史 90.08% 分位点。

自基日（2003 年 12 月 31 日）以来，上证 50 指数截至 2024 年 3 月末累计上涨 141.37%，年复合收益率 4.58%；近十年累计涨幅 63.97%，年复合收益率 5.07%；近三年则累计涨幅 -31.62%，年复合收益率 -12.25%。

考虑到自基日以来中位数股息率 2.78%，上证 50 指数的长期年复合收益率约为 7.4%，过去十年约为 7.9%。

上证 50 指数同样有全收益指数（H00016. SH），其自基日（2003 年 12 月 31 日）以来年复合收益率为 7.07%，过去十年年复合收益率为 8.04%，与沪深 300 指数叠加中位数股息率测算的值大体相当。

（4）中证 500 指数

中证 500 指数的代码是 000905. SH，由全部 A 股中剔除沪深 300 指数成份股及总市值排名前 300 名的股票后，总市值排名靠前的 500 只股票组成，以反映 A 股市场中一批中小市值公司的股票价格表现。

中证 500 指数的基日为 2004 年 12 月 31 日，基点为 1000 点，由中证指数公司编制，自 2007 年 1 月 15 日正式发布。

中证 500 指数的样本空间与沪深 300 指数一致，在样本空间内剔除沪深 300 指数样本及过去一年日均总市值排名前 300 名的证券，并对剩余证券按过去一年日均成交金额由高到低排名，剔除后 20% 证券，将剩余证券按过去一年日均总市值由高到低排名，选取排名前 500 名的证券作为指数样本。与沪深 300 指数类似，中证 500 指数的加权规则也是按照调整市值来加权。

中证 500 指数每半年调整一次指数样本，每年 6 月和 12 月的第二个星期五的下一个交易日实施调整。

中证 500 指数相比上证 50 指数、沪深 300、上证指数，其成份股集中度相对低很多，主要成份股的权重均不超过 1%，且行业不像这三大指数那样以金融为第一大权重行业。信息技术、材料、工业、医疗保健分别占中证 500 指数 21%、20%、17% 和 11% 的行业权重。

截至 2024 年 3 月末，中证 500 指数前 5 大成份股的累计权重为 3%，前 10 大为 5.56%，前 50 大为 21.04%。具体而言，前 10 大成份股分别为新易盛（权重 0.68%）、赛轮轮胎（权重 0.60%）、天孚通信（权重 0.60%）、思源电气（权重 0.56%）、沪电股份（权重 0.56%）、昆仑万维（权重 0.55%）、科伦药业（权重 0.52%）、华工科技（权重 0.51%）、西部矿业（权重 0.51%）和永泰能源（权重 0.49%）。

就估值倍数而言，当前中证 500 指数 PE - TTM 为 21.41 倍，自发布以来中位值 30.08 倍，目前处于历史 11.06% 分位点；PB 为 1.62 倍，自发布以来中位值 2.38 倍，处于历史 3.76% 分位点；股息率 1.89%，自发布以来中位值 0.92%，目前处在历史 96.81% 分位点。

自基日（2004 年 12 月 31 日）以来，中证 500 指数截至 2024 年 3 月末累计上涨 428.44%，年复合收益率 9.32%；近十年累计涨幅近 37%，年复合收益率 3.18%；近三年则累计涨幅为 - 15.47%，年复合收益率 - 5.62%。考虑到自基日以来中位数股息率 0.92%，中证 500 指数的长期年复合收益率为 10.2%，近十年年复合收益率为 4.1%。

中证 500 全收益指数（H00905. CSI）自基日 2004 年 12 月 31 日以来，年复合收益率为 10.37%，过去十年年复合收益率为 4.38%。

（5）创业板指数

创业板指数的代码是 399006. SZ，由深市最具代表性的 100 家创业板上市公司股票组成。

创业板指数的基日为 2010 年 5 月 31 日，基点为 1000 点，由中证指数公司编制，自 2010 年 6 月 1 日正式发布。

满足以下条件的深交所上市股票构成创业板指数样本空间：非 ST、*ST 股票；上市时间超过 6 个月，A 股总市值排名位于深圳市场前 1% 的股票除外；公司最近一年无重大违规、财务报告无重大问题；公司最近一年经营无异常、无重大亏损；考察期内股价无异常波动。

计算入围样本空间股票最近半年的 A 股日均总市值和 A 股日均成交金额，由高到低排序，剔除后 10% 股票；对剩余股票按 A 股日均总市值从高到低排序，选取前 100 只构成创业板指数样本股，样本股按自由流通市值加权。

创业板指数每半年调整一次指数样本，每年 5 月和 11 月审核，每年 6 月和 12 月的第二个星期五的下一个交易日实施调整。

工业、信息技术和医疗保健是创业板指数三个权重最大的行业，占比分别为 32%、24% 和 20.8%。其中，宁德时代一只股票就占了约 16% 的权重。

截至 2024 年 3 月末，创业板指数前 5 大成份股的累计权重为 36.87%，前 10 大为 50.52%，前 50 大为 82.64%。具体而言，前 10 大成份股分别为宁德时代（权重 15.68%）、东方财富（权重 6.74%）、迈瑞医疗（权重 5.84%）、汇川技术（权重 4.64%）、温氏股份（权重 3.97%）、中际旭创（权重 3.73%）、阳光电源（权重 3.35%）、爱尔眼科（权重 2.40%）、智飞生物（权重 2.32%）和亿纬锂能（权重 1.85%）。

当前就估值倍数而言，创业板指数 PE – TTM 为 27.62 倍，自发布以来中位值 51.36 倍（高得离谱），目前处于历史 1.56% 分位点；PB 为 3.6 倍，自发布以来中位值 4.99 倍，处于历史 13.17% 分位点；股息率 0.98%，自发布以来中位值 0.52%，目前处在历史 92.92% 分位点。

自基日（2010 年 5 月 31 日）以来，创业板指数截至 2024 年 3 月末累计上涨 84.15%，年复合收益率 4.65%；近十年累计涨幅 38%，年复合收益率 3.30%；近三年则累计涨幅为 – 32.92%，年复合收益率 – 12.83%。考虑到自基日以来中位数股息率为 0.52%，创业板指数的长期年复合收益率约为 5.17%，近十年约为 3.82%。创业板全收益指数（399606.SZ）自基日（2010 年 5 月 31 日）以来，年复合收益率为 5.46%，过去十年年复合收益率为 3.85%。

三、A 股宽基指数的缺陷

从对以上 A 股几个主要宽基指数的介绍，我们可以得出一个简单的结论：A 股宽基指数内含着"高买低卖"的调仓逻辑。

无论是上证指数、沪深 300 指数、上证 50 指数还是创业板指数，成份股的入选、调出和权重均主要以市值为依据，股票市值上升后则买入，市值下跌后则卖出。并且，成份股的纳入时点一般只要求其上市时间超过一个季度至一年不等，而 A 股新股其股价回归合理所需的时间一般都在三年以上，因而宽基指数总是买在高点。我们在第一章第六节中总结过，买得便宜是最普世和长期有效的投资法则，因而作为投资组合，A股宽基指数"高买低卖"的倾向，很大程度上拖累了其收益率水平。

以上证指数为例，其过去十年上证指数年复合收益率4%，而国家统计局数据显示，同期中国的国内生产总值（GDP）从2013年的59.30万亿元增长至2023年的126.06万亿元，年复合增速7.83%，M2更是从2013年的110.65万亿元增长至2023年的292.27万亿元，年复合增速10.20%，因此可以说上证指数的收益率大幅"跑"输经济发展成果，况且上证指数涵盖的还是中国最强大的一批企业的经营绩效。

实际上，2013～2022年的9年间（大部分公司的2023年年报尚未披露），上证指数成份股的总营业收入从21.35万亿元增长至49.77万亿元，九年间年复合增长率9.86%，归母净利润从1.93万亿元增长至4.00万亿元，年复合增长率8.43%，均"跑"赢GDP增速，且与M2增速差距不大。指数成份股总营收和总利润的增长有成份股数量增加的原因，但主要还是来自成份股业绩本身的增长。上证指数收益率的乏善可陈，一个核心的原因是高买低卖策略对收益的拖累。

高买低卖是如何拖累指数的呢？就算法而言，"上证指数＝成份股总市值/除数"。其中，"总市值＝$\sum$（证券价格×发行股本数）"，除数则代表每一个上证指数点位所容纳的总市值，"最初的除数＝基日的样本股总市值/基点"。

除数是动态变化的，原因在于，新股上市后股市总市值会瞬间膨胀，从而上证指数也应该跳跃式上涨，但实际中并没有出现这种现象，原因是对除数做了修正，具体而言，"新除数＝原除数×新市值/原市值"。所以，随着证券市场不断有新股IPO及存量上市公司增发新股，上证指数的除数便不断增大，其增大的幅度取决于新股发行纳入指数时对应的新纳入上市公司的市值。

但随着新股上市公司股价向下回归，上证指数分子端的成份股总市值相应下降，而分母端扩大的除数不会相应向下调整，从而导致指数被动下跌。

　　我们可以看看中国石油天然气集团有限公司（以下简称中石油）的例子。2007 年 11 月 5 日（A 股历史上最波澜壮阔的大牛市的近乎顶峰），中国石油（601857.SH）在上海证券交易所上市；2007 年 11 月 17 日，中国石油被纳入上证指数。2007 年 11 月 16 日，上证指数为 5316.27 点，如果 11 月 17 日当天所有股票都不涨不跌，那么上证指数当日应当上涨 0，仍保持 5316.27 点，但纳入中国石油，导致上证指数成份股总市值增加了 7 万亿元，占当时上证指数总市值近 30%，则除数相应增加约 30%（从 42 增至 55）。但时至今日，中国石油的市值已跌至约 1.68 万亿元（这还是在 2022 年 10 月以来连涨三四年的结果，最低点时市值仅 7400 多亿元，不足上市时的 1/10）。纳入指数以来，市值缩水 5 万多亿元，而当时因纳入中国石油而大幅上涨了 30% 的除数没有相应调减，因而严重拖累了上证指数。

　　简单计算一下，假如剔除中石油的影响，参考此时与彼时上证成份股的总市值和指数点位，那么当下的上证指数大体会比现在的点位高 10% 左右。中石油是指数高卖低买策略下影响最显著的一只股票，由于 A 股长期的炒新风气（A 股 IPO 平均市盈率动辄数十倍，而上证指数和沪深 300 指数过去十年的平均市盈率仅为 10 倍出头），其他新股对上证指数的拖累也是类似的。

　　A 股市场历来喜欢炒作新股。实际上，长期以来，新股高价发行已经成为一条绑定利益甚多的灰色产业链。新股发行定价动辄数十倍、数百倍 PE，然后股价在随后的几年时间里一路下行，坑害投资者众多。其中的商业逻辑在于，新股发行价越高，上市公司就可以融到越多的钱，券商等中介机构也可以拿到越多的承销费用。虽然监管部门要求保荐机构跟投新股，但高昂的承销费依然足以弥补因高价跟投产生的亏损。此外，保荐机构跟投的战略配售股、大股东的持股等虽然有数月到数年不等的锁定期（即股票上市后一定时间内不得卖出），但却在上市第一天就可以通过转融通变相实现卖出，从而这些人左手可以炒高新股赚钱，右手可以把限售股出借给利益相关人做空赚钱，加上 IPO 高定价带来的种种利益，真正是"一鱼多吃"。2024 年以来，A 股再次跌破大众心理底线，民怨四起，中国证券监督管理委员会（以下简称证监会）遂开始堵限售股变相卖出的漏洞，禁止限售股转融通出借或融券卖出。

这也回答了 A 股最著名的一个问题——为什么 A 股（上证指数）十多年一直在 3000 点不涨？上证指数自 2007 年 2 月达到 3000 点以来，到 17 年后的今天，依然在打"3000 点保卫战"。甚至在 2000 年 7 月，上证指数就已经"站"上 2000 点，20 多年来，指数涨幅仅 50%。原因很大程度上正在于指数长期高买低卖。

四、其他指数

宽基指数之外还有行业指数和策略指数。由于行业指数涉及对特定行业和产业的商业认知，而本章的基调是在缺乏行业相关认知的前提下开展低难度投资，因而本章所谓指数投资重点关注的是宽基指数和策略指数。

常见的策略指数包括红利指数、基本面指数、价值指数和低波动指数。有一些策略指数可以比较好地规避宽基指数这种高买低卖的内在缺陷。

红利指数

红利指数有中证红利、上证红利、深红利、红利低波、红利低波 100、红利质量、东证红利低波等。与宽基指数主要以市值由大到小为标准对成份股进行纳入、调出及加权的做法不同，红利指数按照现金股息率由高到低筛选成份股。所谓股息率，它等于股票一年的股息/总市值，或者每股股息/股价。简单转换后即可以推导出"股息率 = ROE × 分红比例/PB"。因此，股票的股息率与这家上市公司的 ROE 以及分红比例（即利润中拿出多少比例用来分派股息）成正比，而与股票的估值倍数成反比。因此，红利指数实际上选择的是低估值且高 ROE、高分红比例的股票。

红利指数新纳入的成份股，要么是该股票的分红大增（源于 ROE 或分红比例的增长），要么是其股价大跌，一般而言，更多时候后者是主因，调出成份股则主要是因为成份股股价大涨。这正是一种低买高卖的思路，因而与宽基指数的投资逻辑正好相反。

（1）中证红利指数

中证红利指数的代码是 000922.CSI，以沪深 A 股中现金股息率高、分红比较稳定、具有一定规模及流动性的 100 只股票为成份股，采用股息率作为权重，反映 A 股市场高分红股票的整体表现。

中证红利指数的基日为 2004 年 12 月 31 日，基点为 1000 点，由中证指数公司编制，自 2008 年 5 月 26 日正式发布。

中证红利指数的样本空间包括满足以下条件的沪深 A 股（及红筹企业存托凭证）：

① 过去一年日均总市值排名在前 80%；

② 过去一年日均成交金额排名在前 80%；

③ 过去三年连续现金分红且过去三年股利支付率的均值和过去一年股利支付率均大于 0 且小于 1。

中证红利指数在样本空间内的证券，按照过去三年平均现金股息率由高到低排名，选取靠前的 100 只作为指数样本，成份股采用股息率加权。

指数每年调整一次指数样本，每年 12 月的第二个星期五的下一个交易日实施调整。不满足以下任意条件的样本剔除：

① 过去一年现金股息率大于 0.5%；

② 过去一年日均总市值排名落在中证全指指数样本空间前 90%；

③ 过去一年日均成交金额排名落在中证全指指数样本空间前 90%；

④ 过去三年股利支付率均值大于 0 且小于 1。

中证红利指数占 10% 以上权重的行业如下：金融（21.6%）、能源（20.4%）、工业（17.4%）、材料（15.7%）和可选消费（13.2%）。

截至 2024 年 3 月末，中证红利指数前 5 大成份股的累计权重为 9.13%，前 10 大为 16.62%，前 50 大为 64.83%。具体而言，前 10 大成份股分别为陕西煤业（权重 2.02%）、中国神华（权重 1.97%）、唐山港（权重 1.86%）、大秦铁路（权重 1.74%）、恒源煤电（权重 1.54%）、山煤国际（权重 1.53%）、南钢股份（权重 1.52%）、潞安环能（权重 1.49%）、中国石化（权重1.49%）和格力电器（权重1.45%），基本是清一色的能源股。

当前就估值倍数而言，指数PE-TTM为6.66倍，自发布以来中位值8.38倍，目前处于历史22.52%分位点；PB为0.73倍，自发布以来中位值1.16倍，处于历史13.49%分位点；股息率5.42%，自发布以来中位值3.90%，目前处在历史87.75%分位点。

自基日（2004年12月31日）以来，中证红利指数截至2024年3月末累计上涨433.07%，年复合收益率9.37%；近十年累计涨幅137.38%，年复合收益率9.03%；近三年则累计涨幅为11.18%，年复合收益率3.71%。考虑到自基日以来中位数股息率3.90%，中证红利指数的长期年复合收益率约为13%，近十年为近12%。

中证红利全收益指数（H00922.CSI）自2008年5月26日发布以来，累计涨幅138.48%，年复合收益率5.80%。由于起算点2008年5月正值大牛市掉头下跌的中途，因而以此为起点测算的长期年收益率水平较低。近十年中证红利全收益指数累计涨幅255.81%，年复合收益率13.53%；近三年累计收益28.84%，年复合9.09%。

作为对比，沪深300指数近十年年复合收益率为5.11%，沪深300全收益指数近十年则为7.41%。中证红利指数的年复合收益率，无论纯价格收益，还是考虑股息再投资的全收益，都显著超过沪深300指数。

当下这轮熊市，使得红利投资再次成为显学。2023年，中证红利ETF（515080.SH）份额从7.34亿份增加到31.38亿份，增加3.28倍，规模从10亿元左右增加到43亿元。其2023年年报显示，中证红利ETF的持有人中，机构投资者持有的份额占62.80%，个人投资者占37.20%。从收益来说，中证红利ETF年度净值涨幅5.21%，当年度中证红利价格指数和全收益指数的涨幅分别为0.89%和6.34%，而沪深300指数为-11.38%。2023年，中证红利ETF在6月和12月分别实施了一次每份0.035元的半年度分红。

熊市中，避险资产总是会受到追捧，这是红利指数基金当下规模大增的最主要原因。未来，随着宏观经济和股市的回暖，大量资金会从红利指数等避险资产中撤出，届时，红利指数将会在很长一段时间内"跑"输其他风险资产。但由于红利指数的内在调仓逻辑是合理的，在红利指数低位时买入并长期持有，大概率会为投资者带来出色的回报。

（2）中证红利低波动指数

中证红利低波动指数的代码是 H30269.CSI，以沪深 A 股中流动性好、连续分红、红利支付率适中、每股股息正增长以及股息率高且波动率低的50 只证券为指数样本，采用股息率作为权重，反映 A 股市场分红水平高且波动率低的证券的整体表现。

中证红利低波指数的基日为 2005 年 12 月 30 日，基点为 1000 点，由中证指数公司编制，自 2013 年 12 月 30 日正式发布。

中证红利低波指数的样本空间为满足以下条件的沪深 A 股和红筹企业存托凭证：

① 过去三年连续现金分红且每年的税后现金股息率均大于 0；

② 过去一年日均总市值排名在前 80%；

③ 过去一年日均成交金额排名在前 80%。

中证红利低波指数在样本空间内的证券，计算其过去一年的红利支付率和过去三年的每股股利增长率，剔除支付率过高或者为负的证券，剔除增长率非正的证券；对剩余证券，计算过去三年平均税后现金股息率和过去一年的波动率，按照过去三年平均税后现金股息率降序排名，挑选排名居前的 75 只证券；对上述 75 只证券，按照过去一年波动率升序排名，挑选排名居前的 50 只证券作为指数样本。样本股采用股息率加权。

指数每年调整一次指数样本，每年 12 月的第二个星期五的下一个交易日实施调整。不满足以下任意条件的样本剔除：

① 过去一年现金股息率大于 0.5%；

② 过去一年日均总市值排名落在中证全指指数样本空间前 90%；

③ 过去一年日均成交金额排名落在中证全指指数样本空间前 90%。

截至 2024 年 3 月末，中证红利低波指数的高权重行业构成与中证红利指数类似，金融、能源、工业占比较高，且均超过20%。

截至2024年3月末，中证红利低波指数前5大成份股的累计权重为15.07%，前10大为27.13%。具体而言，前10大成份股分别为兖矿能源（权重3.56%）、中国神华（权重3.34%）、中国石化（权重3.00%）、厦门国贸（权重2.59%）、鄂尔多斯（权重2.59%）、山东高速（权重2.51%）、农业银行（权重2.43%）、北京银行（权重2.39%）、交通银行（权重2.39%）和开滦股份（权重2.33%）。

当前就估值倍数而言，指数PE－TTM为6.17倍，自发布以来中位值6.67倍，目前处于历史37.31%分位点；PB为0.69倍，自发布以来中位值0.97倍，处于历史26.54%分位点；股息率5.53%，自发布以来中位值4.77%，目前处在历史70.38%分位点。

自基日（2005年12月30日）以来，中证红利低波指数截至2024年3月末累计上涨940.06%，年复合收益率14.13%；近十年累计涨幅126.72%，年复合收益率8.53%；近三年则累计涨幅为20.54%，年复合收益率6.63%。考虑到自基日以来中位数股息率4.77%，中证红利低波指数的长期年复合收益率为近19%，近十年则约为13%。

中证红利低波全收益指数（H20269.CSI）自基日（2005年12月30日）以来，累计涨幅1869.53%，年复合收益率18.31%；近十年累计涨幅249.83%，年复合收益率13.34%；近三年则累计上涨40.95%，对应年复合收益率12.51%。相比沪深300指数近十年5.11%的年复合收益率和7.41%的年复合全收益率，中证红利低波指数同样大幅"跑"赢。

（3）中证锐联基本面50指数

红利指数以股息率为选股策略，基本面指数则以基本面价值为选股策略。中证锐联基本面50指数（以下简称基本面50指数，代码000925.CSI）是基本面策略指数的一种。基本面50指数从沪深两市选取"基本面价值"（FV）最大的50只上市公司证券作为指数样本，采用基本面价值加权，同样在一定程度上避免了传统宽基指数高买低卖的问题。

基本面50指数于2009年2月26日由中证指数有限公司发布，基日为

2004 年 12 月 31 日，基点 1000。

基本面 50 指数的样本空间包括：上市时间超过一个季度的沪深 A 股，自上市以来的日均 A 股总市值在全部沪深 A 股中排前 30 位的则无上市超过一个季度的要求；非 ST、*ST 股票、非暂停上市股票。

对于上述样本空间内的证券，按照过去一年的日均成交金额由高到低排名，剔除后 20% 证券；对剩余证券计算其基本面价值（FV），按基本面价值由高到低排名，选取排名靠前的 50 只证券作为指数样本。

所谓基本面价值，是通过以下方式计算的：以过去 5 年的年报数据计算 4 个基本面指标（若可用年报数据少于 5 年，则以可用年报数据计算），即营业收入（公司过去 5 年营业收入的平均值）、现金流（公司过去 5 年现金流平均值）、净资产（公司定期调整时的净资产）、分红（公司过去 5 年分红总额的平均值），然后计算每只证券单个基本面指标占样本空间内所有证券这一指标总和的百分比，对这四个百分比取算术平均值再乘以 10000000，得出的数就是这只证券的基本面价值。简言之，上市公司的经营体量越大，即过去五年的营收越高、现金流越高、净资产越高、分红越高，它的基本面价值就越大。

基本面 50 指数样本每年调整一次，实施时间为每年 6 月的第二个星期五的下一个交易日。

基本面 50 指数不像大多数宽基指数，以市值（背后是股价）为标准筛选成份股，而是以经营规模为标准筛选成份股，因而一定程度上避免了宽基指数买在成份股股价高位、卖在股价低位的问题。但是，基本面 50 指数买在上市公司经营体量高位，包括营收、现金流、净资产和分红的体量，卖在经营体量低位，而上市公司业务经营也有其景气萧条周期，因而本质上仍是一个高买低卖的策略。

截至 2024 年 3 月末，基本面 50 指数的高权重行业主要是金融，占48%；此外工业占比也在 10% 以上，为 14.6%。基本面 50 指数前 5 大成份股的累计权重为 26.53%，前 10 大为 42.62%。具体而言，前 10 大成份股分别为中国平安（权重 7.96%）、招商银行（权重 5.33%）、兴业银行

（权重 5.08%）、中国建筑（权重 4.34%）、工商银行（权重 3.83%）、交通银行（权重 3.71%）、中国石化（权重 3.29%）、贵州茅台（权重 3.11%）、格力电器（权重 3.08%）和民生银行（权重 2.91%）。

估值倍数而言，指数当前 PE－TTM 为 8.20 倍，自发布以来中位值 9.22 倍，目前处于历史 29.72% 分位点；PB 为 0.88 倍，自发布以来中位值 1.18 倍，处于历史 8.33% 分位点；股息率 4.47%，自发布以来中位值 3.30%，目前处在历史 84.82% 分位点。

自基日（2004 年 12 月 31 日）以来，基本面 50 指数截至 2024 年 3 月末累计上涨 292.22%，年复合收益率 7.59%；近十年累计涨幅 122.13%，年复合收益率 8.31%；近三年则累计涨幅为 －10.51%，年复合收益率 －3.74%。考虑到自基日以来中位数股息率 3.30%，基本面 50 指数的长期年复合收益率近 11%，近十年则近 12%。

基本面 50 全收益指数（H00925.CSI）自基日（2004 年 12 月 31 日）以来，累计涨幅 616.59%，年复合收益率 11.11%；近十年累计涨幅 228.58%，年复合收益率 12.63%；近三年则累计上涨 3.32%，对应年复合收益率 1.13%。相比沪深 300 指数近十年 5.11% 的年复合收益率和 7.41% 的年复合全收益率，基本面 50 指数大幅 "跑" 赢，但不及中证红利指数和红利低波指数及其全收益指数。

（4）上证 180 风格指数

上证 180 风格指数以上证 180 指数为样本空间，根据成长因子和价值因子计算风格评分，分别选取成长得分与价值得分最高的 60 只股票构成上证 180 成长指数（代码 000028.SH）与上证 180 价值指数（代码 000029.SH）。前者代表的是以成长因子为选股策略，后者代表的是以价值因子为选股策略。

上证 180 成长指数和上证 180 价值指数基日均为 2002 年 6 月 28 日，基点 1000，由中证指数有限公司于 2009 年 1 月 9 日发布。

上证 180 成长指数和上证 180 价值指数的样本空间为上证 180 指数的样本股，即所有沪市 A 股剔除上市时间不足一个季度的股票（除非日均总市值排在沪市前 18 位）和暂停上市的股票。

　　对上述样本空间内的股票，计算其成长因子和价值因子，前者包括主营业务收入增长率①、净利润增长率②和内部增长率（G）③，后者则包括股息收益率（D/P）④、每股净资产与价格比率（B/P）⑤、每股净现金流与价格比率（CF/P）⑥、每股收益与价格比率（E/P）⑦。成长评分为三个成长变量 Z 值的平均，价值评分为四个价值变量 Z 值的平均。选取成长评分最高的 60 只股票作为上证 180 成长指数的样本股，选取价值评分最高的 60 只股票作为上证 180 价值指数的样本股。

　　上证风格指数样本股每半年调整一次，实施时间为每年 6 月和 12 月的第二个星期五的下一个交易日。

　　截至 2024 年 3 月末，上证 180 成长指数的 10% 以上权重行业包括：信息技术 26.9% 、材料 23.6% 、日常消费 18.6% 、工业 14.5% 和医疗保健 10.2% 。上证 180 价值指数的权重行业则主要是金融，占比 60.3% ，其他行业的权重较小。

　　截至 2024 年 3 月末，上证 180 成长指数前 5 大成份股的累计权重为 32.24% ，前 10 大为 49.62% 。具体而言，前 10 大成份股分别为贵州茅台（权重 9.93% ）、紫金矿业（权重 7.92% ）、万华化学（权重 5.50% ）、隆基绿能（权重 4.72% ）、山西汾酒（权重 4.17% ）、中国建筑（权重 4.11% ）、药明康德（权重 4.10% ）、中芯国际（权重 3.50% ）、海光信息（权重 2.90% ）和特变电工（权重 2.76% ）。

---

　　①　主营业务收入增长率：采用过去 3 年主营业务收入与时间 t（第 1 年、第 2 年和第 3 年分别取值 0、12 和 24）进行回归分析，将回归系数（coefficieient）与过去 3 年主营业务收入平均值的比值，作为主营业务收入增长率变量。

　　②　采用过去 3 年净利润与时间 t（第 1 年、第 2 年和第 3 年分别取值 0、12 和 24）进行回归分析，将回归系数（coefficieient）与过去 3 年净利润平均值的比值，作为净利润增长率变量。

　　③　内部增长率（G）：净资产收益率 ×（1 - 红利支付率）。

　　④　股息收益率（D/P）：过去 1 年现金红利与过去 1 年日均总市值的比值。

　　⑤　每股净资产与价格比率（B/P）：过去 1 期报表净资产与过去 1 年日均总市值的比值。

　　⑥　每股净现金流与价格比率（CF/P）：过去 1 年净现金流与过去 1 年日均总市值的比值。

　　⑦　每股收益与价格比率（E/P）：过去 1 年净利润与过去 1 年日均总市值的比值。

上证 180 价值指数前 5 大成份股的累计权重为 29.94%，前 10 大为 43.82%。具体而言，前 10 大成份股分别为中国平安（权重 9.25%）、招商银行（权重 7.94%）、兴业银行（权重 4.85%）、中信证券（权重 4.16%）、工商银行（权重 3.74%）、交通银行（权重 3.45%）、江苏银行（权重 2.82%）、农业银行（权重 2.68%）、中国神华（权重 2.55%）和中国石化（权重 2.38%）。

估值倍数而言，当前上证 180 成长指数已接近进入危险区间，PE－TTM 为 16.12 倍，自发布以来中位值 12.70 倍，目前处于历史 77.41% 分位点；PB 为 2.81 倍，自发布以来中位值 2.10 倍，处于历史 70.32% 分位点；股息率 2.61%，自发布以来中位值 1.96%，目前处在历史 78.81% 分位点。

上证 180 价值指数 PE－TTM 为 7.66 倍，自发布以来中位值 8.06 倍，目前处于历史 39.69% 分位点；PB 为 0.83 倍，自发布以来中位值 1.08 倍，处于历史 16.03% 分位点；股息率 5.01%，自发布以来中位值 3.80%，目前处在历史 88.8% 分位点。

自基日（2002 年 6 月 28 日）以来，上证 180 成长指数截至 2024 年 3 月末累计上涨 106.36%，年复合收益率 5.02%；近十年累计涨幅 71.60%，年复合收益率 5.55%；近三年则累计涨幅为 -42.70%，年复合收益率 -17.41%。考虑到自基日以来中位数股息率为 1.96%，上证 180 成长指数的长期年复合收益率约为 7%，近十年约为 7.5%。

自基日以来，上证 180 价值指数截至 2024 年 3 月末累计上涨 91.86%，年复合收益率 4.50%；近十年累计涨幅 78.11%，年复合收益率 5.94%；近三年则累计涨幅为 -14.45%，年复合收益率 -5.22%。考虑到自基日以来中位数股息率为 3.80%，上证 180 价值指数的长期年复合收益率约为 8.3%，近十年则近 10%。

五、如何投资指数？

选择合适的指数进行投资

指数投资的第一个要点是，选择好的指数及指数基金买入。对"好"

的判断主要涉及以下两个方面：

一是指数长期收益率水平较高，参考我们在第二章中提到的，基础收益类仓位的年收益率要求为10%～15%，从而应当选择长期和近十年年复合收益率在10%以上的指数进行投资；

二是指数的投资策略，即成份股调入调出逻辑应当合理，如宽基指数的"高买低卖"规则，就不是好的投资策略。

我认为，无论是从长期收益水平还是成份股买卖逻辑来看，红利指数是比较好的指数投资对象，如中证红利指数和中证红利低波指数。

自基日（2004年12月31日）以来，中证红利指数截至2024年3月末累计上涨433.07%，年复合收益率9.37%；近十年累计涨幅137.38%，年复合收益率9.03%；近三年则累计涨幅为11.18%，年复合收益率3.71%。中证红利全收益指数（H00922.CSI）自2008年5月26日发布以来，累计涨幅138.48%，年复合收益率5.80%。由于起算点2008年5月正值大牛市掉头下跌的中途，因而以此为起点测算的长期年收益率水平较低。近十年中证红利全收益指数累计涨幅255.81%，年复合收益率13.53%；近三年累计收益28.84%，年复合收益率9.09%。

自基日（2005年12月30日）以来，中证红利低波指数截至2024年3月末累计上涨940.06%，年复合收益率14.13%；近十年累计涨幅126.72%，年复合收益率8.53%；近三年则累计涨幅为20.54%，年复合收益率6.63%。中证红利低波全收益指数（H20269.CSI）自基日2005年12月30日以来，累计涨幅1869.53%，年复合收益率18.31%；近十年累计涨幅249.83%，年复合收益率13.34%；近三年则累计上涨40.95%，对应年复合收益率12.51%。

红利指数的上涨几乎完全来自成份股业绩的提升。中证红利指数过去十年涨了137.38%，年复合收益率9.03%。拆解来看几乎完全来自成份股归母净利润的增长，成份股归母净利润从2012年的1.01万亿元增长到2022年的2.24万亿元（2023年年报普遍未发布），累计增长122%，年复合收益率8.29%。

投资者要想投资红利指数，需要投资基金公司发行的挂钩红利指数的基金产品。挂钩于中证红利指数且规模较大（10 亿元以上）的基金产品有富国中证红利指数增强 A（100032.OF）、大成中证红利 A（090010.OF）、富国中证红利指数增强 C（008682.OF）、万家中证红利 A（161907.SZ）、易方达中证红利 ETF 联接 C（009052.OF）等。

挂钩于中证红利低波指数且规模较大的基金产品则主要是华泰柏瑞红利低波动 ETF（512890.SH）和创金合信红利低波动 C（005562.OF）。

在低估值区间买入

合适的指数也需要在合适的时间窗口进行投资，即应当在指数整体估值不那么高的时候投资，否则会遭遇长期空拿甚至亏钱的窘境。以 PE - TTM 为例，假如我们在红利低波指数 PE - TTM 最高的 2018 年 1 月 23 日买入，对应当日指数 9811.40 点，截至 2024 年 3 月 27 日，指数为 10400.59 点，6 年多的时间过去了，不考虑股息再投资的情况，指数累计盈利 6%，仅仅实现了回本。所以，最好在指数整体估值处在比较低的位置时买入。

假如我们在 PE - TTM 低于历史 20% 分位点时买入（当前 2024 年 3 月 27 日红利低波指数的 PE - TTM 历史分位数为 37.14%），如在 2014 年 1 月 9 日买入（PE - TTM5.44 倍，历史分位数 18.28%），彼时红利低波指数为 4436.54 点，则持有 1 年、3 年、5 年、10 年后，指数分别涨至 7035.88 点、7712.13 点、7370.56 点和 9831.13 点。在不考虑股息再投资的情况下，指数累计收益率分别为 58.59%、73.83%、66.13% 和 121.59%，对应年复合收益率分别为 58.59%、20.24%、10.69% 和 8.30%。

除了估值倍数历史分位数，投资者还可以结合整体股票市场水温（如牛熊周期）和市场主导风格加强对红利指数或其他指数的择时，增厚指数投资的收益。关于市场水温和股市大周期择时，将在本章第三节中具体介绍。

若不看估值买入，需要持有 5 年以上，才能保证 90% 概率不亏钱

投资于红利指数，假如我们不是买在低估区间，那么就需要靠长期持

有来消化高估值，以确保不亏损。假如我们不对红利指数的买入估值设定要求，那么要保证大概率赚钱（90%概率），一般需要持有5年。

对于红利低波指数，在任意一天买入，当买入持有期限为3年时，不亏钱的概率大约是70%；如果是5年，则不亏钱的概率是88%；如果持有10年，则能100%保证不亏钱。

红利低波指数，任意一日买入且假如持有1年，则在4109个样本中，有2766个样本的年收益率大于0，占比67.32%，大于10%的则有1744个，占比42.44%。即只持有红利低波指数1年，不亏钱的概率为67.32%，有42.44%的概率能实现全年10%以上的投资收益率。年收益率落在 -60.7% ~ 320.45%区间，波动幅度非常大，年收益率的平均数为20.73%，中位数为6.56%。

假如持有3年，且同样是任意一日买入，则在3621个样本中，有2577个样本的年收益率大于0，占比71.17%，1330个样本大于10%，占比36.73%。即持有红利低波指数3年，不亏钱的概率为71.17%，有36.73%的概率能实现10%以上的年投资收益率。年收益率落在 -9.99% ~ 53.1%区间，年收益率的平均数为8.98%，中位数为5.25%。

假如持有5年，且同样是任意一日买入，则在3135个样本中，有2765个样本的年收益率大于0，占比88.20%，1136个样本大于10%，占比36.24%。即持有红利低波指数5年，不亏钱的概率为88.20%，有36.24%的概率能实现10%以上的年投资收益率。年收益率落在 -9.64% ~ 38.81%区间，年收益率的平均数为8.08%，中位数为6.42%。

假如持有10年，且同样是任意一日买入，则在1921个样本中，年收益率全部大于0，占比100%，427个样本大于10%，占比22.23%。即持有红利低波指数10年，能100%确保不亏钱，有22.23%的概率能实现10%以上的年投资收益率。年收益率落在3.53% ~ 22.93%区间，年收益率的平均数为8.59%，中位数为7.75%。

资产配置与再平衡

所谓资产配置，是指将资金投资在不同资产类别上（而非投资于单资产类别，如股票），以实现风险的分散。股票指数投资是资产配置的重要工具，资产配置则是股票指数投资的一种有效方式。

本章第二节将对资产配置进行具体介绍，此处主要针对资产配置中的重要环节——动态再平衡。当我们的投资能力不足时，相比于主动择时，被动择时，即通过资产配置的再平衡，实现对指数的被动低买高卖，显得更为容易。

即便是红利指数这样长期走势比较规整、长期收益率优秀的股票指数，也存在涨跌起伏（而非一路径直向上），从而通过比如年度的动态再平衡，能有效地捕捉到这些涨跌，实现低买高卖，增厚指数投资的收益。

例如，当我们期初配置了70%的中证红利指数和30%的债券，则无论股票还是债券的涨跌，都可能使组合偏离初始的配置比例。例如，股票上涨可能导致中证红利指数的仓位上升到了90%，而债券仓位下降到了10%。所谓再平衡，就是在特定的时点，将资产配置比例重新调整回初始比例（如70%：30%），则再平衡的过程实现了对红利指数的卖出和债券的买入，一般是固定一年平衡一次。若股票指数仓位上涨快于债券，则卖出一些股票指数，加仓一些债券；若股票指数仓位下跌快于债券，则加仓一些股票指数，卖出一些债券。此时，投资中可以在不对指数水位做判断的情况下，通过傻瓜式的再平衡，被动实现低买高卖。

第二节　资产配置

一、资产配置概论

"唯一免费的午餐"

资产配置有两层含义：一是我们关注并投资于多个资产类别，如股票、债券、黄金等，而不是纯粹投资于单一类别的资产；二是我们关注的是资产类别本身，而不是这个类别里的某些具体资产，因而资产配置本身有比较浓的被动投资的意味在里面。

资产配置的思想来自诺贝尔经济学家得主哈里·马科维茨（Harry Markowitz）提出的现代投资组合理论（modern portfolio theory，MPT），即将若干不相关的股票装进一套投资组合中，整个投资组合的波动性会低于组合中单只股票的平均波动性。

马科维茨将投资归结为两个基本方面——风险和收益。一笔投资的预期收益率是它在各种可能性下的所有收益的加权平均值，而风险则是所有可能收益在预期收益率范围内的标准差。[①]

一个投资组合的预期收益率是各笔投资的预期收益率的加权总和，但它的标准差不一定是各笔投资收益率标准差的加权总和。现代投资组合理论的核心观点是，各笔投资回报率的差异可以降低投资组合回报率的标准差，投资组合的波动性可以通过组合的多元化降到最低限度。

马科维茨将多元化投资导致的更低的资产组合收益波动性称为"投资市场唯一的免费午餐"。更低的组合波动性，对于定位于低难度投资和基础收益类投资进而抗下跌能力不足的投资者来说，有重要的意义。对于普通投资者，资产配置可能是唯一可以长期持续的投资策略。

实际上，本杰明·格雷厄姆给股票投资者的建议向来是资产配置，而不是纯粹投资于股票。他在《聪明的投资者》（*The Intelligent Investor*）[②] 中提出："防御型投资者投资于股票的资金，决不能少于其资金总额的 25%，且不得高于 75%，与此对应，其债券投资的比例则应在 75% 和 25% 之间。"格雷厄姆进一步建议，两者的标准分配比例应该是各占一半，增加股票的合理理由是，持续的熊市导致"低廉交易价格"的出现；反之，当投资者认为股票市场价格已经上升到危险高度时，应将股票投资的比例减

---

① 现代投资组合理论将股价波动即收益率的标准差等价于风险。但股价波动是否就是风险，这个问题有待商榷，因而本书后面将降低组合的"风险"表述为降低组合的"波动"。

② ［美］本杰明·格雷厄姆：《聪明的投资者》，王中华、黄一义译，人民邮电出版社 2016 年版。

至 50% 以下。

为什么多资产类别配置可以降低投资组合的波动，同时能增加组合的收益呢？

假设我们有个投资账户，每年末，我们通过抛硬币来获取投资收益。如果硬币是正面，我们就会获得 30% 的收益；如果是背面，就会损失 10%。只要抛的次数足够多，我们就正好获得一半正面、一半背面。于是，长期来看，我们的年复合收益率是 $(130\% \times 90\%)^{1/2}$，即 8.17%。

现在我们把这个投资账户等分成两份，每个账户单独抛硬币。那么，这时就不是两种结果了，而是四种，分别是正面（账户一）＋正面（账户二）、正面＋背面、背面＋正面、背面＋背面。四种结果对应的两个账户的总收益率分别为 30%、10%、10% 和 –10%。

那么，在一个典型的四年里，我们的投资收益率便是 130%×110%×110%×90%，即 141.57%，对应年复合收益率为 9.08%，高于前面单账户情况下计算的 8.17%。更重要的是，在分为两个账户的情形中，投资收益的标准差是 14.14%，而单账户时则是 20%，投资的风险显著下降了。

现在我们假设投资于两类资产，一类资产的收益率分布跟抛硬币一样，＋30% 和 –10% 对等出现，我们称这类资产为股票；第二类资产的收益率分布为 0% 和 +10% 对等出现，我们称这类资产为债券。

此时，如果我们均等投资于这两类资产，可能会出现四种结果：股票 30%、债券 10%；股票 30%、债券 0；股票 –10%、债券 10%；股票 –10%、债券 0。

如果我们的资产配置是 25% 投资于债券，75% 投资于股票，那么综合收益率将出现 25%、22.5%、–5%、–7.5% 四种结果。于是，资产配置情形下，我们投资组合的年收益率为 7.70%，标准差为 15.05%。相比百分百投资于股票，股价波动率从 20% 下降到 15.05%，减少了近 1/4，而年收益率只从 8.17% 下降到 7.70%，减少甚微。

如果我们不希望收益率下降（从 8.17% 降到了 7.70%），那么可以再结合"动态再平衡"，通过低买高卖提升收益率。例如，75% 股票和 25%

债券的初始投资组合，若一年后股票上涨了 30%，债券仅上涨 10%，此时组合比例将偏离 75%：25%，则应当卖掉一些股票买入更多债券；若股票跌了 10%，而债券涨跌幅为 0，则应当卖掉一些债券，买入更多股票。组合收益率的增加，来自动态再平衡的过程中对资产的低买高卖。

资产配置对于投资组合波动率的降低，其关键在于多资产之间不相关或不完全相关，正如股票和债券的走势是不完全相关的。降低组合的收益波动，对于普通投资者有重大的意义。假如我们 100% 投资于股票资产，则可能会在短时间内经历巨大的下跌。

以投资中证红利指数为例，2007 年 10 月到 2008 年 11 月，中证红利指数从 5629.02 点下跌到 1596.10 点，一年多时间跌幅 72%；2015 年 6 月到 2016 年 1 月，从 6226.62 点下跌到 3330.71 点，7 个月时间跌幅 47%；2018 年 1 月到 10 月，从 5190.29 点下跌到 3651.09 点，跌幅达 30%。因而，即便指数中长期表现优异、投资策略合理的红利指数，短期内也会经历大幅的下跌。

前面我们提到过，2004 年底至 2023 年底的近 20 年，A 股的整体波动率达到 56.98%，其中，大盘股 56.33%、小盘股 64.03%，平均每 4 年 A 股就要经历一次 30% 的回撤。如果纯粹只配置股票资产，大多数投资者无法心平气和应对这种幅度的下跌，很可能会在下跌中恐慌卖出，酿成重大损失。从而，多元化配置于不同资产类别，对于普通投资者是非常必要的。

长期看，资产配置决定了 90% 的投资收益？

资产配置虽好，但市场上一直流传着一个谬误：长期看，大约 90% 的投资收益都来自成功的资产配置。这是个以讹传讹的说法，夸大了资产配置的作用。

准确的说法应当是，基金收益波动（而非基金收益）的 90% 以上归功于资产配置，而只有不到 10% 归功于市场择机及股票和债券的选择。

1986 年，《金融分析师期刊》（*Financial Analysts Journal*）上刊登了一篇名为《决定组合业绩的关键因子》（Determinants of Portfolio Performance）

的论文。布林森（Brinson）、胡德（Hood）和比鲍尔（Beebower）三位作者选取了美国市场上91只养老基金，将每只基金1974～1983年这10年的业绩和它对应的相同资产配置下的市场基准收益，做了时序回归分析，并得出结论：基金每个季度收益的变动，有93.6%可以被基金资产配置的基准收益所解释。但这个研究结论后来传着传着变成了"资产配置决定了90%的投资收益"。

假如我们买了一只基金，这只基金做了一些资产配置，如果这只基金这个季度涨10%，下个季度跌5%，再下个季度跌10%，那么这几个季度的收益率变化93.6%是由这只基金的资产配置引起的。如果是这样一个结论，就远没有"资产配置决定了90%的投资收益"这样的说法那么惊悚了。

实际上，资产配置决定投资收益（而非投资收益的变动）的程度大概是40%。也就是说，不同基金或者组合之间的收益率差别，有40%可以被资产配置所解释。

2000年，罗格·伊博森和保罗·卡普兰（Roger G. Ibbotson & Paul D. Kaplan）发表了文章《资产配置解释了基金回报率的40%、90%和100%吗?》（Does Asset Allocation Policy Explain 40, 90, 100 Percent of Performance?）。两位作者选取了94只公募基金和58只养老基金，将这些基金的10年年复合收益率与相同资产配置下的市场基金收益进行了截面回归分析，得到的决定系数是40%，即不同基金之间的收益率差别，有40%可以被资产配置所解释，60%则取决于择时、择股、择债等主动管理因素；并且，越是主动管理，资产配置对收益率的决定系数越低，越是被动管理，资产配置的决定系数越高。

各类别资产的长期收益率

资产配置的基础是各种资产类型的长期（至少数十年尺度）收益率。对此，比较著名的研究是杰里米·西格尔（Jeremy J. Siegel）在《股市长线法宝》（*Stocks for the Long Run*）中对1802～2002年的200年间，美国股票、债券、短期国债、黄金及美元的长期收益率的统计（见图3-1）。扣除通胀因素后（过去200年美国的通胀率平均每年约1.47%），股票的长期真实年收益率为6.6%，债券为3.6%，短期国债为2.7%，黄金为0.7%，美元为-1.4%。①

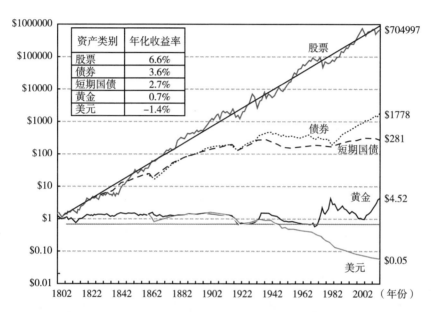

图3-1 美国股票、债券、短期国债、黄金及美元在1802~2002年的真实收益

　　资料来源：[美] 杰里米·西格尔：《股市长线法宝》，马海涌、王凡一、魏光蕊译，机械工业出版社2015年版。

　　根据罗格·伊博森等的研究，自1926~2023年的近100年时间里，美国各类资产的长期复合收益率情况为：小盘股年11.8%，大盘股年10.3%，长期信用债年5.7%，短期国债年3.3%，通胀年2.9%②。中国的情况则是，2005~2023年，A股整体年复合收益率9.61%，其中小盘股10.43%、大盘股8.72%，长期国债4.28%、短期国债2.52%。

---

　　①　[美] 杰里米·J.西格尔：《股市长线法宝》，马海涌、王凡一、魏光蕊译，机械工业出版社2015年版。

　　②　美国过去100年通胀率较高，但再往前100年，通胀率接近于0，因此过去200年尺度下的通胀率远低于过去100年的通胀率。

二、可转债

为什么投资于可转债？

所谓可转债，是指债券持有人可以按照发行时约定的价格将债券转换成公司股票的一种债券。

可转债兼具债权和股权的双重属性。如果债券持有人不想转股，可以一直持有债券，直到债券期限届满时从债券发行人处收取本金和利息，当然债券持有人也可以在流通市场对债券进行出售变现；如果持有人看好发债公司股票的增值前景，那么可以在约定的转股期内行使转股权，按照约定的转股价格将债券转换成股票。

由于常年资金的净流出，A 股很大程度上是一个负和博弈的市场，投资者要在这个市场长期赚钱非常困难。以 2021 年的数据为例，2021 年全年，A 股 IPO 融资 5367 亿元，定增等再融资 12233 亿元，原始股东减持 6000 亿元，证券交易印花税 2478 亿元，交易佣金近 1000 亿元，融资融券利息 1360 亿元，基金认购赎回手续费 700 亿元，公募基金管理费及收益提成 3750 亿元[1]，证券类私募基金管理费及收益提成 1800 亿元[2]，从而 A 股资金流出端 2021 年合计 3.5 万亿元左右；资金流入主要是上市公司分红，2021 年全年 A 股上市公司分红总额约 1.5 万亿元，且 A 股分红主要来自大蓝筹股，如银行股占了全市场 40% 的分红，而这类股票多数都是国资控股，假设个人投资者拿到全市场全部分红的 25%，则为 3750 亿元。A 股分红流入远不足以覆盖流出，负和博弈的局面可见一斑。

作为对比，港股 2022 年的分红金额在 1.2 万亿港元左右，此外还有 1000 亿港元左右的股票回购，而 IPO、配股等融资金额不足 2500 亿港元。

当然，我认为 A 股的"融资"定位是国家社会发展的阶段性现象和权

---

[1] 截至 2021 年末，公募基金资产管理规模为 25 万亿元，假设管理费和收益提成为 1.5%。
[2] 截至 2021 年末，证券类私募基金资产管理规模为 6 万亿元，假设管理费和收益提成为 3%。

宜之计，未来当居民财富增长和居民消费的战略价值超过"科技突破"的战略价值时，当"内循环"的战略价值超过"外循环"的战略价值时，股市的定位也将相应扭转。实际上，美国股市上市公司数量也从 20 世纪 70 年代末的 2400 家猛增到 1996 年的 8000 家的高位，最近 20 年才通过不断退市减少到 4000 多家，并在"退市潮"的过程中迎来了股市长牛。

在 A 股"融资市"的背景下，可转债这种资产品类有其稀缺的可贵之处。因为可转债可以说是资本市场中唯一一个投资者与作为特权阶级之一的上市公司利益相一致的投资品种。

怎么说呢？可转债是上市公司发行的一类债券，这类债券的利率比一般债券更低，一般只有 0.5% ~ 2. X%，原因在于，除了还本付息外，可转债还为持有人提供一个未来以约定好的转股价把债券转换为股票的权利，且这个转股价未来在某些情况下还可以下调。正因为有这么个低价转股的盼头，所以投资人愿意接受可转债这么低的票面利息。

但即使是 0.5% ~ 2. X% 的低息借款，且借款期限往往长达 5 ~ 6 年，一些上市公司依然不知足，它们发行可转债的时候就想好了这笔借款"不用还"。

如何不还呢？转债持有人转股了，上市公司就不用还钱了，而只有在有利可图的情况下，转债持有人才会转股。

如何促使转债持有人转股呢？一般可转债都会设有强制赎回条款：在转股期内，若股价在一定时段内（比如连续 30 个交易日内有至少 15 个交易日）高于转股价的 130%，那么上市公司有权按照略高于转债面值（一般是 103 元）赎回转债。此时，相比以 103 元的价格把转债卖回给上市公司（若以 100 元面值买入则收益率为 3%），转债持有人当然是选择转股赚取 30% 的收益。也就是说，如果转股期内股价长时间高于转股价的 130%，上市公司就有办法让转债持有人纷纷转股。

在转债存续的 5 ~ 6 年内，上市公司股价涨到约定转股价的 130% 是极有可能发生的事，因为 A 股每隔 3 ~ 7 年就会发生一次牛市，每隔 3 ~ 5 年就会有一轮不错的行情。更重要的是，即便牛市始终不来，在漫漫跌势中，上市公司还可以通过下调转股价来帮助可转债持有人赚钱，届时上市公司只要释放一些利好或者组织一些资金拉抬股价，转股的空间就出来了。

下有保底、上不封顶，五六年内正股股价达到转股价130%几乎一定会发生。实际上，截至2023年2月，可转债市场共有336只可转债经历了"上市—退市"历程。退市的原因分为强赎和非强赎，310只转债通过公司强赎退出，占92%，仅26只因到期、完全转股等原因结束生命周期。强赎就是我们前面提到的，若可转债在转股期内，股价持续高于转债转股价的130%，则上市公司有权以很低的价格赎回可转债。这就是可转债的"大概率确定"，而其中的原因就在于，可转债是资本市场中少有的散户与上市公司利益相一致的投资品种。

可转债指数表现如何？

在本章操作型投资的语境下，投资者可以通过指数基金投资于股票资产，那么可转债又该如何投资呢？

首先，我们来看可转债指数。中证指数有限公司发布的中证可转换债券指数（000832.CSI）基日为2002年12月31日，基点100点，发布于2012年9月12日。中证可转债指数的样本包括债券余额在3000万元以上的沪深交易所所有可转债，采用市值加权计算。

自基日（2002年12月31日）以来，中证转债指数从100点涨至2024年3月末的387点，21年来累计涨幅287%，年复合收益率6.58%；过去十年累计涨幅为41%，年复合收益率3.46%；近三年累计涨幅5.6%，年复合收益率1.83%。可以看到，可转债指数的收益率水平并不高，除了近三年外，表现不如沪深300指数[①]，因而也无法达到我们对操作型投资或基础收益类投资10%以上的年收益率要求。

可转债指数收益率不佳的原因在于其指数编制方式是市值加权，而大体量可转债的表现拖累了整体指数的表现。原因在于，大体量可转债往往

---

① 沪深300指数自基日（2004年12月31日）以来，不考虑分红再投资收益，长期年复合收益率为7%，近十年为5.11%，近三年为−11.40%。

是银行转债和大蓝筹股转债，这类转债强赎和下修转股价的概率相比中小转债都要更低一些。投资者在行情软件中比较可转债小盘指数、中盘指数和大盘指数也能很清楚地看到中小转债长期持续"跑"赢大转债。

同样，市面上主流的可转债基金配置也主要体现在大体量大市值可转债，因为小转债的信用等级往往不高，投资机构基于风控不能过多配置低等级转债，因而其组合表现也不尽如人意。

以几只规模比较大的可转债基金为例：南方希元可转债（005461.OF）自2018年3月14日成立以来，年复合收益率5.44%；汇添富可转债A（470058.OF）自2011年6月17日成立以来，年复合收益率6.07%；鹏华可转债A（000297.OF）自2015年2月3日成立以来，年复合收益率3.48%。

如果我们看等权指数的话，会发现其表现比市值加权指数好很多。参考Wind公司发布的Wind可转债等权指数（889033.WI）自基日（2017年12月29日）以来，从100点涨到2024年3月末的179点，6年多时间累计涨幅79%，年复合收益率9.78%。同期，市值加权指数累计涨幅37%，年复合收益率仅1.49%。

但市面上没有跟踪可转债等权指数的基金，也没有以等权思路投资可转债的基金，主流的可转债基金主要投资的是大体量的可转债，因而与市值加权指数的思路类似。

有鉴于此，对于可转债，我们最好进行主动投资，并且是以分散和等权的思路进行投资。由于本章中我们的主旨是操作型投资，即基于简单操作而非深入商业研究的投资，因而应当尽量执行一种简单的、不用深研转债发行公司的可转债投资策略。

可转债能起到多元化的作用吗？

可转债和股票的组合能起到多元化及分散风险的效果吗？这主要取决于两者相关性如何。

可转债是"股票＋转股期权"，兼具股债的特性。总体而言，可转债的表现更主要受正股的影响。平安证券在研报《可转债如何跟随权益市场》中测算，2010 年以来，可转债与股票、债券的收益率的相关系数分别为 77.1% 和 24.6%，股票属性主导了可转债的走势。[①]

但是，股票属性并不完全主导可转债的走势。可转债在熊市或者震荡市中[②]，常常可以"跑"赢股票，因而有很大的多元化的价值。

从表 3-1 可以看到，当股市牛市的时候，可转债的表现也比较好；股市震荡下行或者单边下行的时候，可转债依托债券属性能做到更抗跌，如 2008 年沪深 300 指数大跌 65.39%，可转债指数只跌了一半，2018 年沪深 300 指数跌了 24.59%，可转债只跌了 1.16%，2022 年可转债指数也比沪深 300 指数少跌了 5 个百分点；当股市震荡且结构分化的时候，可转债的表现同样要好于股市，典型的如 2021 年全年震荡行情下，中证转债指数涨幅接近 20%，而上证指数涨幅为 7.16%。

表 3-1　　　　　　不同行情下股票市场和可转债市场的走势

时间区间	股市	可转债市场	上证指数涨幅（%）	中证转债指数涨幅（%）
2003 年 4 月~2005 年	震荡下跌	大幅跑赢上涨指数	-23.14	18.18
2006~2007 年	单边向上	跟随正股趋势上涨	353.17	179.38
2008 年	大幅下跌	跌幅相对较小	-65.39	-32.35
2009 年~2011 年 12 月	持续震荡	与股市基本相同	20.79	16.54
2014 年 1 月~2015 年 6 月	单边向上	涨幅接近上证指数	132.07	103.65
2018 年	单边向下	抗跌	-24.59	-1.16
2019 年	先上涨后震荡	涨幅超过上证指数且回撤较小	22.30	25.15
2020 年	震荡向上	走势与上证指数基本同步，回撤幅度小	13.87	6.44

---

① 平安证券：《可转债如何跟随权益市场》，Wind 金融终端，2022 年 12 月 15 日。

② 平安证券在研报中将股市期末相比期初变化幅度在 ±15% 内的情况定义为"震荡市"，幅度超过 15% 的则称为有明显趋势，分为牛市或熊市。

时间区间	股市	可转债市场	上证指数涨幅（%）	中证转债指数涨幅（%）
2021 年	持续震荡，结构分化	震荡向上，涨幅超过股市	7.16	19.89
2022 年	单边下跌	相对抗跌	−15.1	−10.0
2023 年	震荡向下	震荡	−3.7	−0.47

资料来源：Wind，数据截至 2023 年 12 月 31 日。

可转债投资策略

第一种比较简单可操作的可转债投资策略是在 100 元附近买入（如低于 106 元买入），在可转债达到 130 元即卖出。

这种投资策略的逻辑在于，首先，可转债作为债券（且可转债发行人往往是资质比较优秀的上市公司，违约概率极低），100 元面值是它的价格底；其次，一轮牛熊周期内，即五六年内，正股股价达到转股价 130% 几乎一定会发生。当然，我们需要分散投资于多只可转债，一般而言，需要在 15 只以上。

第二种比较简单的可转债投资策略是"双低"策略。所谓"双低"，是指可转债的价格低和转股溢价率低。

可转债首先是一种债券，债券的到期收益率由我们买入可转债时的价格决定，因此价格越低的可转债，其到期收益率越高，债性也就越强。转股溢价率则代表着可转债的股性，它是可转债的市价相对于其换股后价值的溢价水平，即"转股溢价率 = 可转债面值/转股价值 − 1"，转股溢价率越低，转股后的价值越大，可转债的股性越强。转股溢价率越低越好，一般来说，可转债的转股溢价率都是正数，转股溢价率越低，可转债越容易跟随正股同步涨跌。通常转股溢价率超过 20%，可转债的股性就比较弱了。假如转股溢价率为 10%，则意味着正股上涨 10%，就可以带动转债上涨，溢价率为 130%，则正股要上涨 130%，才能带动正股上涨。转股溢价率为负数，说明转股比较划算；反之，则持有债券更划算。因而，"双低"

策略的核心逻辑就是，买入那些债券和股性都比较强的可转债。

　　具体操作来说，对可转债按照"转债价格＋100×转股溢价率"（称为"双低值"）进行从低到高排序，选取最低的10%的转债作为初始持仓，若初始转债下滑到20%位置以外就调出，增补新进前10%的转债，循环往复。一般可以持有20只可转债，等权持有，轮动的频率可以是比如一个月一次。若所有转债双低值的均值大于170，或者双低值小于130的转债消失，则意味着转债市场被明显高估，此时应当降低转债类资产的配置仓位。

　　实际上，不仅是可转债，针对股票投资，我们也可以用类似的简单、可操作、底层逻辑比较扎实的量化测量来筛选股票并轮动。但考虑到红利指数本身的长期收益率已经不错，且红利指数本身蕴含的投资思路（即低买高卖）没有明显的瑕疵，因此我认为初阶投资者购买红利指数就已经可以实现对股票的操作型投资了。当然，投资红利指数需要关注指数的估值区间，做到低位买入和长期持有（配合动态再平衡）。

三、黄金

　　除了债券外，黄金作为一种常见的避险资产，也是资产配置的对象之一。在经济衰退、金融危机等情况下，黄金对股票资产的对冲效果非常明显。

　　过去两年，我们经历了一轮猛烈的金价上涨，Wind数据显示，2024年4月COMEX黄金破了2400美元/盎司，从2022年11月的1618美元/盎司算起，18个月涨了50%，远超其他类资产。从传统来说，金价与十年期美债的实际利率高度负相关，即利率走高，金价下跌；利率走低，金价上涨。①

　　投资黄金最简单的方式是购买基金公司发行的黄金ETF，这些ETF份额背后对应的是存放在上海黄金交易所的实物黄金，有的黄金ETF可以直

---

　　① 但2024年以来，金价和十年期美债的实际利率出现共同走高的态势。可能的解释是，地缘冲突又有新升级（最新的如伊朗和以色列的冲突），大量资金涌入黄金避险，以及地缘冲突导致了去美元化的思潮，黄金作为美元信用体系替代品的属性在增强。

接兑换金条。

以华安基金发行的华安黄金 ETF（518880.OF）为例，该基金自 2013 年 7 月 18 日成立，目前规模约 150 亿元，成立以来累计收益率 88.27%，对应年复合收益率为 6.09%，近五年和近三年的年复合收益率分别为 11.97% 和 11.68%，显著"跑"赢 A 股。当然，这与黄金当下处于牛市周期有关。从费率结构来说，黄金 ETF 一般是 0.5% 的管理费加 0.1% 的托管费。

由于黄金本身不是生息资产，且黄金的长期投资收益率并不理想（按照西格尔的研究，过去 200 年黄金扣除通胀后的年收益率约 0.7%），因此本书未将黄金 ETF 作为投资组合的资产配置对象。投资者若感兴趣，可以自行研究。

四、现金类资产

现金类资产主要指货币市场基金，而货币市场基金的底层资产是银行存款、债券回购、央行票据、同业存单、债券等安全性和流动性都比较高的短期金融品种。

市场上货币基金有数百只，各只货币基金收益率差别不大，一般选择主流的规模比较大、成立时间比较久、费用比较低的货基进行投资就可以。

目前市场有 27 只货币基金 ETF，前 4 只规模比较大，它们在整个货币 ETF 市场规模占比超过 97%，分别是华宝添益 ETF（511990.SH）、银华日利 ETF（511880.SH）、建信添益 ETF（511660.SH）和财富宝 ETF（511850.SH）。其中，华宝添益 ETF 和银华日利 ETF 的最新规模在 800 亿元以上，两者占整个货币类 ETF 市场规模的 90% 以上，建信添益 ETF 和财富宝 ETF 的规模分别约为 150 亿元和 30 亿元。

货币基金 ETF 有一类是"日结转"型的，如华宝添益 ETF，今天 ETF 价格是 100 元，假设产生 0.01 元利息，会分红再投资，次日价格还是 100 元，但份额会增加；另一类是"净值增加"型，如银华日利 ETF，今天 ETF 价格是 100 元，假设产生 0.01 元利息，明天价格就是 100.01 元，份额则不变。

以银华基金发行的银华日利 ETF（511880. SH）为例，这只货币基金成立于 2013 年 4 月 1 日，截至 2024 年第一季度末规模约为 1038 亿元，最低申购金额为 1000 元。银华日利 ETF 自成立以来累计收益率 35.02%，年复合收益率 2.82%，过去五年和三年的年复合收益率分别为 1.98% 和 1.84%。2024 年 3 月末，银华日利 ETF 的 7 日年化收益率为 1.736%。

五、动态再平衡

马科维茨的理论告诉我们，假如一项资产的收益率标准差是 20%，那么两个完全不相关资产的组合的标准差是 14.1%（波动率下降 1/3），四个相互不相关资产的组合的标准差将是 10%（波动率下降一半）。

但现实中，我们不太可能找到完全不相关的资产，因此我们不能指望通过多元化的资产配置将我们投资组合的波动性下降一半或者下降 1/3 这种程度。并且，按照伯恩斯坦的说法，现实中低于平均收益率水平的资产之间的相关度要高于平均收益率之上的资产的相关度。例如，在严峻的熊市中，资产收益率之间的相关系数会显著上升。

此时，轮动和调仓带来的额外收益便显得尤为重要了。尤其是，对于操作型投资或者基础收益类投资，要想获得略超越基础收益率（10%）的回报，必须执行"低买高卖"。

以中证红利低波指数为例，指数过去十年和过去三年的年复合收益率分别是 8.53% 和 6.63%，全收益指数则分别为 13.34% 和 12.51%，回报水平相当不错。但假如我们在红利低波指数 PE – TTM 最高的 2018 年 1 月 23 日买入，即便考虑红利再投资，我们也需要近 3 年的时间才能回本。

在日常生活中，顺势而为能为我们带来成功，如培养受别人喜欢的品质，改掉被别人厌恶的品质。但在投资中，顺势而为——买进涨得多的、卖出跌得多的，却往往会带来灾难。与那些高估值、如日中天的投资品种相比，那些估值低、备受冷落的投资品种中孕育着更胜一筹的收益。我们在本书多处都看到了这样的观点。

但对于初阶投资者来说，比如，对于那些将投资对象主要锁定在相对简单的操作型投资上的投资者来说，要做到逆向投资和与社会主流观点相悖却并不容易，低买高卖需要勇气和毅力。因为从众是深刻在人类基因中的行为倾向，也是百万年以来人类能繁衍下去的重要心理基础。此时，借助被动的机制来实现低买高卖就非常有必要。

资产配置中的"动态再平衡"正是一种被动的、简化的"低买高卖"。更主动的"低买高卖"则来自对股市大的牛熊周期的把握，在股市极寒时加大买入，在股市极热时加大卖出，而这需要具备判断股市周期和市场"水温"的能力，我们将在下一节具体介绍如何判断市场所处的阶段和位置。此外，理论上也可以通过对经济周期的识别进而调整不同种类资产的比例，著名的美林时钟策略就是这样一种策略。但宏观经济异常复杂，特别是从预测的角度来说，宏观经济近乎不可知，因而这种基于经济周期的大类资产配置调整不属于我们本章操作型投资的范畴。

动态再平衡，是被动按照规则调整不同资产类别的仓位比例，即将偏离基准比例的不同资产类别调整回基准设置的比例。动态再平衡的核心点在于：让股票或者债券价格的波动，变成对我们有利的因素。投资者可以把股票（包括本章提到的股票指数基金、高息股等）、债券（如可转债）和现金类资产的仓位比例设置在 50：40：10 或者 60：30：10 或者 70：20：10。调整的频率一般是每年调整一次。当一年后几类资产的仓位比例偏离了初始设定时，就卖出涨了的、买入跌了的，把各类资产调整回初始设定的比例。

设想我们最初设定的仓位比例是股票 60%、债券 30%、现金 10%，一年后，股票大幅上涨了 20%，债券则下跌了 10%，而次年，股票市场掉头反转，下挫了 30%，债券则作为避险资产受到追捧，上涨了 12%。此时，假如我们不进行任何操作，假定现金收益率为 0，那么，两年下来我们的累计收益率是 -9.36%；而假如我们在第一年末进行了动态再平衡，即卖出部分股票、买入股份债券，以使仓位比例重回 60：30：10，则两年下来我们的累计收益率将是 -6.84%，少亏了 2.52 个百分点。

简化起见，假设期初账户资产为 1000 元，具体资产配置为：股票 100 元/股 ×6 股、债券 100 元/张 ×3 张、现金 100 元；一年后随市场涨跌，账户变为：股票 120 元/股 ×6 股、债券 90 元/张 ×3 张、现金 100 元；两年后则变为：84 元/股 ×6 股、债券 100.8 元/张 ×3 张、现金 100 元。若其间未进行任何操作，则两年后组合资产变为 906.4 元，较期初收益率为 -9.36%。

若第一年末进行动态再平衡，即卖出约 0.5 股股票，买入 2/3 张债券，则账户资产更新为：股票 120 元/股 ×5.5 股、债券 90 元/张 ×11/3 张、现金 100 元；第二年末账户资产为：股票 84 元/股 ×5.5 股、债券 100.8 元/张 ×11/3 张、现金 100 元，合计 931.6 元，组合两年累计收益率为 -6.84%。

如大卫·斯文森所说："不要尝试任何花哨的东西，坚持简单的多元化组合，保持较低的管理费用，定期对组合中的资产动态再平衡，以保持你的资产配置符合你的长期目标。"[1]

第三节 | 市场水温与大周期择时

一、1999 年以来 A 股的牛熊周期

如在第二章第五节中所说，股市每隔几年就要经历一轮从繁荣到衰退到萧条到复苏，再从复苏到繁荣的牛熊轮回。西南证券在策略研报《论 A 股的周期性》中得出结论：A 股市场周期的平均长度为 42.67 个月，与经济短周期——库存周期的平均时长一致。理查德·塞勒和沃纳·德邦特在 1985 年的论文《股票市场是否反应过度？》（Does the Stock Market

---

① 杰拉尔丁·法布里坎特（Geraldine Fabrikant）：《简单投资，耶鲁基金掌门人如是说》，纽约时报官网，2008 年 2 月 17 日。

Overreact?）中总结：以 3～5 年为一个周期，一般而言，原来表现不佳的股票开始摆脱困境，而原来的赢家股票则开始走下坡路。

陈鹏、有知有行和罗格·伊博森发布的《中国大类资产投资 2023 年报》中提到，2004～2023 年，A 股大盘股以约 56% 的波动率换来了 8.72% 的年复合收益率，小盘股则以 64% 的波动率换来了 10.43% 的年收益率。相较而言，美股的波动性要低得多：美股大盘股的年收益率为 10%，投资者承担了大约 20% 的波动率，小盘股年收益率为 12%，波动率则为 30%。每 4 年左右，A 股投资者就要经历一次高达 30% 的回撤，而美股投资者每 30 年才会经历一次。所以，对于投资 A 股来说，对 3～5 年周期的涨跌波动加以利用，是非常有必要的。

以上证指数来看，自 1999 年 5 月以来，A 股经历了六轮牛熊周期，平均约 49 个月一轮，符合上述结论（见表 3-2）。但即便这六轮周期的平均持续时间是 4 年，每轮周期的时间跨度还是相差很大，比如，1995 年 5 月到 2005 年 6 月这轮周期持续了 6 年，而 2014 年 5 月到 2016 年 1 月这轮周期只持续了 1 年零 8 个月。所以不能以 4 年或者 3～5 年这样的时间尺度去硬套周期进而对牛熊趋势进行预测。

表 3-2　　　　1999 年 5 月以来 A 股（上证指数）六轮牛熊周期

轮次	起始日期	开始点位	结束日期	结束点位	涨跌幅度（%）
第一轮牛市	1999/5/17	1047.83	2001/6/14	2245.44	114.29
第一轮熊市	2001/6/14	2245.44	2005/6/6	998.23	-55.54
第二轮牛市	2005/6/6	998.23	2007/10/16	6124.04	513.49
第二轮熊市	2007/10/16	6124.04	2008/10/28	1664.93	-72.81
第三轮牛市	2008/10/28	1664.93	2009/8/4	3478.01	108.90
第三轮熊市	2009/8/4	3478.01	2014/5/21	1991.06	-42.75
第四轮牛市	2014/5/21	1991.06	2015/6/12	5178.19	160.07
第四轮熊市	2015/6/12	5178.19	2016/1/27	2638.30	-49.05
第五轮牛市	2016/1/27	2638.30	2018/1/29	3587.03	35.96
第五轮熊市	2018/1/29	3587.03	2019/1/4	2440.91	-31.95

轮次	起始日期	开始点位	结束日期	结束点位	涨跌幅度（%）
第六轮牛市	2019/1/4	2440.91	2021/2/18	3731.69	52.88
第六轮熊市	2021/2/18	3731.69	至今	2635.09 *	−29.39

注：* 2024 年 2 月 5 日，上证指数盘中跌至 2635.09 点，为本轮熊市至今的最低点。
资料来源：根据公开数据整理。

我们对牛熊周期的研究，其意义不在于预测牛熊，而在于当市场处于极热或者极寒的位置时，我们要能够做到有所感知，并相匹配地作出买卖操作。

1999 年以来的第一轮牛熊周期，是 1999 年 5 月至 2005 年 6 月，历时约 6 年。其中，1999 年 5 月至 2001 年 6 月是牛市，历时 2 年，上证指数从 1047.83 点涨到 2245.44 点，涨幅 114.29%；2001 年 6 月至 2006 年 6 月是熊市，历时 5 年，上证指数从 2245.44 点跌到 998.23 点，跌幅 55.54%。

对历轮牛熊周期的背景和归因，本书主要参考燕翔和战迪所著《追寻价值之路：1990 - 2020 年中国股市行情复盘》[1] 一书对历史信息的梳理。这轮牛市始于著名的"5·19 行情"，本轮牛市究其原因，是亚洲金融危机之后，经过几年的"软着陆"，中国经济触底回升。1999 年中国 GDP[2] 同比增速见底，达 7.7%，2000 年反弹回 8.5%。

2001 年 6 月后的下跌，则源于全球经济衰退导致的中国经济二次探底。我们的几个主要出口国，美国受互联网泡沫破裂叠加"9·11"影响，GDP 增速由 2000 年的 6.4% 跌至 2001 年的 3.2%；日本处于资产负债表衰退的趋势中，2001 年 GDP 增速为 −0.7%；欧盟情况也相似。在此背景下，中国的出口增速从最高的 30% 左右一路下降至 5%，CPI 和 PPI 同比增速在 2000 年转正后，2001 年再度转负，上市公司业绩普遍下滑，经济

---

[1] 燕翔、战迪：《追寻价值之路：1990 - 2020 年中国股市行情复盘》，经济科学出版社 2021 年版。

[2] 本节中宏观经济数据如 GDP、CPI、PPI 增速等均来自国家统计局网站，上证指数点位及人民币对美元汇率等数据来自 Wind 金融终端。

再次陷入通缩。

第二轮牛熊周期是 2005 年 6 月至 2008 年 10 月，历时 3 年零 4 个月。其中，2005 年 6 月~2007 年 10 月是牛市，历时 2 年 4 个月，上证指数从 998.23 点涨到 6124.04 点，涨幅 513.49%；2007 年 10 月~2008 年 10 月是熊市，历时 1 年，上证指数从 6124.04 点跌到 1664.93 点，跌幅 72.81%。

2005 年 6~7 月，"股改"（股权分置改革）和"汇改"同时启动。20 世纪八九十年代，国家担心在企业股份制改革的过程中因股权稀释丧失对国有企业的控制权，因而将股票分成了法人股（非流通股）和个人股（流通股），其中，流通股大约只占总股本的 1/3。股权分置改革，即是要消除这种流通股与非流通股的双轨制，实现上市公司股份的全流通和同股同权。① 股权分置改革使得中国股市向着更"市场化"大幅迈进了一步。

"汇改"则是 2005 年 7 月 21 日，中国人民银行开始实行浮动汇率制度，自此人民币开启了长达 10 年的升值之旅。2005 年 7 月至 2015 年 5 月，人民币对美元汇率从 1：8.3 升值到了 1：6.1。

这轮牛市的起点是"股改"和"汇改"，而真正的基础还是中国经济再度回到高速增长，同时通胀环境温和，货币流动性整体充足。牛市延续了 2 年多时间，这是 A 股历史上最波澜壮阔的一轮牛市。

这轮牛市终结的关键在于，GDP 当季同比在 2007 年第三季度见顶回落，加之 2008 年全球金融危机爆发，A 股迅速跳水转熊。这次熊市从高点下跌了 72.81%，2008 年 11 月推出经济刺激计划，才让 A 股最终止跌。

第三轮牛熊周期是 2008 年 10 月至 2014 年 5 月，历时 5 年 7 个月。其中，2008 年 10 月至 2009 年 8 月是牛市，历时 10 个月，上证指数从 1664.93 点涨到 3478.01 点，涨幅 108.90%；2009 年 8 月至 2014 年 5 月是熊市，历时 4 年 10 个月，上证指数从 3478.01 点跌到 1991.06 点，跌幅 42.75%。

经济刺激计划出台后，中国成为全球金融危机后表现最出色的国家，

① 由于大量非流通股的流通使得股票的市场供给大幅增加，且过往非流通股的获取代价显著低于流通股，所以非流通股股东对流通股股东做了一些补偿，比如无偿给流通股股东送股、分红等。

也是主要经济体中少有的没有出现经济衰退的国家。但随后经济过热、热钱涌入、通货膨胀成为主要决策因素，国家出台政策抑制，同时中国经济也在一波脉冲反弹后进入到了平稳期。随后股市迎来近5年的回调。

第四轮牛熊周期是2014年5月至2016年1月，历时1年8个月。其中，2014年5月至2015年6月是牛市，历时13个月，上证指数从1991.06点涨到5178.19点，涨幅160.07%；2015年6月至2016年1月是熊市，历时7个月，上证指数从5178.19点跌到2638.30点，跌幅49.05%。

2013年开始，官方将当时的宏观经济概括为"三期叠加"。所谓"三期"，即"增长速度进入换挡期""结构调整面临阵痛期""前期刺激政策消化期"。用官方的话说，中国经济进入"新常态"。在此背景下，政府大量释放资金刺激经济，在宽松货币政策的拉动下，股市迎来了一波"杠杆牛"。但也源于政府收紧资金杠杆，股市泡沫被刺破。2015年6月，证监会要求清理场外配资，随后市场恐慌蔓延，形成螺旋下跌的恶性循环。同时，2015年是2000年以来中国经济最困难的一年，经济指标全面下滑，出口和工业企业利润同比自1999年以来首次出现负增长，PPI同比跌至-5.2%，通缩形势严峻。

第五轮牛熊周期是2016年1月到2019年1月，历时3年。其中，2016年1月至2018年1月是牛市，历时2年，上证指数从2638.30点涨到3587.03点，涨幅35.96%；2018年1月至2019年1月是熊市，历时1年，上证指数从3587.03点跌到2440.91点，跌幅31.95%。

2016年中国经济在供给侧结构性改革下，出现了明显的向好势头，工业品价格回升，连续数年的工业品价格通缩结束了，工业企业利润在2016年开始有明显回升。2017年是大市值公司的"舞台"，"漂亮50"公司如腾讯、平安、茅台等业绩屡超预期。但2016年和2017年因供给侧结构性改革带来的经济增速回升，只是一个短暂的过程，2018年中国经济再度进入下行通道。从2018年3月开始，随着中美贸易摩擦愈演愈烈，股市全面普跌，上市公司大股东股权质押"爆仓"更使市场雪上加霜。

第六轮牛熊周期是2019年1月至今，历时已5年有余。其中，2019

年 1 月至 2021 年 2 月是牛市，历时约 2 年，上证指数从 2440.91 点涨到
3731.69 点，涨幅 52.88%；2021 年 2 月以来进入熊市，至 2024 年已 3 年有
余，上证指数从 2021 年 2 月的 3731.69 点分别跌到 2022 年 4 月的 2863.65
点、2022 年 10 月的 2885.09 点和 2024 年 2 月的 2635.09 点，跌幅近 30%。

2019 年的宏观经济并没有明显起色。但下半年美联储"预防性降息"，
全球流动性极度宽松，因而各类资产价格普涨，外资也不断流入 A 股。
2020 年，美国、日本、欧洲更是开启了史无前例的货币大放水和财政刺
激。到年底，美国、德国股市创历史新高，日本股市创 1991 年来新高，A
股在此环境下也迎来不错的涨幅，并在 2021 年 2 月涨至本轮牛市的最高
点。但 2021 年第三季度中国经济"类滞涨"风险加深，2022 年 3 月以来
则面临疫情、地产危机和全球流动性大幅收缩的多重压力，A 股转入熊市。

二、测量市场"水温"

上述对 A 股牛熊周期的梳理，都是站在后视镜的角度来复盘。但对于
投资来说，重要的是身处市场中时，能感受和识别出当下的历史位置，尤
其是在市场极寒或者极热时。因此，我们需要找到一些指标或者工具，以
直观地观察体会股市的"水温"，并且，需要将多种指标综合起来相互印
证。当然，定量指标只是观察市场"水温"的一个视角，当我们在股市中
待的时间比较久了，历经了数轮牛市和熊市，我们也可以从大众情绪等一
些更主观的角度去感受市场的位置，以作为对定量指标的补充。

本书在这里主要列举指数估值倍数、股债性价比、股市总市值/GDP、
平均股价几个测量市场"水温"的指标。除此之外，还有其他一些指标也
可以表征市场的"水温"，如新基金发行份额、新开证券账户数量、北上
资金买入金额占比、市场换手率历史分位数、情绪标杆性指标的走势（如
创业板指数走势、中证 2000 指数每日涨幅与沪深 300 指数每日涨幅之差
等）、恒生 AH 股溢价指数（代表境内外流动性差异）、破净个股占比、创
新低个股占比等。

我们在本章中谈论的始终是"操作型投资"，因此对于测量市场"水温"和择时的问题，投资者应当首先明白，周期问题本身就是个很难、很艰涩的问题，尤其是经济周期影响着市场周期、长周期里嵌着中周期、中周期里套着小周期，我们对于市场周期问题的定位是：跟踪市场"水温"，确认市场"水温"，但并不频繁利用市场"水温"进行买卖，只慎重对待比较大级别的周期，只在市场极寒或者极热的时候加以利用。

指数估值倍数

最常用的指标是指数的 PE – TTM 或者 PB 倍数。以沪深 300 指数为例，自沪深 300 指数 2004 年 12 月 31 日上市以来，其 PE – TTM 的中位数为 12.37 倍，最大值为 50.71 倍，最小值为 8.01 倍，平均值为 15.69 倍，对应正负 1 个标准差分别为 23.39 倍和 7.99 倍。

一般可以认为，当沪深 300 指数 PE – TTM 低于 11.21 倍时（20% 分位数），进入机会区间；当 PE – TTM 高达 16.75 倍时（80% 分位数），则进入危险区间。当前（2024 年 3 月 26 日）PE – TTM 为 11.58 倍，处于历史 24.98% 的分位水平。2024 年 2 月 5 日，沪深 300 指数 PE – TTM 跌至 11.68 倍，为历史 10.48% 低位（见图 3 – 2）。

图 3 – 2 沪深 300 指数自上市以来 PE – TTM

资料来源：Wind。

对 PB 而言，自沪深 300 指数 2004 年 12 月 31 日上市以来，其 PB 的中位数为 2.38 倍，最大值为 7.46 倍，最小值为 1.15 倍，平均值为 2.04 倍，对应正负 1 个标准差分别为 3.12 倍和 0.97 倍。当沪深 300 指数 PB 低于 1.40 倍时（20% 分位数），进入机会区间，当 PB 达到 1.66 倍时（80% 分位数），则进入危险区间。当前沪深 300 指数 PB 为 1.27 倍，处于历史 4.66% 的分位水平，处于历史低位。2024 年 1 月 22 日，沪深 300 指数 PB 跌至 1.15 倍，达到历史最低水平（见图 3-3）。

图 3-3 沪深 300 指数自上市以来 PB

资料来源：Wind。

同样，我们也可以看到，2013～2014 年、2016 年 1 月、2018 年末到 2019 年初、2020 年 3 月、2022 年 10 月、2023 年 12 月、2024 年 1 月，沪深 300 指数的估值倍数都显著落入机会区间；2015 年 6 月、2018 年 1 月、2021 年 2 月，当沪深 300 指数估值倍数接近危险值时，都成了当轮牛市的高点。

股债性价比

股债性价比是指比较投资于股票和债券的性价比。常见的股债性价比指标有两类：一是"股息率—十年期国债收益率"，二是"市盈率倒数—十年期国债收益率"。两种衡量方法本质上一样，股息率或者市盈率倒数代表股票回报率，国债利率代表无风险利率。本书在这里采用后者，即用沪深300指数的投资回报率（即沪深300指数的PE-TTM倍数的倒数）与中国十年期国债收益率进行比较。

股债性价比指标越高，代表股票的投资性价比越高，即股票越被低估；反之，则股票越被高估。

可以看到，股债性价比对于判断2014年以来股市历轮顶底都比较有效。自2014~2015年这轮牛市以来，当股债性价比触及2.5%以下的低位时（2015年牛市为2.0%以下）——分别是2015年6月、2018年1月和2021年2月，股票市场即见顶。当股债性价比触及6.5%以上时——分别是2016年2月、2019年1月、2020年3月、2022年10月和2024年2月，股市就会阶段性见底。其中，2022年10月和2024年2月的极端底，股债性价比要到7.0%左右才见底（见图3-4）。当前（2024年3月末）股债性价比指标为6.3%左右，如果参考过往经验，其处于比本轮熊市底部略高的位置。

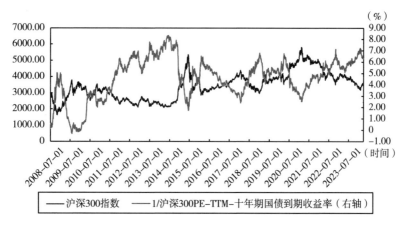

图3-4 2008年以来沪深300指数与股债性价比走势
资料来源：Wind。

即便熊市进入了底部区间，不代表市场马上会开启牛市。实际上本轮熊市在2022年10月底就已经进入底部区间，股债性价比达到了6.5%甚至7.0%以上，但直到15个月后，市场仍在底部的"泥潭"里并再创新低。

但股债性价比给我们的信号是清晰的，当股债性价比跌到2.5%以下或涨到6.5%以上时，投资者应当有所意识：市场已经进入极热或极寒区间了，要做好准备。

"格雷厄姆指标"也是类似的思路,它是指股票市场的盈利收益率(即 1/PE–TTM 倍数)与十年期国债收益率的比值,当比值 >3.0 时,市场出现比较好的投资机会,近几轮"熊底"为 3.0 ~ 3.9 以上;当比值 < 1.8 时,市场投资机会不太好,近几轮"牛顶"为 1.5 ~ 1.8 以下。

一个经济体的证券化率等于其股市总市值/当年度 GDP,不同经济体的产业水平不同,证券化率也会有区别,例如,美国股票总市值/GDP 自 20 世纪 90 年代以来长期保持在 100% 以上,而中国过去十年则在 40% ~ 80% 区间震荡。

这个指标的主要问题在于,2019 年以来 A 股新股 IPO 数量大增,新股上市推动了总市值的增长,从而很大程度上模糊了股价涨跌因素对股市总市值的影响。

总体来看,这个指标上下震荡的上沿和下沿均逐步抬高,所以绝对值是一方面,同时还要结合走势图形来看。2005 年 6 月(19.52%)、2008 年 10 月(41.49%)、2014 年 5 月(40.43%)、2016 年 1 月(58.64%)、2019 年 1 月(48.82%)、2024 年 1 月(55.07%),这几个过去几轮熊市的低点,股票总市值/GDP 的数值逐步提升;牛市高点则除了 2006 年 6 月和 2015 年 6 月的大牛市高点达到极高的 127.71% 和 97.50% 外,其余高点也是逐步抬升,如 2007 年 10 月(127.71%)、2009 年 8 月(58.61%)、2015 年 6 月(97.50%)、2018 年 1 月(70.33%)、2021 年 2 月(79.01%)(见图 3–5)。

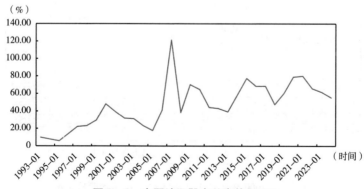

图 3–5　中国沪深股市总市值/GDP

资料来源:Wind。

平均股价

A 股的平均股价，属于逻辑上来说比较"无厘头"，但长期看是比较有效的市场"水温"指标，对于判断市场冷热，比宽基指数点位有更高的参考价值。

A 股平均股价走在一个相当规则的上下波动箱体中（除了 2015 年 5 月、6 月大幅上穿箱体上沿外），且底部和顶部不断抬升。

根据 Wind 全 A 平均股价指数（8841719.WI），自 2018 年 10 月上一轮熊市低点全市场平均股价达到 10.69 元的低点以来，2019～2021 年，市场进入结构性牛市，平均股价在 2021 年 12 月达到 28.27 元的高点；此后市场再次转"熊"，并于 2024 年 2 月达到本轮熊市目前的最低点——平均股价 14.52 元。

过往几次熊市，平均股价的底部均在 10 元以下，2005 年 7 月为 4.23 元、2008 年 11 月为 5.67 元、2012 年 12 月为 9.21 元、2018 年 10 月为 10.51 元。2015 年 6 月至 2016 年 1 月的熊市是个例外，平均股价并没有跌到箱体的下沿，低点出现在 2015 年 9 月的 16.73 元（见图 3-6）。

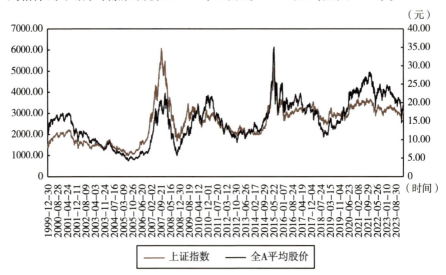

图 3-6 2000 年以来上证指数和 A 股平均股价走势

资料来源：Wind。

2023 年末，当各个宽基指数的估值倍数都进入历史超低区间，如沪深 300 指数的 PE－TTM 的分位点为 15.20%，PB 则在 1.78% 低位，股债性价比指标也达到了 6.5，进而投资者很可能判断市场已经触底，至少已经进入极寒区间。

但如果我们看两市全部股票平均股价的话，当时平均股价仍在 20 元左右的水平，距离过往历次牛熊涨跌的箱体下沿以及 2018 年 10 月上一轮熊市底部 10 元左右的位置仍有不小下行空间，因而对于市场后续走势，我们应当谨慎看待。

事实证明，2024 年开年以来，股市摧枯拉朽地狂泄一个多月，上证指数从年初的 2962 点急跌 11%，跌到了 2635 点。但也正是这次陡峭的下跌，让两市平均股价在 2024 年 2 月 5 日跌到了 14.52 元，终于触及了箱体下沿。

因此，全市场平均股价是对指数点位和指数估值分位数有益的补充。如前面所说的，各种市场"水温"指标应当结合起来看，相互印证，避免一叶障目。

第四节 高息股投资

一、对长期投资回报影响最大的因素

投资收益率 = 股息率 + 净利润年增长率 + PE 年变动率

从投资的收益率公式可以看出来，股票的短期收益（如数年内）很大程度上由买卖股票的差价驱动（主要来自 PE 的变动），而长期收益（如数十年以上）则主要由股息及股息的增长驱动。

原因在于，PE 倍数的变化是有限的，在几年内具有举足轻重的影响，但一旦分摊到几十年里，影响就很小了。以沪深 300 指数为例，自基日

（2004 年 12 月 31 日）以来的近 20 年里，除了 2007 年的大牛市，沪深 300 指数的 PE - TTM 大体在 10 倍到 17 倍的区间波动、70% 的估值倍数变动，假如发生在 3 年里，则带来年 19% 的波动，相当显著，但假如分摊到 19 年里，年变化率仅为 2.8%，分摊到 30 年则只剩 1.8%；而股息率及股息的增长率却可以长期以较高的水平增长几十年甚至几百年。

E. 迪姆森、P. 马什、M. 斯汤腾的《投资收益百年史》（*Triumph of the Optimists：101 Years of Global Investment Returns*）[①] 对 1900 ~ 2000 年美国和英国股票的投资回报的来源作了拆解，其间美国股市的复合年收益率为 10.4%，其中 5% 来自分红、4.8% 来自企业内生性增长，仅 0.6% 来自市盈率的变动。

2003 年，罗伯特·阿诺德（Robert D. Arnott）在《股息与它的三个阻碍因素》（Dividends and the Three Dwarfs）一文中也得出类似结论，在 1802 ~ 2002 年美股 7.9% 的年收益率中，5% 来自股息、0.8% 来自股息的增长、1.4% 来自通货膨胀、0.6% 来自估值倍数的提升。

当然，我们的投资生涯不可能有一两百年，但即便从数十年的尺度看，高息股投资依然能带来优异的投资回报。1989 年，马里奥·李维斯（Mario Levis）在《股票市场的反常现象：基于英国股市经验的再评估》（Stock Market Anomalies：A Reassessment Based on the U. K. Evidence）一文中对股息率和投资回报的相关性作了分析。他以 1955 ~ 1988 年伦敦证券交易所的 4413 家上市公司为样本，每年按照股息率高低将这些股票分成 10 组，并计算不同分组 34 年的年复合收益率。基本上，各组的收益率与股息率完美相关，股息率越高，投资回报率越高；股息率越低，投资回报率越低。但股息率最低组的回报率并不是最低的，在 10 组中能排到第 7 位，回报率最低的是股息率倒数第二位的组。股息率最高组（平均股息率 13.6%）34 年间的年复合收益率为 19.3%，股息率最低组（平均股息率

---

① E. 迪姆森、P. 马什、M. 斯汤腾：《投资收益百年史》，戴任翔、叶康涛译，中国财政经济出版社 2005 年版。

1.4%）为13.8%，股息率倒数第二组（平均股息率3.1%）则为11.5%。同期市场指数的年复合收益率为13.0%。

A股的结论也是一致的，我们在本章第一节中作过统计，以股息率为择股和调仓依据的红利指数过去20年大幅跑赢普通宽基指数。自基日（2004年12月31日）以来，中证红利指数截至2024年3月末累计上涨433.07%，年复合收益率9.37%；近十年累计涨幅137.38%，年复合收益率9.03%。考虑红利再投资后，近十年中证红利全收益指数累计涨幅255.81%，年复合收益率13.53%。作为对比，沪深300指数近十年年复合收益率为5.11%，沪深300全收益指数近十年则为7.41%。中证红利指数的年复合收益率，无论纯价格收益，还是考虑股息再投资的全收益，都显著超过沪深300指数。

日本也是类似，过去30年，高息股策略在日本股市取得了非常好的超额收益。日本MSCI高息股指数自1992年成立至今，累计收益率320.5%，年复合收益率4.8%，显著超过同期日经指数，后者的累计收益率和年复合收益率分别为49.4%和1.3%。20世纪90年代上半段，日本十年期国债收益率普遍在3%以上（90年代初近10%），即便到了后半段，也仍有1%~2%，而当时日本股票的股息率偏低，高息股策略的实际回报有限。2000年后，为应对国内显著的通缩，日本央行开始实施零利率和量化宽松①政策，以振兴经济。这一时期，日本股票的股息率也开始上升，"利率下降＋股息率上升"使得高息股取得出色的超额收益。中国的发展模式很大程度上学习的是日本，考虑到人口趋势下，未来我们的社会经济发展将可能与日本有大量相似之处，因此，对于日本高息股的经验应当予以重视。

为什么股息在投资中如此重要呢？因为在股票市场的萧条期，投资者纷纷抛弃风险资产，追逐固定收益资产（如国债），此时，那些拥有长期持续高股息的股票（股息率超过高等级债券收益率），相比那些不发放股

---

① 量化宽松是指央行通过购买国债等，增加基础货币供给，也就是我们一般说的"印钱"，日本是全球首个实践量化宽松政策的国家。

息或者股息率很低的股票，就拥有明显的"安全垫"。并且，在市场萧条期，股息还能以很低的价格不断加仓买入股份，由于股息再投资向下摊低了股票买入成本，一旦未来股价开始回升，投资者能比其他人更快地回本。此外，也许是最重要的，有能力长期持续支付高股息的上市公司，它的净利润大概率是真实的，这是对（缺乏内部人信息的）普通投资者极其重要的保护。

投资于高息股，即便初始投资金额不大，但随着不断地股息再投资，假以时日，股份数和持股金额都将积累到惊人的规模，即便其间股价长期不涨甚至下跌。

以豫园股份（600655.SH）为例，2004 年 3 月末其股价为 6.92 元（不复权），2024 年 3 月末则为 6.12 元（不复权），20 年间股价跌了 12%。假如我们 20 年前以每股 6.92 元的价格买入 10000 股豫园股份，合计投入金额 6.92 万元。那么，如表 3 - 3 所示，到 2024 年 3 月末，经过 20 年间的不断分红复投，持股数已从期初的 10000 股变成期末的 42922 股（零头的股份来自送股），增长 3.3 倍，持股市值从期初的 6.92 万元变成期末的 26.3 万元，增长 2.8 倍。20 年间虽然豫园股份的股价实际累计跌了 12%，但最终取得了年复合 6.9% 的投资收益率，这就是股息再投资的威力。

表 3 - 3　　　　　　　豫园股份过去 20 年股息再投测算

年份	股数（股）	派息日期	每股股息（元）	每股送股（股）	派息当天股价（元）	股息金额（元）	股息再买入股数（股）	总股数（股）	总金额（元）
2004	10000	2004/7/7	0.08		5.49	800	100	10100	55449
2005	10100	2005/6/15	0.12		4.43	1212	200	10300	45629
2006	10300	2006/3/22	0.12		7.08	1236	100	10400	73632
2007	10400	2007/6/22	0.06	0.3	31.97	624	0	13520	432234
2008	13520	2008/8/14	0.1	0.2	12.23	1352	100	16324	199643
2009	16324	2009/6/18	0.07	0.1	17.13	1143	0	17956	307593
2010	17956	2010/7/30	0.08	0.8	13.86	1437	100	32422	449362

年份	股数（股）	派息日期	每股股息（元）	每股送股（股）	派息当天股价（元）	股息金额（元）	股息再买入股数（股）	总股数（股）	总金额（元）
2011	32422	2011/7/8	0.05		11.22	1621	100	32522	364891
2012	32522	2012/6/15	0.07		8.33	2277	200	32722	272570
2013	32722	2013/7/3	0.203		6.95	6642	900	33622	233670
2014	33622	2014/6/13	0.21		7.33	7061	900	34522	253043
2015	34522	2015/6/19	0.21		19.54	7250	300	34822	680413
2016	34822	2016/6/1	0.17		11.14	5920	500	35322	393482
2017	35322	2017/5/16	0.1		11.32	3532	300	35622	403236
2018	35622	2018/4/27	0.15		9.75	5343	500	36122	352185
2019	36122	2019/7/22	0.27		7.8	9753	1200	37322	291108
2020	37322	2020/6/17	0.29		8.65	10823	1200	38522	333211
2021	38522	2021/6/18	0.33		12.2	12712	1000	39522	482163
2022	39522	2022/6/17	0.35		9.4	13833	1400	40922	384662
2023	40922	2023/6/16	0.35		6.97	14323	2000	42922	299163
2024	42922				6.12	0	0	42922	262680

资料来源：豫园股份历年年报、Wind。

　　高息股投资有两个层面的投资方法：一种投资方法是分散投资于一篮子高息股，并定期（如每年）按照股息率高低重新调整持仓，这种"精算"式的投资方式下，我们对单个高息股采取"不深研"的态度，即便部分高息股的股息无以为继甚至股价大跌，由于分散投资，对组合也不会造成伤筋动骨的影响；另一种投资方法是"精选"少数几只（如1~3只）业务确定性高且易懂的高息股，在深入研究公司业务前景的基础上，集中投资并长期持有。

　　我们在第一节中提出的以红利指数为投资对象的股票指数投资，实际上就是前一种高息股投资方法，因为红利指数的选股和调仓正是基于股息率高低。同时，中证红利指数和红利低波指数分别有100只和50只成份股，满足分散化投资的要求。因此，本节中不再对分散投资一篮子高息股的投资方法做赘述，而主要是想讨论后一种高息股投资方法。

二、投资于特定高息股

投资于商业洞察门槛尽量低的高息股

高息股精选投资属于操作型投资中的高阶策略，原因在于，它要求投资者对行业和企业具有一定的商业认知，而不是简单参考股息率等少数几个财务指标就行。高息股精选投资是投资者从操作型投资向洞察型投资的过渡，如果我们始终不触碰个股研究，那么我们的投资生涯就会长期局限在操作和精算里。高息股精选投资一定程度上培养了我们的商业洞察力，对于我们逐步迈向洞察型投资有重要的意义。

但由于仍在操作型投资的范畴内，因此高息股精选投资应当尽量降低商业洞察的门槛，即选择少数一些业务长期稳定的公司，从而看懂这类公司并不要求投资者具有非凡的商业阅历和商业洞察力。例如，2023 年，工商银行的年报审计费用是 1.84 亿元，而贵州茅台是 125 万元，哪家公司的商业洞察门槛更低，是显而易见的。

回到投资的收益率公式：投资收益率 = 股息率 + 净利润年增长率 + PE 年变动率，高股息投资将投资的注意力主要放在股息率这个影响因素上，而弱化对净利润增长率（亦即股息增长率）和 PE 变动率的依赖。对于业绩增长率，高息股投资者需要确保的只是未来公司业绩不会实质下滑。

股息率是静态的，我们可以根据公司过往的分红数据计算出它的股息率。PE 则由于与股息率很大程度上负相关，因而高息股的 PE 往往较低，未来很可能为投资者带来正的 PE 变动回报。净利润未来能否增长、增长速度如何，需要投资者对公司的未来有非常深入的商业洞察，但确认公司未来净利润能维持现状（不下滑）所需的洞察则小得多。从这个层面来说，高息股精选投资所需的商业洞察是比较小的。因而，我们本节所讲的高息股投资，必须满足上市公司的业务经营过去非常稳定，将来也将继续维持稳定的要求。

　　有些股票的股息率也很高，但如果对应上市公司的业务确定性比较低，即我们需要比较深厚的商业智慧来判断当前的股息未来能不能长期持续，那么这类股票和公司便不在我们本章所说的高息股投资范畴中（当下大多数高股息公司的股息主要来自周期行业的景气周期，未来将难以持续），它们可能属于洞察型投资。业务的长期稳定（从而有较大把握判断公司未来利润和股息不会下滑），是高息股投资的关键。

　　就像巴菲特在 1994 年伯克希尔·哈撒韦股东大会上所说："有一件事我可以向你保证，如果你在这个问题上花费相对较少的时间，你所能获得的关于决策这个问题的事实，基本上和你在可口可乐工作了 20 年，或者你是华尔街的一名食品饮料分析师之类的所能获得的事实一样好，那么这就是我们喜欢的生意，是我们认为我们可以理解的生意。一般而言，我认为你也可以像我理解这项生意一样，去理解它们。"[①]

　　高息股之"长江电力"

　　我们以上市公司长江电力（600900.SH）为例，来讨论这类高息股投资方法。我认为投资于特定高息股需要把握以下几个方面：

　　一是公司的商业模式如何、过往是否取得了较好的经济效益，以及经济效益的来源，这是股息的基础；

　　二是公司业务的护城河如何，进而公司的业绩和股息未来能否稳定、持续；

　　三是管理层是否尊重股东，是否会侵害股东利益；

　　四是公司估值是否合理，未来预期收益率如何。

　　由于我们仍在操作型投资的范畴下谈论长江电力，因而对其分析将主要基于公开信息和常识。如无特别说明，本节中引用的长江电力的经营和财务相关数据与信息均来自长江电力公开披露的历年年度报告。

　　（1）商业模式

　　长江电力是中国也是全球最大的水电上市公司。公司于 2002 年成立，

---

　　① 引自伯克希尔·哈撒韦 1994 年年度股东大会上巴菲特与股东的问答。

2003 年 7 月三峡电站首批机组投产发电，同年 11 月公司在上交所上市，因而至今已有 20 年的经营情况可供回溯。

长江电力的业务是水力发电，公司拥有乌东德、白鹤滩、溪洛渡、向家坝、三峡、葛洲坝共 6 座水电站的全部发电资产，这 6 座梯级电站均位于长江干流，年均发电量约 3000 亿千瓦时。长江电力 2022 年年报显示，2023 年 1 月，公司完成收购乌东德电站和白鹤滩电站之后，水电总装机容量达到 7179.5 万千瓦，其中国内水电装机 7169.5 万千瓦[①]，占全国水电装机总量的 17.34%。

公司官网上发布的《长江电力价值手册》（2021 年版）对水力发电的原理进行了描述。

"天然河流从高向低流淌过程中蕴含了丰富水能，但在自然状态下水能比较分散，不利于集中利用，修建大坝提高水位是一种常用的聚集水能的方式。以三峡工程为例，通过三峡大坝将上游水位提高，使上下游形成一定的落差，从而将长江从重庆到三峡坝址的水能资源集中利用。水力发电就是利用大规模集中天然水流，经水轮机与发电机的联合运转，将集中的水能（动能和势能）转换为电能，再经变压器、开关站和输电线路等将电能输入电网。"

水电输出功率取决于通过水轮机的流量、水库上下游水位差和水轮机的效率。水轮机的出库流量与入库流量和水位情况相关，入库流量取决于上游的天气（降雨量和气温等），水库上下游水位差则取决于大坝所在地势的情况。总结而言，流经水轮机的流量越大、大坝上下游的水位差越大、发电时间越长，则发电量越多。

水电企业的营收由发电量和上网电价决定。发电量取决于装机容量（发电机组的额定功率）和利用小时数，利用小时数则取决于来水量。

水电企业的成本则以折旧为主（包括机组设备和挡水建筑物的折旧），费用主要是财务费用。折旧是固定成本，约占营业成本的 60%，可变成本

---

① 三峡水电站装机容量 2250 万千瓦，葛洲坝电站装机容量 273.5 万千瓦，溪洛渡电站装机容量 1386 万千瓦，向家坝电站装机容量 640 万千瓦，乌东德电站装机容量 1020 万千瓦，白鹤滩电站装机容量 1600 万千瓦。

则包括库区资源费、水资源费、各项财政规费、材料费及人工成本等。长江电力按照年限平均折旧所有固定资产。三峡大坝、向家坝大坝、溪洛渡大坝的折旧年限都是 45 年，葛洲坝大坝为 50 年，水轮机、发电机的折旧年限为 18 年。[①]

因而，就长江电力的盈利模式而言，我们可以得出简化的结论：

$$净利润 = 收入 - 成本 - 费用$$

$$= 发电量 × 上网电价 - 折旧 - 财务费用$$

$$= 装机容量 × 利用小时 × 上网电价 - 折旧 - 财务费用$$

这里面，关键的变量是利用小时数、上网电价、折旧和财务费用。

首先看利用小时数，利用小时数由来水量决定。长江多年径流量每 10 年递减 0.9%，虽然径流量在减少，但在股票投资的时间尺度下，减少速度非常之小。同时，长江径流量以 7 ~ 9 年为周期呈现出丰枯变化。[②] 根据中国气象局发布的《中国气候公报（2022）》，2022 年全国平均气温为历史次高，降水量为 2012 年以来最少。2022 年长江流域全年累计降雨量仅340 毫米，为 1961 年以来同期最少，长江干支流水资源量较常年同期减少二至八成。来水虽然有丰枯波动，但由于均值回归规律的存在，拉长时间看，来水是稳定的。

其次看上网电价。目前，我国水电上网电价采用成本加成[③]、落地省市电价倒推[④]、水电标杆电价[⑤]和市场化电价[⑥]四种定价方式。长江电力除葛洲坝电站投产较早，上网电价采用成本方式定价外，乌东德、白鹤滩、

──────────

① 资料来源：上海证券交易所"上证 e 互动"问答平台。

② 李素晓：《气候变化对长江流域生态安全的影响》，载于《中国投资》2023 年第 5 期。

③ 2014 年 1 月，国家发展改革委在《关于完善水电上网电价形成机制的通知》中提出 2014 年 2 月前新建的水电站，执行"一厂一价"的定价机制，上网电价由政府部门根据发电项目经营期核定，上网电价 = 成本 + 利润 + 税费。

④ 2014 年 1 月，国家发展改革委在《关于完善水电上网电价形成机制的通知》中提出，在 2014 年 2 月 1 日后所有新建的跨省、跨区域送电的水电站，其送电量的上网电价均采用倒推电价方式制定，上网电价 = 落地电价 - 输电电价 - 线损。

⑤ 2014 年 2 月以后新建的省内调度的水电站，按投产省份水电标杆电价执行，上网电价 = 标杆电价，水电大省可在标杆电价基础上实行丰枯分时电价或者分类标杆电价。

⑥ 部分地区鼓励以竞价方式确定水电价格。上网电力参与各地市场化竞争，由市场供需关系形成电价。

溪洛渡、向家坝、三峡电站均采用落地电价倒推形成上网电价。

未来的趋势是，市场化定价的占比会进一步提高。2022 年 1 月，国家发展改革委、能源局《关于加快建设全国统一电力市场体系的指导意见》提出，到 2025 年全国统一电力市场体系初步建成，到 2030 年基本建成。2017 年以来，市场交易电力占比逐年大幅增加。2022 年市场化交易电量5.25 万亿千瓦时，占全社会用电量的 60.8%，2023 年上半年为 61.5%。

水电上市公司整体上网电价偏低。2018 年以来，长江电力平均上网电价在 0.27 元/千瓦时（含税）附近波动，在市场化交易的趋势下，公司电价有提升空间。公司白鹤滩电站外送执行高电价，及乌、白电站向高电价地区输送的电量占比提升，利于公司整体上网电价的提升。根据长江电力2022 年度暨 2023 年第一季度业绩说明会，白鹤滩电站给浙江的上网电价为 0.323 元/千瓦时，给江苏的是 0.325 元/千瓦时。同时，预计乌东德、白鹤滩电站向高电价地区输送的电量占比也由 60% 提升至 80%。

再来看折旧，长江电力采用年限平均法对所有固定资产计提折旧，随着长江电力装机容量的提升，其每年计提的折旧也随之提高。另外，每年的折旧完全与装机容量呈线性关系，因而具有很强的确定性和可预测性。短期内，长江电力继续收购电站的可能性较小。三峡电站自 2003 年 8 月首批机组投产发电以来，已经运行了 14～20 年，机组年折旧额约 0.4 亿元/台，其中折旧年限为 18 年的水轮发电机组自 2021 年陆续到期。未来 6 年，三峡机组折旧全部到期，合计大约有 16 亿元以上，年均增加 2 亿多元利润。此外，长江电力的六座电站均是不可复制的永久性资产，使用寿命均超过 200 年，但对其账面价值则是按 40～60 年进行折旧，如三峡大坝、向家坝大坝和溪洛渡大坝的折旧年限为 45 年，葛洲坝大坝为 50 年，水轮机、发电机的折旧年限为 18 年。这就导致折旧期内成本中包含了过多的折旧，因而长江电力的现金流远大于利润。

最后再看财务费用，公司负债主要为收购电站，由于短期内看不到新的资产注入机会，公司未来财务费用不会继续上升。相反，随着分红后剩余现金流对存量债务的偿还，未来公司财务费用还会进一步走低。2023 年6 月 30 日，公司在回答投资者调研时提到将进一步降低财务费用：一是利用云川公司电费收入，优先提前偿还高息债务；二是调整云川公司债务结构，利用大水电现金流充沛的资金优势，适当调低云川公司债务久期；三是对年内到期存量债务，积极寻求低成本资金，开展债务到期置换；四是对部分存量高息债务，与金融机构协商签署补充协议，调降现行贷款利率。

总结而言，长江电力的商业模式，确保了其未来盈利的稳定性和永续性。长江来水有波动，但站在 7 ～ 9 年的时间尺度看，长江来水是稳定的；未来电价由于市场化定价比例的上升，公司电价有进一步向上的空间；折旧及财务费用未来几年将有所下降，将为公司带来一定利润增长。

（2）护城河

如《长江电力价值手册》（2021 年版）所说，"公司拥有长江水资源永久使用权"。这种行政特许和地理位置带来的竞争壁垒非常之高，在可预见的未来十年甚至数十年都会是长江电力宽广的竞争护城河。

长江上游主要包括金沙江流域、雅砻江流域、澜沧江流域等，目前，主要以三峡集团（长江电力控股股东）开发金沙江中下游，华能水电开发澜沧江流域，国投电力开发雅砻江流域。三家电力央企各自负责一段流域水资源开发，彼此不存在竞争情况。规模上，长江电力最大，国投电力次之，华能水电第三。以 2022 年为例，根据各家公司年报披露信息，长江电力营收 509.89 亿元，国投电力营收 495.18 亿元（水电 237.7 亿元），华能水电营收 208.33 亿元。

中国大型水电站的开发建设已基本结束。根据国家发展改革委 2005 年发布的全国水力资源复查结果，我国水电资源理论蕴藏量年发电量 6.08 万亿千瓦时，理论蕴藏量装机 6.94 亿千瓦；技术可开发年发电量 2.47 万亿千瓦时，技术可开发装机 5.42 亿千瓦。其中，我国规划的"十三大"水电基地①总装机规模达到 2.75 亿千瓦。根据中电联发布的报告，截至 2020

①　我国"十三大"水电基地及装机容量：金沙江 5858 万千瓦、长江上游 3319.7 万千瓦、澜沧江干流 2560.5 万千瓦、雅砻江 2531 万千瓦、大渡河 2459.6 万千瓦、怒江 2142 万千瓦、黄河北上游 2003.2 万千瓦、东北 1869 万千瓦、南盘江/红水河 1431.3 万千瓦、闽浙赣 1092.5 万千瓦、乌江 1079.5 万千瓦、黄河北干流 640.8 万千瓦、湘西 590.2 万千瓦，合计 2.76 亿千瓦。

年底，我国水电装机容量 3.7 亿千瓦。"十三大"水电基地已开发和将开发的水电站中，除了白鹤滩电站和乌东德电站之外，装机 500 万千瓦以上水电站增量近乎为零，优质大水电具有较强的稀缺性。

但是，未来新能源技术如太阳能、风能等的发展，会不会影响水电的市场份额呢？风电、太阳能等新能源将是未来电量增长的主体，但是风电、太阳能发电具有先天的不稳定性、间歇性和波动性，如果大规模接入电网，需要配套大容量储能设施。结合水电水利规划设计总院可再生能源规划研究和其他机构研究成果，到 2035 年、2050 年，预测可再生能源电力装机容量占比分别达到 65%、75% 以上。常规水电装机对应需求分别为 4.5 亿、5.6 亿千瓦，甚至更高；在可再生能源电力年发电量中，预计 2025 年、2035 年、2050 年，水电发电量占比分别达到 48%、31% 和 28% 以上。这说明在当前可再生能源电力中水电份额占一半以上，未来也将是 1/3 的份额。可见，水电对于中国未来能源转型仍是非常重要的一环。

（3）财务特征与经营效益

对于长江电力的财务特征，一方面是要看公司的业务经营有没有好的经济效益，这是对其商业模式优越性的检验，对此可以关注 ROE、毛利率、净利润、净经营性现金流、自由现金流等指标；另一方面是要看其成长性如何，进而为我们预判其未来成长性提供参考，虽然成长性不是我们高息股投资的重点，但它也会显著影响到投资收益。

① ROE。长江电力自 2003 年上市以来，二十年间 ROE 均值为 14.1%，过去十年（2013～2022 年）和五年（2018～2022 年）的 ROE 均值分别为 14.82% 和 14.89%，长期处于非常稳定的状态。

ROE 拆分来看，以 2022 年[①]为例，11.73% 的 ROE 来自 41.58% 的超高净利率、0.16 倍的超低资产周转率和 1.67 倍的较高权益乘数（资产负债率 40.19%）。初步可以认为，长江电力是一家超高净利率、超低资产周转率和较高资产负债率的公司（见表 3-4）。

---

① 长江电力 2023 年度报告截至本书写作时尚未发布。

表 3 - 4   长江电力自上市以来历年 ROE

时间	加权 ROE（%）	销售净利率（%）	总资产周转率（次）	权益乘数
2023 年第三季度	10.53	37.85	0.13	2.78
2022 年	11.73	41.58	0.16	1.67
2021 年	14.92	47.60	0.17	1.73
2020 年	16.71	45.87	0.18	1.86
2019 年	14.77	43.24	0.17	1.98
2018 年	16.31	44.21	0.17	2.07
2017 年	16.91	44.42	0.17	2.21
2016 年	16.88	42.78	0.22	2.33
2015 年	13.58	47.53	0.17	1.55
2014 年	14.47	43.98	0.18	1.71
2013 年	11.92	39.97	0.15	1.91
2012 年	14.52	40.15	0.16	2.07
2011 年	11.54	37.20	0.13	2.32
2010 年	12.79	37.59	0.14	2.38
2009 年	10.18	41.93	0.10	2.62
2008 年	10.03	44.63	0.14	1.54
2007 年	15.16	61.50	0.16	1.56
2006 年	15.64	51.29	0.16	1.65
2005 年	15.07	45.99	0.20	1.77
2004 年	14.56	49.22	0.20	1.51
2003 年	14.31	48.15	0.15	1.49

资料来源：长江电力历年年报、2023 年三季报。

2022 年以来，公司 ROE 显著下降，2022 年全年和 2023 年前三季度分别为 11.73% 和 10.53%。

2022 年和 2023 年 ROE 下滑的主要原因在于净利率的下降，而净利率的下降则主要源自营收下降导致的毛利率下滑。2022 年，长江电力营收 520.60 亿元，同比下降 6.44%，公司年报显示是因为 2022 年受夏秋连旱影响，长江流域来水极度偏枯。由于折旧等固定成本占公司营业成本的 60% 以上，因而营收下降会显著降低毛利率，进而毛利率下降 4.77 个百分点。此外，2022 年存货跌价损失和长期股权投资减值损失也进一步加剧了净利润的下降。

② 毛利率。长江电力的毛利率长期处于极高水平，自 2003 年上市以来毛利率达到 63.77%，过去十年和过去五年的均值分别为 61.07% 和 61.63%。但 2022 年以来，公司毛利率显著下滑，2022 年全年和 2023 年前三季度分别为 57.29% 和 57.89%（见表 3 - 5）。原因如前所述，主要是 2022 年以来长江流域来水偏枯导致的公司发电量和营收下滑所致。

表 3 - 5　　　　　　　　长江电力自上市以来历年毛利率　　　　　　单位：%

时间	销售毛利率
2023 年第三季度	57.89
2022 年	57.29
2021 年	62.06
2020 年	63.40
2019 年	62.51
2018 年	62.89
2017 年	61.21
2016 年	60.69
2015 年	59.58
2014 年	63.10
2013 年	57.99
2012 年	63.70
2011 年	59.31
2010 年	61.90
2009 年	58.09
2008 年	61.27
2007 年	69.67
2006 年	70.35
2005 年	74.96
2004 年	74.91
2003 年	70.51

资料来源：长江电力历年年报、2023 年三季报。

③ 净利润含金量。长江电力的净经营性现金流状况非常好，净利润含金量极高，经营性现金流净额长期显著高于净利润。原因在于，长江电力的六座电站均是不可复制的永久性资产，其使用寿命均超过 200 年，但对其账面价值则是按 40 ~ 60 年进行折旧（三峡大坝、向家坝大坝和溪洛渡大坝的折旧年限为 45 年，葛洲坝大坝为 50 年，水轮机、发电机的折旧年限为 18 年），这就导致折旧期内成本中包含了过多的折旧，因而长江电力的现金流远大于利润。

2003 ~ 2022 年，长江电力累计产生净利润 2461.17 亿元，经营性现金流净额累计 4111.56 亿元，经营性现金流净额占净利润比例为 167%（见表 3 - 6）。

表 3 - 6　　　　　　　　长江电力自上市以来历年净利润含金量情况

时间	净利润 （亿元）	经营活动产生的现金流量净额 （亿元）	经营活动现金流净额/净利润 （％）
2023 年第三季度	218.99	363.84	166.14
2022 年	216.49	309.13	142.79
2021 年	264.85	357.32	134.91
2020 年	265.06	410.37	154.82
2019 年	215.67	364.64	169.07
2018 年	226.44	397.37	175.49
2017 年	222.75	396.93	178.20
2016 年	209.38	389.9	186.22
2015 年	115.2	177.17	153.79
2014 年	118.3	212.99	180.04
2013 年	90.71	180.91	199.44
2012 年	103.53	214.61	207.29
2011 年	77.01	154.5	200.62
2010 年	82.26	173.26	210.62
2009 年	46.19	81.89	177.29
2008 年	39.3	65.93	167.76

续表

时间	净利润 （亿元）	经营活动产生的现金流量净额 （亿元）	经营活动现金流净额/净利润 （％）
2007 年	53.72	49.24	91.66
2006 年	36.15	49.91	138.06
2005 年	33.39	54.46	163.10
2004 年	30.39	52.83	173.84
2003 年	14.38	18.2	126.56

资料来源：长江电力历年年报、2023 年三季报。

④ 自由现金流。企业的自由现金流是分红的基础，所谓自由现金流，正是公司赚的钱扣除花的钱之后，还能自由支配的资金。具体而言：企业自由现金流 = 赚的钱 - 花的钱 = 息税折旧摊销前利润[1] - （所得税 + 资本开支 + 净营运资本开支变化[2]）。自由现金流是企业分红的基础，因此，长江电力股息的稳定性和确定性取决于其自由现金流的稳定性和确定性。

长江电力的企业自由现金流非常充沛。2003 ~ 2022 年，累计产生 4441.82 亿元 EBITDA 和 2778.24 亿元企业自由现金流，自由现金流占 EBITDA 比例为 62.55%。

公司企业自由现金流表现不佳的年份主要是 2010 年、2009 年、2007 年、2005 年和 2003 年。

具体来看，2010 年赚取了 185.58 亿元的 EBITDA，较 2009 年大幅增长 114%，但当年资本开支和净营运资本分别新增 115.12 亿元和 130.83 亿元。

净营运资本大增 130.83 亿元主要是因为 2009 年基数很低，为 - 109.51 亿元。2009 年，长江电力有一笔对三峡集团的重大资产重组递延支付款，高达 116.85 亿元，导致当年净营运资本极低，进而导致 2010 年公司净营运资本大幅增加 130.83 亿元。

---

[1] 息税折旧摊销前利润，简称 EBITDA，是 Earnings Before Interest, Taxes, Depreciation and Amortization 的缩写，即扣除利息、税项、折旧及摊销前的利润。

[2] 净营运资本变化 = 本年净营运资本 - 上年净营运资本。

2010 年资本开支大增 115.12 亿元，则来自 2009 年重大资产重组后，2010 年公司支付受让三峡电站 18 台机组剩余价款 113.60 亿元。

2009 年企业自由现金流 - 55.19 亿元主要由当年资本开支高达 236.15 亿元导致，原因是当年实施重大资产重组，支付受让三峡电站 18 台机组的部分价款。

因此，可以看到公司 2009 年、2010 年企业自由现金流的波动以及 2010 年营收、净利润、EBITDA 的大幅增长，均主要是受 2009 年 9 月实施重大资产重组、购买三峡电站 18 台发电机组的影响。

类似地，公司 2007 年、2005 年、2003 年企业自由现金流为负值，主要因为当年收购三峡发电机组导致的资本开支较大（见表 3 - 7）。2007 年公司新收购 2 台三峡发电机组，2005 年收购三峡工程 1#、4# 发电机组，2003 年则收购了三峡工程 4 台发电机组。

表 3 - 7　　长江电力自上市以来历年 EBITDA 与自由现金流情况

时间	EBITDA（亿元）	资本开支（亿元）	净营运资本变化（亿元）*	所得税（亿元）	企业自由现金流（亿元）	FCFF/EBITDA（%）
2023 年第三季度	—	85.18		35.48		
2022 年	382.06	48.71	28.75	46.64	257.96	67.52
2021 年	433.5	34.74	57.44	59.24	282.08	65.07
2020 年	456.18	36.28	27.73	59.49	332.68	72.93
2019 年	360.26	27.17	- 19.79	50.6	302.28	83.91
2018 年	371.15	31.19	4.99	43.64	291.33	78.49
2017 年	431.62	25.56	- 0.97	43.8	363.23	84.15
2016 年	400.47	22.54	- 179.83	42.16	515.60	128.75
2015 年	197.13	4.6	3.37	34.07	155.09	78.68
2014 年	221.09	8.5	- 7.78	35.76	184.61	83.50
2013 年	184.42	7.71	- 0.06	26.59	150.18	81.43
2012 年	214.71	40.67	- 21.25	32.24	163.05	75.94
2011 年	173.69	78.3	3.28	24.03	68.08	39.20

续表

时间	EBITDA（亿元）	资本开支（亿元）	净营运资本变化（亿元）*	所得税（亿元）	企业自由现金流（亿元）	FCFF/EBITDA（%）
2010 年	185.58	115.12	130.83	26.6	−86.97	−46.87
2009 年	86.53	236.15	−108.22	13.79	−55.19	−63.79
2008 年	68.57	1.34	−2.56	12.55	57.24	83.47
2007 年	73.88	105.91	9.10	22.2	−63.33	−85.72
2006 年	59.25	2.32	−6.40	17.64	45.69	77.12
2005 年	63.93	100.47	−5.70	16.34	−47.18	−73.81
2004 年	53.45	3.09	−4.06	14.96	39.46	73.83
2003 年	24.35	189.95	4.97	7.07	−177.64	−729.53

注：*净营运资本变化＝本年净营运资本－上年净营运资本；净营运资本＝流动资产－货币资金－无息流动负债。

资料来源：长江电力历年年报及 2023 年三季报。

可以看到，过去 20 年，长江电力的企业自由现金流非常高，且整体来看长期保持稳定。企业自由现金流表现不佳的年份，主要是受收购电站发电机组和资产重组等特殊原因的影响。剔除上述特殊原因导致的波动，长江电力在正常年份中 EBITDA 累计为 4007.55 亿元，企业自由现金流为 3208.56 亿元，后者占前者比例为 80%。

⑤ 成长性。2003 年以来，长江电力营收从 29.86 亿元增至 2022 年的 520.6 亿元，年复合增速 16.24%，近十年（2013~2022 年）和近五年（2018~2022 年）分别为 7.28% 和 0.75%；净利润从 2003 年的 14.38 亿元增至 2022 年的 216.49 亿元，年复合增速 15.34%，近十年和近五年分别为 7.66% 和 −0.57%（见表 3-8）。

表 3-8　　　　　　　长江电力自上市以来历年营收及净利润增速

时间	营业总收入（亿元）	同比（%）	净利润（亿元）	同比（%）
2023 年第三季度	578.55	9.02	218.99	0.99
2022 年	520.6	−6.44	216.49	−18.26

续表

时间	营业总收入（亿元）	同比（％）	净利润（亿元）	同比（％）
2021 年	556.46	-3.7	264.85	-0.08
2020 年	577.83	15.86	265.06	22.9
2019 年	498.74	-2.62	215.67	-4.75
2018 年	512.14	2.13	226.44	1.66
2017 年	501.47	2.47	222.75	6.38
2016 年	489.39	3.17	209.38	-0.83
2015 年	242.39	-9.88	115.2	-2.62
2014 年	268.98	18.5	118.3	31.54
2013 年	226.98	-11.96	90.71	-12.38
2012 年	257.82	24.55	103.53	34.44
2011 年	207	-5.39	77.01	-6.38
2010 年	218.8	98.64	82.26	78.08
2009 年	110.15	17.51	46.19	15.33
2008 年	88.07	0.82	39.3	-26.84
2007 年	87.35	23.92	53.72	48.61
2006 年	70.49	-2.9	36.15	8.28
2005 年	72.59	17.58	33.39	9.86
2004 年	61.74	106.78	30.39	111.4
2003 年	29.86	117.76	14.38	224.78

资料来源：长江电力历年年报、2023 年三季报。

　　未来，长江电力的成长性来自哪里呢？一是乌东德、白鹤滩电站带来30％的规模增长。长江电力历史上每一次资产注入都带来装机容量和业绩的跳升。2009～2012 年收购三峡电站，装机容量达 2500 万千瓦，提升 200％，归母净利润增长 160％；2016 年溪洛渡、向家坝电站资产注入，装机容量达 4550 万千瓦，提升 80％，归母净利润增长 80％。乌东德和白鹤滩电站装机容量分别为 1020 万千瓦和 1600 万千瓦，设计发电量分别为390 亿度和 640 亿度。乌东德和白鹤滩电站资产注入后，长江电力装机容量增长 58％，营收和归母净利润也将显著提升。参考过去几年长江电力 0.27 元/千瓦时的上网电价，乌东德和白鹤滩电站注入，预计每年增加收入约 270 亿元。按照 40% 的净利润率，则对应每年增加 100 亿元净利润，较过往净利润归母增长在 40% 左右。分摊到 10 年，带来每年 3.4% 的净利润增长。

二是未来几年折旧的减少。三峡电站自 2003 年 8 月首批机组投产发电以来，已经陆续运行了 14～20 年，机组年折旧额约为 0.4 亿元/台，其中折旧年限为 18 年的水轮发电机组自 2021 年开始陆续到期，未来 6 年，三峡机组折旧全部到期，合计大约为 16 亿元以上，年均增加 2.6 亿元利润，相当于净利润增长 1%。

三是财务费用的减少。最近几年，长电经营现金流入净额保持在近 400 亿元的水平，扣除每年约 200 亿元的分红，还可以剩下 200 亿元的现金流。如果把这部分资金拿去偿还贷款，按照贷款 3.5%～4% 的利率估算，预计可以减少 8 亿元的财务费用，大概相当于利润增加 3% 左右。如果拿去投资，按照长江电力最近几年 8% 左右的投资收益率，大概可以增加投资收益 16 亿元，或相当于利润增加 6%。

四是未来公司电价提升的前景，但公司作为公用事业央企，定价更多受行政指导，加之未来居民收入提升的压力，因而未来电价即便上涨其过程也会比较漫长。从保守主义投资的角度来说，不应将电价上涨作为一个重要的因素来考虑。

此外，公司所投资的光伏储能等新能源项目的投产盈利也会带来公司业绩的增长，但保守起见，不对这部分业务进行考虑。

（4）管理层现金流意识

我们可以从公司过往融资、分红、股票回购、收并购等资本运作，判断管理层有没有资本配置和资本价值的意识，以及是否尊重股东利益，重视股东的利益。

① 融资。长江电力自 2003 年上市以来，IPO 融资 100.82 亿元，定增 1187.68 亿元，债券融资（短期融资券和公司债）2725 亿元，直接融资合计 4012.7 亿元。

② 分红和股息率。自 2003 年上市以来，长江电力累计实施现金分红 21 次，累计实现净利润 2666.49 亿元，累计分红则为 1628.04 亿元，分红率 61.06%。近三年，长江电力实现净利润 246.27 亿元，累计分红 545.53 亿元，分红率 221.52%。1628.04 亿元的累计分红金额与上市以来 4012.7 亿元的直接融资相比相形见绌（见表 3-9）。

表 3-9　　　　　　　　长江电力自上市以来历年分红数据

年份	归母净利润（亿元）	现金分红总额（亿元）	期末未分配利润（亿元）	股利支付率（%）	收益留存率（%）	每股股利（元）	股息率（%）
2022	213.09	200.92	795.41	94.29	5.71	0.85	4.06
2021	262.73	185.41	767.68	70.57	29.43	0.82	3.59
2020	262.98	159.19	678.15	60.53	39.47	0.70	3.65
2019	215.43	149.60	564.74	69.44	30.56	0.68	3.70
2018	226.11	149.60	484.00	66.16	33.84	0.68	4.28
2017	222.61	149.60	432.89	67.20	32.80	0.68	4.36
2016	207.81	134.13	390.42	64.54	35.46	0.72	5.73
2015	115.20	88.00	277.20	76.39	23.61	0.40	2.95
2014	118.30	62.55	247.28	52.88	47.12	0.38	3.55
2013	90.71	46.27	197.45	51.01	48.99	0.28	4.44
2012	103.52	54.71	179.25	52.85	47.15	0.33	4.83
2011	77.00	42.01	138.78	54.56	45.44	0.25	4.00
2010	82.25	42.21	115.39	51.31	48.69	0.26	3.38
2009	46.17	40.73	84.80	88.21	11.79	0.37	2.77
2008	39.30	20.32	66.64	51.69	48.31	0.22	1.50
2007	53.72	27.94	63.09	52.00	48.00	0.30	1.52
2006	36.15	22.15	42.19	61.26	38.74	0.24	2.41
2005	33.39	29.14	25.09	87.29	12.71	0.36	5.25
2004	30.39	16.50	27.55	54.29	45.71	0.21	2.39
2003	14.38	7.07	2.32	49.18	50.82	0.09	1.04

资料来源：长江电力历年年报。

长江电力股息率较高，但谈不上特别高，上市以来历年基本处于3%~6%区间，过去十年均值为4.03%。作为参考，2012~2022年中国十年期国债到期收益率均值为3.71%。

长江电力于2003年上市后，公司章程规定，公司每年现金分红原则上不低于母公司当年实现可分配利润的50%；2016年的章程则规定，2016~2020年每年现金分红不低于每股0.65元，2021~2025年现金分红比例不低于70%。

③ 股票回购。长江电力上市以来未开展过股票回购。

④ 收并购。2023年2月，长江电力斥资804.84亿元收购三峡集团、三峡投资、云能投、川能投持有的三峡金沙江云川水电开发有限公司（以下简称云川公司）100%股权，其中现金支付约644亿元、发行股份支付约161亿元。云川公司拥有乌东德电厂和白鹤滩两座水电站，两者分别是金沙江下游河段梯级规划的第一级、第二级水电站。2022年1月末，云川公司净资产568.19亿元，2020年和2021年营收分别为34亿元和127亿元，净利润分别为13.4亿元和44.4亿元，因而此次收购对应1.4倍PB、6.3倍PS和18.1倍PE，收购估值显著低于上市公司估值。

2019年12月，长江电力通过上海联合产权交易所收购大唐云南挂牌出售的云南华电金沙江中游水电开发有限公司（以下简称金中公司）23%股权，成为金中公司第二大股东，摘牌价格48.98亿元。金中公司负责金沙江中游梯级电站开发建设，旗下控股阿海水电站和梨园水电站，投产项目总装机容量440万千瓦。2018年，金中公司净资产76亿元，营收26.88亿元，净利润为8000万元，对应收购时的PE、PB、PS分别为61倍、0.64倍和1.82倍。PE倍数相对较高，但若考虑金中公司2019年前三季度净利润3.27亿元，实际收购PE并不高（见表3-10）。

表 3 - 10　　　　　　　　　　长江电力收并购事件

披露日期	标的	买方	标的所在行业	交易总价值	静态 PE	备注
2023 年 2 月 9 日	三峡金沙江云川水电开发有限公司 100% 股权	长江电力	水电	804.84 亿元	18.13 倍	长江电力以发行股份及支付现金购买三峡集团、三峡投资、云能投、川能投合计持有的云川公司 100% 股权（发行股份 161 亿元，现金 644 亿元），发行股份价格为 18.27 元/股
2019 年 12 月 31 日	云南华电金沙江中游水电开发有限公司 23% 股权	长江电力	水电	48.98 亿元	61 倍	金中公司负责金沙江中游梯级电站开发建设，已投产电站为阿海水电站（装机容量 5×40 万千瓦）5 台机组、梨园水电站（装机容量 4×60 万千瓦）4 台机组，投产项目总装机容量 440 万千瓦；参股电站权益装机 118.92 万千瓦；前期阶段电站装机 720 万千瓦

资料来源：长江电力历年年报。

（5）估值

估值解决的是以什么价格买入长江电力合适，以及当下投资长江电力的预期收益率是多少的问题。我们在第二章中提出，操作型投资仓位要求的年收益率是 10% ~ 15%，假定我们赋予它 13% 的要求回报率，即需要有 10 年 2.4 倍或 5 年 85% 的收益空间。

由于"长期年投资收益率 = 股息率 + 利润年增长率 + 估值年变动率"，且当下的股息率是确定的，因而我们只要预估未来长江电力的净利润增速和 PE 变动率就能预估其投资收益率。

2022 年长江电力每股股利 0.85 元，股息率 4.06%。参考当前（2024

年 3 月 29 日）24.93 元的股价，虽然 2023 年前三季度公司扣非归母净利润和 EPS 分别同比增长了 12.84% 和 5.6%，且由于乌白电站的并表，2023 年全年度净利润同比将大幅提升，但考虑到 2022 年公司分红比例高达 94.29%，显著高于正常的 70% 水平，因而保守假定 2023 年每股股息与 2022 年持平，为 0.85 元，则对应动态股息率为 3.4%。

未来 10 年长江电力的净利润增长率会如何？如前面所说，长江电力的成长性来自于：a. 乌东德、白鹤滩带来 30% 规模增长；b. 每年盈利归还负债，利息支出逐年减少；c. 未来 6 年，三峡机组折旧全部到期，年均增加两个多亿的利润。假定未来 10 年，公司净利润年复合增速为 7%，其中，收购乌白电站导致的净利润提升带来 3%，财务费用减少带来 3%，折旧减少带来 1%。这个预估属于保守还是激进呢？前面提到过，2013 ~ 2022 年的 10 年间，长江电力的净利润增速为 7.66%，那么未来 10 年，长江电力的利润增速大概率会比 7.66% 这个数低。为什么呢？因为过去 10 年，长江电力的新增项目都是优质的水电项目，而随着水电资产注入的完成，今后长江电力的新增项目将大概率是一些收益率相对较低的项目，如抽水蓄能电站、光伏储能、境外投资等，从而可能会拉低公司整体的净资产收益率。从这个角度说，未来 10 年 7% 年利润增速预估是偏高的。保守起见，我们将长江电力未来 10 年的净利润增速下调至 5%。

估值变动则比较难预估，长江电力自上市以来 20 年 PE - TTM 均值为 22.76 倍，当前则为 22.27 倍，假定未来 10 年公司的估值倍数不发生明显变化。

从而，未来 10 年投资长江电力的年收益率 = 3.4% + 5% + 0 = 8.4%，无法达到我们 13% 的要求回报率。以当前（2024 年 3 月 29 日）6100 亿元市值买入，对应 10 年后市值为 13665 亿元（含未来 10 年的分红再投资）。

若要达成 13% 的年回报率，买入价格应当在 4026 亿元市值以下（相当于回到 2020 年 8 月的股价水平），为当前市值的 66%。

由于我们本节语境下的高息股，其业务比较稳定且对其进行商业理解的门槛比较低，因而必然大多数理性勤勉的投资者都能合理地估算出它的价值和内含收益率，从而理所应当的，它的价格在多数时候都是"公允"的，能为投资者提供的收益率不会太高。

加之本轮熊市以来，高息股投资成为"显学"，长江电力的股东人数也从2021年末的16.76万人增长到2024年第一季度末的26.16万人，几乎达到了过去10年的最高水平，很难在这种背景下指望长江电力的股价有吸引力。

因而，投资这类股票意味着长期耐心地等待，等待股价进入理想的区间。我认为，一般有两类契机可以为投资者所用：一是重大危机下全市场所有股票都泥沙俱下；二是牛市期间，大多数投资者都拥抱成长股的星辰大海而抛弃乏味的高息股。

未来10年，若想达到13%的年复合收益率，则当前买入长江电力的市值应当在4026亿元以下（即相对于2020年8月的股价水平），为当前市值的66%。由于长江电力的商业模式优秀、护城河显著、业务简明易懂，当下市值出现30%~40%级别的下跌非常困难。困难并不等于不可能，长江电力曾从2007年10月的2103亿元市值一直跌到2014年4月的939亿元，跌去55%，连跌六年半，且几乎没有像样的反弹。无论如何，当下不是投资长江电力的很好的时点。

第四章

洞察型投资与超额收益

> 轮扁曰："臣也以臣之事观之。斫轮，徐则甘而不固，疾则苦而不入，不徐不疾，得之于手而应于心，口不能言，有数存焉于其间。臣不能以喻臣之子，臣之子亦不能受之于臣，是以行年七十而老斫轮。古之人与其不可传也死矣，然则君之所读者，古人之糟魄已夫！"①
>
> ——《庄子·天道》

　　本章所称洞察型投资，是对第二章提出的投资体系中的超额收益类仓位的具体实践。不同于操作型投资，洞察型投资要求投资者具备必要的商业洞察。

　　本章前四节主要探讨企业的"价值"的不同方面，分别从什么是价值、价值的不同层次、价值估算的案例、价值的持续性（竞争护城河）几个方面展开；第五节提出投资中一个重要的思维——机会成本和比较的思维；第六节试着探讨投资中什么是"懂"，这可能是洞察型投资最难的一个概念，因为"懂"是一种难以清晰界定且无法在人与人之间直接传授的心理状态；第七节则是对商业洞察中"人"的因素，尤其是企业生命周期背后的"人"的驱动力做了一些介绍；第八节是洞察型投资中需要警惕的方面，包括价值陷阱和企业财务造假。

---

　　① 庄周：《庄子》，思履主编，中国华侨出版社 2018 年版。

值得探讨的是，既然操作型投资简单（所需的商业洞察少）且有效（有可观的历史收益率），为什么我们还要花时间精力培养商业智慧，并逐步提升洞察型投资在组合中的比例呢？原因可能有以下几个方面。

一是操作型投资的收益率上限不高，操作得当的话，有可能获得 10%～15% 的长期收益率，但如第二章所说，假如我们的年要求收益率是 15%，那么我们的投资体系应当奔着 18% 的水平去，此时操作型投资无法满足我们的收益率要求，进而必须寻求赔率更高的洞察型投资。

二是操作型投资的核心是历史统计规律的重复，以及未来会继续重复，但随着 A 股的大扩容（大量股票未来会长期"走熊"），以及经济大逻辑的变迁（人口、房地产等），很多历史规律未来是否仍然有效，需要走一步看一步，而洞察型投资则本身就立足于对产业趋势的判断，不容易陷入对统计规律的刻舟求剑中。

三是操作型投资由于周转率更高且会产生大量分红，从而面临的再投资风险比较高，需要不断奔波寻找新的投资机会，而洞察型投资有聚焦和（相对的）"一劳永逸"的优势。

四是从个性人格来说的，如我们在第一章中所说，投资者的人格有精算师、投资者（狭义）、交易员的区别。精算和投资都属于基本面投资的范畴。操作型投资就其实质来说，正是精算型投资，更适合实感型（sensing）的投资者。对于那些直觉型（intuition）的投资者来说，就其思维风格而言，大概率更偏好洞察型投资。因此，对于直觉型投资者，在其商业智慧充分发育之后，更多地转向洞察型投资，是自然而必要的。

第一节 | "价值"

一、未来自由现金流的折现

什么是"价值"呢？价值实际上就是事物对于人的"有用性"。能满足人某种需求的东西就是有用的，越有用的东西越有价值。从对人的有用性的角度来说，大多数事物的价值都是主观和模糊的。因为同样的东西对于不同的人来说，它的有用性和重要性不同。

但在投资中，上市公司和股票的价值是可以明确衡量的，因为上市公司和股票的价值是一种经济价值，它的价值在于能为投资者带来多少钱（以分红或转卖差价的形式）。它给投资者带来的钱越多，便越有价值；带来的钱越少，价值越低。它能带来一元钱，它的价值就是一元钱；能带来一百元钱，它的价值就是一百元钱。

当然，事情并非如此简单。钱和钱是不一样的，今天的一元钱和一年后的一元钱是不一样的，因为钱有"时间价值"。

时间价值，就是每个人都可以运用特定的手段（如存银行、购买国债、购买股票），把今天的一元钱变成一年后更多的钱。因此，一年后的一元钱，对于今天的人来说，实际上它的价值只有一元钱不到，它需要打个折扣。这个折扣具体多大，取决于不同的人用不同的手段能取得什么水平的投资回报。

在以上思路下，便有了"现金流折现"的理论。这个理论是约翰·伯尔·威廉姆斯（John Burr Williams）于 1938 年提出的。威廉姆斯以企业发放的股息收入为基础，引入了"折现"的概念——未来的钱的价值应当按照一定的比例折算到当下，以确定其"现值"（现在的价值），而所有这些未来的钱的现值的加总之和，就是这家企业的内在价值。这个理论后来成为现代金融学的思想基础。

这就好比，如果我找了一份可以做 10 年的工作，每年一次性获得工资 10 万元，那么，1 年后付给我的 10 万元工资，对当下的我来说只值 9.8 万元，因为我拿着 9.8 万元去银行存定期（假如我没有其他投资手段），一年后也能拿到 10 万元；类似的，2 年后付给我的 10 万元，只值当下的 9.5 万元；以此类推，10 年后付我的 10 万元，只值当下的 7.8 万元。进而，这份工作之于我，其"内在价值"就等于 9.8 + 9.5 + … + 7.8 = 87.5（万元）。

在威廉姆斯的计算中，他所使用的基础是企业发放的股息，即企业赚到的钱里面被真正发放到股东手里的那一部分。但只计算这部分钱的价值，实际上低估了企业带给股东的经济利益。因为企业每年除了给股东发放一些股息之外，剩下的利润又再投入回了企业的生意，用于扩大企业的经营，未来会变成更多的利润和股息回馈给股东。

但是也并非每年的所有利润都应该拿来折现，以计算企业的内在价值。因为，这些利润扣除掉分配给股东的股息，剩下又投入到生意里的那些资金只有一部分被用来扩大企业的经营，而其余部分则只是用来维持企业目前的经营规模，即企业要想维持住目前的经营能力而不得不投入的资金。换言之，这笔维持性的投入，未来无法变成更多的利润和股息回馈给股东。

因而，每年可以被用来折现的金额，一般介于这家企业当年的股息和净利润之间，大于股息而小于净利润。这里说的是一般正常的情况，有的企业会超过当年的净利润派发股息，这种情况另当别论。

股息和净利润之间的这条线，划在"自由现金流"上。自由现金流，顾名思义，是企业扣除维持性的开支之后，剩下的可自由支配的现金流。理论上，这些自由现金流可以全部作为股息派发给股东，而不会影响到企业的持续发展。具体而言：

企业自由现金流 = 当年度企业息税折旧摊销前利润 –（所得税 + 维持性资本开支[①] + 净营运资本开支变化）

自由现金流折现的公式表达如下：

$$PV = CF_1/(1+r) + CF_2/(1+r)^2 + CF_3/(1+r)^3 + \cdots + CF_n/(1+r)^n$$

其中，PV 代表一家企业当下的内在价值，CF_n 代表当前预测的这家企业未来第 n 期产生的自由现金流，r 代表自由现金流的折现率，即把未来的价值转换成当前价值的比率。

---

① 企业的资本开支中，有一部分是用于业务扩张的，扣掉这部分后，剩下的就是维持性资本开支，即维持企业当前的业务规模和业务水平所要支出的资本。保守起见，一般把企业当年度的全部资本开支都当作维持性资本开支。

　　由于企业未来的自由现金流只是我们的一种猜测，它尚未实际发生，而未来的事总有不确定性。不确定性越大，一般这家企业适用的折现率就越大（因为这种不确定性越大，所要求的回报率就越高，以对不确定性进行补偿）；反之，不确定性越小，折现率便越小。

　　一般我们用我们自己的机会成本来表示折现率，而机会成本就是我们的要求回报率。例如，如果我要求的年回报率是 12%，那么 1 年后的 100 元对于我来说，只值今天的 $100/(1+12\%)=89$（元），因为今天我有办法拿着 89 元在 1 年内稳妥地获得 12% 的投资回报，而把这笔钱变成 100 元。

　　以上所讲的，都是指企业的绝对价值（企业的未来自由现金流的折现），价值是我们得到的东西，然而，我们需要为得到价值而支付对价，即价格。所以，最终我们得到的"净价值"是价值减去价格。从这个角度来说，价格本身也是"价值"的一个组成部分。当价格很低时，绝对价值不高的东西也会很有价值；当价格极高时，绝对价值极高的东西也没有了价值。

　　试想宇宙中某架不明飞行物途经地球时，留下了一只手套，戴上这只手套，我们可以点石成金，但手套有使用限度，每年可以点出大约 200 千克的黄金（价值约 1 亿元）。除了一点点石头，手套变出金子不需要任何其他成本，不需要能源和劳力。假设最先捡到这只手套的人以 20 亿元的价格卖给了你，那么你获得了多大的价值？实际上，即便点石成金这样的神技，也没能让你变得更有钱，因为你为它支付了过高的价格。我们每年能白得 1 亿元的黄金，但却为此支付了 20 亿元的对价，年投资回报率只有 5%，虽然这只手套是宇宙间独此一份的奇迹。

　　在美股"漂亮 50 投资"的高峰期，许多大公司的市盈率高达 80～90 倍。这些"漂亮 50"公司都是大众耳熟能详的优秀公司，如美国运通、宝洁、可口可乐、IBM、吉列、麦当劳、通用电气、迪士尼、辉瑞等，它们都有着远超大多数公司的未来自由现金流。但随后，在短短几年时间里，形势急转直下。20 世纪 70 年代初，在石油禁运、通胀高企的大环境下，"漂亮 50"股票暴跌，80～90 倍的市盈率几年之内跌到 8～9 倍，这意味着投资这些高价值企业的投资者赔掉了他们 90% 的资金。因此，投资者除了未来自由现金流折现出来的绝对价值，我们不妨从净价值——绝对价值减去价格的角度，去考虑一家企业或者一只股票的价值。

二、ROE 和 ROIC

ROE

企业的价值来自其未来自由现金流，而自由现金流的核心决定因素是净利润（净利润 = 净资产收益率 × 净资产），因此，高自由现金流要么来自高 ROE、要么来自高净资产。

净资产收益率（return on equity，ROE），即企业当年净利润与当年平均净资产的比率，它反映了企业净资产（即股东权益）的回报率水平。

如果 ROE 保持不变，净利润增长就要依靠净资产增加，而如果没有外部资金投入的话，净资产的最大增加比例，就是公司的 ROE，即把赚到的净利润全部用于再投入。从这个角度讲，企业净利润的长期增长率，不会超过其 ROE。实际上，简单推演下可以知道，"企业的利润增长率 = ROE × （1 − 分红比例）"。

不考虑买入价格的情况下，寻找高价值企业，就是寻找高自由现金流企业，而高自由现金流企业，很大程度上就是高 ROE 企业，高 ROE 是高自由现金流的基础。

为什么是高 ROE 而不是高净资产呢，毕竟净利润的来源，一是 ROE，二是净资产？因为高净资产一方面作为 ROE 的分母，会拉低 ROE[①]；另一方面高净资产往往也意味着更高的资本开支和新增净营运资本开支，而这两项是自由现金流的扣减项，因为资本开支的主要项目是构建固定资产和无形资产，而净营运资本的变动来自流动资产、货币资金和无息流动负债的变动。

---

① 特别优秀的生意，可以在不降低 ROE 的前提下，容纳不断增多的净资产；普通的好企业，则需将无法承载的新增净资产以分红的形式分掉，以维持高 ROE。

因此，对于产生净利润和自由现金流来说，高净资产不如高 ROE。典型的高自由现金流企业是高 ROE 的企业，而未必是高净资产企业。

巴菲特不止一次提到过 ROE 这个指标的重要性。1990 年 4 月 18 日，在斯坦福商学院演讲时，巴菲特说："如果一家企业赚取一定的利润，其他条件相等，这家企业的资产越少，其价值就越高，这真是一种矛盾，你不会从账本中看到这一点。真正让人期待的企业，是那种无须提供任何资本便能运作的企业。因为它已经证实，金钱不会让任何人在这个企业中获得优势①，这样的企业就是伟大的企业。"②

他也曾说，"如果非要用一个指标选股，他会选择 ROE，那些 ROE 常年持续稳定在 20% 以上的公司都是好公司，投资者应当考虑买入。"作为参考，A 股上市公司的平均 ROE 在 8%~10% 区间波动，中位数在 7%~8% 之间。

高 ROE 企业不难选，回溯企业过往几年（如 7 年、10 年）的 ROE，看看它的平均值和稳定性即可。难的地方在于，企业的高 ROE 能否一直持续下去？很多企业的高 ROE 只是某个发展阶段的暂时现象，尤其是那些产能扩张容易（大多数生产制造型企业）、行业竞争激烈、产业景气萧条周期波动剧烈的企业。仅仅只是挑选过往 ROE 较高的企业进行投资，可能会遭遇亏损。阶段性的高 ROE 一旦回落，给投资者造成的损失是惊人的，因为市场情绪（影响 PE 倍数）、再融资、净利润复投的复利效应等都会成为杠杆加剧股价的起落。

举个简单的例子：

① 假设一家公司的净资产为 10 亿元，总股本为 10 亿股，过去一年净利润为 1 亿元，ROE 是 10%，而由于其净利润增幅在 10% 左右，且产业目前处于萧条期，市场认为它有一定增长潜力，因而给了 25 倍 PE，从而市值是 25 亿元，股价 2.5 元；

---

① 即在这个行当中，更高的净资产不会带来竞争优势。

② 摘录自巴菲特 1990 年 4 月在斯坦福大学的演讲内容，根据网络公开信息整理。

② 随着行业景气度上升，公司 ROE 提高到 20%，年净利润增长 1 倍达 2 亿元，乐观情绪下，市场把它定位为高成长股，依据其 100% 的净利润增长率，给了 60 倍 PE，于是市值达到了 120 亿元，股价 12 元，涨了 380%；

③ 公司以这个市值，增发 10% 股票（此时总股本增至 11 亿股），融资 12 亿元，于是净资产增加至 24 亿元，即期初的 10 亿元 + 上年净利润 2 亿元 + 增发 12 亿元；

④ 紧接着行业景气度略有下降，且新募集的资金不能马上产生效益，公司 ROE 降至 15%，公司年净利润达 3.6 亿元，比上年的 2 亿元仍增长 80%，净资产达 27.6 亿元；

⑤ 此时市场更坚定这个公司"高成长"的定位，再加上还有新投入资金产生效益的预期，市场认为以未来业绩增速来说，PE 给 60 倍都低了，应该给 80 倍，于是公司市值膨胀到 288 亿元（3.6 亿元 × 80 倍），股价为 288/11 = 26.2（元），又上涨 118%，较初期的 2.5 元涨了 948%；

⑥ 然而，随着行业进入低景气阶段，公司 ROE 急速下降，甚至比景气度起来前的 10% 更低，跌到 8%，此时公司净利润是 27.6 × 8% = 2.2（亿元），比上年的 3.6 亿元下降近 40%；

⑦ 于是市场大失所望，给它定位为"衰退公司"，市盈率只能给 20 倍，于是市值缩水到 2.2 × 20 = 44（亿元），股价变为 4 元，如果投资者在高峰时的 26.2 元买入，就要亏损 85%，不过 4 元比起初期的 2.5 元还是上涨了 60%，这一上涨主要是在高价位时，认购新股的投资者新投入的 12 亿元资金贡献的。

ROIC

从衡量企业价值创造来说，ROE 虽好，但并非没有缺点。一方面，ROE 的分子是企业的净利润，而净利润包含着与业务经营没有直接关系的非经常性损益（如政府补贴），有时候不能完全准确地代表企业当年的业务经营效益；另一方面，ROE 中包含了财务杠杆，可能这家企业的 ROE 本来没这么高，它只是被财务杠杆撬起来的。关于后一点，我们在第二章中提到过，"ROE = 净利润率 × 资产周转率 × 杠杆率"，而杠杆率即总资产/净资产。

ROIC（return on invested capital，即投入资本回报率）在以上两个方面，都对 ROE 进行了完善。

ROIC = NOPLAT/IC，它的分子 NOPLAT（net operating profits less adjusted taxes）是这家企业的息前税后经营利润，它等于营业利润加上利息费用。营业利润是指企业在正常经营过程中，通过销售商品、提供劳务等核心业务所获得的利润，它不包括企业投资收益、营业外收支等非经常性项目，从而 NOPLAT 不包括各种非经常性损益。为什么要把利息费用加回来呢？因为分母投入资本（IC）既包含股权资本也包含债务资本，因此分子相应的，既要包含股权投资者的收益，也要包含债权投资者的收益（即利息）。

ROIC 的分母是这家企业的所有投入资本 IC（invested capital），即所有能对这家企业主张回报的资金的总和，它等于股东权益（净资产）加上净负债，即：

投入资本 IC = 净经营资产 = 净负债 NB + 净资产 NBV

净负债 NB = 金融负债 − 金融资产（金融负债即有息负债，如银行借款、债券、交易性金融负债等，金融资产与实物资产相对，包括超额现金）

净经营资产 = 经营资产 − 经营负债（全部净经营资产即为投入资本 IC）

因此，简单推导下 ROE 和 ROIC 的关系可知：

ROE = 净利润/净资产

= （息前税后经营利润 NOPLAT − 利息 I)/净资产 NBV

= （NOPLAT/净经营资产）×（净经营资产/NBV）−（I/净负债）
  ×（净负债/NBV）

= （NOPLAT/净经营资产）×（1 + 净负债/NBV）−（I/净负债）
  ×（净负债/NBV）

= （NOPLAT/净经营资产）+（NOPLAT/净经营资产 −I/净负债）
  ×（净负债/NBV）

= ROIC +（ROIC − 利率 r）× 净财务杠杆 DFL

即：

ROE = ROIC +（ROIC − r）× DFL

有鉴于此，ROE 受到投入资本回报率 ROIC、利率 r 和财务杠杆 DFL 这三个因素的驱动。其中，ROIC 是 ROE 的核心决定因素。

从中可以看出，一些现金特别充沛，因而净负债为负的企业，将会出现 ROE 比 ROIC 低的现象。另一些企业则依靠极高的净财务杠杆，以较低的 ROIC，获得了很高的 ROE。当一家企业的净财务杠杆为 5 倍时（即净负债 5 倍于净资产），即便它的 ROIC 只有 10%、利率高达 8%，它的 ROE 也能达到 20%。

因此，投资者对于高 ROE 需要辩证地看，看看企业高 ROE 的来源究竟是高 ROIC 还是高财务杠杆。前者意味着更高的价值创造能力，后者则意味着更高的经营风险和投资风险。实际上，企业价值创造意味着，它的投入资本回报率（ROIC）高于它的包括股权资金和债权资金在内的综合资本成本（WACC）。否则，把钱投出去的收益还不如把钱融过来的成本，那就成了价值毁灭了。一家企业所创造的经济利润即等于"投入资本 ×（ROIC − WACC）"。

就 A 股而言，参考德邦证券的统计，2000 ~ 2020 年，A 股上市公司的 ROIC 均值为 6.79%，且其变动基本与全社会 GDP 保持高度一致。2005 ~ 2020 年，A 股 WACC 均值为 6.14%，ROIC − WACC 均值为 0.82%。

三、高价值企业的本质是"印钞机"

管理学视角和投资视角下的高价值企业

企业的价值是其未来自由现金流的折现值之和，对价值的这个定义是站在投资视角来说的。

管理学视角和投资视角下的高价值企业有所不同。虽然管理学理论很多时候在强调伟大企业的"利润之上的追求"，但总体上，无论管理学还是投资，对于企业价值的界定是基本一致的，即高价值意味着更多的盈利。但在这个共识之下，两者对于什么样的企业将产生更多的盈利有分歧。

管理学视角是管理层视角和内部人视角，它更看重"人"的因素的影响，如管理者品质、企业文化等。投资视角大体是外部人视角，首先它更看重经营的结果（如利润、现金流、股息），而不太追究原因，其次即便要追究原因，它也更看重"人"以外的因素，如企业的商业模式、竞争优势等。投资者往往相信，"对于一首好歌，歌比歌手重要"。

如果我们去翻阅经典的管理学著作，比如吉姆·柯林斯（Jim Collins）的《基业长青：企业永续经营的准则》（*Built To Last：Successful Habits of Visionary Companies*）或者汤姆·彼得斯（Thomas J. Peters）的《追求卓越：探索成功企业的特质》（*In Search of Excellence：Lessons from America's Best-Run Companies*），我们会发现这些著作主要是在描绘优秀企业的管理者和文化。

例如，《基业长青：企业永续经营的准则》中提到了"高瞻远瞩"公司（visionary companies）的一些特质[1]：

① 不需要眼光远大的魅力型领导（这种领导对公司的长期发展可能有害），管理者要做"造钟师"，而不是"报时人"，好的体制比强力的领导人更重要；

② 同时拥抱若干层面的两个极端，不在非黑即白之间选择而是想出方法，兼容黑白。例如，变革和稳定、保守和勇猛、低成本和高品质、创新和对创新的严格控制、为未来投资和短期业绩、靠有秩序的规划追求进步和机会主义的摸索、为股东创造财富和为人类行善、理想主义（价值观导向）和务实主义（利润导向），不仅仅追求平衡，而是两方面都做得淋漓尽致；

③ "尽力增加股东财富"或"追求最大利润"不是高瞻远瞩公司主要的动力，高瞻远瞩公司勇于投身"胆大包天的目标"；

④ 不同的高瞻远瞩的公司常常拥有完全不同的核心理念，但都虔诚地

---

[1] ［美］吉姆·柯林斯、杰里·波勒斯：《基业长青：企业永续经营的准则》，真如译，中信出版集团2019年版。

保持核心理念，极少改变；

⑤ CEO 基本由内部产生；

……

再如，阿里·德赫斯（Arie de Geus）的《长寿公司：商业"竞争风暴"中的生存方式》（*The Living Company*：*Habits for survival in a turbulent business environment*）中提到了"长寿公司"的四个关键要素[①]：

① 长寿公司对周围环境非常敏感，虽然战争、经济危机、技术与政治变迁变幻莫测，它们总是善于调整自己，因时制宜；

② 长寿公司有凝聚力，员工有较强的认同感，从公司的代代相传链条中看待自己，"社区"观念意味着管理人必须从内部选出；

③ 长寿公司是宽容的，它们避免集权化管理，对大胆、古怪的边缘化行为宽宏大量；

④ 长寿公司在财务上比较保守，它们很节俭，由于手中有钱，它们有一定的灵活性，可以寻求竞争对手无法奢望的选择。

可以说，管理学理论抓住了高价值企业的根本——"人"的因素。但投资的难处在于，"人"是模糊的、晦涩的、主观的、易变的，甚至对于大多数投资者来说，作为企业的局外人，"人"的因素是个"黑箱"，不可观察。因此，投资者往往不把价值判断押注在对"人"的评估上，而是基于其他一些更可获取、可估算的变量，如产品价格、毛利率、ROE、自由现金流、行业渗透率、行业格局等。"人"的因素更多时候是作为负面指标，用来排除企业，如企业管理者透露出一些明显的不诚实、不胜任或者漠视股东利益的迹象，那么投资者就会抛弃这样的企业。

管理学视角和投资视角对高价值企业的不同看法有点类似于相亲找对象，管理学关注的是眼前这个人本身的品质，如他的上进心、责任心、认知水平、潜力；投资的关注点则在于他的家庭背景、父母的资源、影响

---

① ［美］阿里·德赫斯：《长寿公司：商业"竞争风暴"中的生存方式》，王晓霞译，经济日报出版社 1998 年版。

力、家里有多少资产可以收租等，当然如果他本人人品很烂，婚后不会把钱给你花，那么也是要排除的。哪种思路才是对的，仁者见仁，智者见智。

正如我们在第一章中提到的马斯克和巴菲特、芒格的理念分歧。马斯克认为企业的价值和护城河来自不断创新、锐意进取，因此马斯克开创了Tesla、SpaceX 这样的科技明星；而巴菲特、芒格心中的高价值企业，却是喜诗糖果、可口可乐这样的稳定、易懂、盛产现金流且能持续数十年的"印钞机"。

两种视角没有对错之分，而只是面向的目标和面临的外部约束有所不同。对于作为企业外部人的投资者，站在保守主义的立场上，显然更应该采纳后一种视角。

高价值企业的特征

企业的价值等于其未来自由现金流的折现值之和，虽然我们很难准确地估算出企业未来到底会有多少现金流，进而也就无法准确地折现出企业价值几何，但自由现金流可以作为一种思路，告诉我们找高价值企业应该朝什么方向去找。

高价值企业应当有两层内涵：一是这家企业的业务有高自由现金流的属性，赚钱多、花钱少，一本万利，是天然的"印钞机"。有的企业则相反，产出不高，却不断在投入。查理·芒格说："有这么两类企业：第一类每年赚 12%，你到年底可以把利润拿走。第二类每年赚 12%，但所有多余的现金必须进行再投资——它总是没有分红。这让我想起了那个卖建筑设备的家伙——他望着那些从购买新设备的客户手里吃进的二手机器，并说：'我所有的利润都在那里了，在院子里生锈'，我们讨厌那种企业。"①

二是它的高自由现金流应当是长期可持续的，因而是可预测的，不仅过去高、当下高，而且我们用它过去和当下的情况去推测它未来的情况，

---

① ［美］彼得·考夫曼：《穷查理宝典：查理·芒格智慧箴言录》（全新增订本），中信出版集团 2021 年版。

也不会出什么大错。有的企业则不然，它的发展充满了变数和"幺蛾子"，你没法从它的过去推测它的未来。一帆风顺正是好公司的特质之一。

（1）自由现金流高

什么样的企业和生意有较高的自由现金流呢？我们要看看自由现金流是怎么来的。前面说过，"自由现金流＝赚的钱－花的钱"。

赚的钱就是企业当年的 EBITDA（Earnings Before Interest，Taxes，Depreciation and Amortization，即息税折旧摊销前利润）。EBITDA 是在净利润的基础上计算出来的，折旧摊销这些费用在计算净利润时需要扣除，但这只是一种会计记账，实际上并没有支付现金出去，所以在计算现金流流入时需要加回来。

花的钱则包括当年的所得税、资本开支（构建固定资产、无形资产等的支出）和新增的净营运资本（存货、应收账款的增加导致的新的资金占用）。

简单起见，很多人会用"净经营性现金流－资本开支"来近似地估算企业每年的自由现金流。

我们可以从以上公式去感受，高自由现金流的企业和生意长什么样。

首先，它应当有比较高的利润率和资本回报率，而一家企业能获得较高的利润率，往往是两个原因导致的：一是它为客户提供了高价值的产品或服务，从而获得了足够高的产品溢价和毛利率；二是它在一个比较良性的竞争生态中，可以持续保有这个较高的利润率。后者与行业的竞争格局以及企业自身的竞争优势有关，我们会在后面再具体讨论这一点。

其次，这家企业所需的资本开支比较小，是低投入高产出的生意，不需要为了维持业务经营而不断投钱去构建固定资产或者无形资产。高价值的企业，是那些维持性资本支出少、存货和应收账款占用资金少的企业。

所谓维持性的资本支出，是公司为了保持在竞争中不掉队，必须投入的资本开支。例如，在很多制造类行业，企业需要持续迭代和升级他们的设备产线，企业的生产效率越来越高，但最终各个厂商似乎谁都没赚到更多钱，倒是这些效率的提升都让利给了终端消费者。这种生意属性，对于自由现金流就是持续的损害。如京东方（000725. SZ），过去十年，它产生了2200多亿元的净经营性现金流，不可谓不赚钱，但却支出了3200多亿元的资本开支，用于购建固定资产、无形资产和其他长期资产。这显然是"芒格们"痛恨的生意。

值得注意的是，较大的固定资产、研发、营销投入等固定投入也是一种竞争门槛。它要求行业的新进入者必须获得足够大的市场份额才能摊薄这些前期的固定投入，因而能起到阻吓潜在进入者的作用。

高投入门槛，它既是竞争壁垒，同时也是对自由现金流的一种损害。孰轻孰重，需要权衡来看。很多公司，其高资本支出只是疲于奔命，确保不掉队，这种资本投入，长期看无益于公司未来自由现金流的积累。而如果高资本支出确实排除了新进入者对超额利润的蚕食，且最终领先者由于不可动摇的庞大的市场份额摊薄了资本支出对现金流的负面影响，那么这种高资本支出，更多是一种正向的优势。半导体制造商台积电正属于这种情形。过去十年（2014~2023年），台积电的ROE和ROIC均值分别高达27.51%和24.05%，而它过去两年（2022~2023年）的资本支出平均要达到人民币2200多亿元。

存货和应收账款占用的营运资本少，这一点是比较清晰的。存货少，代表需求端的稳定（迭代风险小）和公司自身产品畅销、供不应求；应收账款少，则代表着公司在产业链中的话语权较强。很多公司在产业链中扮演着为下游大客户垫资的角色，应收账款高企，这种业务模式对自由现金流有显著的伤害。

参考德邦证券的研究，2000~2020年，A股上市公司的EBITDA中，平均有79%用于资本支出，所得税平均占14%，新增净营运资本则平均占27%，这样算下来，FCFF/EBITDA平均为－20%。可见，A股市场的上市公司，它们整体对于股东的"价值"是非常糟糕的，它们完全不出产自由现金流，而资本支出是A股上市公司价值毁灭最主要的推手。所以，投资A股一定要精挑细选，找到少数那些能大量产出自由现金流的"印钞机"。

（2）高自由现金流的稳定持续

影响企业自由现金流稳定性的主要是两个因素：一是企业业务的本性是否稳定；二是市场竞争导致的对稳定性的侵扰。

企业业务本身的稳定，主要来自需求端的稳定。那些耳熟能详的消费品牌，消费者的需求很少发生变化。特别是那些具有重复消费、长期终生消费属性的消费品，光老客户的消费惯性每年就能带来稳定的营收，以至于即便开拓新客户不顺利，也不会对营收盘子产生实质性的冲击。

反观一些 toB 类（即下游客户是企业而非个人消费者）的生意，除了正常的终端个人消费者传导过来的需求波动以外，企业还面临着大客户们的砍单、加单、去库存、垒库存带来的波动。例如，过去几年华为受制裁，让华为的供应商们受到影响，而在这个过程中，整个终端市场的手机消费量实际上并没有发生什么戏剧性变化。

当然，短期如政策的变化，长期如人口结构的变化等，会对原本稳定的需求产生戏剧性的影响。类似的案例在药品、婴幼儿奶粉行业都有体现。包括我们的经济和消费之母——房地产行业，未来 10 年整体规模的下行（逐渐从每年 17 亿平方米的销售面积下降到 10 亿平方米），也会影响到很多消费行业的需求端。投资者估算公司的价值，需要在这门生意本身需求稳定的本性之外，更多地深思这些中长期因素带来的扰动。

竞争，则是一个更为复杂的变量。一个高利润率和高自由现金流的行业，会吸引大量竞争者加入，供给的增加导致行业利润率和自由现金流的下降，直至达到无利可图的水平——资本回报不足以支付资金成本。从这个层面说，行业和企业的高利润率、高自由现金流水平是不可持续的，除非企业有办法设置足够高的门槛，把竞争者挡在外面，这就是所谓护城河。高价值企业应当拥有又宽又深的护城河，以尽量持久、尽量彻底地免受市场竞争的侵害。我们会在本章第四节具体介绍企业护城河的分析框架。

需要注意的是，高价值企业并不意味着就是好的投资对象，高价值只是投资需要考虑的一个重要维度。其他维度还包括：我们能否看懂这些企业的生意、行业和企业处在生命周期的哪个阶段、估值和股价便宜吗、投资这家公司的潜在风险是什么、其他潜在投资的机会成本几何、我们的资金属性与这个投资机会匹配吗……

但投资者应当树立起对高价值企业的审美，并坚持长期与高价值企业打交道，这会大幅提升我们投资取胜的基础概率。还记得我们在第一章中提到的研究吗？根据对 1990～2020 年全球主要经济体的 42 个市场中的 6 万多只股票的市值变动情况的研究，美国股市中，表现最好的 0.25% 的公司创造了市场 44.3% 的财富，表现最好的 1% 的公司则创造了 70.2% 的财富；非美国股市中，表现最好的 0.25% 的公司创造了该国市场 51.2% 的财富，表现最好的 1% 的公司则创造了 90.1% 的财富。在过去 30 年，全球 63785 家公司的统计样本中，有 26967 家（占比 42.28%）创造了财富，36818 家公司（占比 57.72%）毁灭了财富。苹果、微软、亚马逊、谷歌、腾讯这 5 家公司创造了全球股市净财富增长的 10%。

基于前述思路，投资者可以自行筛选出一些 A 股市场上的高价值企业（多数集中于消费品行业和医药行业），如针对 ROE、ROIC、毛利率、自由现金流、负债率、股息率设定相应的选股条件，并对筛选出来的标的进行体系性的分析和比对，看看企业的财务特征，以及背后的商业模式、护城河、行业格局方面的支撑。

第二节 | 价值的分层

一、绝对估值与相对估值

理解了价值是什么之后，此时我们需要做的工作是估算出企业的价值究竟是多少，进而可以在此基础上，评估当前的价格是高估还是低估，并做出买入、卖出、等待、否决等决策。估算企业价值的过程，就是估值。

既然企业的价值是其未来自由现金流的折现值之和，那么理论上，最准确的估值方式，是搞清楚企业未来每年的自由现金流，然后以其资本成本为折现率，计算未来自由现金流的现值之和。这种现金流折现的估值方法被称为绝对估值法。相应的，"市值 = 净利润 × PE 倍数"这类方法（同理还有 PE、PB、PS、PEG 等估值方法）则被称为相对估值法。

所谓绝对与相对，区别在于，绝对法下我们仅从企业自身的财务和业务数据（包括未来自由现金流和资本成本）就能测算出它的估值；而相对估值法下，我们要借助 PE、PB 这些乘数，这些乘数则需要参考一些可比的同行企业的情况加以确定。但是，无论是绝对估值法还是相对估值法，都有其内在的一些缺陷。

现金流折现估值法的缺陷

先来看绝对估值法，也就是自由现金流折现法，它用公式表示如下：

$$P = (FCFF_1)/(1+r) + (FCFF_2)/(1+r)^2 + (FCFF_3)/(1+r)^3 + \cdots + (FCFF_n)/(1+r)^n$$

其中，P 代表这家企业的当前价值（现值），$FCFF_n$ 代表当前预测的未来第 n 期产生的自由现金流，r 代表自由现金流的折现率，它等于企业的整体融资成本，即资本成本（WACC），我们后面会介绍 WACC 的具体计算方法。

由于我们不可能预测到企业无限未来的现金流，因此未来自由现金流折现法往往要做一些假设。一般我们需要预估出企业未来 10 年每年的自由现金流，且假定自第 11 年开始，未来每年的自由现金流将保持一个固定的永续增长速度，如 2%。

对于未来 10 年自由现金流的现值，我们逐年折现回来并加总（可以称它为"近期现值"）。而假定未来以固定速率增长的第 11 年后的远期自由现金流，稍加推导可知，它等于 $(FCFF_{11})/(r-g)$，其中，r 即自由现金流的贴现率，g 为 10 年后这家企业自由现金流的永续增长率。将 $(FCFF_{11})/(r-g)$ 折现回当前，即除以 $(1+r)^{11}$，就代表第 11 年开始的永续自由现金流的现值（可以称它为"远期现值"）。将近期现值和远期现值这两笔现值加起来，就是这家企业未来自由现金流的总现值。

可以看出，对第 11 年开始的未来自由现金流的假设是非常武断和不合理的。没有企业能永续存在，也不会有企业 10 年后能一直保持一个固定的速度增长，但为了在数学上可计算，大多数估值模型都是这样假设的。

此外，即便是未来 10 年、5 年的近期自由现金流，本质上也是不可预测的。企业未来各年的自由现金流（FCFF）等于当年赚的现金（EBITDA）减去当年花掉的资本支出、所得税和新增净营运资本，而 EBITDA、净营运资本这些变量又各自取决于其他多个变量的情况。诸多变量叠加下来，FCFF 预测的最终有效性就变得很差了。

因此，很大程度上，用未来自由现金流折现表征企业的价值，这种方法更适合作为对企业价值高低的一种定性评估（比如识别出那些利润率高、资本支出少、净营运资金需求低的企业），而难以真的作为一种定量估值方法。原因正是这种方法要求我们预估企业未来每年的自由现金流，而这显然是不可能的。

除了未来自由现金流的不可预测，以及对未来永续自由现金流假设的不合理，绝对估值法还内含了另一个缺陷：对于大多数企业，远期现值是总现值的主要组成部分。也就是说，企业价值的大头部分，来自非常不可靠的远期假设和预测。

假如 A 企业 2023 年的自由现金流为 5 亿元，预计自 2024 年开始的未来 10 年，其自由现金流分别为 6 亿元、8 亿元、10 亿元、12 亿元、14 亿元、15 亿元、16 亿元、17 亿元、18 亿元和 20 亿元（这 10 年的年复合增速约 15%），其自 2034 年（即未来第 11 年）开始，每年自由现金流保持 3% 的增速永续增长。假定折现率为 10%。在上述假设下，A 企业的近期现值为 76.42 亿元，远期现值为 103.15 亿元，总现值为 179.57 亿元，远期现值占了总现值的 57.44%。①

在此基础上，若我们对远期情况的假设有哪怕一点点误差，比如，永续增长率 g 从 3% 变为 4%，而折现率 r 从 10% 变为 9%，则（$FCFF_{11}$）/

---

① 换句话说，这一事实也告诉我们，决定企业价值的，主要是它未来长远的经营表现（活得久、活得好），因此企业的品质（商业模式）很重要、护城河很重要。

$(r-g)$ 会从 297.14 亿元变成 416 亿元，差出 40% 来，可见远期价值的预估有多么不靠谱。

总结而言，未来自由现金流是企业价值的根本，但我们很难用未来自由现金流折现来定量地测算企业的估值，原因在于：自由现金流是多个复杂变量加减的结果，本质上无法有效预测，且企业的总现值主要由远期自由现金流构成，而远期自由现金流的预测和假设都是不靠谱的。

相对估值法的不足

正因为绝对估值法的这种不可操作性，实践中大多数投资者都是用相对估值法对企业进行估值，最主流的则是 PE 估值法。

PE 估值法，是用企业过去四个季度的净利润，或者最近一期年报的净利润、或者预估的年净利润，乘以一个合适的 PE 倍数，以计算企业的整体价值。PE 倍数的选定，则一般参考同行业企业的平均值或者与企业过往净利润增速保持一个合理比例。

PE 估值法好在简明清晰，找到净利润数值，拍一个 PE 倍数，就能算出企业值多少钱。问题在于，PE 倍数怎么拍，往往是个主观且模糊的事情。相对估值法之所以叫"相对"，就体现在这里。一般的做法是"参考"，参考什么呢？参考全市场的整体 PE 水平（再结合本企业是优于还是劣于市场整体水平）、参考同行业企业的 PE 倍数、参考企业自己过往的历史 PE 倍数、参考企业近期的净利润增长率（增长前景好的企业 PE 倍数应当更高）等。

问题在于，无论全市场还是同行企业的 PE 水平，都处于大幅波动之中，什么是合理的 PE 倍数，30 倍还是 10 倍，很多时候都说不清楚。如果是与企业自己过往的 PE 水平做比较，看历史分位数，当历史足够长时，大多数时候是有效的，但一旦企业生命周期进入不同阶段，或者内外部环境发生重大的变故，那过往 PE 可能参考价值就不大了，反而会造成误导。

比如，A 股招商银行自 2002 年上市以来一直到 2008 年之前，其 PE 的历史低位在 20 倍左右（均值在 30 倍以上），但 2008 年之后，其历史低位变成了 5 倍左右（均值为 10 倍左右），如果我们在 2008 年之后还假定招商银行的合理 PE 是 30 倍，那我们的估值就会出现重大错误。再如 A 股白云山，2001 年上市以来，一直到 2015 年底之前，历史 PE 均值 47 倍，但自 2016 年开始至今，PE 均值下滑至 20 倍不到，当前更是只有 10 倍左右。

至于 PE 倍数与企业的利润增长率之间的比例关系，也并不是绝对的，因为 PE 既受增长率影响，也受 ROIC 和要求投资回报率 r（即 WACC）的影响。[1]

总之，PE 法下，PE 这个数字相当于糅合了绝对估值法下的折现率、未来自由现金流增长率等一系列复杂的变量，因而 PE 怎么拍就变得非常武断、模糊。实际上，PE 倍数更应该是一个用市值除以净利润得出的计算结果，而不是用来计算市值的一个变量。

另外，PE 法或者其他相对估值法没法很好地结合投资者对企业的商业理解。公司的商业模式如何？进而其利润含金量如何？投入产出效率如何？行业和公司的竞争护城河是否牢固？未来会向哪个方向变化？公司未来会增长吗？增长的来源是什么？所有这些问题，都被笼统地杂糅在 PE 这单个变量上。可以说，这种估值方法，主要是"拍脑袋"，没法细致地将我们的商业理解体现出来。在这一点上，绝对估值法倒是能有好的表现，比如这些商业判断决定了我们怎么考虑公司未来每年的自由现金流，但如前所述，绝对法毕竟是个无法操作的估值方法。

二、资产的价值、盈利能力的价值和增长的价值

不同层次的价值

价值有不同的层次和类型，因而合理的估值方法也应当进行区分估

---

[1] 按照戈登股利增长模型，$P = D_1/(r-g)$，其中，P 为股价，D_1 为公司未来 1 年的股息，r 为要求回报率或者折现率（它等于 WACC），g 为公司的利润增速。则 $PE = P/E = (D_1/(r-g))/E = (D_1/E)/(r-g) = (1-d)/(r-g)$，d 为再投资比例（即公司赚取的净利润中有多少比例被用于资本开支），而再投资比例 $d = g/ROIC$（这是在不考虑财务杠杆的前提下，即假定 ROIC = ROE），因而 $PE = (1 - g/ROIC)/(r-g)$。因此，PE 并非只与利润增长率 g 有关，也与 ROIC 和要求回报率 r 有关。

算。哥伦比亚大学商学院教授布鲁斯·格林沃尔德在《价值投资：从格雷厄姆到巴菲特的头号投资法则》（*Value Investing：From Graham to Buffett and Beyond*）一书中，把公司的价值区分为以下三种类型：

一是公司资产的价值，即公司账上的现金、存货、应收账款、机器设备、厂房等资产的静态价值；

二是公司盈利能力的价值，即当公司拥有盈利能力时，其盈利能力便具有价值，而有无盈利能力的界定在于，能否在资金的成本水平之上获得投资回报，公司的盈利能力往往来自其独特的竞争优势，否则竞争者的不断涌入很快会将公司的盈利抹平；

三是公司的增长价值，公司不仅能产生有价值盈利，并且盈利未来还能不断增长时，就能带来更进一步的价值。

这三种价值并非独立，而是逐层递进。有盈利能力价值的公司显然也有资产价值，且盈利能力价值（包含了资产价值）要高于资产价值；有增长价值的公司显然也有盈利能力价值和资产价值，且增长价值要高于盈利能力价值。在这三种价值来源的基础上，投资者对一家公司进行估值，便是要搞清楚，这家公司拥有哪种类型的价值，是只有资产价值，还是既有资产的价值又有盈利能力的价值，或者三者兼有。

这种分析，首要的一步是判断公司是否有价值创造能力，即能否以高于资本成本（WACC）的投入资本回报率（ROIC）创造利润。若不能或者在可预见的未来即将不能，那么这家企业便只有资产价值而没有盈利能力价值或增长价值；若能，它便至少拥有盈利能力价值。一家公司拥有盈利能力，说明它有抵挡竞争对手的竞争优势，否则自由涌入的竞争对手会把公司的 ROIC 拉低到不高于 WACC 的水平。盈利能力价值超出资产价值的部分，就代表着这家公司的竞争优势，超出越多，它的竞争优势就越大。

接下来的一步则是判断公司未来是否能保持净利润增长，以及将保持什么水平的增长率。这是用来判断公司在盈利能力价值之外是否拥有增长价值，公司增长潜力越大，增长价值超出盈利能力价值就越多。

资产的价值

当公司的 ROIC 低于 WACC 时，它便只拥有资产价值。ROIC 怎么计算本章第一节已经覆盖，WACC 的计算方法我会在后面"盈利能力价值"部分具体介绍。

资产价值应当区分两种情形：一种情况是所在行业无法持续地经营下去，此时公司便无法以公道的价格将资产出售给行业内的其他企业，那么它所拥有的资产价值就是这些资产的清算价值，设备、厂房、存货、应收账款等资产的价值都需要打很大的折扣；另一种情况是行业能正常持续地经营，此时公司可以以公道的价格将资产转让给行业内其他有需要的公司，那么其资产价值便是资产的重置成本（当下的市价）。具体是哪种情形，需要我们对行业的状态和前景有一些基本的商业判断。

由于行将破产的行业不是我们的投资目标，这里重点来看资产的重置成本。所谓重置成本，是指在目前市场条件下，竞争对手如果重新购买这些资产，需要付出多少对价。计算一家公司的资产重置成本，需要打开它的资产负债表，对资产和负债科目逐项评估。

值得注意的是，重置成本只是评估资产价值的一种视角。它可能是对资产价值的低估，也可能是对资产价值的高估。比如现金这种资产，一般而言，现金的价值就等于它的账面价值，这是站在重置成本的视角下说的。严格来说，现金的价值未必等于它的面值，假如公司的管理层有道德风险，或者他们没有资本配置意识而成为现金的价值毁灭者，此时现金的价值就会大打折扣。方便起见，我们还是用重置成本来评估企业的资产价值：现金和交易性金融资产一般不需要做什么调整，10 亿元现金的重置成本就是 10 亿元，10 亿元交易性金融资产的重置成本就是 10 亿元。

存货是否需要调整，需要看公司的业务情况。如果公司在产业链中的地位强势、产品供不应求，那么普通竞争对手想要购置相同数量的存货，就需要付出更大的代价，此时存货的重置成本便大于它的账面价值（保守起见，仍以面值代表重置成本）；反之，则需要对存货金额打一些折扣。

应收账款由于是扣除了坏账之后的净值，所以重置相同金额的应收账款可能需要付出比账面值更高的成本，因此可以把扣除的坏账金额加回去得到应收账款的重置成本，预付账款则无须调整。

再来看固定资产，固定资产主要指房屋及建筑物、机器设备等，评估的思路依然是：竞争对手需要以较公司更高还是更低的成本构建公司的这些固定资产？

无形资产主要是知识产权和土地使用权。土地使用权要看这些土地的具体位置，以及是否已经升值，如果是，那么重置成本显然高于账面价值。知识产权的重置成本，其评估是个复杂专业的工作，方便起见，可以直接假设重置成本等于账面价值。

商誉的重置成本怎么计算呢？取决于是什么样性质的商誉。如果前期公司在收购资产时当了"冤大头"，付了过高的溢价形成商誉，那么这种商誉是没有经济价值的，其重置成本是零。

但有的商誉是货真价实的，这些商誉代表着公司的品牌价值、客户忠诚度、分销网络等没有计入资产负债表上的"隐性资产"。此时，商誉的重置成本将取决于潜在竞争对手为了重置这些隐性资产，需要在研发、广告、客户关系上投入多少资金。

我们可以计算公司过往5年或者10年的平均销售费用率（即销售费用/营业收入）、研发费用率和管理费用率（扣除折旧摊销等与人工支出无关的费用），并假定竞争对手要构建起公司的这种水平的销售能力、研发能力和管理能力，分别需要花费1~5年的销售费用、研发费用和管理费用。具体需要花几年构建，投资者应当根据不同公司的情况判断，在此基础上可以计算出这几项资产负债表外隐性资产的重置成本。

以上都是公司资产的重置成本（含表内资产和表外资产），在此基础上还需要扣减负债，才能得出净资产的重置成本。对于公司不必支付利息的流动负债，如应付账款、应付职工薪酬、应交税费等，无须做调整，直接按账面价值进行扣减。其余负债，如果有市场价值，就按市场价值扣减，如果没有市场价值，就直接用账面价值代替。

盈利能力的价值

（1）盈利能力价值怎么计算？

资产价值适用于那些不具备价值创造能力（即 ROIC 小于 WACC）的公司；反之，当一家企业具有价值创造能力时，它就具有盈利能力价值，它的价值或者估值等于盈利能力价值，且盈利能力价值大于资产价值。盈利能力价值超过资产价值的部分，就代表着这家公司的竞争壁垒或者护城河。

假如一家公司的资产价值（资产重置成本）是 30 亿元，但它的盈利能力价值是 100 亿元，这就意味着它有价值 70 亿元的竞争壁垒。竞争对手发现，我花 30 亿元去重置资产，就能获得 100 亿元的价值，何乐不为呢？如果不是存在着巨大的竞争壁垒，竞争对手会大量快速涌入进这笔划算的买卖，盈利能力价值和资产价值之间的差值就会被蚕食掉。

ROIC 大于 WACC 是一方面，另一方面是要判断这种价值创造是否是可持续的，也就是需要在商业分析层面定性地判断公司是否具有护城河，以及护城河未来会变得更深、更宽还是会变得形同虚设。具体可以参考本章第四节中关于护城河的分析框架来对公司进行具体分析。

此外，由于在盈利能力价值之外还有净利润增长价值，因而，这里所讲的公司的盈利能力价值是假定公司的盈利能力会原地踏步而不会有所增长。因此，用盈利能力价值估算企业的价值，主要适用于那些拥有竞争优势、能创造资本成本之上的超额价值，但由于业务成熟等原因，已经不具备净利润增长能力的公司，则通过分红将净利润完全返还给了投资者。

确定了公司具有竞争壁垒和盈利能力价值之后，下一步就是在此基础上计算公司的盈利能力价值是多少。具体而言，"公司的盈利能力价值 = 调整后的净利润/r"，其中 r 就是公司的资本成本，也就是 WACC。之所以是"调整后的净利润"，目的就在于还原公司真实的盈利能力，即把来自诸如非经常性损益、产业周期造成的盈利起落等因素的干扰剥离掉。

至于为什么"盈利能力价值 = 调整后的净利润/r"呢？本节在介绍相

对估值的不足时提到过，在不考虑财务杠杆前提下：

$$PE = (1 - g/ROIC)/(r - g)$$

其中，g 是公司的净利润增长率，r 是资本成本，ROIC 是投入资本回报率。因而，当公司的净利润增长率 g 为 0 时，PE 就等于 1/r，进而，公司价值等于（调整后的）净利润/r。

（2）净利润如何调整？

对净利润进行调整的目的是还原公司真实的净利润能力，因此，调整的核心在于"去伪存真"。

首先要去掉的是非经常性损益，即与公司正常业务经营无关的、偶发的一些获利或损失，如政府补贴、投资收益、资产减值等。

其次是要把周期因素去掉。大多数行业都有明显的周期性，一般是 3~5 年一个小周期、7~10 年一个大周期。因此，取过去 7~10 年的均值，能更好地还原公司的盈利能力。当然，还应当通过产业分析把行业的基本趋势考虑进去，思考公司未来的净利润会稳定在一个什么水平。

（3）WACC 怎么计算？

WACC（Weighted Average Cost of Capital）是加权平均资本成本，代表企业全部资本（包括股权资本和债务资本）的整体融资成本。

WACC 的计算公式如下：

$$WACC = (E/V) \times Re + (D/V) \times Rd \times (1 - Tc)$$

其中，Re 代表股本成本，即投资者的要求收益率；Rd 代表债务成本；E 代表公司股本的市场价值；D 代表公司债务的市场价值；Tc 代表税率；E/V 代表股本占融资总额的百分比，即资本化率；D/V 代表债务占融资总额的百分比。

那么，股本成本 Re 怎么算呢？普遍的方法是套用资本资产定价模型。资本资产定价模型（Capital Asset Pricing Model，CAPM）是股票等风险资产的预期收益率的一种预测模型，它的核心思想是风险资产的预期收益率与预期风险（收益率的波动性，即 β 值）之间存在简单的正相关关系。资本资产定价模型表述如下：

$$E(ri) = rf + \beta im(E(rm) - rf)$$

其中，rf 代表无风险利率；βim 即 β 系数①，代表股票 i 相对于整个股票市场的风险（收益率波动率）；E(rm)代表市场 m 的预期投资回报率；E(rm)－rf 是市场预期回报率与无风险利率之差，代表市场的风险溢价。

股票的期望收益率由两个部分组成：一是无风险利率，二是风险溢价。由于无风险利率 rf 可以用十年期国债到期收益率来表征，即目前为 2.5% 左右的水平，而股市相对于无风险利率的风险溢价 E(rm)－rf 大致为 5%，因此，计算上市公司的股本成本，只需要估计其 β 系数即可。

WACC 公式中的债务成本 Rd 则可以看作企业的借款利率，即利息支出除以其有息负债余额。利息支出可以从利润表的财务费用明细中找到，有息负债则包括短期借款、长期借款、应付债券、一年内到期的非流动性负债、一年内到期的融资租赁负债、长期融资租赁负债等。

E 和 D 则分别代表公司的股本和债务的市场价值，即公司的全部融资中有多少是股本融资、有多少是债务融资。股本价值 E 即公司的股票市值（每股股价乘以公司发行的股本数），D 则可以用债务的账面价值来近似代表市场价值，即公司账上有多少有息负债。

比如 A 股上市公司白云山（600332.SH），简单分析可以判断，白云山的商业模式、经营效益、竞争优势和风险等优于 A 股市场的整体水平（见后续案例分析），因此它的 β 系数应当是小于 1 的。但保守起见，我们还是假定它的 β 系数等于 1。那么，白云山的股本成本就等于 2.5% + 5% ＝7.5%。

白云山 2022 年的利息费用为 4.34 亿元，截至当年底有息负债余额为 120.38 亿元，算下来债权资本的利率为 3.6%。

截至 2022 年末，白云山（A 股）的股票市值为 463.99 亿元。2022 年的所得税税率为 15.67%。

---

① β 代表该股票的波动风险（即其收益率的波动性），风险越大的股票，它的资本成本（也就是要求回报率）就应该越高。当 β=1，则该股票的波动性等于市场平均水平；当 β>1，则该股票的波动性高于市场平均水平；当 0<β<1，则该股票的波动性低于市场平均水平；当 β<0，则该股票的波动方向与市场相反，即市场下跌时该股票上涨，市场上涨时该股票下跌。

有鉴于此，白云山的 WACC 为：

$7.5\% \times [463.99/(463.99 + 120.38)] + 3.6\% \times [120.38/(463.99 + 120.38)] \times (1 - 15.67\%) = 6.58\%$

按照德邦证券的统计，全部 A 股上市公司 2005～2020 年的 WACC 均值是 6.14%（股本资本占比 75.5%），因而如果不愿意对特定企业的 WACC 作细致计算的话，保守取 8%～10% 也大差不差。

利润增长的价值

从前面我们提到的 "$PE = (1 - g/ROIC)/(r - g)$" 的公式就可以看出来，盈利能力价值是利润增长价值的一种特例，即盈利能力价值是 $g = 0$ 情况下的利润增长价值。

当企业能在竞争护城河以及护城河保障的 ROIC > WACC 的前提下实现利润增长时，它便具有利润增长价值。此时：

$$利润增长价值 = 资本 IC \times (ROIC - g)/(r - g)$$

推导过程如下：

$$利润增长价值 = Earnings \times PE = Earnings \times (1 - g/ROIC)/(r - g)$$
$$= (Earnings/ROIC) \times (ROIC - g)/(r - g)$$
$$= IC \times (ROIC - g)/(r - g)$$

其中，Earnings 即为调整后的公司的净利润，可视为约等于 NOPLAT（息前税后经营利润，它等于营业利润加上利息费用，因而不包括各种非经常性损益）；g 和 r 分别为净利润增长率和公司的资本成本（WACC）；ROIC 为投入资本回报率，它等于 NOPLAT/IC。

实际上，公司的利润增长率（g）和分红比例（1 - g/ROIC）是一对此消彼长的变量，即远期增长与近期股东回报的权衡。当公司通过分红加大股东当期回报时，远期增长率就会下降；当公司的净利润全部分红，即分红比例为 100% 时，在 ROIC 不发生变化的情况下，公司净利润的未来增长率就为零，这就是用盈利能力价值估值的情形；当公司的分红比例为零时，净利润增长率就能达到 ROIC 的水平（不考虑财务杠杆，即假定 ROIC = ROE）。

　　由于"利润增长价值 = IC × (ROIC − g)/(r − g)"，因此"(ROIC − g)/(r − g)"就是这家公司的"成长因子"。很容易可以看出，只要 ROIC > r，即公司的资本回报率大于资本成本，那么成长因子(ROIC − g)/(r − g)就可以被表达为(r − g)/(r − g) + (ROIC − r)/(r − g)，即 1 + (ROIC − r)/(r − g)，其中 ROIC − r > 0，因而成长因子便与 g 正相关，即 g 增大，成长因子就会增大。

　　关于成长因子，格林沃尔德还提到一个观察：成长因子非常小，高成长因子对 ROIC 和 g 的要求非常苛刻。从表 4 − 1 可以看出来，要想使成长因子高于 3，就需要很高的资本回报率和净利润增长率，投入资本回报率要达到资本成本的 3 倍，净利润增长率则要达到资本成本的 75%。

表 4 − 1　　　　　　　　　　成长因子的不同情形

因子	A	B	C	D	E
ROIC/r	1.0	1.5	2.0	2.5	3.0
g/r 25%	1.0	1.11	1.17	1.20	1.22
g/r 50%	1.0	1.33	1.5	1.60	1.67
g/r 75%	1.0	2.00	2.5	2.80	3.00

资料来源：［美］布鲁斯·C. N. 格林沃尔德、贾德·卡恩、保罗·D. 索金、迈克尔·范·拜玛：《价值投资：从格雷厄姆到巴菲特的头号法则》，草沐译，中国人民大学出版社 2020 年版。

　　如果市场上一家零增长的公司的市盈率达到 16 倍，那么 48 倍 PE 需要 ROIC 达到 r 的 3 倍，g 则要达到 r 的 75%；如果 r 是 8%，则意味着 ROIC 要达到 24%，g 要达到 6%。长期有这样回报率水平和增长水平的公司是极少的，所以对高 PE 的公司一定要谨慎。也正因如此，投资中不要给利润增长价值支付过高对价，保守的投资者甚至不会为利润增长价值付钱（即假定增长价值为零），而只为资产价值或盈利能力价值付钱。

第三节　价值分层：估值案例

　　基于以上资产、盈利能力、利润增长的价值分层思路，本节以港股上市公司中国飞鹤（06186.HK）为例，来对其进行价值区分和估算。[①]

正如前面提到的，绝对估值法的缺陷在于难以操作，而相对估值法的缺陷除了所有因素杂糅在 PE 这个变量里导致的主观、模糊问题外，最主要的一个原因是相对估值法很难与我们的商业分析相融合。而从资产、盈利能力、增长的角度来对企业进行估值，这种思路的一个重要的好处在于，它可以与我们对上市公司及其所在行业的商业分析充分融合。

对中国飞鹤的商业研究，核心是要搞清楚几个问题：

一是飞鹤的商业模式如何、是否是一门好生意，以及它是否拥有价值创造能力；

二是飞鹤有没有竞争优势（护城河），以维持住自身的价值创造；

三是飞鹤所在的行业前景如何，竞争格局会如何演变，在此基础上，公司未来能否实现以及实现什么水平的增长。

一、商业模式

当我们说商业模式的时候，本质上是要把上市公司所经营的业务描述清楚，也就是它和它的各个利益相关方之间的交易结构是什么样的。

广义的商业模式，一般可以从六个方面去思考：①为谁创造价值；②怎样创造价值；③竞争力和优势的来源；④与竞争对手的差异；⑤怎样赚钱；⑥时间、空间的前景和目标等。

以上几个问题，可以分为三类：

第一类是对企业所在的整个业务系统的事实性的描述，即企业为谁提供了什么产品或服务，为此需要向谁采购什么原材料、如何生产、如何销售、在此基础上如何赚钱等；

第二类是关于企业的竞争优势，这家企业的竞争优势是什么、与竞争对手比的差异在哪儿；

[①] 如无特别说明，本节引用的中国飞鹤及其他相关上市公司的经营、财务数据和信息均来自各公司在交易所网站披露的招股说明书及历年年报等公开资料。

第三类是企业的未来体量和达成的时间，它的收入、利润、现金流规模将会是什么样，会在什么时候达成等。

狭义的商业模式，主要是指第一类问题。第二类问题和第三类问题，即飞鹤的竞争优势问题和增长相关问题，将在后面单独介绍。

接下来，我们来描述飞鹤的交易系统。飞鹤所从事的，是这样一项生意：它为中国0~3岁的婴幼儿提供赖以生存的口粮——奶粉，以作为母乳的补充。所以飞鹤的终端客户是婴幼儿和宝妈，而它为终端客户提供的价值，是满足客户对宝宝安全、健康、营养的口粮的需求。

飞鹤是中国第一大婴配粉供应商，光大证券研究所报告显示，截至2024年1月，飞鹤线下渠道市占率为22.8%，线上渠道为14.4%，全渠道市场占有率在20.2%左右。[①] 中企品研的一项调研显示，飞鹤是最先会被中国消费者提及的奶粉品牌，谈到婴幼儿奶粉，21.9%的受访者最先会提到飞鹤，排第二位的是达能旗下的爱他美，占7.7%。[②]

为了实现这么一项生意，飞鹤在原料端，自建和收购牧场，布局原奶供应（大部分婴配粉厂商选择直接从国外进口大包奶粉作为原料，成本比鲜奶便宜近30%）；同时飞鹤需要自建工厂和产品线进行奶粉的生产，飞鹤使用的生产工艺是湿混—喷雾干燥工艺，这种工艺相比干混工艺生产的奶粉更易溶于水（进口奶粉包生产通常使用的是干混工艺）；完成生产后，由第三方物流公司进行配送，销往飞鹤的经销商、零售商和电商平台，并经由这些渠道最终销售给终端消费者。

上面这个交易系统中，存在着几对关系。

第一对是飞鹤与终端客户，也就是与宝宝、宝妈们之间的关系。

奶粉是0~3岁婴幼儿最重要的口粮，甚至超过母乳，所以首先婴幼儿配方奶粉的必需度很高。按飞鹤招股书里的数据，2018年中国6个月以下婴儿的纯母乳喂养率低于30%[③]，6个月以上的婴幼儿就更低了。消费品

---

① 光大证券研究所：《中国飞鹤2023年年度业绩点评》，Wind金融终端，2024年3月31日。

② 华泰证券：《市场整合的主要受益者》，Wind金融终端，2022年9月16日。

③ 中国发展研究基金会：《中国母乳喂养影响因素调查报告（会议版）》，2021年2月25日。

的必需度会影响下游需求的稳定性，如果是非必需的消费品，需求端的周期性就会比较明显，高必需度是飞鹤商业模式里的优势。

其次，奶粉是婴幼儿的口粮，所以宝妈们非常重视奶粉是否安全、营养、适合。而消费者甄别产品好坏主要靠品牌知名度和声誉，所以对于奶粉生产商来说，品牌很重要，且比一般消费品更重要。另外，为了给宝宝提供安全、营养的口粮，宝妈们对奶粉的价格相对不敏感，从而奶粉这个行业的高端化趋势比较顺畅，提价也相对容易，在这个行业里，精品高端产品有良好的生存空间。

最后，奶粉的消费频率很高。婴幼儿每 2~3 个小时就需要喝一次奶粉，每天不断。但奶粉不是那种"一次获客终身消费"的产品，一般来说，幼儿喝配方奶粉喝到三周岁左右就停止了。所以奶粉虽然消费频次很高，但持续性不强，奶粉厂商持续面临着获新客的压力，而新生儿数量的下滑趋势，又加剧了厂商的获客压力。

此外，婴幼儿奶粉有一定的客户黏性，原因在于婴幼儿免疫力低下，变换奶粉可能会刺激婴幼儿的肠胃，所以对厂商来说，争抢新生儿的第一口奶很重要。但是，奶粉的这种客户黏性不够强，消费者切换品牌并不存在实质的障碍，底层的原因在于各种奶粉本身差别不大，所以厂商需要持续、大量地投入营销费用，去维护消费者的客户黏性。

所以，婴幼儿奶粉这种消费品，好的方面是它的必需度很高、消费频率很高，且它有很强的品牌属性，提价相对容易，行业里精品高端产品有良好的生存空间；但坏的方面是，单个消费者的消费生命周期很短（3年），厂商持续面临获取新客的压力。此外，奶粉有一定的客户黏性，但这种黏性比较脆弱，需要持续的营销投入去维护消费者的品牌忠诚度。

第二对关系是飞鹤与渠道商的关系，包括经销商、零售商和电商平台。

中国飞鹤 2023 年年报披露，线下渠道占了飞鹤 2023 年全年销售额的 79.6%。到 2023 年末，飞鹤有 2800 多家分销商、8.3 万个零售销售点。飞鹤采用的是单层分销模式，也就是这 2800 个经销商都是一级经销商，而这些一级经销商会直接把飞鹤的奶粉卖到销售终端（比如母婴店、超市），而不是二级、三级经销商。飞鹤分销商比较多的省份有河南、河北、山东、黑龙江、湖南、安徽、江苏、山西、广西、广东、吉林等，而上海、海南、内蒙古、宁夏、青海几个省份则少有布局。

过去十余年，母婴店（如爱婴岛、孩子王）成长为中国奶粉行业最重要的销售渠道，根据弗若斯特沙利文咨询公司（Frost & Sullivan，全球著名咨询机构，1961 年成立于纽约）的估算，2023 年母婴店约占婴幼儿奶粉各渠道销售额的 60%。原因在于，相比商超等传统渠道，母婴店为宝妈提供了更多的情绪价值。母婴店提供的是一站式的销售场景，还有专职人员向宝妈提供产品介绍和育儿交流。尤其是在信息渠道较少的低线城市，这种消费体验是非常可贵的。

线下渠道和地推活动结合在一起，有很好的获客效果，比如在母婴店举办"迷你秀"、在商超举办"嘉年华"、在医院和酒店举办"妈妈的爱"宣传讲座。

厂商与渠道商的利益，既有一致的一面，又有矛盾的一面。一方面，厂商和渠道商需要合力销售产品，只有产品产生了足够多的利润，才有更多的利润反馈给厂商和渠道商，厂商负责打造品牌的知名度和美誉度，渠道商负责把触角延伸出去；另一方面，厂商和渠道商之间的力量博弈，又影响着利润在两者之间的分配比例（由于中国只有 80 多家婴配粉生产企业，而奶粉批零企业有数十万家，所以在博弈中，往往是厂商占优、渠道商吃亏），厂商的出场价高一点，渠道商的利润空间就少一点，厂商压货多一点，渠道商销售的压力就重一点，窜货的动力就强一点。

比如，奶粉厂商会要求渠道商只能在特定区域进行销售，但渠道商很多时候会违反合同约定，把产品销售到其他地区，这就叫"窜货"。窜货往往以低价甩卖的方式进行，这样厂商产品的价格体系就会被打乱，品牌声誉就会受损，而窜货的根本原因在于，有些厂商给渠道商过度压货，渠道商压力过大，最终产品日期陈旧，不得已在自己的经销区域外抛货。

厂商的销售业绩是渠道商捧出来的，在品牌成长初期，厂商多给渠道商让利，渠道商能合力推动品牌的成功；当品牌站稳脚跟，厂商愿意给渠道商让的利会变小，乃至侵占渠道商的利益，这时候如果厂商的管理跟不上，渠道商会反噬厂商。这是"水"与"舟"的关系。

奶粉是大部分母婴店最核心的销售品类，占大多数母婴店销售额的一半以上。例如，根据爱婴室和孩子王年报公开的数据，2023年爱婴室奶粉收入占营收的57%，孩子王占53%（2022年报数据）。这几年，整个母婴店行业处在比较艰难的生存状态下，大量母婴店出清。一是母婴店原本很大一块赚的是信息差，这块利益在移动互联网时代会越来越小；二是电商分走了部分"蛋糕"，尤其是年轻妈妈进店的意愿小很多；三是新生儿数量下降带来行业基本盘的收缩；四是品牌端的集中度提高，飞鹤、君乐宝、爱他美这些通货，给到门店的毛利越来越薄（通货好卖，不需要母婴店付出销售上的努力），而能给高毛利的小品牌，销售难度却越来越大。反过来，中小母婴店出清的趋势，也会加强整个行业中小品牌的出清和集中度的提升。

就线上渠道来说，飞鹤2016年开始与天猫、京东以及苏宁等电商平台合作。2021年和2022年飞鹤线上销售额分别增长了29%和19%，线上销售额占整体销售额从2019年的8.7%增长到2023年的20.4%，未来线上渠道的占比会进一步提高。弗若斯特沙利文咨询公司估算2023年中国婴配粉行业的销售渠道结构，母婴店占60%，线上占26%。

飞鹤线上市占率从2019年的5%上升到了2023年的14.4%[1]，这个市占率相比飞鹤整体销售额20%左右的市占率来说，还有提升空间。线上销售不像线下可以做地推，它几乎完全依赖于品牌和价格，因此飞鹤线上销售额的进展，是我们观察其品牌含金量的很好的窗口。我们可以去观察，飞鹤的销售有多少是品牌声誉本身带来的、有多少是线下投入费用地推出来的。

第三对关系是飞鹤与核心原材料供应商，也就是和奶源之间的关系。

奶粉厂商对待奶源的态度无非两种：一是自主可控，二是外采。不同

---

[1] 华泰证券：《市场整合的主要受益者》，Wind金融终端，2022年9月16日。

的策略，会影响到厂商奶粉的生产工艺、品质和品牌。飞鹤在招股书里说："于中国出售的大部分婴幼儿配方奶粉使用进口奶粉作为主要成分制造……许多中国婴幼儿配方奶粉制造商亦添加脱脂奶粉作为补充品以调整婴幼儿配方奶粉的蛋白质含量。……我们供应商的牧场临近我们的许多生产设施，因此我们最快能够处理于挤奶后两个小时内送达予我们的鲜奶，以确保我们的产品可保留牛奶的新鲜味道，并将产品污染的风险降低至最低。"

优质的奶源是生产高品质婴幼儿奶粉的基础。飞鹤是中国奶粉行业中为数不多的以鲜奶作为主要生产原料的奶粉企业。早在 2006 年，当大部分同业企业的主要精力都在销售端时，飞鹤就开始兴建自有大型牧场，并将饲料、饲草的种植和加工放到整个产业集群中。此外，2020 年 12 月，飞鹤以 18.37 亿元现金（每股 0.63 港元）收购了原生态牧业 71.26% 的股权（中国飞鹤 2020 年年报信息），加强对上游奶源的控制。按照原生态牧业 2023 年半年报，其在黑龙江和吉林分别有 10 个和 1 个牧场，占地面积合计 969 万平方米，存栏奶牛 10.1 万头。

在中国婴幼儿奶粉行业过去 20 多年的发展历程中，飞鹤是为数不多没有出现过重大质量问题的国产奶粉品牌之一，这对于飞鹤打造高端产品的定位，有着至关重要的作用。但在对牧场的投资并购上，伊利和蒙牛的布局更广阔，两家几乎瓜分了中国大部分的大型原奶生产企业和大规模牧场，从而抓住了中国乳制品行业的"命脉"。

第四对关系是飞鹤与竞争对手之间的关系。这个先略过，后面会再详细分析。

第五对关系是飞鹤与监管者之间的关系。这对关系的核心是，中国奶粉配方注册制对飞鹤以及整个行业带来的影响。

2008 年"三聚氰胺事件"之后，监管层出台了一系列奶粉市场整改措施，下大力气扭转奶粉市场乱象。在这个背景下，国家食品药品监督管理总局于 2016 年 3 月 15 日审议通过了《婴幼儿配方乳粉产品配方注册管理办法》（以下简称奶粉注册制），并于 2016 年 10 月 1 日起正式施行。即此前厂商只需要在相关部门对产品配方进行备案就能生产婴配粉，注册制后则需要进行配方注册且获得相关部门认证通过。

按照奶粉注册制的要求，每个企业原则上不得注册超过 3 个配方系列 9 种产品配方，每个配方系列包括 1 段、2 段和 3 段乳粉，且 5 年有效期届满后需要重新申请注册。同一个企业申请注册两个以上同年龄段产品配方时，产品配方之间应当有明显差异，并经科学证实。同一企业批准注册的同一产品配方只能对应一种产品，不得生产不同品牌的幼儿配方乳粉。营养成分表应当按照婴幼儿配方乳粉食品安全国家标准规定的营养素顺序列出，并按照能量、蛋白质、脂肪、碳水化合物、维生素、矿物质、可选择性成分等类别分类列出。注明生乳、原料乳粉等原料来源的，应当如实标明具体来源地或者来源国，不得使用"进口奶源""源自国外牧场""生态牧场""进口原料"等模糊信息。

奶粉注册制是中国婴幼儿奶粉行业的一个转折点，准入门槛的提升、更加严苛的生产规范、渠道的重塑，使得大量中小品牌出清，整个行业的竞争环境走向良性，贴牌、代加工和假洋牌大量清出市场，这才有了后来像飞鹤这样的奶粉品牌的崛起。

2022 年以来奶粉行业去库存，再加上 2023 年 2 月奶粉新国标实施（2021 年 2 月颁布，过渡期 2 年），行业迎来小品牌的大量出清。注册一个新的系列费用为 250 万 ~400 万元，当前奶粉行业利润走低的环境下，小品牌利润难以覆盖注册费，只能放弃注册。2020 年底，有共 440 个系列 1311 个配方通过首轮注册；到了 2023 年 6 月 30 日，市场监督管理总局共批准 107 家工厂的 259 个系列、749 个婴配产品通过注册，包括境内 88 家工厂的 642 个配方和海外 19 家工厂的 107 个配方。除上述按新国标通过配方注册的产品外，仍有 709 个未注销且证书在有效期内的老国标配方尚未完成新国标换版注册①，今后将无法继续生产。

---

① 奶粉行业的老国标和新国标，分别是指国家卫健委于 2010 年和 2021 年 2 月颁布的食品安全国家标准，老国标包括：《GB 10765—2010 食品安全国家标准 婴儿配方食品》和《GB 10767—2010 食品安全国家标准 较大婴儿和幼儿配方食品》；新国标则包括：《GB 10765—2021 食品安全国家标准 婴儿配方食品》《GB 10766—2021 食品安全国家标准 较大婴儿配方食品》《GB 10767—2010 食品安全国家标准 幼儿配方食品》。

二、竞争优势

竞争优势解决的是"凭什么这个钱只有你能赚"的问题。所以，竞争优势指的不仅仅是企业的"优点"，而是企业的"特权"或者"特许经营权"，它可以持续为企业抵御对手的竞争（无论是现存的对手还是潜在的对手）。在这个意义上，只有少数某些"优点"才可以称为企业的竞争优势。

当然，竞争优势不是万能的，竞争优势也会失效、也会老化，但在一定时间内，它是企业财富的护城河。

婴配粉是个有竞争优势的行业

只有少数行业是有竞争优势这个概念的，大多数行业高度分散，行业内的企业充分竞争，进出没有门槛，这类行业往往只能拼成本和运营效率，从而是没有竞争优势一说的，俗称"赚辛苦钱"。典型的如物流行业，一辆物流货车基本就等价于一家物流公司，行业没有准入门槛，竞争者多，产品没有差异，最终只能拼成本，所以超载成了物流行业的常态。

没有竞争优势的行业，体现出这样一些特征：行业高度分散，集中度很低，即便头部企业也占不到多少市场份额；玩家进出自如，没有什么准入的门槛和代价，同时淘汰退出的玩家也很多；行业纯粹拼运营效率，核心就看谁能把价格做到最低，其他诸如品质、品牌等都不是很重要。

反观婴幼儿奶粉行业，从集中度来说，2021年中国婴配粉市场前三大厂商市场份额42%，分别是飞鹤、雀巢、达能；前五大份额55%，除上面三家外，还包括君乐宝和利时洁。这里面，飞鹤是中国第一大婴配粉厂商，市场份额在20%~21%。[①] 从绝对数量来看，全国仅有80多家婴配粉生产企业，相比动辄几十万个玩家的很多行业来说，婴配粉行业是相对集

---

① 华泰证券：《市场整合的主要受益者》，Wind金融终端，2022年9月16日。

中的。除了行业本身的属性外,这在一定程度上也有政策加持的原因,2008 年"三聚氰胺事件"后,国家大力整顿婴配粉行业,并在 2016 年开始实施配方注册制,大量贴牌、代加工、假洋牌被清出市场。

从进出门槛来说,婴配粉行业门槛是比较高的。一方面,由于奶粉是婴幼儿的口粮,宝妈非常重视奶粉的安全、营养,所以品牌对于奶粉很重要,而品牌的打造和维护需要大量的投入,比如飞鹤在招股书里披露,2018 年仅广告开支就达 11.67 亿元,占销售开支的 31.9%。另一方面,产品线投资、牧场投入、母婴渠道开支,以及要入局婴配粉行业并取得好的竞争身位,这些大体量的支出都是不可避免的。加上宏观上新生儿数量下降导致行业逐渐步入存量竞争状态,这个行业对于创业者、新资本、新产能而言,壁垒是清晰可见的。2020 年 5 月 15 日,在新浪财经的一档人物访谈节目《至少一个小时》里,飞鹤董事长冷友斌也说过,"现在别说一个新人要来做,连小品牌都很难,目前已到市场洗牌阶段,整合阶段"。

此外,婴配粉行业也不像很多没有竞争优势的行业那样,仅仅是拼运营效率和低价。相反,在婴配粉行业,高价和高质产品更畅销。为了给宝宝提供安全、营养的口粮,宝妈们对奶粉的价格不敏感,婴配粉持续朝着高价和超高端的方向在发展,行业高端奶粉份额从 2018 年的 37.9% 增长至 2023 年的 58.3%。[①] 所以,品牌、研发、核心原材料自主把控等,这些对婴配粉企业来说都很重要。

综合以上这几个方面,已经可以比较清楚地看到,飞鹤所在的婴幼儿配方奶粉行业,企业是有竞争优势可言的。那么,在这个基础上,飞鹤的竞争优势都有哪些,以及这些优势的持续性和确定性如何?

管理层眼光和能力

飞鹤的第一个亮点,是管理团队的眼光和能力。在行业的各个关键节点上,飞鹤的每一步战略选择基本都踩在准确的节奏上,这很大程度上是

---

① 申港证券:《行业龙头在预期差中迎接困境反转》,Wind 金融终端,2022 年 11 月 25 日。

管理层的眼光能力和对行业发展规律的顺应带来的。

一是从赵光农场 1962 年设立飞鹤前身红光乳品开始，一直到今天，60 年来飞鹤自始至终一直在做奶粉，没有搞过多元化经营，并且在此过程中，飞鹤从来没有出过重大事故，即便行业发生"三聚氰胺风波"时也没被卷入，可见管理层是保守且有"能力圈"意识的。

二是十几年前当友商普遍把精力放在贴牌、代工做大销售额上的时候，飞鹤就开始布局牧场和奶源。飞鹤是目前中国奶粉行业中为数不多的以鲜奶作为主要生产原料的奶粉企业，这也是飞鹤奶粉主打高端化的重要根据，这有赖于十几年前管理层的眼光和耐得住寂寞。

三是飞鹤很早就看清了行业走高端化的趋势，在 2010 年就推出了超高端明星产品"星飞帆"，更是在 2016 年放弃了低端奶粉市场，集中火力发展高端和超高端产品。2008 年"三聚氰胺事件"后，中国消费者对国产奶粉品牌产生了严重的信任危机，外资奶粉趁机锁定中国消费者心智（中国奶粉品牌份额从"三聚氰胺事件"之前的 65% 下降到 2015 年的不到 30%，一些城市跌到 15%[①]）。在那个时候，国产品牌普遍定位于中低档产品，通过打价格战在国产奶粉之间"内卷"，而飞鹤从 2010 年开始就决定了走高端化路线，可以说，管理团队看清了行业的发展规律和趋势。到目前为止，飞鹤站稳了在中国消费者心中的高端化形象。

四是飞鹤的崛起走的是"农村包围城市"的路线。由于"三聚氰胺事件"后，外资品牌垄断了中国的高端市场，于是飞鹤从低线城市开始突破。并且，飞鹤把握住了母婴店渠道在中国婴幼儿奶粉行业销售渠道中异军突起的趋势，通过母婴店和地推的结合，实现了快速崛起。

五是在产品营销策略上，飞鹤通过咨询机构打造的"适合中国宝宝体质"的产品定位是非常成功的。这个产品定位一方面很大程度上打动了中国宝妈；另一方面打了一张外资奶粉没法打的牌，因为只有国产品牌有资

---

① 农业部原副部长高鸿宾 2017 年 11 月 15 日在中国奶业协会主办、君乐宝乳液集团承办的首届婴幼儿配方奶粉创新发展论坛上披露的数据。

格说"适合中国宝宝体质"。

六是 2022 年以来飞鹤推出的"新鲜战略"。所谓新鲜战略，实质上是奶粉厂商给渠道去库存，起因是过往品牌厂商给渠道压了过多货，导致了渠道终端窜货、品牌声誉受损等。但客观上来说，新鲜战略也是打了一张外资奶粉没法打的牌，因为外资奶粉运到国内需要漫长的时间，很难做到新鲜。

那么，老板的个人眼光和才能，以及由此衍生出来的企业的战略选择，能否构成企业的竞争优势？以及它的持续性、确定性如何呢？

我认为，管理层出色的战略眼光和执行力，是飞鹤过去十年从二线品牌崛起为一线品牌主要因素之一。但战略决策往往有很多偶然性因素在内，企业家个人的才能也是主观而不稳定的，它很难成为一个企业的坚实的竞争优势，我们没法从过往的情况预测它的长期持续性。从这个意义上来说，飞鹤未来十年还能否作出重大的战略选择，这个问题是不确定的。

品牌心智

飞鹤的第二个亮点，在于它的品牌，飞鹤目前已经成功占据了中国消费者的心智。这个点很大程度上是前面所说的管理团队的眼光才能和出色的战略选择的结果。

飞鹤高端、高品质、高价格以及"更适合中国宝宝体质"的品牌形象，极大满足了中国宝妈特别是低线城市宝妈消费升级的需求，成为家喻户晓的品牌。目前在大部分低线区域市场，飞鹤都是排名第一的奶粉品牌。飞鹤目前已经是中国第一大婴配粉供应商，2023 年全渠道市场份额占 20.2%。飞鹤也是首先会被中国消费者提及的奶粉品牌，中企品研的一项调研里，谈到婴幼儿奶粉，21.9% 的受访者首先会提到飞鹤，排第二位的是达能旗下的爱他美，占 7.7%。

在低线城市完成积累后，飞鹤在高线城市的知名度也在抬升。2021 年 4 月 18 日，弗若斯特沙利文咨询公司认证，2020 年飞鹤是北京销售额最大的婴配粉品牌。

品牌知名度和声誉是否构成飞鹤的竞争优势？以及品牌优势的持续性、确定性如何呢？奶粉消费者有一定的品牌黏性，但这种黏性不够强，消费者切换品牌并不存在实质障碍。底层的原因在于，各种奶粉本身就产品而言差别不大。

美柚在 2020 年做了一个面向 5500 多名中国宝妈的调研（一胎宝妈、"90 后"宝妈和三线及以下城市宝妈居多）——《下沉市场奶粉消费及潜在消费行为洞察白皮书》。调研显示，三段奶粉品牌更换比较普遍，且宝妈们对一段、二段奶粉品牌也未形成绝对的忠诚度。一胎宝妈超过半数购买过 2 个以上奶粉品牌，二胎/多胎宝妈没有选择一胎时相同品牌奶粉（包括不同系列）的占比超过 60%。

由于奶粉产品本身差别不大，品牌的消费者心智差异主要来源于奶粉厂商的营销投入，这里面既包括品牌的广告投入，也包括对商超、母婴店的推广开支，以及线下活动比如研讨会、嘉年华等的开支。飞鹤得以打造和维护一线奶粉品牌的消费者心智，很大程度上也是源于它大量的营销支出。飞鹤历年年报显示，其 2021 年、2022 年和 2023 年的销售费用分别为 67.29 亿元、65.45 亿元和 67.09 亿元，占销售收入的 29.5%、30.71% 和 34.35%，占比逐年攀升。

就品牌和消费者心智而言，它本身构成了飞鹤重要的优点。原因在于，消费者非常看重奶粉品牌声誉，从而品牌壁垒极大限制了创业者和中小品牌对飞鹤这类头部品牌的侵袭。按观研天下的调研，消费者选购婴配粉，首要关注因素就是品牌（占 29%），其次是食品安全、营养成分等因素。同时，品牌的打造有赖于持续的大规模的营销支出的投入，包括广告、推广等。

但从持续性和确定性的角度来说，品牌优势的稳定性并不强，特别是婴配粉行业。婴幼儿奶粉不是那种"一次获客终身消费"的产品，幼儿喝奶粉到三周岁左右一般就停止了，所以奶粉厂商持续面临着获得新客的压力。从而一次营销支出的有效期往往只有几年，厂商要为品牌的知名度和声誉持续投入成本（知名度的有效性会持续更久，但美誉度的有效期较短）。在这个语境下，奶粉品牌和消费者心智的持续性主要取决于营销投入，营销投入则主要取决于厂商的业务规模和实力，而厂商的业务规模和实力又取决于一系列其他内外部的因素，具有很大的不确定性。所以品牌本身强大无法推导出品牌会变得越来越强。实际上，过去十多年，婴配粉行业的品牌态势是城头变幻大王旗，你方唱罢我登场。圣元、施恩、雅培、多美滋、惠氏、美赞臣、合生元、雀巢、贝因美……都曾风靡一时。品牌的有效性在这个行业里是很脆弱的。

渠道网络

飞鹤的第三个亮点是渠道网络，特别是飞鹤构建的母婴店渠道体系，和地推活动结合在一起，获客效果非常好。

发达的线下网络，为飞鹤的地推活动提供了广阔的平台与支持。飞鹤历年年报数据显示，2018 年，飞鹤举办了 30 万场地推活动，2023 年增加至 95 万场。相比传统商超，母婴店为宝妈提供了丰富的情绪价值。母婴店提供的是一站式的销售场景，还有专职人员向宝妈提供产品介绍和育儿交流。尤其是在信息渠道较少的低线城市，这种消费体验非常可贵。

飞鹤之所以能建立起行业内最强的母婴店渠道网络：一是源于优秀的战略眼光，飞鹤很早就确定了"农村包围城市"的路线，在低线城市主打的就是母婴店系统的地推模式；二是飞鹤在品牌端建立起来的知名度和美誉度，反哺了它的母婴店网络，消费者认可飞鹤的品牌，那么母婴店也就更乐意力推飞鹤；三是飞鹤的管理能力比友商扎实，既包括对品牌声誉的管理（体现在对窜货和价盘等的把控上），也包括对母婴店的管理。简言之，飞鹤早早地重视起母婴店渠道，同时又有能力做好品牌、管好渠道，让母婴店普遍有钱赚，那么母婴店就愿意把飞鹤捧起来。

回到竞争优势的语境，母婴店渠道网络结合强大的地推能力，是否构成了飞鹤的竞争优势？过往十年，这个问题的答案是肯定的。但向未来再看十年，这个命题成立的前提在于，一方面，飞鹤能继续做强品牌的知名度和美誉度，使得母婴店不得不继续依赖飞鹤的产品；另一方面，飞鹤要做好价盘管理、库存管理、窜货管理、费用管控等方面的工作，若这些管理工作没做好，导致飞鹤的母婴店渠道揭竿而起投向飞鹤的竞争对手，那么飞鹤的这方面优势也就不存在了。

无论如何，母婴店渠道网络的竞争优势，对于飞鹤抵御市场新进入者来说是非常有效的，因为当前行业有限的增量空间，已经不允许新进入者投入大量费用去构建起庞大的母婴店渠道网络了。但行业中的存量竞争对手，仍然有抢夺飞鹤母婴店渠道份额的能力，特别是伊利这类本身乳业渠道能力就非常雄厚的大型集团企业。

应当说，随着新生儿数量下降，存量市场下伊利等大厂提升竞争强度，母婴店是否仍像过去几年那样愿意力捧飞鹤，这个问题是值得继续观察思考的。

优质奶源

飞鹤的第四个亮点是对优质奶源的控制。优质的奶源是生产高品质婴幼儿奶粉的基础。飞鹤是中国奶粉行业中为数不多的以鲜奶作为主要生产原料的奶粉企业。早在 2006 年，当大部分友商的主要精力都在销售端时，飞鹤就开始兴建自有大型牧场，并将饲料、饲草的种植和加工放到整个产业集群中。

为了进一步加强对上游奶源的控制，飞鹤于 2020 年 12 月以 18.37 亿元现金收购了原生态牧业 71.26% 的股权。原生态牧业 2022 年 79% 的收入来自飞鹤（原生态牧业 2022 年年报数据），飞鹤 2019 年 84% 的原奶采购自原生态牧业（中国飞鹤招股说明书数据）。

可以说，对奶源的自主把控，构成了飞鹤的竞争优势。但这项优势的影响力有限，并不构成婴配粉这门生意的关键竞争点。

在美柚的《下沉市场奶粉消费及潜在消费行为洞察白皮书》中，消费者在筛选奶粉时，考虑的因素排序是：容易消化吸收 > 接近母乳 > 配方全面 > 配方符合中国宝宝体质 > 品牌知名 > 价格合理 > 不过敏 > 身边亲朋喝的都是这款奶粉＞奶源地＞企业信誉＞国外品牌＞价格中高。其中，奶源地属于消费者相对忽视的几个因素之一。一般在实际购买过程中，宝妈大多只考虑接近母乳和容易消化吸收两个因素。

所以，飞鹤对牧场和奶源的把控，从提升产品品质和防范安全事故来说，具有重大的意义，但对消费者来说，所能产生的影响实际上非常有限，奶粉企业是否自建牧场，并不是消费者重点关注的问题。

综合以上对飞鹤各项优点和竞争优势的分析，本书认为：飞鹤成为国内婴配粉一线品牌，有它坚实的内在逻辑支撑，比如管理者卓越的眼光才能、飞鹤打造起来的品牌声誉、强大的母婴渠道网络和对核心原材料奶源的布局把控等。

但以上这些亮点，从竞争优势的角度来说，展望未来十年，都难言十分牢固。管理者的眼光才能隶属于人的主观品质的范畴，不确定性较大；品牌声誉要持续仰仗营销支出的投入，在这方面，奶粉企业无法躺赢；母婴渠道网络一方面需要持续的营销费用投入，另一方面有赖于厂商精细化的管理能力，它的确定性同样不强；牧场奶源的把控足以构成一个竞争壁垒且它的确定性较强，但其对整个婴幼儿奶粉生意系统的影响力有限。

因此，飞鹤所在的婴配粉行业，是一个有竞争优势的行业。但这个行业的竞争优势和竞争壁垒的确定性不够强。展望未来十年，行业和企业可能都面临较多变数。

三、关于成长性

婴配粉行业的未来空间

对于婴幼儿奶粉行业一个最显而易见的担忧，就是随着新生儿数量的下降，行业是否还有增长空间甚至会有多大幅度下滑的问题。

婴配粉的市场规模取决于三个变量：一是婴幼儿数量；二是婴幼儿人均奶粉消费量；三是婴配粉的价格。

（1）婴幼儿数量（0~3 岁）

0~3 岁婴幼儿数量由当年和过去两年的新生儿数量决定，而每年的新生儿数量又由当年育龄妇女人数和总和生育率线性决定。

20~35 岁的女性是生育的主力军。2020 年，中国生育主力军在 1985~2000 年出生，这十五年间的出生人口是 34764 万（根据国家统计局公布的历年出生人口数据计算，下同），这里面约有一半是女性；2025 年，生育主力军为 1990~2005 年出生，其间出生人口 30995 万。5 年时间，生育主力军人数下降了 10.84%，年复合增速为 -2.27%。

国家统计局公布 2020 年出生人口 1200 万、2021 年 1062 万、2022 年 956 万、2023 年 902 万，三年时间下降 24.8%。

就生育主力军人数而言，2020 年和 2023 年分别为 34536 万人和 31930 万人，下降 7.5%。所以剩余的近 19% 的下降，由总和生育率的下降贡献（包括结婚率下降、生育意愿下降等）。根据国家统计局抽样推算，2019~2023 年中国总和生育率分别为 1.47、1.30、1.15、1.09 和 1.07，2023 年较 2020 年下降近 18%。

2024~2028 年，中国生育主力军人数将分别为 31115 万人（-2.55%）、30291 万人（-2.65%）、29696 万人（-1.96%）、29077 万人（-2.08%）和 28548 万人（-1.82%）。

假定 2024 年，中国的总和生育率因为龙年生肖等原因而较 2023 年显著提升，达到 1.22，介于 2020 年的 1.30 和 2021 年的 1.08 之间，2025 年则降至 1.10，并在 2026~2028 年三年每年下降 10%，即 2024~2028 年的总和生育率分别为 1.22、1.10、0.99、0.89、0.80。

这是一种极度悲观的预估。实际上，未来几年，生育率水平每年持续线性大幅下跌的概率并不大。随着中国走出这一轮经济紧缩，以及可预见的官方对生育率问题的干预，未来三年，中国的总和生育率很可能会触底回升。作为比较，2022 年全世界总和生育率最低的韩国为 0.78，日本则为 1.26。中性和悲观预期下，我们假设 2026~2028 年中国的总和生育率分别每年下降 5% 和 7%，分别于 2028 年降至 0.88 和 0.80

（见表 4 - 2 ~ 表 4 - 4）。

表 4 - 2　　　　　　2024 ~ 2028 年出生人口预估（中性假设）

年份	育龄主力军（万人）	增速（%）	总和生育率	同比增速（%）	新生儿数量（万人）
2024	31115	- 2.55	1.22	14	1002
2025	30291	- 2.65	1.10	- 10	880
2026	29696	- 1.96	1.05	- 5	819
2027	29077	- 2.08	0.99	- 5	762
2028	28548	- 1.82	0.94	- 5	711

资料来源：国家统计局网站，"中性假设"即假设 2026 ~ 2028 年中国的总和生育率每年下降 5%。

表 4 - 3　　　　　　2024 ~ 2028 年出生人口预估（悲观假设）

年份	育龄主力军（万人）	增速（%）	总和生育率	增速（%）	新生儿数量（万人）
2024	31115	- 2.55	1.22	14	1002
2025	30291	- 2.65	1.10	- 10	880
2026	29696	- 1.96	1.02	- 7	802
2027	29077	- 2.08	0.95	- 7	730
2028	28548	- 1.82	0.88	- 7	667

资料来源：国家统计局网站，"悲观假设"即假设 2026 ~ 2028 年中国的总和生育率每年下降 7%。

表 4 - 4　　　　　　2024 ~ 2028 年出生人口预估（极度悲观假设）

年份	育龄主力军（万人）	增速（%）	总和生育率	增速（%）	新生儿数量（万人）
2024	31115	- 2.55	1.22	14	1002
2025	30291	- 2.65	1.10	- 10	880
2026	29696	- 1.96	0.99	- 10	776
2027	29077	- 2.08	0.89	- 10	684
2028	28548	- 1.82	0.80	- 10	604

资料来源：国家统计局网站，"极度悲观假设"即假设 2026 ~ 2028 年中国的总和生育率每年下降 10%。

　　根据国家统计局披露的中国历年出生人口数据，2023 年中国 0～3 岁婴幼儿数量为 2920 万（不考虑新生儿死亡率）。在前述中性假设下（即假设 2026～2028 年中国的总和生育率每年下降 5%），2024～2028 年 0～3 岁婴幼儿数量将分别为 2860 万、2784 万、2701 万、2461 万和 2292 万；在悲观假设下（即假设 2026～2028 年中国的总和生育率每年下降 7%），2024～2028 年 0～3 岁婴幼儿数量将分别为 2860 万、2784 万、2684 万、2412 万和 2199 万；在极度悲观假设下（即假设 2026～2028 年中国的总和生育率每年下降 10%），2024～2028 年 0～3 岁婴幼儿数量将分别为 2860 万、2784 万、2658 万、2340 万和 2064 万。

　　基于上述测算，中性、悲观、极度悲观三种假设下，2028 年中国 0～3 岁婴幼儿数量分别将为 2292 万、2199 万和 2064 万。

　　（2）婴幼儿人均消费量

　　当下我国母乳喂养率处于较低水平，6 个月内婴儿纯母乳喂养率仅为 29%，远低于世界平均水平（42%）和中低收入国家平均水平（36%）。[①]

　　这里面有宏观社会经济环境的因素，比如中国女性就业率高且产假时间短、国内公共场所对母乳喂养不友好等；也有文化层面的因素，比如中国年轻女性开始越来越重视自身的形体美观和人格独立等。社会经济环境中短期内难以改变，文化环境则会向着女性更独立主义的方向发展，就未来三年而言，中国的母乳喂养率不会发生重大逆转。

　　2016～2021 年，中国 0～3 岁婴幼儿婴配粉人均年消费量分别为 11.5 千克、12.0 千克、13.0 千克、14.0 千克、15.4 千克和 16.9 千克，年复合增长率为 8.0%。[②] 假定未来人均消费量按照这个增速继续增长，则到 2028 年，中国婴幼儿婴配粉年消费量将达到 27.5 千克，相比 2023 年增长 30%。当然，婴幼儿人均的奶粉消费量不会一直往上增。按照华泰证券的测算，0～3 岁婴幼儿人均年消费量最大值为 24～34 千克，2028 年 27.5 千

---

① 中国发展研究基金会：《中国母乳喂养影响因素调查报告（会议版）》，2021 年 2 月 25 日。

② 华泰证券：《婴配粉行业：市场整合者将脱颖而出》，Wind 金融终端，2022 年 9 月 16 日。

克的预期值落在这个区间的中间位置。保守起见，我们可以假定 2028 年 0~3 岁婴幼儿人均婴配粉年消费量达到 25 千克左右，即 2021 年以来年复合增速 5.8%。

（3）单价

根据 Euromonitor 数据，2016~2021 年我国婴配粉整体平均零售价由 228.5 元/千克提升至 268.9 元/千克，年化复合增长 3.3%。

那么，未来，婴配粉的售价还会继续走高吗?

有几个层面的因素影响着婴配粉的价格：一是成本费用；二是需求；三是供给；四是行政干预（偶发）。

就成本费用来说，中国属于奶源稀缺的国家，中国所有大型牧场的原奶产品总和，不足中国下游总需求的 50%，因此国内奶粉厂商大量使用进口奶源或进口奶粉包作为原材料，这部分成本难以往下压；而费用则主要是营销费用，国内婴配粉行业格局未定，各家还在激烈竞争的阶段（行业进入成熟期可能还需 5 年以上时间），营销费用中短期看也很难降下去。

需求端有几个维度：一是居民收入持续在增长，老百姓对高端奶粉的需求和承受能力在往上走；二是中国的文化环境下，父母的育儿心态中短期看不会发生变化，对高端奶粉的需求中短期内只会越来越大（根据弗若斯特沙利文咨询公司研究，中国婴配粉市场超高端和高端产品份额从 2014 年的 22% 扩大至 2018 年的 40%，预计 2023 年达到 58%）；三是新生儿和婴幼儿人口在下降，这会影响行业的总需求，这部分具体见我们前面的测算；四是 2020 年、2021 年疫情防控期间宝妈囤货之类的短期行为也会扰动未来几年的需求端，比如进入 2022 年，宝妈们普遍不囤奶粉了，导致飞鹤在内的很多奶粉厂商面临去渠道库存的困境，收入下滑、价盘下行。目前看，去库存压力很大程度上在 2022 年释放，2023 年后对奶粉单价的冲击有所减弱。

所以需求端整体看，是中国父母对高端优质奶粉的需求和婴幼儿数量下滑导致总需求下降，这两个因素孰轻孰重的问题。新生儿的问题我们在前面测算过，2028 年相比 2023 年婴幼儿数量下降 20% 多，但人均消费量增长 30%，一来一去，总需求收缩幅度有限。但父母对高端奶粉消费升级的需求产生的拉力却是巨大的。从需求端看，婴配粉的单价未来还是有很大的概率会保持每年 0～3% 的小步上行。保守起见，假定 2024～2028 年单价比 2021 年小幅下滑，为 260 元/千克。

从供给端来说，由于奶粉行业企业的数量和产能相对稳定，行业整体的供给是比较稳定的。但有些事件会对供给端造成扰动，例如，2016 年奶粉注册制推行，出清了大量中小企业，使得行业供给大量减少，从而婴配粉行业过去几年走出了高端化和提价的趋势。当然，在出清的初期，大量中小奶企清仓甩卖，反而会在短期大幅增加供给，导致价格受冲击而下降。但这次的二注①和新国标，就不会有太多品牌出清了，因而很难起到一注时的出清供给的效果。

此外，供给端另一个重要问题是，奶粉企业压货给渠道端，造成供给波动，当品牌商给渠道压货太多，渠道就会窜货，造成价盘的下滑。以飞鹤为例，它对经销商提出的库存目标是 1.5 倍，实际会在 1.5～1.8 倍左右徘徊。2020 年初疫情刚开始时，飞鹤经销商大举进货，当时的库存普遍达到 4 倍多，由于疫情初期宝妈有囤货需求，所以渠道库存消化很快。但到 2022 年，虽然疫情更严重了，但宝妈们不再囤奶粉了，导致渠道库存高企。实际上，飞鹤 2022 年业绩的大幅下滑，主要也正是在为过去两三年的渠道压货埋单。未来判断飞鹤业绩走向如何，一个重要的切入点是去看渠道库存的消化情况。

行政干预，主要是指奶粉集采，或者未来政府直接干预奶粉零售价

---

① 即婴配粉配方二次注册，可以理解为 2016 年注册制后，奶粉配方有效期的延期。婴配粉配方注册证书的有效期为 5 年，我国自 2016 年 10 月开始实施婴配粉配方注册制，2017 年下半年第一批婴配粉注册证书开始陆续发放，因此从 2022 年下半年开始，2017 年通过注册的婴配粉证书将陆续到期，面临二次配方注册，即注册有效期延期问题。

格。这个顾虑主要来自美国奶粉集采的现实。1972 年，美国制订了妇女、婴儿和儿童特殊补充营养计划（WIC），美国政府向奶粉生产商采购奶粉作为福利分配给美国的婴幼儿，竞标的标准是价低者得。通过这个法案，美国政府采购了全美 50% 的奶粉总量。在这个架构下，美国四家乳业巨头（雅培、百利高、雀巢、美赞臣）控制了全美 90% 的配方奶粉供应。

我们回顾过往中国监管部门对婴配粉行业的政策文件，比较清晰的主线是"奶业振兴""保障乳品质量安全""配方乳粉提升""行业自给"等。现阶段，中国奶粉品牌还未完成对外资品牌的绝对替代，质量提升和自主可控依然会是行业的主要矛盾。

对于医药集采来说，核心的逻辑在于医保局作为医疗费用的埋单者，有迫切而直接的支付压力，而奶粉加诸于生育率的成本，对于政府却并不构成迫切的现实压力，它更多是一个长期和间接的拉力。并且，奶粉成本占中国父母育儿成本的比例并不大。当然，不能就此断定奶粉集采或价格管制的风险不存在，未来几年可能是生育鼓励政策密集出台的时间窗口，这个风险需要再做评估。

综合以上人口、用量、单价的分析，我们可以测算一下未来几年婴配粉行业的市场规模。

婴幼儿数量我们假定按中性预期，即 2024 年和 2025 年总和生育率分别为 1.22 和 1.10，且 2026~2028 年总和生育率每年下降 5%，则 2024~2028 年 0~3 岁婴幼儿数量分别为 2860 万、2784 万、2701 万、2461 万和 2292 万，2028 年相比 2021 年（3730 万）下降 38.55%。

婴幼儿人均奶粉年消费量假定 2028 年达到 25 千克，即自 2021 年以来保持 5.8% 的年复合增速，则 2024~2028 年分别达到 20.0 千克、21.1 千克、22.4 千克、23.6 千克、25 千克，2028 年相比 2021 年增长 47.93%。

婴配粉单价保守假定 2024~2028 年比 2021 年小幅下滑，为 260 元/公斤。

基于上面这些假设，2024～2028年中国婴配粉市场的规模分别为1487.20亿元、1527.30亿元、1573.06亿元、1510.07亿元和1489.80亿元，2025年开始的增速分别为2.70%、3.00%、-4.00%、-1.34%。其中，2027年开始的市场规模收缩，主要源于2024年当年显著新增的新生儿退出婴配粉市场导致的红利消退。

当然，婴配粉厂商的市场规模还要在整体婴配粉市场的基础上乘以一定比例进行计算。中国飞鹤2021年销售收入为人民币227.76亿元，当年平均市占率18.6%，对应2021年厂商端的市场规模1224.52亿元，占当年零售端1689.6亿元市场规模的72.47%。我们大体可以沿用这个比例计算未来婴配粉厂商的行业规模。

行业竞争格局

婴配粉行业的竞争格局，我们可以从几个维度去看：一是内外资品牌的问题；二是低中高端结构的问题；三是集中度的问题；四是飞鹤和伊利的问题。

（1）内资与外资

就内外资品牌的格局来说，大的趋势是内资逐渐蚕食外资的份额。

"三聚氰胺事件"后，国产奶粉市占率急剧下滑，从"三聚氰胺事件"前的65%下降至2015年的30%左右，这个阶段的赢家是雀巢、达能、美赞臣、雅培这几家外资品牌，直到2016年奶粉实施注册制后国产奶粉市场占有率才开始回升。前五大国产奶粉厂商的市场占有率从2016年的不到20%，提升到2021年的44%。

2016年以来国产奶粉的崛起，一方面受益于国内厂商从低线城市母婴店切入的"农村包围城市"的市场策略，外资奶粉厂商由于地推能力较弱，没有享受到母婴店渠道快速扩张的这轮红利。2014年母婴店渠道销售额占整体婴配粉市场的35%，2018年这一比例提升至52%。从未来趋势来看，即便对于现在年轻的"90后""95后"宝妈来说，母婴店依旧是最重要的奶粉销售渠道（除了卖产品还提供综合的情绪价值），弗若斯特沙利文咨询公司预计到 2023 年，母婴店渠道比例将进一步提升到 60%。

另一方面，政策对国产品牌的鞭策也是重要原因。2016 年的奶粉注册制淘汰了一批质量较低的产品，2019 年国务院印发《国产婴幼儿配方乳粉提升行动方案》，以提升国产婴配粉的质量和品牌，力争我国婴配粉自给水平稳定在 60% 以上。

加之国产品牌在"更适合中国宝宝体质""新鲜战略"等营销策略上下的功夫，外资品牌很难模仿跟进。此外，外资品牌的基本盘主要在一线、二线城市，一线、二线城市是新生儿数量下滑的重灾区，使得外资业务开展更为艰难。

在这些背景下，可以预见未来国产奶粉品牌的市占率仍会进一步提升，国产奶粉厂商的业绩增速将超过外资厂商和行业整体的增速。

（2）高端化

就产品价位和品质的格局来说，婴配粉行业高端化的趋势是比较明确的。

根据弗若斯特沙利文咨询公司的数据，2018 年我国高端及超高端奶粉占比 38%，分地区看，一线、新一线、二线城市的高端及超高端占比分别为 55%、53% 和 48%，三线城市及以下市场高端及超高端占比仅 26%。

正如前面在婴配粉单价部分分析的那样，只要国人人均可支配收入持续增长，以及中国父母育儿的理念和文化氛围不发生根本性变化，婴配粉的高端化趋势就会持续下去。

根据弗若斯特沙利文咨询公司的数据，中国婴配粉市场超高端（450 元/千克以上）、高端（350 ~ 449 元/千克）和普通（低于 350 元/千克）产品的份额结构，已从 2014 年的 7∶15∶78，变成 2019 年的 19∶24∶57，到 2023 年则为 26∶32∶42。

（3）集中度趋势

2016 年以来，中国婴配粉市场集中度不断提升，前五大厂商（飞鹤、雀巢、达能、君乐宝、利洁时）的份额从 2016 年的 39.3% 上升到

2021 年的 57.2%，前三大厂商则从 2015 年的 28.1% 上升到 2021 年的 43.7%。

但相比国外，中国的婴配粉市场还是相对分散。2022 年，加拿大、美国、英国、日本、韩国前三大厂商市占率分别为 88.7%、86.3%、85.1%、77.3% 和 65.7%。[①]

假设我国婴配粉市场 2030 年进入成熟期，行业内前三大厂商的市场占有率达到当前韩国的约 65% 的水平，届时前三名预计分别达到 27%、22% 和 16%。考虑到未来飞鹤和伊利双龙头格局的可能性较大[②]，到 2030 年，也许 27%、25%、13% 这样配比的概率更高。

对于飞鹤来说，从 2024 年 1 月 20.2% 的比例继续提升市占率的挑战在于：一是飞鹤从低线城市母婴店起家，未来向高线城市和线上开拓的阻力可能会明显变大，因为这两个领域都是外资品牌的主战场；二是飞鹤控价盘和防窜货的决心比较强，这会对向渠道铺货压货形成掣肘，中短期内（比如未来 2~3 年）不利于飞鹤销售规模的快速增长；三是竞争对手加大对奶粉业务的投入，依托成熟的经销网络体系，未来可能对飞鹤的市场份额造成冲击。

四、资产、盈利能力和利润增长价值的估算

资产价值

中国飞鹤 2023 年年报披露的资产负债表主要科目如表 4–5 所示。

---

① 浦银国际：《消费行业 2024 年展望：自下而上挖掘新常态下的新机遇》，Wind 金融终端，2023 年 12 月 12 日。

② 2021 年 10 月 19 日，伊利在投资者交流会上提出伊利奶粉业务的目标：2022 年市占率第二、2025 年行业第一。根据伊利股份历年年报，2008~2022 年，伊利奶粉及奶制品业务收入从 32.33 亿元增长到 262.60 亿元，年复合增长率 16.14%，2023 年前三季度，伊利奶粉及奶制品实现营收 199.22 亿元，同比增长 20.52%，增速位居行业第一。伊利股份 2021 年年报披露，2022 年 1 月，伊利完成了对市占率第六的澳优的收购，已持有澳优 52.7% 的股份，成为澳优单一最大股东，而澳优掌握大部分的荷兰羊奶资源，旗下羊奶粉品牌佳贝艾特是婴幼儿羊奶粉的标杆产品，完善了伊利在高端及超高端奶粉和羊奶粉的产品布局。

表 4 – 5 中国飞鹤 2023 年末资产负债表主要科目及其调整

资产	账面价值 （亿元）	备注	为计算重置成本 进行的调整
流动资产			
现金及现金等价物	104.41		无
结构性存款	86.71		无
应收账款及应收票据	4.31	应收账款及票据原值 4.40 亿元，减值 0.09 亿元	加回坏账金额 至 4.40 亿元
存货	22.58		无
其他流动资产	6.95	按金、预付账款及其他应收 款项	
非流动资产			
物业、厂房、设备	94.94		无
投资性房地产	2.12		无
使用权资产	3.95		
商誉	1.12		
生物资产	22.53		
递延税项资产	4.02		
长期银行存款	5.40		无
按金	1.11		无
总资产	361.95		
负债			
流动负债			
应付账款及票据	18.38		无
应计负债及其他应付款项	46.61		无
计息银行及其他借款	5.05		无
应交税费	2.91		无
非流动负债			
计息银行及其他借款	8.73		无
其他应付款项	6.21		无
递延税项负债	8.13		无
租赁	1.71		无
总负债	98.60		无
资产净值	**263.34**		**263.43**

资料来源：中国飞鹤 2023 年年报。

截至 2023 年末，飞鹤账上现金及现金等价物和结构性存款分别有 104.41 亿元和 86.71 亿元，合计 191.12 亿元。2023 年，飞鹤利息收入 4.7 亿元，对应存款利率 2.46%，存款利率水平合理，因而其账上现金应当是真实存在的。就重置成本而言，无须对现金及结构性存款进行调整。

应收账款和应收票据需加回坏账金额 0.09 亿元，从 4.31 亿元调整为 4.40 亿元。

账上存货金额 22.58 亿元，较年初增长 13%，相比一年 200 亿元的销售额，存货规模并不大。但由于 2023 年营收比 2022 年下降了 8%，导致 2023 年末存货比上年同期增长 13%。考虑到婴配粉行业 2024 年触底回升的前景比较明朗，这部分存货卖不出去或者只能折价出售的风险较低，因而不对存货的重置成本进行调整。

固定资产的金额比较大，达 94.94 亿元，由于账面价值已经扣除了折旧，简单起见，也可以不对固定资产做调整。

同样，对于负债我们也不做调整。有鉴于此，我们基本可以直接沿用飞鹤的账面净资产作为其净资产的重置成本。

需要做的调整是飞鹤的品牌和渠道网络等隐性资产。在前面对飞鹤商业分析的部分我们介绍过，营销端的高支出是飞鹤重要的竞争优势，因而在考虑竞争对手的重置成本时需要把这部分价值加回去。

飞鹤的营销费用投入转化成了品牌资产，这些品牌资产没有体现在资产负债表上，但如果竞争对手要与飞鹤竞争，它必须重置这些有价值的品牌资产。保守假设竞争对手跟上飞鹤的步伐需要花费飞鹤三年的销售费用，而 2021~2023 年飞鹤三年累计销售费用支出 199.83 亿元。鉴于此，飞鹤的"资产价值"调整为约 463.26 亿元（见表 4-6）。

表 4-6　　　　　　　　飞鹤 2023 年资产价值调整　　　　　　　单位：亿元

指标	2023 年
净资产重置成本	263.43
市场营销费用调整	199.83

续表

指标	2023 年
重置成本调整	463.26
市值（2024 年 3 月末）	334
市值与调整后的重置成本的比率	0.72

资料来源：市值数据来自 Wind 金融终端，其余数据为笔者根据中国飞鹤 2023 年报披露的财务数据测算所得。

盈利能力价值

飞鹤自 2017 年以来历年的 ROIC 分别为 31.09%、37.12%、31.02%、40.45%、33.70%、20.96% 和 13.14%，显著高于其加权平均资本成本（WACC）水平（见后面具体计算），且就体量和市场地位而言，飞鹤已经做到了国内婴配粉行业第一，因而飞鹤是具有盈利能力的。

计算飞鹤盈利能力价值的第一步，是对其净利润进行调整。我们以其 2023 年全年 33.90 亿元的归母净利润为基础进行调整。

首先是将非经常性的损益扣除掉。2023 年飞鹤利润表上出现的非经常性损益包括四项：一是"无形资产以及物业、厂房及设备之减值亏损" 0.90 亿元；二是"生物资产公平值减出售成本的变动所产生之亏损" 7.50 亿元；三是"政府补助及补贴" 9.73 亿元；四是"结构性存款之公平值变动" 1.00 亿元。将这四项因素的影响扣除之后，调整后的 2023 年的归母净利润为 31.57 亿元。

其次是调整折旧摊销与公司维持性资本开支的差额。这部分影响相对较小，方便起见，我们可以略过。

最后也是最重要的，是结合行业景气周期和前景，调整出飞鹤比较合理的当年利润数字，在景气高峰时需要从利润中削减掉一部分，在景气低点则应该增加一部分。

基于前面的行业分析，2023 年的婴配粉行业处于景气低谷阶段。从飞鹤自身来说，自 2020 年以来其毛利率持续下滑，2021 年同比下滑 2.22 个百分点至 70.28%，2022 年继续下滑 4.82 个百分点至 65.46%，2023 年基本已稳住，小幅下滑 0.63 个百分点至 64.83%。原因正在于，过去几年，飞鹤及整个婴配粉行业处于艰难的渠道去库存阶段。

飞鹤过往特别是 2017 年以来的盈利水平很高，但 2022 年及 2023 年有明显下滑，归母净利润同比分别降低 28.07% 和 31.40%，主要是毛利率下降和期间费用率上升引起的。这背后最主要的原因：一是过去几年的高速发展后，飞鹤当前处在去渠道库存的困境阶段，超高端产品收入规模下降且价盘不稳；二是新生儿数量"断崖式"减少下行业大盘收缩，伊利等巨头加大投入，行业竞争烈度上升。

飞鹤 2022 年年报披露，毛利率下滑主要因经典星飞帆产品（超高端产品）收入下降，以及销量减少导致单位固定成本上升（见表 4-7）。加之飞鹤的售价目前已处于国内奶粉行业最高之列，且飞鹤的高端、超高端产品占比已较高（2021 年飞鹤超高端产品收入占比已达 57%，高端及以上接近 90%），未来售价能否持续稳定提高需要审慎观察。

表 4-7　　　　飞鹤历年毛利率

年份	毛利率（%）	毛利率波动幅度（%）
2014	47.76	—
2015	55.32	7.56
2016	54.61	-0.71
2017	64.38	9.77
2018	67.54	3.16
2019	70.03	2.49
2020	72.50	2.47
2021	70.28	-2.22
2022	65.46	-4.82
2023	64.83	-0.63

资料来源：中国飞鹤历年年报。

在前面行业分析部分提到过，官方公布 2020 年出生人口为 1200 万，2021 年为 1062 万，2022 年为 956 万，2023 年为 902 万，三年时间下降 24.8%。就生育主力军（20~35 岁女性）人数而言，2020 年和 2023 年分别为 34536 万和 31930 万，下降 7.5%。所以剩余的近 19% 的下降，由总和生育率的下降贡献（包括结婚率下降、生育意愿下降等）。2019～2023年，中国总和生育率分别为 1.47、1.30、1.15、1.09 和 1.07，2023 年较 2020 年下降近 18%。

可以看到，对于新生儿数量的下降，总和生育率降低的贡献要大于生育主力军人数的下滑，而总和生育率的下降，既有社会发展水平、育龄妇女受教育水平提升这些长线因素的影响，也有新冠疫情和宏观经济周期进入下行阶段带来的居民收入下降等阶段性因素的影响。

另外，长远来看，基于前面行业分析的结论，随着未来新生儿数量的继续下滑，中国婴配粉行业的远期市场规模将比 2021 年、2022 年的规模水平有进一步下滑。基于前面对未来婴幼儿数量、人均奶粉年消费量、单价等因素的测算，2028 年中国婴配粉市场规模预计为 1490 亿元（厂商端市场规模约 1080 亿元），较 2022 年的 1594 亿元下滑约 6.5%。但考虑到竞争格局推演下届时飞鹤的市占率有望达到近 25%，则足以弥补市场规模的下滑。

因此，考虑到行业的景气周期，飞鹤 2023 年的归母净利润，既有被低估的地方，如疫情和宏观经济下行周期的负面影响，远期飞鹤市占率的提升和婴幼儿人均奶粉消费量提升前景等因素未被考虑；也有被高估的地方，即长远来看新生儿数量继续下降等趋势。但综合上述所有因素来看，飞鹤 2023 年归母净利润被低估的方面大于被高估的方面。将上述因素进行还原，保守假定飞鹤调整后的年盈利能力为 41 亿元，即较调整后的 2023 年的归母净利润（31.57 亿元）调升 30%。

调整完净利润之后，下一步就是计算飞鹤的资本成本 r，进而飞鹤的盈利能力价值 = 调整后的净利润/r，r 即等于公司的加权平均资本成本（WACC）。

基于前面商业分析部分，可以得出结论，飞鹤有相当不错的商业模式、经营效益、竞争优势，我们保守假定它相对整体股票市场的 β 系数等于 1。那么，飞鹤的股本成本 = 2.5% + 5% = 7.5%。飞鹤 2023 年的利息费用为 0.53 亿元，截至 2023 年底有息负债余额约 16.36 亿元，算下来债务利率为 3.24%。

Wind 数据显示，截至 2023 年末，中国飞鹤的股票市值为 350.86 亿元，2023 年的所得税税率为 32.2%。

有鉴于此，中国飞鹤的 WACC 为：$7.5\% \times [350.86/(350.86+16.36)] + 3.24\% \times [16.36/(350.86+16.36)] \times (1-32.2\%) = 7.26\%$。

从而，飞鹤的盈利能力价值就等于 41 亿元/7.26%，即 565 亿元，对应每股 6.23 元，约 6.75 港元。

可以看到，飞鹤的资产价值是 463 亿元，而盈利能力价值则是 565 亿元，那么这多出来的 100 亿元，代表着中国飞鹤的竞争优势或者经营护城河。

利润增长价值

对于有增长能力的公司（前提是有盈利能力价值），要估算它的利润增长价值，而对于未来会下滑的公司，则要考虑公司是否还具备盈利能力价值，是否应该用资产价值对它进行估值。

当企业能在竞争护城河以及护城河保障的 ROIC > WACC 的前提下实现利润增长时，它便具有利润增长价值。此时：

$$利润增长价值 = 资本\ IC \times (ROIC - g)/(r - g)$$

飞鹤的 ROIC 大于 WACC，因此，利润增长价值的前提条件是成立的。计算飞鹤的利润增长价值，核心是确定未来净利润增长率 g。实际上，本章后面小节中我们会提到，要想有效地判断企业未来的增长前景，需要深入企业的组织管理、战略和人的因素中去观察。但就飞鹤而言，除少数内部人外，我们普通投资者无法获取这样的信息和洞察。因而，本书对飞鹤未来成长性的判断主要是基于行业的前景、格局，以及飞鹤自身的竞争优势。

飞鹤营业收入自 2017 年开始起飞，2014～2023 年营收的年复合增速为 20.68%，到 2021 年上半年均处于高速增长阶段。2021 年下半年开始，尤其是 2022 年以来，飞鹤开始去分销渠道库存，营业收入增速大幅下降（见表 4-8）。

表 4-8 中国飞鹤历年营收及增长率

年份	营业收入（亿元）	增长率（%）
2014	35.99	—
2015	36.28	0.81
2016	37.40	3.09
2017	58.94	57.59
2018	104.04	76.52
2019	137.69	32.34
2020	186.24	35.26
2021	228.59	22.74
2022	213.36	-6.66
2023	195.32	-8.35

资料来源：中国飞鹤历年年报。

飞鹤归母净利润增长的态势与收入增长保持一致，2014～2023 年归母净利润年复合增速达到了 24.12%。2021 年收入增速的下滑导致了全年归母净利润下滑 7.61%，2022 年和 2023 年收入端分别有 6.66% 和 8.35% 的下降，导致了归母净利润分别有 28.07% 和 31.40% 的大幅下滑（见表 4-9）。

表 4-9 中国飞鹤历年归母净利润及增长率

年份	归母净利润（亿元）	增长率（%）
2014	4.85	—
2015	4.12	-15.05
2016	4.17	1.21
2017	11.60	178.18
2018	22.42	93.28
2019	39.35	75.51
2020	74.37	89.00
2021	68.71	-7.61
2022	49.42	-28.07
2023	33.90	-31.40

资料来源：中国飞鹤历年年报。

从而，我们没法从飞鹤过去几年的成长速度中去推断飞鹤未来的增长率，而必须立足行业未来。前面行业分析部分，可以总结为如表4-10所示。

表4-10　　　2024~2028年婴配粉行业及飞鹤业务规模测算

指标	2024年	2025年	2026年	2027年	2028年
主力生育人数（人）	3.1115	3.0291	2.9696	2.9077	2.8548
主力生育人数增速（%）	-2.55	-2.65	-1.96	-2.08	-1.82
总和生育率	1.22	1.1	1.05	0.99	0.94
总和生育率增速（%）	14	-10	-5	-5	-5
0~3岁婴幼儿数量（亿人）	0.286	0.2784	0.2701	0.2461	0.2292
人均消费量（千克）	20	21.1	22.4	23.6	25
单价（元/千克）	260	260	260	260	260
零售市场规模（亿元）	1487.20	1527.30	1573.06	1510.07	1489.80
零售市场规模增速（%）	—	2.70	3.00	-4.00	-1.34
厂商市场规模（亿元）	1077.77	1106.84	1140.00	1094.35	1079.66
飞鹤市占率（%）	20.2*	22	23	24	25
飞鹤营收（亿元）	217.71	243.50	262.20	262.64	269.91
营收增速（%）	—	11.85	7.68	0.17	2.77
飞鹤净利率（%）	17	17	18	18	18
净利润（亿元）	37.01	41.40	47.20	47.28	48.58
净利润增速（%）	—	11.85	14.01	0.17	2.77

注：*2024年1月，飞鹤全渠道市占率20.2%，假定飞鹤2024年全年维持这个市场份额，且到2028年逐步提升至25%。

资料来源：国家统计局网站、Wind金融终端、笔者测算。

自2014年以来，中国飞鹤的净利率均值为21.52%，毛利率均值则为63.48%（见表4-11）。2016年及以前公司走高端战略之前，净利率维持在10%左右，毛利率则在50%左右。若从2017年起算，公司的净利率和毛利率均值分别为25.71%和68.16%。鉴于2023年飞鹤净利率下滑至16.75%且2023年婴配粉行业基本实现触底，保守起见，假定其2024年、2025年净利率为17%，2026~2028年则稳定在18%。

表 4 - 11 　　　　　　　　中国飞鹤历年毛利率和净利率

年份	毛利率（%）	销售净利率（%）
2014	47.76	13.89
2015	55.32	10.52
2016	54.61	10.86
2017	64.38	19.69
2018	67.54	21.55
2019	70.03	28.58
2020	72.50	39.93
2021	70.28	30.25
2022	67.58	23.19
2023	64.83	16.75

资料来源：中国飞鹤历年年报。

基于上述测算，飞鹤 2024 ~ 2028 年的净利润分别为 37.01 亿元、41.40 亿元、47.20 亿元、47.28 亿元和 48.58 亿元。2028 年净利润较 2023 年的 33.90 亿元提升 43.30%，而较 2023 年 41 亿元的调整后净利润增长 18.49%（年复合增速 3.5%）。但这一提升可以说是行业对几年低景气周期的修复，而非真正意义上的增长。考虑到更长远来看，中国新生儿人口继续下降的趋势比较明确，因而不宜赋予飞鹤利润增长的价值。若投资于中国飞鹤的股票，则不应该为其利润增长价值支付对价，而只能以其资产价值或盈利能力价值进行下注。

当下若投资于飞鹤，投的应当是飞鹤被"过度"卖出进而市值低于其资产价值和盈利能力价值（其中既有人口预期的因素，也有近几年港股整体非理性定价的因素），而未来将大概率从非理性低价回归至合理价格的"套利"逻辑。

第四节 | 价值的持续：竞争护城河

一、输只关乎自己，赢则需要行业与自己的合力

护城河是一个形象的比喻：企业的超额经营利润就像一座华美的宫

殿，宫殿外的人觊觎着宫殿里的财富，但苦于宫殿外面围着一圈又宽又深的护城河，"金城汤池，不可攻也"，外人只能束手无策。

企业的护城河既受自身因素的影响，也受行业因素的影响。也就是说，护城河既包括企业自身具有的壁垒，也包括行业性的壁垒。

安妮塔·麦加恩和迈克尔·波特（Anita McGahan & Michael Porter）这两位商业战略学者分析了 1981～1994 年美国 4000 多家企业共 58000 个企业年，以评估宏观环境、行业、股东和企业自身因素这四个因素对企业超额利润（或负超额利润）的影响，包括其产生和持续，结论如表 4-12 所示。

表 4-12　各因素对企业非正常利润（超额利润或负超额利润）的
影响程度

单位：%

因素	非正常利润的持续性		非正常利润的产生	
	赢家	输家	赢家	输家
宏观环境	3	-7	2	-5
行业	44	12	37	13
股东	19	-4	18	2
企业	34	99	43	90

资料来源：Anita M. McGahan and Michael E. Porter, The emergence and sustainability of abnormal profits, *Strategic Organization*, Vol. 1, No. 1, February, 2003：79-108.

可以看到，首先宏观环境是最不重要的因素（却是最被大众津津乐道的因素）。赢家的超额利润，它的产生只有 2% 来自宏观环境的贡献，它的持续则只有 3% 来自宏观经济的贡献；而输家的负超额利润的产生和持续，宏观经济反而起到一点扭转作用，分别贡献了 -5% 和 -7% 的影响。

其次，企业的出身（股东）也不太重要。股东因素对赢家超额利润的产生和持续所贡献的影响相对大一些，分别是 18% 和 19%；但对输家的影响分别是 2% 和 -4%（略微扭转），无足轻重。

相比宏观环境和股东因素，行业和企业自身原因是影响企业超额利润（或负超额利润）的最重要因素。对于持续创造负超额收益的输家，90% 以上可以归咎于企业自身因素，负超额利润的产生 90% 源于企业自己的原因，其持续则 99% 源于企业自己。同时，行业因素分别贡献了 13% 和 12% 的影响力。

对于赢家来说，企业自身因素和行业因素的影响旗鼓相当，超额利润的产生有 43% 源自企业自己，37% 源自行业因素；超额利润的持续有 34% 源自企业自己，44% 源自行业因素。如果说输家主要是自己的原因——自身因素贡献 90% 的影响，那么赢家则是自身和行业共同托举起来的。

列夫·托尔斯泰（Лев Николаевич Толстой）在《安娜卡列尼娜》（Анна Каренина）中说："幸福的人都是相似的，不幸的人各有各的不同。"[1] 这话对于企业经营，只说对了 3/4。幸福的企业（有一半的原因）都是相似的，不幸的企业各有各的不同（原因）。

二、行业护城河

研究行业的护城河，可以从以下三个方面着手。[2]

① 了解行业的整体地貌，如行业利润是怎么分布的、过往多年的变化情况如何。行业地貌展现了一个行业有没有超额利润，如有的行业利润是高度分散的（如纺织、电缆等），这样的行业便不具备超额利润和护城河。对行业利润的分析，可以通过绘制行业地图、分析行业利润池等方式来进行。

② 评估行业进出的门槛。竞争是企业利润和价值的天敌，自由无障碍的竞争则是企业利润和价值的最大天敌。对此可以参考"波特五力模型"，评估行业对潜在进入者的门槛，以及行业内现有玩家的竞争烈度。

③ 考虑行业受颠覆式创新冲击的可能性。有时候，护城河虽然宽广，看似固若金汤，但如果敌人是开着飞机来的，那么所谓护城河也就形同虚设了。

---

① [俄] 列夫·托尔斯泰：《安娜·卡列尼娜》，草婴译，上海文艺出版社 2007 年版。
② 本节对行业护城河和企业护城河的分析，参考瑞士信贷（Credit Suisse）的迈克尔·莫布森和丹·卡拉汉（Michael J. Mauboussin & Dan Callahan）的研究报告《度量护城河：评估企业价值创造的强度和持续性》（*Measuring the Moat：Assessing the Magnitude and Sustainability of Value Creation*）。

行业地貌

一个行业中往往有四方玩家，分别是产品/服务的提供商、消费者、原材料供应商和外部方（如政府）。一方面是要梳理以上环节都分别有哪些玩家，并去梳理不同环节彼此之间的互动关系，如议价能力比较、交易的模式等；另一方面是要按照规模、市场占有率等罗列出目标公司所在的产业链环节的全部同行企业，并构建行业的利润池，即行业的利润是怎么分布的。

对于行业利润池，我们可以画个坐标轴，横轴代表不同投资者的市场份额分布（投入资本或者销售额的份额分布），纵轴代表利润率（比如用企业的投入资本回报率 ROIC 减去资金成本 WACC 来表示），可以绘制一个行业当下、5 年前和 10 年前的利润池分布，并进行时间线索上的比较。

一般而言，利润分布集中的行业要优于分散的行业，尤其是投资者多且分散的行业。分散可能意味着本行业缺乏竞争门槛，或者行业还处在早期群雄逐鹿的阶段，集中则意味着行业有一定竞争门槛（要结合纵轴的情况来看），且少数企业已经获得了比较好的竞争身位。此外，分散的行业犹如一盘散沙，玩家间竞争大于合作，而集中的行业才可能出现合作大于竞争的局面。

稳定的行业更容易产生持续的价值创造（超越资金成本的超额利润），在不稳定的行业中，价值频繁发生转移，难以捉摸，从而投资者在分析企业的前景时会面临更多困惑。

一般可以从两个维度观察一个行业的稳定性：一个是市场份额的稳定性，可以用 5 年中行业内企业市场份额变化的绝对值之和除以企业数量来表征，数越低，行业越稳定；另一个是行业内的价格变化，价格是个综合结果，它融合了成本结构、投资者进出频率、竞争、技术变化等变量，更稳定的价格代表着更稳定的行业。

以市场份额为例，白色家电行业 10 年前的行业前 5 名，10 年后依然是行业前 10 名乃至前 5 名，新上位的只有老板电器一家。白酒、水务、能源等行业也是类似，在这样的行业里，先发优势常常得以保持。而有的行业则变化很大，如服装行业。10 年前森马、美邦还是潮流服饰，10 年后中国的服装市场已经被优衣库、Zara 等品牌瓜分。

这些份额格局不稳定的行业，管理者必须一直保持作出优秀的经营决策，因为行业技术变革快速猛烈（如消费电子、光伏、计算机行业等），或者消费者风尚快速变迁（如服装行业），一步踩错，就会招致失败。

行业进出门槛和竞争

迈克尔·波特（Michael Porter）在 20 世纪 80 年代提出了著名的"五力分析模型"，即五种力量决定着一个行业的竞争，分别是：

① 新竞争者进入市场的难易程度（entry of competitors），有无市场进入障碍存在；

② 产品或服务是否很容易被替代（threat of substitutes），尤其是廉价品，如果存在可替代的产品或服务，消费者可能会转向替代品，从而对行业内的现有公司构成威胁；

③ 客户的市场地位和力量（bargaining power of buyers），客户的力量取决于客户的集中度、转换成本、信息水平、替代品，以及产品对于客户的重要性等；

④ 供应商的市场地位和力量（bargaining power of suppliers），如果行业内的企业不能把上游供应商的涨价传递给下游客户，那么这个行业便是没有吸引力的，如果供应商的集中度比它的客户高，那么供应商就处于有利地位；

⑤ 市场上现有对手的竞争力（rivalry among the existing players）。

五力分析模型为我们提供了行业门槛分析的全面框架，但由于是全面的框架，在分析具体行业和企业时，容易陷入面面俱到但流于形式的分析"陷阱"中。因此，要找出目标行业和企业的五力中最核心、最关键的那几个力。一般而言，五力中最重要的是新进入者的威胁和市场现有企业的竞争这两个力。

潜在新进入者的威胁，主要取决于行业的进出门槛。一个行业竞争者的新进率和退出率，一方面取决于这个行业处在生命周期的哪个阶段，另一方面则取决于行业的进出门槛高不高。

行业早期，市场偏好的产品尚未确定，大量小企业进入行业参与创新。随着行业成熟，市场逐渐选出它想要的产品，需求趋于稳定。行业里的老玩家、大玩家受益于规模效益，优势不断增大，进而行业的退出率大幅增加，逐渐向寡头垄断发展。

蒂莫西·邓恩、马克·罗伯茨和拉里·萨缪尔森（Timothy Dunne, Mark Roberts & Larry Samuelson）研究了 20 世纪 60 年代到 80 年代的 20 年间超过 250000 家美国制造业公司的情况，对企业进出的情况得出以下统计结论。

① 假定某行业今年有 100 家销售收入达 100 万美元的公司，那么 5 年后，会有 30~45 家公司进入这个行业，它们的销售收入合计在 1500 万~2000 万美元。这些新进入者，大约一半是跨界进来的，另一半则是新公司。同时，30~40 家公司会退出行业，这些退出公司的合计销售额也在 1500 万~2000 万美元。也就是说，行业会经历 30%~45% 的换手率，进出公司的体量大概占行业规模的 15%~20%。

② 进出行业的公司往往比行业现有公司小。典型的新进入者只有存量玩家 1/3 的体量，除非它是跨界进来的多元化经营的公司。

③ 不同行业的进出率差异很大，进入的低门槛也意味着退出的低门槛。

④ 大多数新进入者不会活过 10 年。实际上，在美国只有不到 50% 的公司能活过 10 年。美国整体企业的 1 年存活率是 75%，5 年存活率大概是 45%。那 30~45 家新进入者，大概有 80% 会在 10 年内退出，但成功生存下来的那些企业，10 年后的体量将会翻番。①

① Michael J. Mauboussin, Dan Callahan. Measuring the Moat, Assessing the Magnitude and Sustainability of Value Creation. *Credit Suisse Global Financial Strategy*. 22 July 2013, pp. 1–70.

一个潜在的进入者在判断是否进军某个行业时，它会考虑哪些因素呢？一般来说，一方面它要考虑自己进来后，行业里已经站稳脚跟的那些老玩家会作何反应，是默许还是激烈反击；另一方面它要评估进入行业之后，自己能获得的预期收益是多少，如果留不下来，退出的成本又是多少。

存量玩家如何反应又受如下三个因素影响。

一是它在行业中的资产的专用性如何，如果存量玩家的这些资产的专用性很强，只能用于本行业（比如为某个重要客户专门定制的资产等），那么对于新进入者，它大概率要奋起反击。

二是行业的最低有效生产规模是多少，即行业内企业要想不亏钱，最少要达到多大的生产规模和销售规模（越是高固定资产特征的行业，所需的最低有效生产规模越大），如果新进入者的最低有效生产规模需要占据行业巨大的市场份额，那么存量玩家的抵抗情绪就会比较大。

三是新进入者是否会导致行业产能过剩，产能过剩将使得存量玩家产生产能闲置的成本，同时全行业将陷入价格战，这是存量玩家和新进入者都不愿意看到的。

另外，对于进入行业的预期收益，潜在新进入者会着重考虑老玩家有没有什么很难对付的优势。这就是我们前面将企业价值的分层时提到的企业"盈利能力价值"背后的竞争优势。例如，某些特许经营的牌照或协议承诺、研发/专利，以及先发玩家的学习曲线优势和网络效益优势等。假如存量玩家的优势是得天独厚的，潜在新进入者就不会太乐观地预估自己的预期收益。

高退出成本也会吓退新进入者。新进入者所需的投资和资产的专用性决定了它的退出成本是高是低。如果进入行业所需的投资很少，且资产有很强的跨行业通用性，那么这个行业的退出成本便不高；反之，进入这个行业，需要大量的投资（设备产线、销售渠道），且这些资产只能专用于这个行业，那么退出成本将非常高。

以上都是对行业之于新进入者的进出门槛的分析，我们寻找高价值企业，显然要到进出门槛比较高的行业中去寻找。

我们再来看行业内存量企业之间的竞争这个分析维度。存量企业的竞争涉及方方面面，包括价格的竞争、服务的竞争、产品创新的竞争、研发的竞争、促销的竞争、广告的竞争等。

竞争涉及对合作和背叛的权衡，一个行业如果合作多于竞争，往往能产生有吸引力的经济回报，而如果竞争多于合作，大家都会无钱可赚。但即便合作从全局来说优于竞争，很多人还是会选择竞争，原因在于，当别人都遵守合作规则，而自己背叛时，我们就会获益。

如果行业内的竞争者很多、很分散，那合作就非常困难，因为这种情况下，企业会做个体化思考，不会考虑行业的整体利益，更少的行业参与者则导致更多的合作。对此，我们可以从行业集中度（比如测算行业的HHI指数）的角度去衡量企业数量，进而评估行业内合作的前景和竞争的烈度。

资产专用性也影响竞争。专用资产，无论固定资产还是无形资产，使得企业必须留在行业内，即便行业变得艰难。

需求变动会塑造合作成本。如果下游需求波动很大，竞争者就很难合作。尤其是很多高固定资产行业，企业总是在需求顶峰期上了太多产能。进入景气周期低谷，则出现产能过剩，从而导致行业在低谷期时更激烈的竞争。比如，很多大宗商品行业都有需求波动大、固定资产投入高的特点，因而这些行业的竞争异常激烈，持续的超额利润在这些行业内很罕见。

行业增速也影响竞争。当行业潜在超额利润的"蛋糕"不断增长时，企业不靠相互挖墙脚也能创造利润，此时游戏不是零和的，但停滞的行业是零和游戏。因此，行业增速下降常常带来竞争烈度的提高。因此，投资者需要关注行业处于什么发展阶段。

破坏性创新

企业超额利润的维持要考虑行业内发生破坏性创新的可能性。破坏性创新是哈佛大学商学院克雷顿·克里斯坦森（Clayton Christensen）教授提出的理论，大体是指一种与主流市场发展方式背道而驰的创新活动。

一种情形是，坐拥优势资源和优秀管理团队的大公司败给了产品简单、便宜、低质的小公司。

克里斯坦森区分了维持性创新和破坏性创新。两者的区别在于，维持性创新在一个旧的价值网络内对产品进行改善，破坏性创新则完全发生在不同的价值网络里。比如卖书，从路边小店到商场大店，就是一个价值网络不发生变化的创新，但亚马逊开始在网上卖书，则创立了一个新的价值网络。

破坏性创新一开始迎合的是部分客户对低价、小型、便利的需求。这些产品往往比已有的产品更差，但对于部分消费者来说，已经够用了。由于这类产品赚取更薄的利润，最初在不起眼的小众市场活跃，且不面向存量玩家的重要客户，因而往往会被存量玩家所轻视和忽视。

为什么低端产品会有机会呢？因为存量玩家的维持性创新常常会跑偏方向，如在性能上创新过剩。创新的速度和幅度跑到了消费者需求的前面，市场的现有玩家通过维持性创新，给消费者提供的产品超过他们的需求或者支付能力。当最终产品的性能甚至超过了高端用户的需求时，市场的竞争便从性能转向了市场导入速度或者分销速度。比如个人电脑市场在20世纪90年代变得创新过剩，因而康柏这样专注性能的厂商就输给了戴尔这样的交付效率更高的厂商。

除了低端产品对高端产品的颠覆外，另一种破坏性创新则来自技术的跨越式进步导致的行业范式的彻底转向。

例如，计算机和电子行业屡次上演范式转向的戏码。杰弗里·摩尔（Geoffrey A. Moore）在其《龙卷风暴：在高速成长市场赢得优势，获得成功》（*Inside the Tornado：Strategies for Developing，Leveraging，and Surviving Hypergrowth Markets*）① 一书中对此作了总结："在过去的25年里，没有哪个领域比计算机和电子行业更经常遭遇龙卷风。在商业计算领域，龙卷风

---

① ［美］杰弗里·摩尔：《龙卷风暴：在高速成长市场赢得优势，获得成功》，汪幼枫译，机械工业出版社2021年版。

始于 IBM 大型计算机的普及，后者赢得了全世界的支持，成为第一个主要的计算机基础设施标准。接着，在自 20 世纪 70 年代末开始的不到 10 年时间里，出现了三种新架构来挑战这种范式：微型计算机、个人计算机及技术工作站，我们也看到了一类全新的公司出现，其中包括美国数字设备公司（DEC）、惠普、太阳计算机系统公司、阿波罗国际公司（Apollo）、康柏、英特尔和微软。结合这三种架构，通信网络范式发生了转移，从大型机中枢计算所采用的集中式轴幅网络转向了通过广域网互相连接的分散式局域网世界，3Com、诺威尔（Novel）、思科和海湾网络等公司也应运而生。伴随着这两次转移同时发生的，是几乎所有的软件——从底层操作系统到数据库，再到应用程序机构建它们的工具——都被推翻或重新设计，而且在大多数情况下还不止一次，这就使诸如甲骨文、赛贝斯、莲花（Lotus）、安信达（Ashton – Tate）和 WordPerfect 这样的公司进入了我们的视野……在实际运作中存在着一种驱动力，让人们几乎别无选择。所有计算都是建立在半导体集成电路的基础设施之上的，这种集成电路具有一种显著特性，即其性价比的大幅增长远远快于我们经济史上的任何其他事物。在 20 世纪 70 年代，其性价比已经达到了惊人的每 10 年提高一个数量级；到了 20 世纪 80 年代，变成了每 7 年提高一个数量级；在 20 世纪 90 年代中期，这一时间缩短到了 3 年半；到 20 世纪 90 年代末，基于微处理器的系统性能每 2.5 年提高 10 倍。这种增长趋势目前尚看不到尽头。这一现象对高科技领域的每一个行业都产生了极其破坏其稳定性的影响。所有高科技产品最终都是通过软件获取价值的，而在任何时点编写的软件都必须在当前或即将发布的硬件的性能限制下工作。但仅仅过了短短几年时间，另一种拥有数量级额外性能的硬件就出现了，使原先那些对设计的限制条件不复存在。根据具有新性能的硬件设计的新产品所包含的软件直接淘汰了旧的参照点。它们的新能力转化为一种竞争优势，几乎可以触动任何企业客户，这包括更有效的沟通方式、更快的上市时间、更高的交易处理效率、对客户的更深理解以及更早察觉各种趋势的能力。无论你想要什么，如今似乎都触手可及。"

很大程度上，技术跨越是不可预测的，即便是业内巨擘或者资深人士，他们的"看好"或"不看好"也常常南辕北辙。一个例子是电动汽车和燃油车的技术前景。燃油车诞生于 1885 年，发明者是卡尔·本茨（Karl Friedrich Benz）先生；而世界上第一辆纯电动汽车诞生于 1880 年，比燃油车还要早 5 年，发明者是爱迪生。[①] 电动汽车干净、高速，很快就席卷欧洲和美国。1900 年，美国制造了 4192 辆汽车，其中 40% 是蒸汽机汽车（1681 辆），38% 是电动汽车（1575 辆），燃油车仅占 22%（936 辆）。蒸汽车因为蒸汽引擎过大，很快开始走下坡路，当时最有前途的是电动车。1896 年，在罗德岛举办的第一次美国汽车赛中，Riker 电动车击败了 Duryea 燃油车。三年后，在法国的一次比赛中，一辆子弹头形状的电动车突破了每小时 100 公里的速度。

电动车干净、噪声低，不需要高压蒸汽锅炉和吱吱响的热蒸汽，也不需要危险的曲柄启动，更不需要容易起火的汽油。爱迪生认为，燃油车是没有前途的，只有电动车才代表未来。所以哪怕到了 1910 年，他仍在孜孜不倦地寻找高能量密度的动力电池，相信电动车的成本一定能降下来。[②] 但事实证明，在那个时代，电动车失败了，爱迪生的预测错了，燃油车成了市场的主导。

智能手机的技术跨越在当时看来也是扑朔迷离的。十几年前，当乔布斯提出制造 iPhone 手机时，黑莓、诺基亚手机都配有键盘。乔布斯问研发

---

① 爱迪生发明电灯的时间是 1879 年，时隔一年后便发明了电动汽车，是名副其实的"发明大王"。

② 1860 年，法国科学家普兰特发明了由铅和硫酸制成的蓄电池，但这种蓄电池使用时间非常短。1899 爱迪生开始夜以继日地做实验对铅酸蓄电池的问题进行钻研攻克，苦战了 3 年。爱迪生试用了几千种材料，做了 4 万多次实验，依然没有什么收获。1904 年，爱迪生终于用氢氧化钠（烧碱）溶液代替硫酸，用镍、铁代替铅，制成世界上第一个镍铁碱电池。但不久后，人们发现，汽车行驶时，这种电池的液体化学物质会从电池中流出来，且电池还会出现电力衰减的情况。于是，爱迪生从头开始，反复试验，寻找电池的问题根源。经过不断改进，1909 年，爱迪生终于制成了一种相当理想的镍铁碱电池。这种电池充一次电可以使汽车行驶 160 公里，而一般的铅酸电池只能供汽车行驶 80 公里。但彼时美国街头的电动车还是越来越少，一方面由于电动车的续航里程仍然不足；另一方面电动车价格极高，而当时石油大规模开采让汽油变得廉价。1935 年，电动车从路面消失了，动力电池的公关也偃旗息鼓。

人员："你们能做出一个多点触控、反应灵敏的样品吗？"苹果的技术人员认为"这是不可能的"。鉴于当时黑莓手机的流行，几位技术人员主张配备键盘，但被乔布斯否决。在乔布斯的坚持下，全新的技术诞生了，我们进入 iPhone 引领下的智能手机时代。[①]

斯坦福大学的经济学家内森·罗森博格（N. Rosenberg）说："技术创新最根本的特点，在于其过程充满了众多不确定性。我们所说的不确定性，是指无法预计求索的结果或预先决定一条通往特定目标的最快的路径。这种不确定性有一个很重要的暗示：行动不能被计划！没有人或组织，能够聪明到可以计划求索进程的结果：首先认定某一特定的创新目标，然后沿着预先确定好的路去实现，就像某人可以看地图然后策划出一条到某一历史遗迹最快的路径那样。"[②]

三、企业护城河

企业创造价值的方式在于，通过出售产品或服务获得收入，然后减去它创造产品/服务所需的成本。从而，企业有四种策略创造价值：提高客户的支付意愿、降低竞争对手客户的支付意愿、降低供应商的机会成本、提高竞争对手的供应商的机会成本。

当我们分析企业的价值时，我们可以从它的价值链（Value Chain）开始。所谓价值链，是指企业从研发到供应链管理到生产到销售到售后服务等整个业务链条。我们可以将我们关注企业的价值链与整个行业的价值链相比较，看看是否有所不同。如果企业的价值链完全与行业内其他竞争对手的价值链相同，那么这些企业就是高度同质的，因而常常导致价格战或者零和竞争。要创造更多价值，企业应当与竞争对手有所不同，这种不同可以体现在价值链上的任何环节。此外，我们应当尽量细致地审视企业价

---

① ［美］沃尔特·艾萨克森：《史蒂夫·乔布斯传》（典藏版），赵灿译，中信出版集团 2023年版。

② 转引自张维迎：《重新理解企业家精神》，海南出版社 2022 年版。

值链每个环节对应的成本，评估企业的成本结构与它的竞争对手的异同，
了解企业的成本优势和成本劣势。

企业竞争优势的来源

企业自身的竞争优势往往有三个方面：一是产品优势；二是客户优
势；三是外部因素。

就产品优势而言，它来源于：

① 刚性的固定成本，即无论产量是多少，期初都需要投入这么多固定
成本（比如固定资产、研发、营销投入等），从而有助于吓退竞争者；

② 复杂的生产过程；

③ 专利、商标、工艺等形成的壁垒；

④ 得天独厚的资源优势，比如独特的地理位置。

客户优势即客户黏性，它包括：

① 客户已经习惯于使用这个产品，我们很容易把家里的鞋柜换成另
一个牌子（甚至都不知道用的是哪个牌子），但却不太会尝试新的榨菜
牌子；

② 使用这个产品能给客户带来身份认同、情感、社交等方面的精神价
值，比如宴请时使用茅台，它背后蕴含的情感含义是显而易见的，代表着
对朋友的重视；

③ 高转换成本和客户锁定，即用户如果要改用其他产品，就会面临很
高的转换成本，比如企业要换 ERP 系统或者财务软件的成本就很高，不仅
要支付使用费，还有员工培训和业务流程改造的成本等；

④ 网络效应，想想社会上那些长袖善舞、链接资源的节点性人物，他
们认识的人越多，就越有价值；越有价值，就会有越多的人要来认识他
们，企业的产品也是一样，典型的比如社交 App，使用者越多，网络价值
越大；网络价值越大，使用者进一步增多，这是正向反馈的过程。

客户优势常常带来高毛利，因为客户愿意为公司的产品和服务支付溢
价，很多优秀的公司（如那些耳熟能详的奢侈品公司）都可以长期稳定地

对产品进行提价而不招致客户的反感和抛弃。如果我们相信一家公司有客户优势，我们就需要思考为什么客户愿意给公司溢价付费，以及为什么客户溢价付费的意愿能持续。

外部因素主要是指政府相关的因素，如税收、配额、补贴、行政许可等。

上述各项优势中，从撼动它的难易程度来说，我认为最难撼动的是得天独厚的地域优势，如长江电力、华能水电、国投电力扼守长江上游的不同流域，如出了茅台镇造不出茅台酒，如涪陵榨菜的原材料青菜头（重庆、四川和浙江集中了全国84%的种植面积，重庆涪陵更是占了46%的份额）；次一级的是高转换成本（如网络效应）带来的客户黏性，微信、office办公软件都属于这一类；再次一级是高市场份额与高固定成本投入的结合，单纯的市场份额优势是很不牢靠的，但如果市场份额优势和较大的固定资产投资结合在一起，即企业可以用足够大的市场份额摊薄固定成本从而获得单价优势，那市场份额也会成为明显的竞争优势；此外是独特的、垄断的配方和工艺带来的优势，比如片仔癀的配方；最后是技术和复杂的生产过程带来的优势，它并不是那么难被攻克，因为投资者接触到的技术多是民用技术，凡是民用技术，它的门槛往往不会太高，假以时日，总是会被越过；行政许可的优势则差异很大，有的行政许可非常稳固、极难撼动，有的行政许可则稳定性差很多，大多数行政许可是后者。

品牌、爆款产品、巨大的市场份额、优秀的管理者，则并不构成企业的护城河。但这几项优势却比较显眼，容易让投资者误以为这是护城河。品牌、爆款产品如果没有护城河阻挡对手竞争的话，很快会被复制和颠覆，很多行业都是"只见新人笑，不闻旧人哭"，如奶茶行业。单纯巨大的市场份额也是不牢靠的，这个道理与爆款产品是一样的，柯达（胶卷）、IBM（个人计算机）、Netscape（浏览器）的巅峰市占率都曾在90%以上。至于优秀的管理者，它也是不稳定的，并且优秀的管理与企业的优秀经营水平之间的因果关系也不是那么清晰。就好像很难说一个小孩优秀是因为他的父母教育得好，这个因果关系需要推敲，儿童心理学的观点是，同伴的影响力往往要比父母更大，更难说由于父母教育得好（护城河），这个小孩会长期优秀下去。

企业间的互动：竞争与合作

行业内企业间的竞争与合作推演也是企业护城河分析的一环。因为如果行业内企业的最优解是竞相上产能或者竞相降价，那么再强的护城河也难以抵御这种动能对经济价值的侵蚀。

博弈论是分析企业互动关系的有效工具，尤其是对于企业的价格测量和产能测量。所谓博弈论，它的核心是要求我们站在我们竞争对手的角度思考问题，而不是只站在自己角度考虑。

考虑这样一个情形，两家竞争企业 A 和 B 在思考要不要增加产能。如果 A 上了新产能而 B 不上，那么 A 会获得 40 的收益，而 B 的收益为 25；同样，如果 B 增加产能而 A 不增加，那么 B 获得 40 的收益，而 A 只获得 25；如果两家企业都不增加产能，那么两者的总收益都是最高的，分别为 35，合计为 70；如果两家企业都新增产能，那么两者总收益是最低的，分别为 30，合计为 60（见表 4 – 13）。

表 4 – 13　　　　　　　　　　新增产能的囚徒困境

产能变化		企业 B	
		不新增产能	新增产能
企业 A	不新增产能	B，35 A，35	B，40 A，25
	新增产能	B，25 A，40	B，30 A，30

资料来源：迈克尔·莫布森和丹·卡拉汉（Michael J. Mauboussin & Dan Callahan）的研究报告《度量护城河：评估企业价值创造的强度和持续性》(*Measuring the Moat*: *Assessing the Magnitude and Sustainability of Value Creation*)。

显而易见，在这种困境下，企业的理性选择应当是新增产能，因为无论 B 是否新增产能，A 新增产能总比不新增产能的收益大，反之 B 也同理。

以生猪行业为例，每个养殖户都追求自身利益最大化，以赚取更多的养殖利润并占据更大的市场份额，而不论竞争对手是否减少产能，因此养殖户的最优策略就是不减少养猪产能。正如我们前面说的，越是分散的行业，竞争越是大于合作；越是集中的行业，合作的可能性才越大。当所有参与方都选择不减少产能，博弈的均衡状态就是行业整体产能难以去化，这就是生猪行业面临的困境。打破这种困境，往往只能依靠瘟病等外部力量，或者猪价下跌导致大量养殖户资金链断裂。

当然，囚徒困境往往出现在一次性博弈中。商业实践中，企业之间的博弈是持续存在的，一般不会一次就结束。在重复博弈中，企业的理性选择应当是"以牙还牙"，即在最开始选择合作，接下来无论竞争对手做什么，都复制它的做法，比如如果对手降价了，那么就跟着降价，如果对手涨价了，也跟着涨价。

品牌

一个常被误解的因素是企业的品牌。大多数人认为品牌是企业的竞争优势，且是最重要的竞争优势。但总体来说，品牌的知名度和美誉度并不足以为企业带来竞争优势，仅仅品牌本身带来的对消费者的锁定力是不足的，消费者并没有什么忠诚度可言，他们总是不断在抛弃曾经的当红品牌们。

真正把用户锁定下来的是其他一些东西，如网络效应（消费者转用其他产品的成本很高，比如微信），或者能赋予消费者独特的身份地位或情感价值时（如茅台酒、苹果电子产品），或者巨大的市场份额带来的对高固定成本的摊薄（从而导致更低的产品售价）等。品牌只有能带来很强的用户锁定，才能构成企业的竞争优势。换言之，构成企业竞争优势的是用户的转换成本、网络效应或成本摊薄等，而非品牌本身。

例如，很多人认为可口可乐的强大在于其独特的秘方和对秘方的严格保护，进而可口可乐凭借独特的口味塑造了竞争对手难以模仿的品牌。实际上，这只是部分事实。可口可乐更重要的护城河在于巨大的市场份额和销量对极高的固定成本（工厂、设备、营销费用、渠道费用等）的显著摊薄。一瓶可乐，背后的产业链非常复杂，但可口可乐能做到只卖2块钱，而且还能盈利（可口可乐的净利润率在20％以上）。即便给竞争对手同样的配方、同样的投入资金，它也无法做到这样的低成本和低价。

管理与运气

我们在探索是什么导致了企业的经营结果时，常常需要追溯到管理的因素，比如企业拥有高瞻远瞩的管理团队。但就企业护城河来说，优秀的管理才能不宜被当作企业的竞争护城河。也就是说，我们不能指望优秀的管理团队能持续保障企业产出超额的利润和股东回报。

原因在于，一方面，人是非常难以把握的认识对象。因为人不是站在那里等着被我们观察，他会对我们的观察做出反应，他会思考我们会怎么看待他，进而趋利避害地作出调整，这一点我们在第一章中已经多次提及过。想象如果分子原子会思考，科学研究将会变得多么艰难。由于认识对象过于复杂，因而很多时候，我们对于企业管理者的所谓"认识"，脑补和附会的成分大于真实的成分，故事的成分大于事实的成分，尤其是对作为外部观察者的普通投资者来说。当然，反过来说，我们很难确证管理者的才能，但往往能确证管理者的缺陷，如不诚信、贪婪、短视等。因此，投资中，管理更适合作为一个负面排除因素。

另一方面，好的经营决策是优秀管理水平的结果，但也不仅仅是优秀管理水平的结果。因为商业世界高度复杂，随机性、运气等都会对企业经营的结果产生重要的影响，优秀的经营业绩很多时候是运气的结果。这意味着，好的决策或战略很可能会均值回归。实际上，大量的经验表明，但凡需要企业管理者持续作出优质决策的行业，如一些技术或风潮变革很快的行业（消费电子、计算机、服装），随着时间拉长，管理者终归会犯错，进而导致企业失败，这正是管理能力的均值回归。因此，管理能力是不可靠的，投资者不能把希望寄托在管理者持续英明神武上。

第五节 比较的思维

一、梯度上升原理与投资

假设你在群山环绕、地形复杂的山谷中，想要爬到最高的山峰上去，但周遭雾气氤氲，能见度不高，看不到全局。此时，你应该怎么做呢？

合理的做法是"梯度上升"（gradient ascent）。首先，环顾你身边近处的斜坡，确定哪个坡最陡。你朝最陡斜坡的那个方向爬一会，然后停下来，再从新的有利位置环顾四周，看看此时是否有更有利的攀登方向，特别是能否找到一个更陡的斜坡。通过一次又一次地重复这个过程，你会爬得越来越高，直到你最终达到顶峰。

虽然这个过程可能找不到最快的途径达到顶峰，但它最终会可靠地把你带到顶峰地带。你不会直接朝着顶峰攀登，除非你已经接近顶峰，否则你根本不知道它在哪里，也不知道到达顶峰的最佳路线是哪条。但是如果你不断地依据比较做决策，即追求短期目标，同时在遇到一个更好的选择机会时，你保持改变路线的灵活性，那你将会越爬越高。

我们的投资过程也类似上面的场景。茫茫股海，我们无法看穿它的全貌，但我们的目标是在最好的时机，找到那几只能带我们走上收益巅峰的最好的股票。此时，梯度上升算法是最优解。当我们遭遇任何潜在的投资机会，我们需要把它和我们手边最好的机会做比较，以确保当下我们正朝最陡的斜坡攀爬。

巴菲特在 1995 年伯克希尔·哈撒韦股东大会上曾说："查理和我在阅读一家企业的资料时，总是会将其与别的几十家企业相比较。我们已经习惯成自然了。你应该总是以某种方式进行排序和筛选——这就像棒球中的球探，在考虑一个棒球运动员与另一个球员对抗时会怎么样……假如你对各种行业中的不同企业都心里有数，那么你就有很好的背景知识进行衡量。"[1]

---

① 伯克希尔·哈撒韦 1995 年年度股东大会上巴菲特与股东的问答，笔者根据公开信息整理。

投资的成果，很大程度上取决于我们找到的最好的时机下的最好的那几个投资标的的质量。就像芒格说的："如果你把我们前 15 个最好的决策去掉，你会发现我们的投资回报相当普通，前 15 个最好的决策对我们的卓越回报具有决定性的影响。"[1] 这也是为什么投资中要多看多积累，只有看得足够多，我们才能有效地对潜在投资机会作出比较。就像让一个人推荐他认为最好的书，如果他一共只看过五本书，那么他的推荐大概率是没价值的。

有人做过统计，如果把 1990～2022 年中国内地一共 4876 只股票在上述期间内创造的净财富（也就是买入后长期持有，股息再投资的总收益减去资金投入同期银行存款得到的总收益）从高到低进行排列，结果发现 A 股在这 32 年创造的总净财富为 18500 亿美元，这个数正好等于表现最好的前 25 家公司（占比 0.5%）创造的净财富，也就是说，剩下的 99.5% 的公司，合到一起累计创造的净财富是零。因此，中国股票长期回报的分布不是"二八定律"，而是"0.5－99.5 定律"。也就是说，如果我们不加斟酌、比较地进行投资，我们有极大概率会踩坑。因此，比较的思维就显得尤为重要，投资正是要通过比较来避开大多数股票。

投资中比较的思维意味着我们投资体系中的一个重要部分就是构建和积累起高水平的股票池，这是我们潜在投资机会的来源，也是我们用以比较潜在投资机会的标尺所在。假设我们每年沉淀下来 5～10 只股票，那么十年后，我们的股票池中会有近百只标的。此时，我们不仅拥有了一个高水平的股票池，也大概率培养起了兼具深度与广度的一定水平的商业洞察力。

假如我们研究比对 10 只股票，能选出 3 只放进我们的股票池，这 3 只股票中可能只有 1 只能等到足够低的买入价格（满足我们的要求回报率），并且，由于我们不可能总是正确的，我们的投资组合需要充分的分散度，假定需要分散在 15 只个股上（不考虑股票指数、债券、现金等持仓），那

---

[1] ［美］彼得·考夫曼编：《穷查理宝典：查理·芒格的智慧箴言》（全新增订本），中信出版集团 2021 年版。

么，我们需要研究和比较 150 只股票才能填满我们的仓位。如果一只股票的持股时长平均是 3 年，那么我们一年需要分析 50 只股票，平均一周需要看 1 只股票。因此，投资实际上是工作量非常大的一项工作。

实际上，不仅是爬山，也不仅是投资，梯度上升的思维同样适用于我们的人生发展。选择什么样的职业、选择什么样的事业、设定什么样的目标，这些都不是我们在人生早期或起步阶段就能规划好的，这种过于长远的规划，很多时候是一种武断和盲目，是对社会主流思路的跟风。每个人人生的卓越之峰都有它独一无二的地形，因为每个人都有自己独特的渴望和优势。我们看到的山峰和山谷与身边的人看到的是不同的。这需要我们用类似于梯度上升算法这样的思路去一步一步摸索出我们的最佳路径。在人生的每个阶段，总是做好短期选择——选择那个能适合我们、能最大化当下的我们的那个选项，总是设定短期目标并去完成它，然后继续抬头看路，寻找更陡的坡路。假以时日，当我们回过头来看，会发现自己已经抵达卓越之峰。

当我们理解了梯度上升原理之后，我们对人生路径的态度将变得更加轻松和豁达，因为我们知道所谓"正确"的人生路径需要走一步看一步，不存在最初就确定好了的"正确"的路径，进而我们将不会总是沉湎在对"最佳路径"的执着和对偏离了"最佳路径"的懊丧中。

二、和什么做比较？

应该把潜在的投资机会和什么东西做比较呢？在投资者已经有长期充分的积累以至于他的"这段时间内最好的交易"已经足够优秀之前，即在他的投资积累还比较薄弱时，他应当将潜在投资机会与两类投资进行比较，以决定这笔投资是去是留：一是与无风险投资机会做比较；二是与耳熟能详的高价值企业做比较。

无风险投资机会

所谓无风险投资机会，主要是指十年期国债。国债是确定性的代表，如果投资一个公司的性价比不及投资十年期国债，那么为什么还要投资这个公司呢？持有每一种资产的风险不同，市场会给予不同的风险补偿。扣除掉风险补偿，如果哪一类资产的投资收益低于市场无风险收益，就会被判定为高估，投资者就会卖掉这种高估资产，转而购买十年期国债；相反，该类资产扣除风险补偿后的收益率高于十年期国债，就会被判定为有投资价值，投资者会卖掉国债，买入该类资产。因此，十年期国债收益率是股票定价之"锚"。

段永平在回答自己怎么做定量分析的时候曾说："比如一个公司有净资产100亿元，每年能赚10亿元，这个公司大概值多少钱？大概就是你存多少钱，能拿到10亿元的利息，按照长期国债利率计算（我一般就固定用5%），再把资金额打6折。越觉得没谱的，打折就要越厉害。"①

段永平说的是什么意思呢？实际上他是在拿潜在的投资机会与国债，也就是无风险投资机会做比较。如果一门生意像长期国债一样靠谱，那么它的PB就应当等于它的ROE/长期国债到期收益率，否则要在此基础上打折，越不稳，打的折扣越多。

截至2023年末，中国的十年期国债到期收益率（即十年期国债持有到期的年化收益率）为2.56%（2023年全年均值为2.7%），2024年第一季度末则下跌到了2.3%左右的水平，而10年前这个数在4.5%左右。一个国家的利率水平本质上由其经济增长速度决定。比如日本长期GDP负增长，对应长期零利率甚至是负利率；美国经济增速中值在2%~2.5%，对应的美国十年期国债收益率中值在1.5%左右。因而，长期来看，中国十年期国债的到期收益率未来会继续下行。

如何将一门生意与长期国债做比较呢？核心是看公司的未来自由现金流是否确定、稳定，有多确定、多稳定。很大程度上，这种判断是主观的。

---

① 雪球专刊：《雪球特别版：段永平投资问答录》（投资逻辑篇），浙江出版集团数字传媒有限公司2020年版。

　　巴菲特在 1994 年伯克希尔·哈撒韦股东大会上也提到过类似的理念:"在长期债券利率为 7% 的世界里,我们肯定希望我们的税收现金流贴现利率至少为 10%。但是这要看我们对企业有多确定,我们对企业越觉得确定,贴现率就越接近最低值。只有在我们对所有的问题都很确定了之后,我们才会对一家企业感兴趣,但确定有不同程度。如果我们觉得对未来三十年里获得的现金流极其确定,我们对这家公司使用的贴现率,就会比我们认为在未来五年或十年内会发生预期外事情的公司,更低一点。"[1]

　　例如,我们在第三章中提到长江电力的业务确定性非常高。过去二十年,长江电力的企业自由现金流非常高,且整体来看长期保持稳定,企业自由现金流表现不佳的年份,主要是受收购电站发电机组和资产重组等特殊的影响。剔除上述特殊原因导致的波动,长江电力在正常年份中 EBIT-DA 累计为 4007.55 亿元,企业自由现金流为 3208.56 亿元,后者占前者比例为 80%。

　　长江电力过去二十年的 PB 均值为 2.64 倍,2023 年末则为 2.9 倍。鉴于其过去二十年的 ROE 均值为 14.1%(基本可代表其当前 ROE 水平),则隐含着市场的看法是,长江电力这门生意的稳定性、确定性相比十年期国债,要乘上 55% 的折扣系数,即打了 45% 的折扣。这个看法是否合理,投资者可以自行判断。

　　再来看看贵州茅台。贵州茅台过去二十年,PB 均值为 9.24 倍,2023 年末为 11.19 倍。其过去二十年 ROE 均值为 32%,2022 年约为 30%,换算下来的贵州茅台相较十年期国债的折扣系数约为 100%(打了 0 的折扣),即贵州茅台的靠谱程度与十年期国债相当。显然,市场的这种判断是有待商榷的。

耳熟能详的高价值企业

　　耳熟能详的高价值企业,典型的如贵州茅台、海天味业、伊利股份、

---

①　伯克希尔·哈撒韦 1994 年年度股东大会上巴菲特与股东的问答,笔者根据公开信息整理。

恒瑞医药、涪陵榨菜、片仔癀、同仁堂、青岛啤酒、长江电力等。所谓与这些高价值企业比较，实际上是在买入任何一家企业之前，都要问自己，我买它而不买那些高价值企业的理由是什么？

为什么要将手头潜在的投资机会与这些耳熟能详的高价值企业做比较？因为，一方面这些股票的商业模式优异、清晰、稳定，这也正是其高价值的基础，从而投资者有可能对其做出靠谱的估值；另一方面则是因为这些股票人尽皆知，参与者众多，其估值长期处在比较有效的区间，适合作为比较的标尺。实际上，投资者积累商业认知，也适合从这一类相对易懂的企业开始。

三、投资机会的比较：以涪陵榨菜和白云山 H 为例

接下来，以当下的涪陵榨菜（002507. SZ）和白云山 H（00874. HK）这两只股票为例，讨论如何对两个潜在投资机会进行比较。[①]

怎么进行比较呢？我认为可以从以下几个方面展开：一是比较不同上市公司的经营效益及其确定性、稳定性，这背后是公司的商业模式和竞争优势；二是比较成长性；三是比较管理层品性和投资风险；四是比较估值和性价比。

针对以上方面，不同的投资者可以赋予不同的权重分配，比如有的投资者更看重公司经营的确定性、有的更关注估值的性价比，那么他们比较后作出的判断就可能是不同的。

经营效益及其确定性、稳定性

如我们在本章第一节中所说的，高盈利能力是高价值的基础。因此，不同股票和公司的比较，其经营效益和盈利质量的比较是第一位的，不仅

[①] 如无特殊说明，以下引用的涪陵榨菜和白云山相关的经营、财务、行业相关的数据和信息均来自其在交易所网站披露的招股说明书及历年年报等公开资料。

是绝对值，还有其确定性和稳定性。

公司过往的经营效益和盈利质量体现在其财务数据上，我们可以从ROE、ROIC、毛利率、现金流等指标进行分析，而这些数据背后的支撑因素，是公司的商业模式和竞争优势。

（1）ROE 与 ROIC

涪陵榨菜的业务非常简洁，主要是旗下乌江榨菜的生产销售。公司2010 年上市至 2023 年的 14 年，ROE 均值为 16.74%，过去 5 年均值为16.50%，过去 3 年则为 11.71%。2021 年、2022 年和 2023 年有显著下滑，分别为 12.62%、12.09% 和 10.41%。2016~2020 年这 5 年，ROE 处于极高水平，均值 23.76%，除开这 5 年，上市以来其他几年的 ROE 则处于在10%~17% 区间，保持比较稳定。

再看 ROIC，涪陵榨菜 2010~2023 年的 ROIC 均值为 15.50%，仅比ROE 低 1.24 个百分点，占其 ROE 水平的 93%，可见涪陵榨菜的高 ROE并非财务杠杆或非经常性损益推动，我们这里重点来看它的 ROE 即可。

"ROE = 销售净利率 × 资产周转率 × 权益乘数"，以 2023 年为例，涪陵榨菜 10.41% 的 ROE 来自 33.74% 的高净利率、0.28 次的低总资产周转率和 1.06 倍的极低权益乘数（资产负债率仅 6%）。因而，涪陵榨菜是一家高净利率、低资产周转率和超低负债率的公司。

ROE 从 2020 年的近 25% 下滑到 2023 年的 10% 出头，主要原因在于总资产周转率的大幅下滑（从 0.62 到 0.28），而总资产周转率的大幅下滑，则源自公司 2021 年大额定增募资 32.8 亿元，大幅拉高了资产规模，总资产从 2020 年的 39.70 亿元增至 2021 年、2022 年和 2023 年的 77.49 亿元、86.02 亿元和 87.69 亿元。此外，2021 年以来 ROE 大降还与毛利率和净利率下降有关，这源于原材料青菜头和榨菜半成品的涨价。公司在 2021 年年报中称："公司主要原材料青菜头及榨菜半成品受市场供需影响，2021年度价格分别同比上涨约 80% 和 42%，造成 2021 年公司主营业务成本同比上涨约 13%。"如表 4-14 所示。

表 4-14　　　　　　　　涪陵榨菜 2010 年以来历年 ROE 和 ROIC

指标	2023年	2022年	2021年	2020年	2019年	2018年	2017年	2016年	2015年	2014年	2013年	2012年	2011年	2010年
ROE(%)	10.41	12.09	12.62	24.74	22.65	30.08	23.76	17.56	12.85	12.12	14.26	13.94	10.34	16.93
销售净利率(%)	33.74	35.27	29.46	34.19	30.42	34.57	27.24	22.95	16.91	14.56	16.62	17.74	12.55	10.23
资产周转率(次)	0.28	0.31	0.43	0.62	0.63	0.7	0.69	0.62	0.61	0.68	0.7	0.65	0.68	0.74
权益乘数(倍)	1.06	1.11	1.08	1.16	1.17	1.21	1.29	1.23	1.21	1.2	1.25	1.18	1.22	1.18
ROIC(%)	9.26	10.85	12.48	23.79	22.48	29.98	23.56	17.24	11.94	11.09	12.86	12.49	9.25	9.68

资料来源：涪陵榨菜历年年报。

再来看白云山这家公司，白云山主要是三大业务板块：医药商业、大健康和大南药。所谓医药商业，是指药品和医疗器械生产制造出来后的流通环节，包括向医院、社区诊所等进行批发和通过药店进行零售等；大健康板块则主要包括以王老吉为主的各种饮料、食品、保健品等；大南药即医药制造板块，包括了多种中成药和化学药。

白云山过去 10 年的 ROE 的均值为 13.65%，过去 3 年的均值则为 12.86%，没达到 15%，谈不上优秀，更比不上涪陵榨菜上市以来 16.74% 的 ROE 水平，但也算中规中矩，且每年均维持在 10% 以上，比较稳定。白云山过去 10 年 ROIC 均值为 11.53%，比 ROE 低 2.12 个百分点，占 ROE 水平的 84%，因此财务杠杆和非经常性损益对于白云山 ROE 水平的提升较涪陵榨菜要更明显。

2016 年以来，白云山的 ROE 有明显降档，主要源自资产周转率的大幅下降，而这与公司医药流通业务快速扩张有关。

ROE 拆分来看，以 2023 年为例，12.11% 的 ROE 来自 5.62% 的净利率、0.99 次的资产周转率和 2.29 倍的权益乘数。白云山的净利率非常低，主要原因在于公司约 70% 的营业收入为低毛利低净利的医药流通业务，其净利率为 1.2%。公司的资产周转率处于正常水平，权益乘数则偏高，近年来公司的资产负债率稳定在 50% 以上，负债水平比较高。

资产负债率主要受医药流通业务影响，白云山医药流通业务的载体为广州医药股份有限公司，参考广州医药的招股书，2015~2020 年，广州医药的资产负债率均在 80% 以上。这是医药流通业务本身的商业模式决定的，医药流通企业很大程度上承担了为下游医院等客户先行垫付资金的功能，因而对资金的需求很大。

医药流通业务净利率虽低，但 ROE 不算低（源于高权益乘数），2023年广州医药 70.66 亿元净资产产生 6.37 亿元净利润，ROE 为 9.02%（见表 4 - 15），对白云山 ROE 的拖累有限。所以，即便是毛利率较高的大健康和大南药板块，其 ROE 本身也不优秀。

表 4 - 15 　　　　　　白云山 2013 年以来历年 ROE 和 ROIC

指标	2023年	2022年	2021年	2020年	2019年	2018年	2017年	2016年	2015年	2014年	2013年
ROE（%）	12.11	12.98	13.48	11.58	13.9	16.97	11.39	11.69	16.06	16.37	17.94
销售净利率（%）	5.62	6.01	5.75	5.01	5.3	8.37	10.11	7.78	7.03	6.44	5.72
资产周转率（次）	0.99	1.01	1.1	1.06	1.2	1.06	0.77	0.96	1.27	1.42	1.91
权益乘数	2.29	2.22	2.11	2.12	2.19	2.22	1.47	1.47	1.83	1.79	1.74
ROIC	9.09	9.74	10.10	8.91	10.90	14.60	12.99	12.24	14.04	12.67	12.63

资料来源：白云山历年年报。

（2）毛利率

涪陵榨菜毛利率水平非常高且保持稳健，自 2010 年上市以来毛利率均值为 47.15%，过去五年均值则提升至 54.62%。

但 2021 年、2022 年和 2023 年，公司毛利率较前几年有所下滑，从 2020 年的 58.61% 下降至 2021 年、2022 年和 2023 年的 52.36%、53.15% 和 50.72%。

如前所述，公司 2021 年以来毛利率的下滑，主要源自主要原材料青菜头和榨菜半成品的涨价，2021 年度青菜头和榨菜半成品价格分别同比上涨约 80% 和 42%，2022 年虽然同比下降 42% 和 18%，但较 2020 年价格仍有所上涨，2023 年青菜头收购价格则又同比上涨 40%。

原材料价格的波动导致公司毛利率波动，但总体而言，自 2018 年以来，涪陵榨菜毛利率维持在 50%~58% 的区间，原材料价格波动的影响相对稳定可控（见表 4 – 16）。

表 4 – 16　　　　　　涪陵榨菜 2010 年以来历年毛利率　　　　　单位：%

指标	2023年	2022年	2021年	2020年	2019年	2018年	2017年	2016年	2015年	2014年	2013年	2012年	2011年	2010年
毛利率	50.72	53.15	52.36	58.26	58.61	55.76	48.22	45.78	44.03	42.39	39.62	42.44	36.45	32.36

资料来源：涪陵榨菜历年年报。

涪陵榨菜的稳定高毛利水平，反映了公司的商业模式有其独特的价值。有几个方面是比较明显的：一是榨菜作为大众佐餐，它的消费需求非常普世、高频和稳定，不会轻易发生翻天覆地的变化，是一门踏实、稳定的生意；二是榨菜成本结构和原材料构成简单，产品单价较低，消费者对其价格敏感性较低，乌江涪陵榨菜又在此基础上塑造了优秀的品牌地位，获得高毛利溢价是自然而然的。

再来看白云山，白云山过去 10 年平均毛利率为 26.58%。分板块看，大商业为 6.87%、大健康为 45.31%、大南药为 43.11%。大南药过去两三年毛利率有显著走高的趋势，大商业保持稳定，大健康则自 2022 年以来毛利率有所下降（见表 4 – 17）。

表 4 – 17　　　　　　白云山近 10 年主营构成及毛利率

年份	总营收（亿元）	毛利率（%）	大商业（亿元）	毛利率（%）	大健康（亿元）	毛利率（%）	大南药（亿元）	毛利率（%）
2023	755.15	18.79	527.62	6.99	111.17	44.41	108.89	48.74
2022	707.88	18.76	491.31	7.03	104.73	43.52	104.62	47.95
2021	690.14	19.17	467.79	6.64	108.51	47.34	107.89	44.07
2020	616.74	16.93	431.77	6.41	78.59	47.87	102.00	36.17
2019	649.52	19.82	423.89	6.69	104.79	50.81	116.50	38.24
2018	422.34	23.84	227.44	6.91	94.87	43.43	96.35	43.13
2017	209.54	37.66	43.29	7.54	85.74	45.25	77.96	45.40
2016	200.36	33.06	51.48	6.00	77.69	40.78	69.06	43.62
2015	191.25	36.21	44.38	7.63	77.68	44.41	67.59	44.57
2014	188.00	35.24						
2013	176.08	32.95					73.25	39.23

资料来源：白云山历年年报。

大南药中，大致是中成药占60%、化学药占40%的营收结构，中成药的毛利率稳定在40%出头，而化学药毛利率提升明显，带动了大南药整体毛利率的上升。

大健康过去八九年毛利率均值为45.31%，2022年以来，相比2019~2021年有所下降，维持在43%~45%区间。

大商业的毛利率一直较低，过去八九年的均值是6.87%，且维持稳定（见表4-18）。

表4-18　　　　　白云山大南药板块近10年营收构成及毛利率

年份	大南药（亿元）	毛利率（%）	中成药（亿元）	占比（%）	毛利率（%）	化学药（亿元）	占比（%）	毛利率（%）
2023	108.89	48.74	62.71	57.59	43.73	46.18	42.41	55.55
2022	104.62	47.95	56.17	53.69	41.73	48.45	46.31	55.16
2021	107.89	44.07	52.70	48.85	42.60	55.20	51.16	45.47
2020	102.00	36.17	43.92	43.06	39.67	58.08	56.94	33.52
2019	116.50	38.24	46.67	40.06	41.79	69.83	59.94	35.87
2018	96.35	43.13	38.47	39.93	43.20	57.88	60.07	43.09
2017	77.96	45.40	39.14	50.21	41.34	38.82	49.79	49.50
2016	69.06	43.62	33.18	48.05	45.19	36.88	53.40	42.25
2015	67.59	44.57	32.27	47.74	47.30	35.33	52.27	42.07
2014	—	—	—	—	—	—	—	—
2013	73.25	39.23	38.95	53.17	41.57	34.29	46.81	36.57

资料来源：白云山历年年报。

（3）现金流

涪陵榨菜的净经营性现金流状况较好，净利润含金量高，净经营性现金流长期稳定高于净利润（2014年、2018年、2019年三年则是接近净利润），但2023年公司净经营性现金流仅为4.35亿元，较2022年的10.79亿元下降约60%，且显著低于2023年7.56亿元的净利润水平（见表4-19）。对此，2023年半年报的解释是，2023年上半年收到的货款减少，同时支付原料款（上半年青菜头收购价格同比上涨约40%）及推广费用同比增加。
可见，2023年，涪陵榨菜在销售端遇到了比较大的困难。

表4-19 涪陵榨菜上市以来净利润含金量情况

年份	净利润（亿元）	净经营性现金流（亿元）	净经营性现金流/净利润
2010	0.56	1.14	2.04
2011	0.88	1.18	1.34
2012	1.26	1.52	1.21
2013	1.41	2	1.42
2014	1.32	1.09	0.83
2015	1.57	2.45	1.56
2016	2.57	4.03	1.57
2017	4.14	5.23	1.26
2018	6.62	5.59	0.84
2019	6.05	5.17	0.85
2020	7.77	9.39	1.21
2021	7.42	7.45	1.00
2022	8.99	10.79	1.20
2023	7.56	4.35	0.58

资料来源：涪陵榨菜历年年报。

涪陵榨菜的企业自由现金流比较不稳定。2010~2023年共计产生
69.60亿元EBITDA，但期间只产生10.43亿元企业自由现金流，占比
15%。但若剔除2021年因定增导致的特殊情况（定增融资导致净运营资
本大幅增加，体现为结构性存款、收益凭证等其他流动资产，导致2021年
FCFF为-17.69亿元），则自2010年以来，涪陵榨菜企业自由现金流占
EBITDA的46%，属于相对不错的水平，但稳定性不佳，2014年、2017
年、2019年的FCFF均为负，2014年和2017年主要源自净营运资本的波
动，2019年则是因为资本开支的大幅增加。

涪陵榨菜的自由现金流水平易出现较大波动，尤其是净营运资本容易

出现大幅波动（见表4-20）。但净营运资本波动，往往是因为现金在货币资金科目和其他流动资产科目（购买理财产品）之间转换导致的。加总过往历年情况，涪陵榨菜的FCFF占EBITDA比例属于不错的水平。

表4-20　　　　　　　　涪陵榨菜上市以来现金流情况

年份	EBITDA（亿元）	资本开支（亿元）	净营运资本变化（亿元）	所得税（亿元）	企业自由现金流 FCFF（亿元）	FCFF/EBITDA（%）
2010	0.93	0.47	-0.17	0.11	0.51	54.84
2011	1.18	1.07	-0.16	0.16	0.13	11.02
2012	1.62	0.92	0.01	0.23	0.49	30.25
2013	1.73	0.97	0.22	0.24	0.33	19.08
2014	1.63	1.11	1.62	0.24	-1.30	-79.75
2015	2.04	1.02	0.92	0.27	-0.10	-4.90
2016	3.20	0.48	1.73	0.49	0.52	16.25
2017	5.04	0.85	4.75	0.74	-1.23	-24.40
2018	7.89	2.92	-6.3	1.17	10.17	128.90
2019	7.49	6.48	0.14	1.07	-0.15	-2.00
2020	9.52	1.72	-3.11	1.37	9.61	100.95
2021	8.37	1.41	23.55	1.32	-17.69	-211.35
2022	9.84	1.31	2.7	1.57	4.53	46.04
2023	9.12	1.15	1.88	1.48	4.61	50.55

资料来源：涪陵榨菜历年年报。

再来看白云山的情况，除2017年、2020年和2023年外，白云山的净经营性现金流稳定高于净利润，整体占比在1.2倍左右，净利润的含金量较高。

2017年较2016年，在净利润增加5.6亿元的情况下，净经营性现金流减少了6.11亿元，比较显著的几个原因在于：存货增加了9亿元以上，经营性应付减少了10亿元（见表4-21）。2020年较2019年净经营性现金流减少44.37亿元，除了净利润减少3.49亿元外，主要原因在于受疫情影响，经营性应付减少了51亿元。2023年的下降则源自原材料涨价。

表 4-21　　　　　　白云山近 10 年净利润含金量情况

年份	净利润（亿元）	净经营性现金流（亿元）	净经营性现金流/净利润
2013	10.07	13.39	1.33
2014	12.11	17.61	1.45
2015	13.45	19.42	1.44
2016	15.59	24.45	1.57
2017	21.19	18.34	0.87
2018	35.34	52.17	1.48
2019	34.41	50.22	1.46
2020	30.92	5.85	0.19
2021	39.69	56.73	1.43
2022	42.53	69.99	1.65
2023	42.59	41.04	0.96

资料来源：白云山历年年报。

白云山的企业自由现金流比较优秀，除 2017 年、2018 年、2020 年 FCFF 为负外，FCFF 长期维持在 EBITDA 的 60% 以上（见表 4-22）。

表 4-22　　　　　　白云山近 10 年现金流情况

年份	EBITDA（亿元）	资本开支（亿元）	净营运资本变化（亿元）	所得税（亿元）	企业自由现金流 FCFF（亿元）	FCFF/EBITDA（%）
2013	11.14	3.50	-1.62	2.22	7.58	68
2014	11.28	3.54	-6.16	2.57	12.28	109
2015	14.00	5.15	-7.20	2.83	14.00	100
2016	14.07	2.28	-4.62	3.86	14.10	100
2017	21.70	1.97	25.56	3.74	-8.70	-40
2018	28.95	4.79	44.96	4.85	-23.38	-81
2019	45.67	24.00	-18.43	6.87	35.17	77
2020	40.18	8.77	29.51	6.47	-3.65	-9
2021	49.82	12.55	-3.31	7.54	33.58	67
2022	52.90	13.84	1.69	7.90	41.32	78
2023	57.72	16.28	5.14	8.51	27.79	48

资料来源：白云山历年年报。

2017 年，白云山 FCFF 为 - 8.7 亿元，主要原因是当年净运营资本较 2016 年大幅增加 25.56 亿元。这 25.56 亿元里，存货增加贡献 10 亿元，应收股利增加贡献 5 亿元，其他流动资产增加贡献 17 亿元（主要为结构性存款增加）。此外，无息流动负债（应付账款 + 预收账款）增加抵销了 6.5 亿元。

若把 2017 年 17 亿元结构性存款加回 FCFF，则当年 FCFF 应为 8.3 亿元，约占 EBITDA 的 38%。

2018 年，白云山的 FCFF 为 - 23.38 亿元，继续大幅下降。主要原因是净营运资本大增 44.96 亿元，其中，应收票据及应收账款增加 108 亿元、存货增加 55 亿元、应付票据及应付账款增加 90 亿元、合同负债增加 20 亿元、应交税费增加 5 亿元。应收与应付加合同负债大体持平，因而净营运资本的增加主要来自存货的大幅增加。2018 年存货增加 55 亿元，主要来自当年公司大商业营收从 2017 年的 43.29 亿元大幅增长 4.25 倍至 227.44 亿元。

（4）商业模式和竞争优势

涪陵榨菜的生意属性，从各个方面来说，都非常出色。因而，虽然过去几年涪陵榨菜的 ROE 显著下滑（因大额定增拉低资产周转率），但过往十多年来看，其 ROE 水平相对不错，均值为 16.74%，且长期稳定在 10% 以上。再如，涪陵榨菜的毛利率水平非常高，长期稳健向上，上市以来均值为 47.15%，2018 年以来更是迈入 50% 多的台阶。这与涪陵乌江榨菜的品牌知名度和美誉度有关。乌江榨菜是国内榨菜行业稳稳的第一，根据调研机构欧睿信息咨询公司（Euromonitor，全球领先的消费市场研究机构）的数据，涪陵榨菜 2008 年末市场份额为 21.28%，彼时第二名为 9.56%，到 2019 年末，涪陵榨菜市场份额达 26.41%，第二名则为 11.50%。现金流而言，涪陵榨菜净利润含金量非常高，净经营性现金流长期稳定高于净利润，企业自由现金流整体占 EBITDA 的 46% 左右，也属于不错的水平。更重要的是，涪陵榨菜的负债率极低，不足 10%，投资涪陵榨菜的下限比较高，不会招致全军覆没的惨况。

竞争护城河来说，涪陵榨菜拥有显著的地域优势。榨菜主要原材料为青菜头，产地有明显的区域特征（青菜头生长的季节为 12 月到次年 1 月，一般 4℃~5℃ 的温度比较适合生长），主要集中在重庆、浙江、四川、湖南、贵州等地，其中，重庆、四川和浙江集中了全国 84% 的种植面积，重庆涪陵更是占了 46% 的份额，是中国的青菜头之乡。青菜头收成后，必须及时加工处理，不然极易腐坏，而长距离运输成本极高，比如涪陵的青菜头如果外运到北方城市，鲜销最高价超过 4000 元/吨，是涪陵当地最高收购价的 5 倍，因而榨菜这门生意有比较强的地域属性。

再来看白云山的商业模式和竞争优势。首先，相较涪陵榨菜，白云山的业务比较繁杂，三四百亿的市值涵盖了医药流通、王老吉、中成药、化学药四个秉性差异很大且又在体量上势均力敌的业务，这大大增加了投资者理解、分析和判断的难度。例如，整体性的财务数据无法区分到各个业务板块，使得财务数据的有效性、针对性大大降低，不利于深入分析业务。

其次，医药流通板块的商业模式有一些明显的缺陷，对公司整体形成拖累。白云山医药流通业务呈现出较低的毛利率、净利率、较高的负债率、一般的 ROE，以及医药流通业务对资金的需求非常大，因为其很大程度上为下游医院客户承担垫资的功能。

此外，白云山的竞争优势不像涪陵榨菜那样在行业中鹤立鸡群。大健康板块的王老吉有比较强的品牌知名度和美誉度，但在当下茶饮品类层出不穷的大背景下，王老吉对顾客的锁定能力不足。医药流通业务在全行业来看都普遍缺乏竞争优势，这从行业内企业的毛利率、ROE、自由现金流状况等数据中都可以看到。大南药板块的化学药主要覆盖抗菌消炎类常用抗生素、男性用药和镇痛解热类用药。中成药包含诸多中华老字号产品，但缺乏大体量拳头产品。白云山在 2021 年中国非处方药生产企业总额和统计中位列第五，拥有中一药业、陈李济药厂等 12 家中华老字号药企，但中成药方面缺乏高品牌溢价、大体量的拳头产品。2023 年中成药的销售额前几名均不足 10 亿元，分别是消渴丸（用于 2 型糖尿病）5.24 亿元、小柴胡颗粒（解表散热、疏肝和胃）5.24 亿元、滋肾育胎丸（防治习惯性流产和先兆性流产）4.32 亿元、华佗再造丸（用于中风、脑血管疾病）3.22 亿元和清开灵系列（2.96 亿元）。

综上所述，从股票投资的角度看，就商业模式、竞争优势，以及由此衍生的公司经营效率及相应财务数据而言，涪陵榨菜整体要优于白云山。

成长性

就成长性而言，涪陵榨菜过往有出色的成长履历。2010～2023 年，涪陵榨菜营收从 5.45 亿元增至 24.50 亿元，年复合增速为 12.26%，2023 年营收增速转负至同比增长 -3.85%；净利润从 0.56 亿元增至 8.27 亿元，年复合增速 23.01%，2023 年为 -8.01%；总资产从 9.88 亿元增至 87.69 亿元，年复合增速 18.29%，2023 年同比增长 1.95%，而在 2021 年募集 30 多亿元资金实现总资产近乎同比翻倍之前，涪陵榨菜的总资产年复合增速为 14.92%（见表 4-23）。

表 4-23　　　　　　　涪陵榨菜上市以来营收和总资产体量

年份	营收（亿元）	营收同比（%）	净利润（亿元）	净利润同比（%）	总资产（亿元）	总资产同比（%）
2010	5.45	23.29	0.56	34.15	9.88	104.04
2011	7.05	29.29	0.88	58.59	10.76	8.96
2012	7.13	1.14	1.26	43.04	11.23	4.36
2013	8.46	18.74	1.41	11.22	12.99	15.64
2014	9.06	7.12	1.32	-6.15	13.72	5.65
2015	9.31	2.67	1.57	19.23	16.6	21.00
2016	11.21	20.43	2.57	63.46	19.32	16.40
2017	15.2	35.64	4.14	61.00	24.84	28.56
2018	19.14	25.92	6.62	59.78	29.78	19.89
2019	19.9	3.93	6.05	-8.55	33.62	12.88
2020	22.73	14.23	7.77	28.42	39.7	18.07
2021	25.19	10.82	7.42	-4.52	77.49	95.20
2022	25.48	1.18	8.99	21.14	86.02	11.01
2023	24.50	-3.85	8.27	-8.01	87.69	1.95

资料来源：涪陵榨菜历年年报。

　　成立十多年来，涪陵榨菜延续了比较优秀的稳定成长的态势，营收、净利润、总资产均保持较好的增长。营收的增长来自销量增加和涨价两个方面，2008 年起涪陵榨菜开始提价，2008~2018 年共提价 12 次，从 2008 年的 0.5 元提至 2008~2014 年的 1 元水平，再到 2015~2018 年的 2 元水平，涨价幅度超过 300%；而同期涪陵榨菜的销量从 6.52 万吨增长至 14.44 万吨，增幅 121.47%。因而，提价对营收增长的贡献显著高于销量增长。

　　2023 年公司出现营收、净利润双降的情况，这也是公司上市以来第一次出现年报营收下降的情况，其中第二季度单季度营收同比下降 21.35%，净利润同比下降 30.77%。就主力产品榨菜而言，2022 年便展现出颓势，2022 年和 2023 年公司榨菜营收同比分别下降 2.31 和 4.56%。

　　榨菜业务下滑，一方面是公司近两年在做品类拓展，重心向新品类（萝卜、泡菜等）倾斜；另一方面是 2021 年进行了提价，2021 年 11 月，涪陵榨菜各品类产品价格上调 3%~19%，进而 2022 年榨菜销量从 2021 年的 13.48 万吨下滑 12.61% 至 11.78 万吨，2023 年进一步小幅下滑 3.82% 至 11.33%。

　　从涪陵榨菜过往历次榨菜涨价后的表现来看，涨价一般至少短期内会对公司榨菜的销量产生负面影响，且需三五年的时间销量才能恢复。2008 年 1 月，公司受原材料价格上涨影响，产品价格较 2007 年涨价 20%，导致 2008 年当年榨菜销量下滑 23.65%，直到 2010 年销量才恢复至 2007 年水平，当然，这期间也有金融危机的因素；2012 年涪陵榨菜涨价导致整体产品销量下降 9.98%，接下来的几年销量涨跌互现，直至 2015 年公司整体产品销量才回升至 2011 年水平；2016~2018 年，涪陵榨菜直接或间接进行了四次提价，但这期间公司实现量价齐升，销量每年以 10% 以上的速度增长；受原材料价格上涨影响，涪陵榨菜 2021 年 11 月再次提价，各品类上调 3%~19% 不等，2022 年产品销量从 15.32 万吨下滑至 14.03 万吨，其中榨菜从 13.48 万吨下滑至 11.78 万吨，下降 12.61%，2023 年产品销量从 14.03 万吨下滑至 13.45 万吨，榨菜从 11.78 万吨下滑至 11.33 万吨，减少3.82%（见表4-24）。

表4-24　　　　　　涪陵榨菜历年整体销量和榨菜销量

年份	营收（亿元）	同比（%）	产品销量（万吨）	同比（%）	榨菜营收（亿元）	同比（%）	榨菜销量（万吨）	同比（%）
2007	4.35	10.01	8.54	4.40	4.23	9.28	8.54	4.40
2008	4.22	-3.09	6.52	-23.65	4.04	-4.59	6.52	-23.60
2009	4.42	4.78	7.12	9.20	4.21	4.22	7.12	9.10
2010	5.45	23.29	—	—	5.27	25.34	8.41	18.05
2011	7.05	29.29	9.76	—	6.86	30.14	9.89	17.63
2012	7.13	1.14	8.78	-9.98	6.78	-1.18	—	—
2013	8.46	18.74	10.44	18.94	8.31	22.50	—	—
2014	9.06	7.12	9.58	-8.25	8.21	-1.18	—	—
2015	9.31	2.67	9.75	1.77	8.7	5.96	—	—
2016	11.21	20.43	11.13	14.13	9.86	13.27	—	—
2017	15.2	35.64	13.05	17.26	12.84	30.31	—	—
2018	19.14	25.92	14.44	10.65	16.28	26.76	—	—
2019	19.9	3.93	13.85	-4.12	17.13	5.20	11.86	
2020	22.73	14.23	15.58	12.49	19.75	15.30	13.56	14.33
2021	25.19	10.82	15.32	-1.67	22.26	12.73	13.48	-1
2022	25.48	1.18	14.03	-8.42	21.75	-2.31	11.78	-12.61
2023	24.50	-3.86	13.45	-4.13	20.76	-4.55	11.33	-3.82

资料来源：涪陵榨菜历年年报。

此外，2021年涪陵榨菜提出力争在2023年实现销售额突破百亿元的目标。目前看，2023年的实际营收是25亿元不到，即便把在建的20万吨新产能考虑进来（目前榨菜、萝卜存量设计产能为25.6万吨，2022年榨菜、萝卜实际产量12.44万吨），离达成目标也相去甚远。

另外，涪陵榨菜的募投项目于2023年初开始土建工作，预计2024年完成部分窖池建设并投入使用，待窖池建设完成后即可开展厂房及生产线建设；待厂房建好后可安排设备入场安装调试并投入使用。若持股期限较长，等待公司新产能释放，业绩上可能会有比较明显的提升。考虑到当前存量产能的利用率并不高（目前榨菜、萝卜存量设计产能25.6万吨，

2023 年实际产量 13.03 万吨），因而新产能投放后的业绩提升只能说是有一定可能。

再来看白云山，白云山营收的成长性不佳，整体营收增长率近两年在 10% 以下，2022 年和 2023 年分别为 2.57% 和 6.68%（见表 4 - 25）。

表 4 - 25 　　　　　　　　白云山 2015 年以来各板块营收增长情况

年份	总营收（亿元）	增长率（%）	大商业营收（亿元）	增长率（%）	大健康营收（亿元）	增长率（%）	大南药营收（亿元）	增长率（%）	中成药营收（亿元）	增长率（%）	化学药营收（亿元）	增长率（%）
2023	755.15	6.68	527.62	7.39	111.17	6.15	108.89	4.08	62.71	11.64	46.18	-4.69
2022	707.88	2.57	491.31	5.03	104.73	-3.48	104.62	-3.03	56.17	6.58	48.45	-12.23
2021	690.14	11.90	467.79	8.34	108.51	38.07	107.89	5.77	52.7	19.99	55.2	-4.96
2020	616.74	-5.05	431.77	1.86	78.59	-25.00	102	-12.45	43.92	-5.89	58.08	-16.83
2019	649.52	53.79	423.89	86.37	104.79	10.46	116.5	20.91	46.67	21.32	69.83	20.65
2018	422.34	101.56	227.44	425.39	94.87	10.65	96.35	23.59	38.47	-1.71	57.88	49.10
2017	209.54	4.58	43.29	-15.91	85.74	10.36	77.96	12.89	39.14	17.96	38.82	5.26
2016	200.36	4.76	51.48	16.00	77.69	0.01	69.06	2.17	33.18	2.82	36.68	4.39
2015	191.25	1.73	44.38	—	77.68	—	67.59	—	32.27	—	35.33	—

资料来源：白云山历年年报。

分业务来看，大商业、大健康、大南药的增长态势与公司整体态势大体一致，成长性不佳。大健康板块 2022 年和 2023 年的营收分别为 104.73 亿元和 111.17 亿元，自 2016 年的七年复合增长率为 5.25%，2019 年以来则明显陷入停滞。从生活观感来看，当下饮料行业供给端的选项越来越多、越来越丰富，比如各类新式茶饮，王老吉不再像二十年前紧缺年代时那样一枝独秀。未来王老吉的销量、销售额能否继续增长，乃至能否维持当前水平，都存在较大不确定性。

大南药的中成药板块增长态势较好（考虑到人口的老龄化趋势，未来的增长前景也比较理想），而化学药板块受限抗令影响，过去几年处于持续下滑中。统筹来看，大南药营收增速不佳。

综上所述，成长性而言，涪陵榨菜和白云山目前的增长态势都不太理想。涪陵榨菜过去两年开始的增长趋缓主要源于 2021 年提价叠加疫情以来国内消费环境不景气（2021 年 11 月，涪陵榨菜各品类产品价格上调 3%～19%，进而 2022 年榨菜销量从 2021 年的 13.48 万吨下滑 12.61% 至 11.78 万吨）。

此外，涪陵榨菜自有公开数据的 2007 年以来，榨菜营收和销量的年同比增速一直处在比较大的波动中，每隔几年涨跌互现。尤其是销量，波动幅度比较大。过往营收和销量较大的波动性，使得对公司未来增长的预测的可靠性大幅降低。

白云山的增长主要有赖于大南药板块，中成药和化学药的金戈，未来都有一定的增长前景。长远来看，未来中国少子化、老龄化的趋势是非常清晰的，这会极大改变所有行业的业态，而中药可能是未来少有的基本盘有望不断成长的行业。

管理层品性和资本配置效率

（1）融资

涪陵榨菜自上市以来，IPO 融资 5.6 亿元，2021 年定增融资 33.98 亿元（主要用于扩产 20 万吨榨菜产能），合计融资 39.58 亿元，显著高于上市以来 17.99 亿元的累计分红金额。此外，2015 年，涪陵榨菜发行股份收购资产四川省惠通食业 100% 股权，总对价 1.292 亿元，其中现金支付 6300 万元，发行股份支付金额 6620 万元。

白云山自上市以来，在港股 IPO 融资 3.89 亿元，A 股 IPO 融资 7.64 亿元，A 股定向增发 83.07 亿元，累计股权融资 94.6 亿元。此外，自上市以来，公司新增了 123.45 亿元的债权融资（短期借款为主）。股权融资金额显著超过了公司上市以来累计 77.35 亿元的现金分红金额，公司对资金的需求是比较大的。

白云山 2013 年 6 月定增 4.22 亿元，资金用于购买广药集团拥有的与医药相关的生产经营用房屋建筑物、广药集团拥有的商标、广药集团持有的保联拓展 100% 股权、广药集团持有的百特医疗 12.50% 股权。2016 年 8 月定增 78.86 亿元，去向包括补充流动资金 21.6 亿元、增资王老吉大健康

20 亿元用于渠道建设和品牌建设、增资广州医药 10 亿元、大南药生产基地一期建设 10 亿元、大南药研发平台建设 15 亿元、信息化平台建设 2 亿元。

（2）分红

涪陵榨菜自 2010 年上市以来，除 2020 年未分红外，累计分红 12 次，累计分红金额 17.99 亿元，占累计实现净利润 55.27 亿元的 32.55%。但 17.99 亿元的累计分红金额与 2021 年 33.98 亿元的定增融资金额相比相形见绌（见表 4 -26）。

表 4 - 26　　　　　　　　　　涪陵榨菜历年分红情况

年份	净利润（亿元）	现金分红总额（亿元）	股利支付率（%）	净经营活动现金流（亿元）	现金分红/净经营性现金流（%）	每股股利（亿元）	每股股利增长率（%）	股息率（%）
2010	0.56	0.47	83.41	1.14	41.23	0.3	—	1.11
2011	0.88	0.54	61.37	1.18	45.76	0.35	16.67	2.37
2012	1.26	0.54	42.90	1.52	35.53	0.35	0.00	1.48
2013	1.41	0.31	22.04	2	15.50	0.2	-42.86	0.53
2014	1.32	0.2	15.27	1.09	18.35	0.1	-50.00	0.35
2015	1.57	0.66	41.80	2.45	26.94	0.2	100.00	1.07
2016	2.57	0.53	20.46	4.03	13.15	0.1	-50.00	0.75
2017	4.14	1.18	28.59	5.23	22.56	0.15	50.00	0.89
2018	6.62	2.05	31.02	5.59	36.67	0.26	73.33	1.20
2019	6.05	2.37	39.13	5.17	45.84	0.3	15.38	1.12
2020	7.77	—	—	9.39	—	—	—	—
2021	7.42	5.77	77.76	7.45	77.45	0.65		1.72
2022	8.99	3.37	37.53	10.79	31.23	0.38	-41.54	1.47

资料来源：涪陵榨菜历年年报。

白云山自 2001 年以来，累计实现净利润 298.32 亿元，累计现金分红 77.35 亿元，分红率 25.93%；近 3 年累计实现净利润 113.14 亿元，累计现金分红 31.82 亿元，分红率 28.12%（见表 4 -27）。累计分红金额小于公司上市以来近百亿元的股权融资金额。

表4－27   白云山历年分红情况

年份	净利润（亿元）	现金分红总额（亿元）	股利支付率（%）	净经营活动现金流（亿元）	现金分红/净经营性现金流（%）	每股股利（亿元）	每股股利增长率（%）
2013	10.07	3.74	37.14	13.39	27.93	0.29	
2014	12.11	3.62	29.89	17.61	20.56	0.28	－3.45
2015	13.45			19.42			
2016	15.59	9.43	60.49	24.45	38.57	0.58	
2017	21.19	6.19	29.21	18.34	33.75	0.38	－34.48
2018	35.34	6.89	19.50	52.17	13.21	0.42	10.53
2019	34.41	9.58	27.84	50.22	19.08	0.59	40.48
2020	30.92	8.75	28.30	5.85	149.57	0.54	－8.47
2021	39.69	11.17	28.14	56.73	19.69	0.69	27.78
2022	42.53	11.9	27.98	69.99	17.00	0.73	5.80

资料来源：白云山历年年报。

（3）股息率

涪陵榨菜股息率并不高（未达到3%），2022年每股股利0.38元，2022年股息率1.47%。参考当前（2024年3月末）约13.5元的股价，根据公司2023年年报，公司2023年拟每股派息0.3元，对应股息率约2.22%。涪陵榨菜的股息率不够高，达不到3%的合格线。这样的股息率水平从投资的角度来说，防风险能力不足，无法为这笔投资提供厚重的安全垫。

白云山2023年拟每股派息0.749元，参考当前港股白云山每股人民币19.24元的股价，对应股息率为3.89%，显著高于涪陵榨菜。

（4）股票回购

涪陵榨菜未开展过股票回购。白云山也基本没有开展过股票回购，仅2015年5月7日定向回购了广药集团持有的26.14万股股份。

（5）收并购

涪陵榨菜自上市以来，从事过两笔收并购：一是2015年收购惠通食业100%股权，进入泡菜行业；二是2018年收购四川恒星和味之浓进入调味品行业。前者已完成，后者未实际落地。

2015 年 11 月，涪陵榨菜斥资 1.292 亿元收购了惠通食业 100% 股权，意在大幅提升泡菜类产品收入。该笔收购对应 3 倍 PB 和 27.5 倍 PE，对价并不算太高。自 2016 年开始，惠通合计为涪陵榨菜贡献了 28 亿元销售收入和近 8 亿元净利润，早已收回了当时的投资成本。

2018 年 3 月拟收购四川恒星和味之浓，意在拓展新品类，进入豆瓣酱领域。收购对价对应四川恒星 PS2.26 倍、PE98.59 倍，味之浓 PS0.5 倍，味之浓净利润为负数，无有效 PE。两者收购 PE 虽较高，但从 PS 看，是较为合理的（见表 4-28）。

表 4-28　　　　　　　　涪陵榨菜过往收并购交易

披露日期	标的	买方	标的所在行业	交易总价值	PE	备注
2018 年 3 月 28 日	四川恒星 100% 股权、味之浓 100% 股权	涪陵榨菜	豆瓣酱	四川恒星 1.936 亿元，味之浓 0.429 亿元，合计 2.365 亿元	四川恒星 98.59 倍，味之浓净利润为负数	计划发行股份购买资产，交易失败
2015 年 11 月 19 日	惠通食业 100% 股权	涪陵榨菜	泡菜	1.292 亿元	27.54 倍	发行股份购买资产；标的资产惠通食业评估值 1.292 亿元，2014 年末账面净资产 4315 万元，PB 约 3 倍，2014 年营收 7423 万元，PS1.74 倍，净利润 469.24 万元，PE27.5 倍；2025 年 11 月完成交易

资料来源：涪陵榨菜历年年报及相关公告。

此外，随着近几年公司主力产品榨菜增长放缓，公司未来对外延并购的需求会进一步增大，而如果收购资产的回报率不足、性价比不高，则是对资本的价值损耗，这也是未来需要重点关注的点。

梳理白云山金额在 1 亿元以上的几笔收并购，可以看到白云山的收购行为均与主营业务息息相关，过往主要收购集中在对广州医药和王老吉大健康的收购与增资，无明显的随意并购降低资金使用效率的行为（见表4 – 29）。

表4 – 29 白云山过往收并购交易

披露日期	标的	买方	标的所在行业	交易总价值（人民币亿元）	PE	备注
2022年12月17日	广州医药18.1847%股权	白云山	医药商业	10.03		对应广州医药估值55亿元
2021年1月1日	广州医药增资扩股	央企贫困地区基金、海南晨菲、成都汇新源投资有限公司、山西韬云尚信息科技有限公司、佛山市文坚上午有限公司	医药商业	5.58	17.71	对应广州医药估值61.5亿元
2018年6月5日	广州医药30%股权	白云山	医药商业	10.94	21.43	对应广州医药估值36亿元
2016年3月19日	广州医药研究总院有限公司100%股权	白云山	制药	1.6	150.84	
2015年12月10日	增资王老吉大健康、增资广州医药	白云山	饮料、医药商业	50		白云山定增筹集资金，分别增资王老吉大健康20亿元、广州医药10亿元
2015年7月29日	上市公司重药控股2.18%增资股份	白云山	医药商业、医药工业	1.5	23.25	以每股15元认购新增1000万股股份

资料来源：白云山历年年报及相关公告。

总结而言，在股东回报和管理层资本配置意识方面，白云山对资金的需求要远大于涪陵榨菜，因而涪陵榨菜的股东回报能力更强一些。此外，涪陵榨菜和白云山都是专心主业的公司，管理层并没有将资金胡乱投入跨界项目或低回报项目的历史。

估值和性价比

在本章第二节，我们介绍了企业价值的不同类型和分层，即资产的价值、盈利能力的价值和利润增长的价值，并总结了不同类型价值的估值方法。本节由于重点是要探讨不同投资机会的比较方法，因此对于估值不做严谨、复杂的分析，仅以简单的思路进行估算。

（1）涪陵榨菜

估值的一种简单思路是从收益率公式入手，即：

长期年投资收益率＝股息率＋利润年增长率＋估值年变动率

涪陵榨菜当前股息率为2.22%。增长率方面，未来五年涪陵榨菜的净利润增长率如何，取决于市场对2021年涨价的消化情况，假定未来五年的大部分时间里，市场处于涨价的消化期，期间净利润年复合增速为5%～10%（保守取6%）。作为对比，2010～2023年涪陵榨菜的净利润从0.56亿元增至8.27亿元，年复合增速23.01%。

值得注意的是，涪陵榨菜自有公开数据的2007年以来，榨菜营收和销量的年同比增速一直处在比较大的波动中，每隔几年涨跌互现。尤其是销量，波动幅度比较大。过往营收和销量较大的波动性，使得对公司未来增长预测的可靠性大幅降低。

估值变动是比较难预估的，涪陵榨菜过去10年PE－TTM均值为35.85倍，正负一个标准差分别为44.84倍和26.86倍，本轮熊市之前，仅2018～2019年时触及过25倍的低位。但自2020年9月以来，涪陵榨菜的PE倍数显著下降，目前已跌至20倍以下。20倍是否已经足够低？未来会回升至过去10年三四十倍的常态吗？由于涪陵榨菜未来五年内营收和利润增长率能否重新回升犹未可知，以及注册制下未来整个A股面临着普遍性估值下行的压力，所以对涪陵榨菜未来估值提升的预期应当相对保守，我们可以假定未来 5 年，涪陵榨菜的 PE 倍数年增长率为 0。

从而，未来 5 年投资涪陵榨菜的年收益率 = 2.22% + 6% + 0% = 8.22%。

从市值测算的角度来说，涪陵榨菜自 2010 年上市以来的 13 年，ROE 均值为 16.74%，过去 5 年均值为 16.50%，2021 年、2022 年和 2023 年有显著下滑，分别为 12.62%、12.09% 和 10.41%。2016 ~ 2020 年这 5 年 ROE 处于极高水平，均值为 23.76%，除去这 5 年，上市以来其他几年的 ROE 则处于在 10% ~ 17% 区间。

未来 5 年，涪陵榨菜大概率仍会处于 2021 年 11 月涨价的消化期，且由于新产能需要 2024 年以后才投入运营，因而未来几年公司的 ROE 不会比近几年的水平有太显著的提升。

假定 5 年后涪陵榨菜的 ROE 小幅回升至 13%，净资产则在 2023 年末 82.44 亿元的基础上，假定每年增长 5% 至 5 年后的约 105 亿元，则届时公司归母净利润约 13.65 亿元。

PE 方面，假定 5 年后维持当前 20 倍水平，对应涪陵榨菜届时合理市值为 273 亿元。

以当下 156 亿元市值买入涪陵榨菜，对应未来 5 年绝对收益 75%，年回报率为 11.8%。

在不同的假设和不同的算法下，涪陵榨菜未来 5 年的年收益率则在 8.2% ~ 11.8% 区间，取中间水平，为 10% 的年收益率。

（2）白云山 H

股息率来说，白云山 H 当前的股息率为 3.89%。业绩增长率方面，参考白云山 2019 年以来的情况来推算公司未来 5 年的归母净利润增速，即 5.6%。

PE 倍数变动率方面，白云山 H 当前的 PE - TTM 为 7 倍，考虑到港股过去五六年一直处在下跌过程中，我们保守取白云山 H 过去 5 年的估值均值即约 9.23 倍作为 5 年后白云山的 PE 倍数，则对应未来 5 年约年 5.69% 的增长率。当然，白云山 H 的 PE 倍数会怎么变动，将很大程度上取决于未来几年港股的走势，就目前而言，港股向上走的概率高于向下走的概率。

综合以上，白云山 H 未来五年的年化收益率 = 3.89% + 5.6% + 5.69%，约为 15%。

市值算法下，白云山过去 10 年和过去 3 年的 ROE 均值分别为 13.65% 和 12.86%，考虑到过去十年，白云山的经济效益一直比较稳定，假定 5 年后，白云山的 ROE 为 12%；净资产参考过去 3 年的情况，在 2023 年末 366.78 亿元的基础上，每年增加 5% 至 468 亿元，则届时的归母净利润约为 56 亿元。结合 9.23 倍的 PE，对应市值为 518 亿元。以当下约 313 亿元人民币的价格买入白云山 H，对应未来五年年回报率为 10.6%。

另一种思路是分拆业务板块相加计算白云山未来的公允估值，这里仅考虑大商业、王老吉和大南药（中成药 + 金戈）三块，暂不考虑大医疗、刺柠吉、荔小吉这些。

大商业（广州医药股份）2018 年以来的 ROE 均值为 8.76%，且相当稳定，2023 年为 9.02%。假定五年后大商业 ROE 为 8%，净资产则按最近一两年的趋势保持 10% 的增速增长，则届时净利润为 9.10 亿元。国内医药流通上市公司普遍在 A 股上市，港股较少，当前的 PE 倍数在 10 倍左右，假定白云山大商业为 8 倍，对应五年后板块市值为 73 亿元。

王老吉自有数据的 2013 年以来，ROE 均值为 44.27%，过往五年均值为 22.79%，疫情以来则为 19.30%，下降原因在于净利润增速赶不上净资产。保守假定五年后王老吉大健康公司的经营业绩不增长，保持与当下持平，即净利润 15 亿元。由于王老吉的商业模式比较优秀，也有明显的特许经营权，PE 倍数则参考 15% 以上的 ROE 水平给予 20 倍，对应五年后其估值为 300 亿元。

白云山的中成药业务自有数据的 2015 年以来保持了 8% 以上的年复合增速，且近两三年有加速趋势，假定未来五年的复合增速为 10%。由于没有中成药板块的净利润数据，参考同业上市公司情况，保守给予 2 倍 PS，对应五年后白云山中成药板块估值 180 亿元。

化学药则保守起见仅考虑金戈的价值，金戈 2023 年营收 12.90 亿元（+23%），过去三年营收年复合增速 15.7%，考虑到竞品逐渐增多，假定未来五年保持年 8% 的复合增速，同时结合其高毛利给予 5 倍 PS，对应五年后金戈估值 105 亿元。化学药板块其他用于抗菌消炎的常用抗生素和镇痛解热类的药物等均不考虑。

那么，在以上测算下，五年后的白云山：大商业 73 亿元 + 王老吉 300 亿元 + 中成药 180 亿元 + 金戈 105 亿元 = 658（亿元）。这个数接近于前面收益率公式视角测算的 630 亿元。五年后 658 亿元的市值，以当下 313 亿元人民币的价格买入白云山 H，对应未来五年年回报率为 16%。

在不同的假设和不同的算法下，白云山 H 未来五年的年收益率则在 10.6% ~ 16% 区间，取中间水平，年收益率约为 13%。

就估值和性价比而言，白云山 H 优于涪陵榨菜。这主要源于白云山 H 更低的静态估值，这也是白云山 H 乃至当下很多港股一个显著的价值点。白云山 H 当前 PE – TTM 为 7 倍，处于过去 10 年最便宜的前 10% 水平。过去 10 年，白云山的 PE – TTM 基本在 6 ~ 25 倍的区间内波动。2018 年医药流通板块业务大幅放量后，白云山的 PE – TTM 也明显下行到了这个区间的中轨以下。而当前涪陵榨菜 20 倍的 PE 仍是成长股的定价，悲观情况下，倘若未来公司持续陷入增长停滞乃至下滑，从而定价逻辑转向价值股，加之当前宏观经济转型的大背景下，整个 A 股未来都面临估值水平下台阶的压力，则未来其 PE 仍有大幅下调的可能。由于静态估值更低，白云山 H 3.89% 的股息率也提供了比涪陵榨菜（2.22%）更高的投资安全垫。此外，如果白云山 H 未来大商业板块分拆，将很可能提升白云山的估值倍数，也许到时 PE 翻倍也犹未可知。未来几年，随着港股氛围的回暖，白云山重新启动大商业分拆上市也是完全可能的。当然，估值和价格只是投资的一个考量维度而已。投资机会的比较，应当结合商业模式、护城河、管理层品性、成长性等因素进行综合判断。不同的投资者会有不同的侧重方面，对以上各个方面赋予的权重也不尽相同，建议初阶投资者在确保商业模式良好的前提下，把价格的便宜放在更重要的位置。

第六节 什么是"懂"

本书在第一章第四节中提到，经验和知识有不同的层次：一类是结构稳定的认知结构的内稳态，它可被个人和社会重复；另一类是不稳定的认知结构的内稳态，它虽然可被个人重复，但无法转化为社会普遍的公共经验。在此基础上，在第二章构建的投资体系中，区分了操作型投资和洞察型投资两类仓位。前者基于严格而清晰的操作就能进行，如我们在第三章中提出的指数投资、可转债投资、高股息投资等；后者则立足于少数投资者特殊的神经网络（商业智慧、商业直觉），即本章我们探讨的投资类型。

进而，投资者应当根据自己的商业积累，动态地调整两类投资的比例。即随着投资者对特定行业、公司的商业感觉积累到了比较深的程度，可以亦步亦趋地基于商业洞察进行投资。这里所谓对特定行业、公司的比较深的商业感觉，就是我们真的看"懂"了一个行业或一门生意。

一、"懂"是一个"黑箱"

"心明便是天理"

"懂"，是以企业基本面分析为基础的投资体系里最难理解的一个概念。它是一种主观的、朦胧的因而某种程度上只可意会不可言传的心理状态，我们很难用一种清晰的标准去界定它。

怎么算是看"懂"了一家公司，是很难掰扯得清楚的。主流的判断标准是：看懂一家企业，在于能知道这家企业 10 年之后是否会比现在经营得更好，赚的自由现金流更多。

这似乎是一个可操作的判断标准，甚至它还给了定量的细节——10年，但这个说法的关键词是"知道"，而"知道"是一种投资者私人的心理状态，当一个人说腾讯 10 年后会比今天经营得更好，赚更多的自由现金流，我们如何分辨他是真的知道还是瞎猜呢？以及，我们如何能学会他这种"知道"呢？

我们在第一章第四节中说：一个人的可重复的内稳态，如果是基于他本人的独特的神经网络，那么其他人就很难得到同样的经验，因而这个内稳态就没法社会化，没法转化成社会普遍的公共经验，即便他把自己得出结论的操作过程一条一条清清楚楚地写下来让别人照做也没用。

我认为，"懂"这个概念，至少有两方面的难点：一是怎么样算是真的看懂一家企业，这个界定标准非常模糊，甚至当事人本人也未必清楚，有时候他觉得自己懂了，但实际并非如此。二是懂的状态没法在人与人之间进行传递、教授。投资者 A 看懂了 E 公司，但他没法通过上课或者座谈的形式把这种懂教授给投资者 B。要想看懂 E 公司，投资者 B 只能自己亲身积累和领悟。

在伯克希尔·哈撒韦公司 1996 年的股东大会上，有股东问巴菲特："像喜诗糖果这样的企业，家具企业、珠宝企业、鞋业企业，不都是未来五到十年难以预测的生意吗？"[①] 巴菲特回答说："我认为它们比大多数公司都更易于预测。我们的公司主要受基本面驱动，相当简单，而且变化速度不快。所以我也很安心。假如我们去收购一家基础金属公司、普通的零售公司或者汽车公司，我不知道 5 至 10 年后，这家公司的竞争地位如何。"[②]

看到这段对话的时候，我很理解这位股东提问时的心情，也相信他提的问题同时也是很多投资者共同的困惑。一个说"就是很难懂"，一个说"就是很好懂"，达不成一致。对巴菲特来说显而易见的商业常识，对缺乏必要知识的股东来说，却是难以理解的。

《庄子·天道》中有个故事：桓公读书于堂上，轮扁斫轮于堂下，释

---

　　① 喜诗糖果、家具企业（Nebraska Furniture Mart）、珠宝企业（Borsheims）、鞋业企业（Dexter Shoe）都是巴菲特当时持有或曾经持有过的公司。

　　② 伯克希尔·哈撒韦 1996 年年度股东大会上巴菲特与股东的问答，笔者根据公开信息整理。

椎凿而上，问桓公曰："敢问，公之所读者何言邪？"公曰："圣人之言也。"曰："圣人在乎？"公曰："已死矣。"曰："然则君之所读者，古人之糟魄已夫！"桓公曰："寡人读书，轮人安得议乎！有说则可，无说则死！"轮扁曰："臣也以臣之事观之。斫轮，徐则甘而不固，疾则苦而不入，不徐不疾，得之于手而应于心，口不能言，有数存焉于其间。臣不能以喻臣之子，臣之子亦不能受之于臣，是以行年七十而老斫轮。古之人与其不可传也死矣，然则君之所读者，古人之糟魄已夫！"①

大意是，齐桓公在堂上读书，轮扁在堂下砍木头做车轮。轮扁问齐桓公看的什么书。齐桓公说，都是圣人之言。轮扁说，这些圣人已经死了，那么国君你读的这些书就是古人的糟粕。齐桓公很生气，让轮扁说出个所以然来，不然要将轮扁处死。轮扁说，就像我干的做车轮这个事，动作慢了就会导致榫眼太大，车轮松缓不牢固，快了又会导致榫眼太小，榫头放不进去，要使榫眼不大不小，必须做到不快不慢。不快不慢，需要心手合一，快与慢怎么把握，全在这心手合一之中，至于如何做到心手合一，我却说不清楚。正因为我说不清楚，我就没法把这个技巧和奥妙教给我儿子，所以我七十了还自己在这做轮子。同样地，圣人既然已经死了，他们的道理没法传下去了，那么你读的东西，不就是圣人的糟粕嘛！

以造轮子这种实践为主的事情，来类比学习治国之道或者投资之道这种有一定理论属性的事，未必完全恰当，但至少可以给我们以启示：很多知识，是语言文字无法传递的，是说不清楚的。

对此，老子说："道可道非常道，名可名非常名。"② 可以言谈的道，就不是永恒普遍的道；可以称说的名称，就不是永恒普遍的名称。庄子也说："有问道而应之者，不知道也。虽问道者，亦未闻道。"③有人问你"道"是什么，如果你回答他，就说明你根本不知道"道"是什么，那些问别人"道"是什么的人，也肯定不知道"道"是什么，不然他就不会以

①③ 庄周：《庄子》，思履主编，中国华侨出版社 2018 年版。
② 老子：《道德经》，华夏出版社 2009 年版。

问别人的方式来获得"道"了。《奥义书》则说："这里看不到，也讲不清，也想不明。我们既不知道，也不理解，又如何将它教给别人。"[1] 人们总是说，"懂了"很多道理，却依然无法过好这一生，症结就在这里。

轮扁所谓"心手合一"的状态，类似于奥根·赫里格尔（E. Herrigel）在《箭术与禅心：一位西方哲学家的禅悟实录》（*Zen in the Art of Archery*）[2] 里描绘的"无艺之艺"。赫里格尔用了五年多的时间，跟随一位著名的日本大师学习他那神秘的技艺。这本书讲述了他如何亲身通过射箭术来体验禅宗。他说射箭就像一种宗教仪式，以自发、轻松和漫不经心的动作来"作舞"。他进行了多年刻苦的训练，来转化自己的整个身心，以便学会如何以一种轻松自如的力量"从精神上"拉开弓，并且"毫不刻意地"松开弦，让箭像"熟果子一样从弓箭手那儿落下"。当他达到完美的高度时，弓、箭、靶和弓箭手都互相融合，他自己不射箭，而是"它"在为他射箭。

"懂"的这种难以清楚界定和难以直接传递教授的难点，是本章"洞察型投资"区别于第三章"算术型投资"的核心所在。对于指数投资，我们可以说比如在指数 PE 倍数 20% 或者 10% 历史分位位置买入，在 80% 或者 90% 分位数卖出。这种投资方法，每个人都可以依样画葫芦，都可以复制，只要控制好自己的情绪，保证严格遵守纪律，在极端情境下动作也不变形就可以了。但个股投资，比如成长股投资呢？我们说要买入未来 10 年每股自由现金流持续增长的企业，但什么样的企业未来 10 年每股自由现金流会持续增长，为什么 E 企业的未来每股自由现金流就"显然"增长，而 F 企业就不"显然"呢？这是很难说清楚的，即便投资者 A 心中 90% 笃定，他也不可能让投资者 B 也达到这种笃定的状态。

在此，西医和中医的区别很适合用来做类比。西医是怎么教授的呢？医学生在大学课堂里，要学习生物化学、组织学与胚胎学、医学、微生物

---

① 佚名：《奥义书》，黄宝生译，商务印书馆 2022 年版。

② ［德］奥根·赫立格尔：《箭术与禅心：一位西方哲学家的禅悟实录》，鲁宓译，云南人民出版社 2016 年版。

学、病理学、药理学等课程。老师在上面讲，学生在下面听。在这种教学关系里，老师的作用是用语言文字或者数学公式的形式把标准化的知识传播出去。

中医是怎么教授的呢？中医需要"师传"和"身授"，也就是师父一对一地对徒弟言传身教。它需要"师父"，而不仅仅是"老师"。在传统中医的师徒关系里，徒弟和师父会在几年的时间里，吃住在一起。在中医的教授里，"身授"非常重要，而不仅仅是基于固定下来的语言文字或者公式直接复制学习。

为什么会有这样的差异？刘力红在《思考中医：对自然与生命的时间解读》[1] 一书中作了"内证实验"和"外证实验"的区分。外证实验即西方医学中的那些实验，运用人体以外的东西（如小白鼠、磁共振成像）开展的实验，内证实验则是通过自身修炼来实现的一种能力。

本质上，外证实验和内证实验就是我们第一章中提出的两类不同的经验，一类是结构稳定的认知结构的内稳态，它可被个人和社会重复；另一类是不稳定的认知结构的内稳态，它虽然可被个人重复，但无法转化为社会普遍的公共经验。

内证实验是个很难想象的东西，因为它是在我们心中完成的。比如经络，李时珍在《奇经八脉考》中说："内景隧道，唯返观者能照察之。"[2] 反观是什么呢？反观就是典型的内证实验。具备这个内证能力，经络穴位都是看得见的东西，可是在现有的科学实验那里看不见。内证实验并非单纯只是思考。中医的许多理论、中医的许多事实，光凭思考是思考不出来的，比如经络、穴位这些，比如为什么少阳经是这样一个循行，太阳经又是那样一个循行，如果仅凭思考而没有微妙精深的内证实验的参与，是不可能的。

王阳明说："心明便是天理。"[3] 心明不是普通的心里明白，要获得这

---

① 刘力红：《思考中医：对自然与生命的时间解读》，广西师范大学出版社 2018 年版。
② 王罗珍、李鼎校注：《〈奇经八脉考〉校注》，上海科学技术出版社 1990 年版。
③ 陈荣捷：《王阳明传习录详注集评》，重庆出版社 2017 年版。

样一个心明是很不容易的，它是我们在头脑中构造了独特的神经网络的结果。

当然，反过来讲，正因为有些东西纸面上找不到，只存在于我们心里，所以它便难以被证伪，于是这些领域总是骗子盛行、鱼龙混杂，到处是"普朗克的司机"①。有人说他自己"心明"，你很难分辨和反驳，因为是否心明，要深入到他心里去看，这也只有他自己能办到。

但即便如此，也不能全盘否定和拒绝这些富含内证实验的领域（很多人一句轻蔑的"玄学"或"装神弄鬼"就把这些重要又可贵但难以普遍社会化的知识全打发了），而是要自己对自己负责、自己对自己诚实，勇猛精进，自己力争做到"心明"，而不必去管别人怎么看。

类比到投资，股息率、估值历史分位数、市盈率、净资产收益率、WACC、营业收入、毛利率，这些都是看得见摸得着的东西，它们类似于西医里的外证实验；而商业模式、竞争优势、战略决策、企业文化、企业家精神，这些商业洞察层面的东西更像是内证实验，它们深藏于少数投资者的头脑中，我们没法在纸面上直接找到它们。这两者大体也是格雷厄姆、施洛斯们和菲利普·费雪、巴菲特们投资方法的分野。

格雷厄姆和他的大徒弟施洛斯基于外证实验做投资，他们只关注财务报表，足不出户，完全拒绝去企业调研。很大程度上，格雷厄姆是站在一个老师的立场上选择这种投资方法，因为只有这种基于外证实验的投资方法才是"可教授"的。巴菲特后来在评价他的老师时也说："资本回报率高且可以不断追加投资的企业是世界上最好的企业。格雷厄姆不会反对这个观点。格雷厄姆的钱大部分是从政府雇员保险公司（GEICO，美国第四

---

① 查理·芒格在《穷查理宝典：查理·芒格智慧箴言录》（［美］彼得·考夫曼编：《穷查理宝典：查理·芒格的智慧箴言》（全新增订本），中信出版集团 2021 年版）中讲过一个笑话：马克思·普朗克（Max Planck，被称为"量子之父"）于 1918 年荣获诺贝尔物理学奖，之后他在全德国做巡回报告，对他的量子力学研究成果演讲一番。他的司机渐渐对他的报告烂熟于心。"普朗克教授，老做同样的报告，你一定觉得无聊。我建议，在慕尼黑由我代你作报告，你坐在最前面，戴上我的司机帽。让咱俩换换花样。"普朗克欣然同意。于是司机为一群物理学家级听众做了一番有关量子力学的长篇报告。之后，一位物理学教授举手提问。司机回答说："我压根儿没想到，在慕尼黑这样先进的城市还会有人提出这么简单的问题。请我的司机来回答这个问题吧。"

大汽车保险公司）中赚来的，这家公司就是那种最好的企业。所以格雷厄姆是认同这个观点的。格雷厄姆只是认为买进大量从统计数据上看非常便宜的东西易于实践，也易于教会别人。格雷厄姆真的更像一个老师，而不是一个——我的意思是，他没有想要赚很多钱的冲动。他对此不感兴趣。所以他真的想要一些他认为可以教的东西作为他的哲学和方法的基石。"①

成长股投资大师菲利普·费雪（Philip A. Fisher）则完全以内证实验作投资。他在《成长股获利之道》（*Paths to Wealth through Common Stocks*）中说："在 30 年前，评判具有吸引力股票的主流方式，是详细分析公开的资产负债表和利润表。然后，人们主要基于这些会计信息，以及对公司业务本质的简单理解（就像普通人对公司产品线的认知那样），来做出投资决策。试图用这种方式挑选出好的投资机会，就像试图在只知道对方名字和看过几张照片的情况下选择终身伴侣一样不明智（且成功的概率大致相同）。运气好的话，这种方式或许能够成就一桩美满的婚姻或一项有效的长期投资。然而，由于对终身伴侣或股票的许多基本特征不完全了解，这种做法导致严重误判的风险相当高……想要取得股票投资的成功，需要付出更多的努力。"②

在投资中，"懂"的本质是一种专家直觉，直觉不是逻辑推理，而是一种直达真相的直接的感知，就像高台滑雪，直接跃过了中间的种种细节。这种"跳跃"式的感知，有赖于我们在大脑中对我们的认识对象建立起的一张独特的神经元网络，这也是费雪所谓"需要付出更多的努力"的地方。由于"懂"是一种主观的内心状态，因此"如何看懂一家企业"很大程度上就变成了一个心法问题，需要投资者用"心"去领悟。

超越无穷，抵达有限

古希腊哲学家芝诺（Zenon Kitieus，约公元前 490 年 ~ 公元前 425 年）

---

① 伯克希尔·哈撒韦 1995 年年度股东大会上巴菲特与股东的问答，笔者根据公开信息整理。
② ［美］菲利普·A. 费雪：《成长股获利之道》，杨天南、胡恒译，机械工业出版社 2023
年版。

提出过一个悖论——"阿喀琉斯与乌龟悖论"。这个悖论是，如果阿喀琉斯与乌龟赛跑，只要起跑时乌龟在前，阿喀琉斯在后，那么，哪怕阿喀琉斯跑得比乌龟更快，他也永远不可能追上乌龟。

理由是，当阿喀琉斯达到乌龟的起跑点时，乌龟已经向前移动了一段距离了，当阿喀琉斯又达到那个新的位置时，乌龟又向前移动了一段距离。

假定起跑时乌龟比阿喀琉斯靠前 10 米，阿喀琉斯的速度是 10 米/秒，乌龟的速度是 1 米/秒，当阿喀琉斯追上最初的 10 米时，他花费了 1 秒钟，此时乌龟已经向前移动了 1 米。当阿喀琉斯再追上 1 米（他花费了 0.1 秒），此时乌龟又向前移动了 0.1 米。

紧接着，0.01 米、0.001 米、0.0001 米……如此无限往复，没有穷尽。因此，阿喀琉斯永远也追不上乌龟。

但实际上，简单计算一下就知道，芝诺的这个说法是不对的。令 $10t \geqslant t+10$，可以求得 $t \geqslant 10/9$ 秒。也就是说，实际上，只需要 10/9 秒，阿喀琉斯就能追上乌龟。

芝诺觉得阿喀琉斯"永远"追不上乌龟是因为，看起来：无穷多个时间单位相加（1 秒 +0.1 秒 +0.01 秒 +…），其结果必然是无穷大，也就是"永远"。但实际的情况却是，无穷多的东西加总在一起，最后可能会得到一个有限的东西（10/9 秒）。[①]

与阿喀琉斯和乌龟悖论相似的，芝诺还提出过一个"两分法"悖论。"两分法"悖论认为我们根本无法移动，因为在我们走出一步之前，我们需要先走 1/2 步，而在我们走出 1/2 步之前，必须得先走出 1/4 步，以此类推，我们非但走不到目的地，甚至没办法出发。

我们现在已经知道，跑步也好、走路也罢，乃至任何一个动作、任何一个行为，这些事情虽然细究起来是无穷无尽的，但跳出来看，却又是有限的。

---

① 当然，芝诺肯定不是不理解这个问题，而是用一种吊诡的思维过程，唤起我们对这个有趣的哲学问题的关注。

这两个关于无穷与有限的故事，就像是我们在投资（尤其是企业基本面投资）中遇到的困境。即任何一家企业，就其经营细节来说，它都是无穷无限的，很多时候，我们投资者都深陷在对这些无穷细节的挖掘中而不能自拔，甚至沾沾自喜于了解了这样或那样的细节，但最终却对企业的整体样貌、主要矛盾缺乏理解。而当我们"跳出"这些无穷的细节来看一家企业时，我们会发现，那些关键的问题、那些决定企业未来命运的核心变量往往是有限的，甚至是简单的。

"跳出"来看，是指对细节的一种"超越"，而所谓"超越"，它不是简单的"否定"的意思。

什么是"否定"，什么是"超越"？《金刚经》说："菩萨于法，应无所住行于布施，所谓不住色布施，不住声香味触法布施。"① 什么意思呢？就是说，菩萨在行布施（帮助别人）的时候，应当"无所住"地去布施，也就是心里要明白，根本就不存在什么行布施的"我"、被布施的"他"，也根本不存在"我"布施"他"的过程与行为（佛陀把这种"不存在"叫作"空"），这就叫"无所住"的布施。简单说，就是"布施了还当没布施"。因此，无所住布施是对布施的超越。但有的人可能会想，既然根本不存在行布施的"我"、被布施的"他"，也不存在"我"布施"他"的过程与行为，那干脆就不要布施就行了嘛。这就会错了佛陀的意思，这就变成了"否定"布施，而不是"超越"布施了，"超越"是要先布施，再领悟布施并不存在。所谓"超越"和"否定"的区别，大概就是这么回事。

对于投资研究而言，也是类似，并不是说跳出细节来看就是要忽略细节，而是要在细节的基础上，进一步思考那些高于细节本身的问题。

以国内房地产行业为例，在股票市场上，2017年房地产企业一片欣欣向荣，彼时股票论坛上投资者对房地产企业的研究热情澎湃激昂，很多投资者对房地产行业和企业的研究达到了如数家珍的水平。对各家房企，有

---

① ［后秦］鸠摩罗什译：《金刚经》，上海古籍出版社2020年版。

的投资者能事无巨细地了解追踪，亲身到多个城市去实地调研各大项目楼盘，参与房地产企业的业绩说明会和投资者交流会。这些研究从老板的出身、经历、创业史，到公司的上市历程，到公司经营的营销策略、拿地策略，到具体的楼盘项目的财务数据，到差异化战略，到行业宏观，到房地产企业的财务模型，到公司估值……面面俱到，无所不包，且常常条清缕析，丝丝入扣。

但即便做到了这样细微的程度，也不能保证我们就看懂了一家企业。看懂一家企业或者一个行业非常不容易，有时候我们认为自己看懂了，可能只是那个时点、那个阶段的内外部环境顺风顺水，配合了我们的想法而已。时移世易，当潮水退去，我们可能会发现，之前对公司的所谓"理解"，是不着边际的。就像当下，当中国的房地产周期开始走下坡路之后，广大投资者对这个行业的看法又彻底转向了：房地产行业、房地产企业的商业模式堪称糟糕，投资风险堪称巨大，根本不是好的投资对象。

因此，投资者对于"懂"，一定要心怀敬畏，不要轻言看懂一家公司。一个重要的点是，对公司研究更"细"、更"全"不代表着就更懂。但不少投资者对于投资研究的审美是"以细为美"，骄傲于了解很多圈外人不知道的产业细节，或者焦虑于自己不了解这些细节。从这个层面说，投资中，"懂"一家企业是很难的，一定要慎重确认自己看"懂"了一家企业。很多时候当我们了解了公司的大量经营细节，乃至成了半个"内部人"，最后做出的投资决策也可能是南辕北辙、不着边际的。

对企业经营上的无尽的细节进行面面俱到地研究、跟进，其导致的弊端在于，我们的注意力容易被广泛分散，从而对于一些最实质、最关键的问题，关注不足、思考不足。有的投资者了解公司每个产品的型号和配方表，或者公司创始人生活逸事，但对于公司的根本属性或者所在行业的基本格局却缺乏理解。投资者需要超越行业和企业的无穷细节，跳出来，看到那些有限的基本问题。

对于房地产行业和房地产企业来说，最实质的问题应当是它的商业模式，对此，很多投资者的关注是不足的。就商业模式而言，房地产企业的杠杆率普遍非常高，很多长期维持在 70% 乃至 80% 以上，进而房企的经营杠杆（即总资产/股东权益）普遍在 5 ~ 10 倍以上。从本书前几章提到的保守主义立场来说，单此一项（高杠杆经营）就应当引起投资者的警惕。因为高杠杆、高负债企业是非常脆弱的，外部环境哪怕小幅度风吹草动（而世界总是不平静的，总是会风吹草动）都足以让高杠杆的企业和投资者伤筋动骨甚至粉身碎骨。

再如，我们在第三章第四节提到的长江电力，一方面，了解水力发电的原理、长江干支流的水文环境及各个水电站的装机容量、发电量、年折旧额、上网电价、债务结构等这些细节固然重要；但另一方面，也要跳出这些细节看到一些更基本的问题。譬如说，当我们在预估长江电力的成长性时应当明白，过去十年，长江电力的新增项目都是优质的水电项目，而随着水电资产注入的完成，今后长江电力的新增项目将大概率是抽水蓄能、光伏储能、境外投资这些投资回报率相对更低的项目，进而，我们在预估长江电力未来十年的利润增速时，应当较过去十年更为谨慎。如果不能跳出细节来看这样的基本逻辑，我们在估算长江电力未来的利润增速时便可能会赋予其过于乐观的预期，进而给出过高的买入价格。

当然，投资不只是抓主要矛盾，一定的细致度和全面度是看清一家公司所必需的，如果对于公司的基本细节都不了解，很难称得上说看懂了这家公司。但无论如何，关注主要矛盾、基本问题始终是首要的、最重要的。这些主要矛盾和基本问题常常包括一家公司的商业模式（如它的自由现金流特征）、竞争护城河、产业周期、管理层品性等。我个人认为，在研究的过程中，比较合理的时间精力分配是了解企业、行业的业务细节的时间占 30%、琢磨基本问题的时间占 70%。

从专家的说法中获得启发

既然"懂"本质上是一种专家直觉，我们可以试着从投资专家的说法中找一些启发，特别是那些已经用实际成绩证明了自己的专家。这些有益的说法可以为我们构建自己的专家直觉指引方向。

对于什么是"懂"，段永平给出的说法是："要学会看懂什么是好生意，最好的办法就是去做个生意，别的办法都要比这个慢而且不扎实。"他举了自己看懂苹果公司的例子："我在 2011 年买苹果的时候，苹果大概 3000 亿市值，手里有 1000 亿净现金，那时候利润大概不到 200 亿。以我对苹果的理解，我认为苹果未来 5 年左右盈利大概率会涨很多，所以我就猜个 500 亿。所以当时想的东西非常简单，用 2000 亿左右市值买个目前赚接近 200 亿/年，未来 5 年左右会赚到 500 亿/年或以上的公司（而且还会往后继续很好）。如果有这个结论，买苹果不过是个简单算术题。"①

邱国鹭也就此发表过看法："要认识一个行业，不妨做一道填空题——得什么者得天下，即用一个词来概括这个行业到底在竞争什么。例如，基金业是得人才者得天下，高端消费品是得品牌者得天下，低端消费品是得渠道者得天下，无差别中间品是得成本者得天下，制造业是得规模者得天下，大宗商品是得资源者得天下；对于餐饮业而言，回头客多、翻台率高、坪效高的就是好公司；对于连锁零售业而言，同店增长高、开店速度快、应收账款低的就是好公司；对于制造业而言，规模大、成本低、存货少的就是好公司。"②

百年老牌基金柏基投资（Baillie Gifford，成立于 1908 年，总部位于英国苏格兰爱丁堡）提出投资前需要搞清楚的十个问题，对看懂需要看什么做了比较全面的总结。

① 公司的销售收入在未来 5 年是否会至少翻番？

② 公司在 10 年及以后会发生什么变化？

③ 公司的竞争优势是什么？

④ 公司的文化是否具有显著的差异性？是否具有适应性？

⑤ 用户为什么喜欢这家公司？公司为社会作出了什么贡献？

⑥ 公司的盈利是否可观？

---

① 雪球专刊：《雪球特别版：段永平投资问答录》（投资逻辑篇），浙江出版集团数字传媒有限公司 2020 年版。

② 邱国鹭：《投资中最简单的事》，中国人民大学出版社 2014 年版。

⑦ 公司的利润率会提高还是下降？

⑧ 公司如何支配资本？

⑨ 公司的市值是否能增长至少五倍？

⑩ 市场为何会低估公司的价值？

综合起来看，专家们对"懂"的界定主要是两个方面：一是能做到有很大把握预测一家公司 5 年后、10 年后的情况；二是理解公司的竞争优势。但怎么样确认自己认为的公司的竞争优势和未来收入是靠谱的而非一厢情愿呢？

要提出一个更具体的、有操作性的路线图似乎并不难。公司未来 5 年的收入增长情况，取决于其盈利模型，例如我们本章第三节提到的婴配粉公司中国飞鹤，它当年度的营业收入 = 婴幼儿人数 × 人均食用量 × 单价 × 市场占有率，因此 5 年后飞鹤的经营情况会不会比今天更好，就取决于这几个关键变量的走向，这里面，最核心的又是 0 ~ 3 岁婴幼儿人数和市场占有率。

但即便如此，我们也只是相对于把一个一般性的说法向下再细化了一层（或者说是换了个表述），但如何知道自己对婴幼儿人数和市场占有率未来的预估是靠谱的呢？我们可以再往下细化一层，如把婴幼儿人数拆解成育龄妇女人数、总和生育率等因素，但前述疑问仍旧存在，无穷尽也。

事情本就该如此，因为正如我们前面说的，看懂是一种内证实验，它本身无法以条条框框的形式传授，需要学习者自行"领悟"，达到"心明"的状态。这就像有人问米开朗基罗（Michelangelo），你是如何完成大卫这一旷世的雕塑作品的。米开朗基罗说，当我面对那块巨石时，我从它上面"看到"了大卫，然后我只是把多余的石头凿掉，大卫就出现了。米开朗基罗真的说出了他所有的秘诀，但听的人也真的一无所获，因为听者心中没有大卫。

在这个过程中，投资者自己亲身积累是关键，如经年累月地研究企业/产业、走访企业/产业。当我们积累得多了，储存在我们无意识中的信息量就更多，当学习某些东西时，如果无意识中完全没有与之相关的背景信息帮助我们理解眼前的内容，那么这个知识点就是一条孤立、随机的信息，很难被理解和记忆。反之，如果我们的无意识中已经储存了与之相关的信息网络，那么只要稍加注意就能透彻地理解并永远记住它。对此，本书第五章将介绍学习和积累的具体方法。

某一天当我们达到了前辈专家所描述的这种状态时，我们便自然能够心领神会。更重要的是，这让我们在没达到这种状态时，对自己的商业洞察始终保持质疑和谨慎。

二、价格也是"懂"的一部分

前面讲的都是"懂"的绝对维度，但绝对维度下，"懂"是一个有关个人感受的"黑箱"，旁人无法直接学习，只能通过自己的学习积累，逐渐达到领悟的状态。此外，懂还有个相对维度，所谓相对，是指它依价格而浮动。

当股价低得离谱时，比如我们可以以零元的对价买下一家企业，那么任何一个投资者都可以说自己看懂了这家企业，因为无论如何我们都是赢的。反之，当股价高得超过了公司的内在价值，那么任何人都不能说他看懂了这家企业，因为除非股价未来涨出更大的泡沫，否则我们一定是输的。从这个角度说，股价也是"懂"的一部分。

我们在前面提到过，"投资收益率 = 股息率 + 股息年增长率 + 估值倍数年变动率"。就投资而言，看懂一家企业实际上意味着看懂它的估值、（初始）股息率和增长率。由于股息率是确定的，因而"懂"意味着，要么很有把握认为公司目前的估值低（从而未来将向上回升），要么很有把握明确公司未来的增长率会在什么水平，要么两者兼具。

在此基础上，即便投资者无法判断公司未来的成长性，只要他能判断公司当前的估值倍数显著偏低，他便也看懂了公司；或者他对公司未来的成长性有一定理解，但谈不上确信，但由于有比较低的股价的加持，他也看懂了公司；而当股价已经相当不便宜时，投资者需要充分确信这家公司未来将有很好的成长性，才算看懂了。

即：

① 不懂 + 极低的价格 = 懂；

② 略懂 + 很低的价格 = 懂；

③ 很懂 + 公允的价格 = 懂。

三个层次分别对应着：以极低的价格买烟蒂股、以较低的价格买价值股和以公允的价格买卓越股（见表4－30）。

表4－30 "懂"的不同形式

高于公允价值	×	×	×
公允	×	×	√
很低	×	√	√
极低	√	√	√
"懂"的层次	不懂	略懂	很懂

资料来源：笔者整理。

问题在于，当投资者不懂或者仅仅略懂一家公司，他如何能知道股价是否明显偏低？估值倍数是否明显偏低呢？毕竟估值倍数很大程度上是与潜在增长率相关的。

很大程度上，这个问题是没法解决的。唯一可以做的是，以相对保守的标准衡量公司的价值和公允价格。例如，我们虽然不知道姚明的准确体重是多少，但"他体重在100公斤以上"，这个判断我们是很有把握下的，而且大概率不会错。如果保守来看，股价都明显偏低，那么我们就应该有很大把握说公司的股价极低或者很低。再结合一定程度的分散，那么胜率就比较高了。当然，这种依靠常识就能判断的明显低估，你能判断，别人也能判断。因此，它们是很少见的，往往出现在大熊市中或者极端事件冲击导致全市场泥沙俱下时。

以上每一种形式的懂，都对应着它的边界。对于"不懂 + 极低的价格"组合的投资者来说，由于他懂的是PE，当PE回升到合理水平时，这家公司、这只股票便进入了他看不懂的区间，此时理性的做法，应当是卖出这只股票。这不是谨小慎微，而是逻辑自洽。实际上沃尔特·施洛斯就是这么干的，只要股票涨50%，他就会卖出一部分，而不问基本面状况等；涨 100%，他就会全部卖出。

对于"略懂＋很低的价格"组合的投资者来说，当 PE 回升到合理水平时，他仍然可以继续持有这只股票，等待净利润增长的兑现，但对此他应当心怀谨慎，因为他对股票的基本面并没有充足的把握。

至于"很懂＋公允的价格"的投资者，他完全可以充分享受净利润增长带来的投资收益，前提是他确实很懂这家公司。

长期来看，净利润的提升空间比 PE 倍数的提升空间大很多。PE 倍数从 10 倍提升到 50 倍已经算是非常少见的情况，放在 20 年的期限里，带来年 8.4% 的 PE 提升；而优秀、卓越的公司，很多能取得 20 年高于年 15% 的提升增长率水平。也因此，成长股投资者的盈利空间是巨大的。但回到本节的主题，这是建立在真正看懂企业成长性的基础上的，而看懂是非常难的。

从构建投资体系的角度来说，投资者应当循序渐进，从"不懂＋极低的价格"开始，并结合一定的分散度以规避"踩雷"风险（因为价格极低的股票，它本身确实有问题的概率也比较高），逐步向"略懂＋很低的价格"延伸，最终在商业智慧充分积累后，达到"很懂＋公允的价格"的层次。至于不公允的高价格，投资者无论商业智慧如何，都应当始终远离。

三、看懂成长股为什么不容易?

每股净利润增长率 = ROE × (1 − 分红比例)

企业的价值等价于其未来自由现金流的折现，因而所谓企业的成长，指的是其未来自由现金流的增长，更准确地，是每股自由现金流的增长。净利润是自由现金流的核心基础，由于自由现金流的计算比较复杂，简化起见，也可以用净利润或者每股净利润的增长来表征企业的成长。

企业净利润的增长又来源于什么呢？企业经营者，将账上的现金转化为净资产，再将净资产转化为营业收入，营业收入扣除成本费用后成了净利润，净利润继而变成了新的净资产，净资产扩大，产生了更多的净利润。正因为如此，企业的净资产回报率（ROE）决定了其每股净利润增长率的上限，企业的每股净利润增长率小于等于其 ROE。当然，如果净利润全部以分红的形式分配给了股东，那么净资产便无法增多，也便无法产生比上一年更多的净利润。

基于以上逻辑，简单推演可得：

$$每股净利润增长率 = ROE \times （1 - 分红比例）$$

所以，所谓成长性的企业，本质上是它始终能以较高的 ROE 不断吸纳越来越多的净资产。反之，非成长性的企业，则要么以 ROE 不断下降为代价吸纳新增的净资产，要么是需要通过分红不断剥离新增的净资产，以换取 ROE 不下降。

因此，"成长"本质上要比"优质"（即过往长期高 ROE）高一个层次，因为它不仅意味着高 ROE，还意味着高 ROE 未来在分母不断变大的基础上还能持续。

我们往往以企业过往的高 ROE 推断它未来也将维持高 ROE，进而净利润始终能以接近 ROE 的速度增长，但很可能未来它的 ROE 会不断走低，或者即便没走低，但以高分红比例为代价，进而净利润增速远低于 ROE。至于如何评估企业的 ROE 会不会走低，背后的支撑仍然是投资者的商业智慧。相比评估"低估"或者"优质"，评估"成长"所需要的商业洞察明显更高。看懂成长股，难就难在这个地方，我们难以判断过去的好时光是否会持续下去。

增长停滞不可避免，且无法从外部看出端倪

对于企业增长停滞的问题，马修·奥尔森和德里克·范·贝弗（Matthew S. Olson & Derek van Bever）在《为什么雪球滚不大：让你的企业跨越停滞点，实现持续增长的神话》（*Stall Points: Most Companies Stop Growing – Yours Doesn't Have to*）[①] 中使用了企业增长"停滞点"（stall points）这个概念。

[①] ［美］马修·奥尔森、德里克·范·贝弗：《为什么雪球滚不大：让你的企业跨越停滞点，实现持续增长的神话》，粟志敏译，中国人民大学出版社 2010 年版。

所谓停滞点，是企业的营业收入在此之后出现持续多年的重大回落。重大，意味着并非短期或周期性的回落；回落，则是增长率放缓，而未必意味着负增长（即营收下降）。奥尔森和贝弗对企业增长的立足点是营业收入，营业收入是净利润的基础。

每个年份前 10 年和后 10 年的增长率，用两者之差表示企业该年度的"停滞增量"。例如，站在 2000 年看某公司，其 1990～2000 年的营业收入年复合增长率为 2.5%，2000～2010 年则为 -6.5%，那么该公司 2000 年的停滞增量就是 9%。停滞增量最大的年份，被确定为该公司的增长停滞点。

奥尔森和贝弗对 1955～2005 年 50 年内，所有达到过《财富》杂志（*FORTUNE*）100 强规模的合计 500 多家企业的过去多年增长历程进行了分析，并得出以下几点结论：①

第一，87% 的《财富》杂志 100 强企业在研究期内都出现过一次或多次增长停滞（其中 76% 的公司遭遇增长停滞之后再未能从中恢复，11% 的公司则此后重获显著增长），剩余 13% 则保持稳定的增长（即实际增长速度一直超过 6%，或实际下滑小于 4%）；

第二，曾遭遇停滞的公司，90% 的公司在停滞前后市值损失过半，50% 甚至市值损失超过了 75%；

第三，大部分公司在营收增长出现停滞的 1 年后甚至更久后才出现市值大幅缩水；

第四，遭遇增长停滞的公司中，46% 的公司在停滞发生后的 10 年里的实际增长率能达到不低于 2% 的水平，余下的 54% 则保持了很低甚至负的增长率，这些 10 年后依然萎靡不振的企业里，绝大多数最终都维持着极低的增长率或者破产、被收购、退市；

第五，公司停滞的原因往往并非规模过大，实际上，大部分增长停滞

---

① ［美］马修·奥尔森、德里克·范·贝弗：《为什么雪球滚不大：让你的企业跨越停滞点，实现持续增长的神话》，粟志敏译，中国人民大学出版社 2010 年版。

出现在公司规模达到超大型公司之前。企业的年营业收入到什么样的体量
规模，会进入增长的危险区域呢？美国企业的这个危险区，从 1965 年的低
于 100 亿美元（对应 2005 年的现值）提高到了 2005 年的近 400 亿美元。

此外，对于投资者来说，更重要的结论是，企业增长停滞的端倪，从
外部很难观察，不存在任何明确的先行指标可以预见增长的停滞。

在曾遭遇停滞的公司样本中，45% 的公司实际上是"跑步"进入营业
收入增长的停滞期的，只有 42% 的公司在停滞发生前的年份里出现过营业
收入增长率下滑的现象。正如奥尔森和贝弗所说："人们倾向于认为公司
的增长就像是一架滑翔机，随着气流在空气中漂浮。当风渐渐平息时，公
司的管理层就会像滑翔机驾驶员一样引导公司进行软着陆……但事实上公
司的增长下滑更像是石头落地，而不是滑翔机着陆。"[1]

软着陆非常罕见，多数停滞期内，营业收入增长率会出现剧烈的骤然
下滑。奥尔森和贝弗研究的 400 余家曾出现过增长停滞的公司，在停滞出
现前 5 年内，它们的营收增长率在 8%～10% 之间；在停滞前 1 年，这些公
司的平均增长率达到了 14%，此时已是危险的边缘；在停滞出现后的两年
里，增长率成了负数；此后的 10 年里，增长率平均仅为 0.7%。

利润率的变化也无法有效进行预警。在停滞出现前的一年里，利润率
下滑的公司数量少于利润率维持的公司，很多公司增长停滞前，利润率甚
至会出现惊人的攀升。

这些数据显示，通过财务分析来预测企业营业收入，企图找到增长停
滞的蛛丝马迹，这很难奏效。企业增长停滞的线索，需要从竞争环境和管
理行为中去寻找。

增长停滞的原因

企业增长停滞是成长股投资者的天敌，而由于增长停滞无法从公开的

---

[1]　［美］马修·奥尔森、德里克·范·贝弗：《为什么雪球滚不大：让你的企业跨越停滞点，
实现持续增长的神话》，粟志敏译，中国人民大学出版社 2010 年版。

财务数据等外部信息中进行预判，因而投资者如果要投资成长股，他必须有条件和能力深入企业内部去观察企业的运作。反过来说，如果无法深入企业内部去观察，那投资成长股是非常危险的，只能把投资命运寄托给运气。

对此，成长股投资大师菲利普·费雪多次表达过类似的态度，"只是读一读有关某家公司的那些印刷出来的财务记录，永远不足以评价一项投资是否合理，谨慎投资的主要步骤之一就是从那些与企业有某种直接关系的人那里了解企业的情况"。1955 年，费雪买入摩托罗拉，持有 25 年，赚了 30 倍，同年买入的德州仪器则持有 10 年并赚了 30 倍。

他在《怎样选择成长股》(*Common Stocks and Uncommon Profits and Other Writings*)① 一书中将之称为"闲聊法"。即充分利用与公司有着或有过业务往来的关键人士，并从他们那里获取大量有关这家公司的信息，这些关键人士包括公司的客户、供应商、竞争对手、监管部门或科研院所，以及公司的前雇员等。

"他们通常都非常清楚与他们有业务往来的公司的优势，而更重要的是，他们也知道其弱点所在。在这些知情人士中，个别人所讲述的内容可能充满偏见和误导。但如果能掌握到足够多的信息来源并明确告知对方想了解什么以及想知道的理由，只要将这类信息拼凑在一起，所研究公司的情况就会非常清晰地展现出来。为什么以这种迂回的方式来获取信息很重要？因为只有如此，那些之前跟公司没有联系的人，才能充分了解它的情况，才能在好不容易获得与被投资公司高管交流的机会时，知道该寻求什么样的信息。这些公司的高管或许非常直接，并愿意开诚布公地回答问题。然而，除非有人问他，否则一家公司的高管怎么会主动透露自己公司的缺点呢？……很明显，这类重要的信息永远不会不请自来。"②

这种了解的门槛相当之高："请记住，赚大钱或者避免大损失的决定性因素是，在公司的重要事项被整个金融圈熟知之前了解到它。永远不要

---

①② ［美］菲利普·A. 费舍：《怎样选择成长股》，吕可嘉译，地震出版社 2017 年版。

忘记，一个聪明但缺乏信息的投资人士，其投资业绩将远逊于一个普通但非常称职的投资人士，只因后者掌握大多数人不知情的公司重要信息，而这就是信息来源如此重要的原因。这也是使用我说的'闲聊法'如此重要的原因，除非投资人士与公司管理层的关系异常密切（这种关系通常只有在多年紧密联系后才会形成），并借此对公司的有利和不利发展有全面均衡的了解。否则，即使投资人士能够从管理层那边获取到很多准确的信息，他还是无法确定是否有其他对立的信息。"[①]

那么，要到企业内部去观察和了解些什么呢？核心是要了解企业是否存在着会导致增长停滞的诱发因素。企业增长停滞的原因，可以分为不可控的因素（外部因素）和可控的因素，按照奥尔森和贝弗的统计，不可控因素只占企业增长停滞因素的13%，可控因素则占了87%。

我们在本章第四节竞争护城河中看到的统计结论也是类似的——失败往往主要是因为自己：对于持续创造负超额收益的输家企业，90%以上可以归咎于企业自身因素，负超额利润的产生90%源于企业自己的原因，其持续则99%源于企业自己。对于赢家来说，企业自身因素和行业因素的影响旗鼓相当，超额利润的产生有43%源自企业自己，37%源自行业因素，超额利润的持续有34%源自企业自己，44%源自行业因素。

不可控因素主要包括政府监管（如反垄断、行业禁令等）和经济不景气，两者分别构成了13%里的7%和4%。

可控因素则主要是战略因素和组织因素，而两者都隶属于管理范畴。对此，费雪也得出过类似的结论："判断一家公司的长期发展前景时，没有什么比高管团队的整体效率更重要了。"[②] 具体而言，奥尔森和贝弗总结如下。[③]

战略因素（70%）：高估优势地位（23%）、创新管理失败（13%）、

---

① ［美］菲利普·A. 费舍：《怎样选择成长股》，吕可嘉译，地震出版社2017年版。

② ［美］菲利普·A. 费舍：《成长股获利之道》，杨天南、胡恒译，机械工业出版社2023年版。

③ ［美］马修·奥尔森、德里克·范·贝弗：《为什么雪球滚不大：让你的企业跨越停滞点，实现持续增长的神话》，粟志敏译，中国人民大学出版社2010年版。

过早放弃核心业务（10%）、收购失败（7%）、对关键客户存在依赖性（6%）、战略分散/集中（5%）、相邻领域扩张失败（4%）、主动放慢增速（2%）。

组织因素（17%）：人才储备匮乏（9%）、董事会未采取行动（4%）、组织设计问题（2%）、绩效评估指标不当（2%）。

在上述可控和不可控因素中，最重要的几项分别是：高估自身优势地位、创新管理失败和过早放弃核心业务。

（1）高估优势地位

在所有导致企业增长停滞的因素中，企业高估自身优势地位是最重要、最深刻的一项，即在面临新的低成本、低品质竞争对手的挑战时，公司不能有效地做出回应。

根源上，这种不能做出有效回应，来自人性中普遍进而企业管理者也难豁免的一些认知缺陷。例如，管理者往往相信，自己的主要客户不会为了低价放弃产品性能，客户始终会为产品性能的不断改进付费，但事实是，破坏性创新常常来自低质低价产品的逆袭；对于竞争对手，管理者相信，低端对手永远也无法取得高端上的突破，品牌、渠道优势能把低端对手挡在外面；对于市场，管理者相信，低端市场是可以放弃的，低端市场不会影响到高端市场，传统对手比新对手重要，大对手比小对手重要，毛利率比市场份额重要；等等。

（2）创新管理失败

所谓创新管理失败，是指企业把产品创新作为生存和发展的重点，尤其是那些以技术、研发和创新起家的企业。但真实的商业世界中，企业陷入增长停滞，大多数时候是因为流程管理上出现了问题，而不是产品上有什么问题。

创新管理失败的表现形式包括：企业管理者认为市场对产品性能的需求是无穷无尽的，因而在创新上投入过度资源；或者在本该持续投入创新的时候，为了短期目标打乱了创新节奏，并认为这不会对企业的长期业绩造成实质影响；或者用高度分散的方式搞研发，以求提升创新效率；或者让老事业部、老产品线来做颠覆性的产品创新（但研发会威胁到老事业部、老产品线的既得利益）；等等。

（3）过早放弃核心业务

过早放弃核心业务会导致无法充分利用老业务的增长机遇。大多数增长复苏都出现在原有业务上，而不是那些远离原有业务的新产品线。哪怕是已经非常成熟的行业，行业整体已陷入衰退，行业市场规模下降，行业内企业仍然可能有惊人的增长率。以啤酒行业为例，中国啤酒产量在2013年即见顶（4983万千升），此后的10年间（2014～2023年），中国的啤酒产量累计下降了28%。[①] 但在此过程中，头部啤酒企业仍取得了不错的业绩增长，根据青岛啤酒和华润啤酒历年年报披露的数据，青岛啤酒2014～2023年的年净利润增速达8.9%，华润啤酒2016～2023年（华润啤酒2015年完成出售非啤酒业务，因而选定其2016年以来数据）达20.4%。很多企业管理者倾向于认为，行业增长率低，企业增长率就一定低，所以拼命往各种"朝阳产业""高增长产业"去挤，而荒废了自己原本的优势。很多管理者从资本回报率的角度，主张对成熟业务的投入应当保持稳定甚至逐渐减少，以将现金流投入新业务中。但现实是，这些老业务往往并不稳定，一旦投入资本减少，它们会马上快速下滑。

当下中国面临着出生人口下滑、房地产进入下行周期的大转型局面，很多行业的增长前景堪忧。此时，哪些企业能熬得住，坚守能力圈；哪些企业盲目跨界，胡乱转型，不同企业管理者的战略能力将得到实际的检验。

以上是对企业增长停滞的一些主要原因的简单概括，后续在本章第七节和第八节中，将从组织文化和价值陷阱的角度对此再做一些补充。

第七节 人的因素

洞察型投资的难点，很大程度上在于对"人"的因素的洞察，尤其是

---

① 资料来源：Wind金融终端。

以"增长"为投资对象的成长股投资。我们在前一节中得出结论：企业的增长停滞，战略因素和组织因素等"人"的因素占了87%的原因。

菲利普·费雪在《成长股获利之道》中也说："在评估一只股票时（费雪面向的是成长股），管理层因素占90%，行业因素占9%，所有其他因素占1%。"

人的因素之所以难以处理，原因在于它很难观察，尤其对于作为外部人的普通投资者来说。这也是我们在本书第一章中的基本结论之一，一个认识对象存在"真相"（即"客观实在"）的前提是，我们的观察操作应当保持固定，且观察行为不会对被观察者产生影响。如果我们的观察对象是企业的财务数据，这两个前提条件都是可以满足的，但如果是企业的管理者、企业的组织文化，那么本质上，我们便不可能获得它的真相，而仅仅是获得了我们大脑中近似的"本征态"。因为一方面，人不是站在那里被动让我们观察，而是会对我们的观察有所反馈；另一方面，对人的观察很难保持固定的操作，我们会依据被观察对象的反馈调整我们的观察操作。

因此，本节主要想针对洞察型投资中人的因素做一些讨论，以使投资者理解，人的因素是如何作用于企业的生老病死，促成企业生命周期的律动的。在此过程中，我们会看到，作为普通投资者，我们很难对企业的人的因素进行观察和理解。

一、人的因素如何驱动了企业的命运?

正如世上所有事物都处在"生老病死"的变动过程之中，企业也有其生命周期。所谓企业的生命周期，是指一个企业发展与成长的动态轨迹，它一般包含产生、发展、成熟、衰退几个阶段，且在此之后将面临消亡、稳定、转向几种可能的结局。

投资的一个关键点和难点在于，投资者需要对企业的生命周期阶段有所认知（正如我们在本章第六节中提到的增长停滞的问题），因为不同的阶段中，企业会有迥异的业务表现和财务表现，在新的生命阶段沿用旧的分析框架，或者在当下生命阶段未能预见未来的生命阶段，都很有可能会导致投资失败。对于洞察型投资，这种投资失败的风险尤其大。

值得注意的是，研究企业的生命周期，不在于找出一条放之四海而皆准的企业生命轨迹，如计算出企业通常要经历几年上升期、几年高峰期、几年低潮期等，进而把它套到我们关注的企业身上，以预判企业未来几年的发展走向。这是一种理想化的思路，容易使我们陷入刻舟求剑式的错误。合理的研究目标，是抽象出企业不同发展阶段的核心特征，以及背后的动力学机制，进而为我们预判企业生命轨迹的走向提供思路和参考。

企业发展动力学

伊查克·爱迪思（Ichak Adizes）将企业的生命周期分成了孕育期、婴儿期、学步期、青春期、壮年期、贵族期、官僚期和死亡八个阶段。[①] 这种阶段的划分既是一种经验观察（参考众多鲜活的企业案例），也是一种推理演绎，而推理演绎的基础是爱迪思提出的"PAEI 四大管理功能"分析框架。

所谓 PAEI，是从人和组织的视角看待企业的生命周期。PAEI 类似于企业发展所需的四种"维生素"，即目标管理（Purposeful，P 功能）、行政管理（Administrative，A 功能）、创业精神（Entrepreneurial，E 功能）和整合（Integrative，I 功能）。企业的不同生命阶段之所以呈现出不同的状态，核心的原因在于这四种功能或元素的此消彼长。

我们在上一节中提到过，企业发展的停滞，既有不可控的因素，也有可控的因素，前者如政府监管、经济不景气，后者则主要是企业的战略和管理失当，如高估自身的竞争优势等，而可控的因素占了 87% 的比例。可控的因素，其本质正是人的因素。因此，PAEI 从人和组织的视角看待企业的生命轨迹，是恰当的。

---

① ［美］伊查克·爱迪思：《企业生命周期》，王玥译，中国人民大学出版社 2017 年版。

P 代表公司实现目标、目的的能力。管理者制定决策时，必须先问自己的 P 功能是什么。谁是公司的客户？他们有什么需求？公司当下和未来都能满足哪些需求？这就是他所管理公司的目的。因此，P 是公司达成目标的执行能力。

A 是行政管理，代表制度化、程序化和组织化，公司的制度、流程都属于这个范畴。

E 是创业精神，E 为企业的发动和运行提供动力，很大程度上 E 代表着创造力和承担风险的意愿。

I 解决的是人与人之间关系的问题，它意味着把公司的成员整合在一起，把公司变成一个内部相互依赖的有机的组织。

企业在不同的生命阶段，它最需要的生命元素是不同的，并且既然是"维生素"，那么缺乏这些东西，就会导致企业生病。在不同的阶段缺乏不同的"维生素"，则会导致企业得不同的病。

（1）孕育期

孕育期，是一家企业诞生之前的阶段。实际上，对于股票投资者来说，企业的孕育期，乃至后面的婴儿期、学步期，常常不是我们观察的重点，因为一个企业，但凡上市并进入了投资者视野，它大概率已经比较成熟，至少是进入青春期阶段了。但仍然有必要对企业完整的各个生命阶段进行审视，这样可以让我们更清楚地看到，企业成长和衰退的本质是什么。

企业的诞生，源于创始人的创业想法，而创业想法则来自创始人的创业精神 E。创始人在各种契机下，酝酿出一个很有吸引力的创业想法。这很好，但还不够。更重要的是，创始人要敢于为这个想法做出承诺、承担风险，此时企业才算诞生了，而非只是空想。

什么是承诺？正如人们在婚姻中说的那些誓言：无论是贫穷、疾病、困难、痛苦，还是富有、健康、快乐、幸福，都愿意相濡以沫、不离不弃。创始人为了创立这家企业，愿意辞掉体面的工作、失去收入、投入全部时间精力和身家，乃至举债，甚至冒着家庭分崩离析的风险，这些就是对创立一家企业的承诺。

孕育期公司的核心就是有足够多、足够强、足够有效的承诺。做出承诺的不仅仅是创始人，还有其他相关人，如创始人的家人、企业的初始员工等。什么是有效的承诺？就是创始人的承诺得能经受得住检验，比如这个创业想法由谁来做、怎么做、整合哪些资源，如果创始人信誓旦旦，但这些问题都经不起初步的追问，那创始人的承诺就是无效的。

创业的风险越大，承诺就应当越坚定深入。因为创业的过程伴随着长期的、持续的风险和挫折，如果承诺不足，创始人和相关人就会半道放弃。就像爱迪思说的："许多人想单凭小小的承诺就赚大钱，这是不可能的，如果承诺不足，创业时付出的努力会淹没在分娩的阵痛中，创业将流产。"① 没有实质的承诺，创业就只是空想，承诺是企业度过孕育期的关键。如果我们要评估公司成功的可能性，就应该评估所有相关人的承诺，看看这些承诺够不够多、够不够强、够不够有效。

有鉴于此，从 PAEI 四种功能来说，孕育期公司的核心在于 E，即创业精神或企业家精神，这个阶段的公司，它的风格对应的是 paEi，此时 P、A、I 几种功能都是不足的，所以用小写来表示。同时，公司不能是 00E0（除了 E 之外其他各项功能均为零），因为在 P、A、I 方面，公司要能经受得住最基本的检验，否则这个 E 就是无效的，创业就变成了空想。

所谓 E（创业精神、企业家精神），它本质是我们人类身上的一种想象力和创造力。创业者、企业家，最重要的一点是，他们要有做事的冲动，他们总是渴望做出些什么事来。不是别人让他做事他才做，而是他自己想做事。没有做事冲动的人，只是听命于别人的人，那就肯定没有 E，肯定不是创业者和企业家。有创业精神、企业家精神的人，他们能看到别人看不到的东西，而且他们要做别人认为不可能的事情。

回想一下本书第一章第六节中我们提到的，不同的投资者有不同的人格，有的是刺猬（背后是直觉式的感知风格）、有的是狐狸（背后是实感式的感知风格）。PAEI 框架下的 E 和 A，很大程度上分别代表着直觉式的

---

① ［美］伊查克·爱迪思：《企业生命周期》，王玥译，中国人民大学出版社 2017 年版。

感知风格和实感式的感知风格。正如前面说的，直觉型的人喜欢关注未来和可能性，那些富有创新和开拓精神的人，无论建筑师、作家、科学家、政治家或者数学家，几乎都是直觉型的。

（2）婴儿期

有了实质的承诺，公司得以从孕育期进入婴儿期，开始承担风险。这个阶段的公司，它的核心在于，创始人把创业想法付诸了实践。

孕育期公司关注的是"为什么做"的问题，创始人一腔热血，希望为世界提供伟大的产品或者完成自我实现，而到了婴儿期，重点则变成了"做什么"。所以，婴儿期阶段的公司应当以产品为导向，使产品真正落地，这是生死存亡的问题。这个阶段的公司，创始人和团队忙于提高技术、改进产品，以及解决生产制造方面的问题。

因此，婴儿期公司的关键是 P 功能的发展，即 Paei，此时 E 应当退居幕后，过多天马行空的畅想无助于产品的落地，P 必须上升到主导地位。如果 P 功能没有快速发育起来，产品无法真正落地，公司就会停留在孕育期而无法迈入婴儿期。

婴儿期的公司往往是 P 独舞，A、E、I 旁观，此时的创始人废寝忘食地工作、包揽大小事务、关注短期成效，这些都是婴儿期公司的典型特点。

另外，婴儿期的公司非常需要现金流，但公司此时还没有成气候的销售和营业收入，因此要依靠创始人出让股权、借债（往往需要创始人拿自己的资产抵押或者背负回购、无限连带责任等承诺）等，维系住公司现金流。否则，公司就会在这个阶段"死掉"，创业便失败了。

（3）学步期

学步期的公司从婴儿期时的产品导向转向了销售导向，此时公司依靠销售获得了稳定的现金流。销售是学步期公司的重中之重，营业收入是第一位的。很多这个阶段的公司不惜以低于成本的价格销售产品，即使公司销售得越多就亏得越多。

可以说，进入了以销售为根本的阶段后，这家公司才真正成为一家企业。正如彼得·德鲁克（Peter F. Drucker）所说："营销是一项既突出又特别的企业功能，企业销售产品或服务，这使得它不同于其他任何人类组织，如教会、军队、学校和国家。任何以销售产品或服务为己任的组织就是企业。任何不从事或偶尔从事营销工作的组织就不是企业，因而也不应该像企业一样经营。"①

此时公司的 P 功能站稳了脚跟，P 得到初步发展后，就要腾出手来重新提升 E 的地位了，因为埋头苦干无法让公司继续上台阶，公司需要依靠创始人的眼光、创造力和胆魄做出明智的决策。因此，学步期的公司对应的风格是 PaEi，此时 a 和 i 可以相对弱势，但不能完全没有（P0E0），也就是说，公司不能完全没有章法和人员协作，否则就变成"公司就是老板，老板就是公司"，进而容易陷入创始人"陷阱"。

学步期公司在销售和现金流上取得了初步的成果，而不是像婴儿期时那样生死未卜且只能依靠外部输血，此时创始人常常变得自负。爱迪思举了一些有意思的例子描述这个阶段的创始人和领导。例如，学步期领导对工作时间的估计往往非常离谱，需要 1 天完成的工作他可能会通知员工在 1 小时内完成，而且领导越是自负，这个偏差就越离谱。再比如，学步期领导往往表述不清自己的想法，需要员工自己去揣摩，也因此，少数几个能听懂领导需求的人，便成了领导的心腹和推动工作的骨干。

学步期公司将所有精力都用在销售上，因此它的 A 功能比较弱小，公司没有体系的规章制度，组织架构不明确，流程也不完善，且往往没有问责制，权利和责任全部系于创始人一人。这种状态下的公司是危险的，也很难迈入下一个更高的层次，很多时候成也创始人、败也创始人。

创始人往往不会轻易改变这样的局面，因为他享受这种全能感。所以，公司往往需要经历一些重大危机，这种局面才会发生变化，制度化的权责体系才会建立起来。

（4）青春期

公司得以从学步期迈入青春期的关键在于，学步期公司将创始人的领导

---

① ［美］彼得·德鲁克：《管理的实践》，齐若兰译，机械工业出版社 2019 年版。

力制度化，即 A 功能得到发展。在青春期，公司领导者开始授权并引入职业经理人。在决策时，公司必须变得更加专业化，而不是只依靠创始人和领导者的直觉。领导者需要创建制度、设计薪酬体系、界定员工的权限和责任。

孕育期、婴儿期、学步期的领导者是典型的创业者，但当公司进入青春期，纯粹的创新和实干会遇到很多问题，公司的工作重点需要转向制度、规章和行政管理，青春期的公司要求领导者有一套完全不同于此前阶段的技能。此外，为了实现制度化，公司必须放缓销售的步伐，此时公司已完全不同于上一个阶段（学步期）一门心思冲销售的状态。

由于要给 A 让位，而 P 作为执行功能是不能停的，所以青春期阶段的公司需要暂时压制 E 给 A 以生存空间，从而青春期公司对应的风格是 PAei。这是很矛盾的，因为大部分创业精神（E）很强的人，都比较反感行政管理那一套，觉得那很僵化、官僚。

在这个过程中，如果创始人不愿意接受这种转变，就容易产生公司的权力斗争，比如公司的早期投资人联合董事会罢免创始人等，权力斗争又导致公司核心成员的流失。乔布斯就是在 E 功能被压制的过程中离开苹果公司的。

最近正好在看电视剧《大江大河》，里面小雷家村的雷东宝就是个 E 很强的创业者，意气风发、雷厉风行、不拘小节，20 世纪七八十年代一手把穷苦的小雷家村带上发家致富的大道，一路办了砖厂、水泥厂、预制板厂、电线厂、养猪场、电解铜厂。但最终雷东宝和小雷家村没能压制住 E 给 A 让道，建立规范的行政管理制度，做事全凭企业家直觉，最终错失了小雷家村从初创期向青春期进阶的机会。

另外，如果 A 成功上台，企业顺利迈入青春期，但新的掌权者过于缺乏创业精神、过于官僚化，那么公司就会过多地从进取转向形式主义，从灵活转向僵化和控制，那么公司就无法充分发挥它的经济潜能，进而没法进入壮年期而提前陨落。

（5）壮年期和稳定期

所谓壮年期，一言以蔽之，在于受控但又被充分鼓励的创业精神。如果公司能建立有效的行政管理制度，同时又能使管理和创业精神达到平衡的状态，那么公司就进入了壮年期，这个阶段就是 PAEi。也就是说，在青春期阶段退居幕后的 E，到了壮年期又重新回归，但此时是以制度化而不是个人英雄主义的形式出现的。

处于壮年期的公司有清晰的目标，知道自己做什么、不做什么，它们有明确的界限，不会去做界限外的事情，以保存能量。此时有几对相冲突的力量需要得到平衡：创造力与行政控制、天马行空的创新与实实在在的产品化、市场与技术等。壮年期公司需要恰当的权力结构，各部门各司其职，全部参与到公司发展的进程中来，这实际上需要 I 功能的发展，也就是整合协调公司内的各种人和权力。

壮年期是公司鼎盛的一种状态，此时公司面临的核心问题是，如何保持壮年状态。到了壮年期的晚期，也就是稳定期，公司仍然强大，但开始失去灵活性，在成长阶段积蓄起来的发展惯性消耗殆尽，它开始失去变化和创造新事物的欲望，即 E 开始削弱了。

随着灵活性的下降，公司变得老成起来，它组织有序且依然以结果为导向，但已经不像以前那样积极进取了。秩序压倒了一切，为了避免危及以往的成就，公司里的人越来越倾向于保守的做法。因此，稳定期对应的公司风格是 PAeI。

为什么是 I 而不是 i 呢？因为随着 E 的削弱，公司的变化开始减少，而变化是冲突的源泉，因此这个阶段的公司开始更多地以人为导向，形成一个有凝聚力的整体。为什么稳定期的公司不是牺牲 A 或者 P，而是牺牲 E 呢？因为 A 的生命力特别强，一旦 A 在公司扎根了，除非公司消失了，否则 A 会一直存在，而 E 和 P 分别代表长期利益和短期利益，一般来说，总是长期利益做出牺牲。

如爱迪思所说："与早期阶段不同，（壮年期晚期/稳定期）人们花在顾客和生产一线的时间越来越少，更多时间是在办公室与自己人交谈。在军事部门，这一现象可以从作战单位与后勤单位的数量比例看出来；在社会服务机构中，则反映在实际从事现场服务的员工与办公室行政职员的数量比例。在公司财务报表中也能看到类似的现象，当日常开支和行政费用占总收入的百分比，超过经营成本占总收入的百分比时，这种现象就出现了。扩展到整个社会，政府开支占国民生产总值的百分比持续上升，也是这一现象的反映。"[1]

在壮年期的晚期（或者叫稳定期），公司在制定决策时也会讨论长期战略，但对短期目标的考虑越来越多。权力中心正式转移，负责财务和法律的高管权力越来越大，考核取代了一切。

当公司还在成长阶段时，每到一个转折点，就会有显眼的里程碑，但到了衰退阶段，很难找到明显的转折点，衰退是一个持续不断变糟的过程。

（6）贵族期

贵族期公司的核心特征是"重视形式甚于重视功能"。贵族期公司会减少变化，进而减少冲突，以保持公司的每个人之间维持和谐的交往关系，而缺少变化和冲突会导致组织的功能失调。因此，到了贵族期，代表公司执行力和短期利益的 P 也削弱了，变成了 p，代表更长期利益的 E 则早在壮年期晚期就已经削弱，贵族期的公司对应的是 pAeI。

贵族期公司发展的欲望降低了——源于 E 的弱势，对开拓新市场、新技术兴趣不大，重视过去的成就甚于未来的发展前景，对变化抵触，奖励顺从者，将钱花在控制、福利和漂亮的办公环境[2]上，关心如何做事，但不关心为什么做以及做什么，重视着装、称谓、说话和仪式。

贵族期公司的权力中心是软弱无力的，管理层看似能做很多事，但实际上寸步难行，因为有太多利益需要照顾和妥协。凡是牵涉改革的决定，即便通过，进展也很慢。

贵族期的公司常常兼并收购以获得创业精神，但小鱼的创业精神很难影响到大鱼，甚至很多时候，大鱼的官僚气会同化小鱼。贵族期公司偏好

---

① ［美］伊查克·爱迪思：《企业生命周期》，王玥译，中国人民大学出版社 2017 年版。
② 面临即将到来的巨大灾难，许多贵族期公司开始建造造价高昂的大楼，这些大楼富丽堂皇，但对公司并没有什么必要。

用产品涨价来提高营业收入——因为这是最容易做的一步经营决策，但随着价格的提高，销量却大幅下滑了。

并购、多元化、品牌延伸、"协同效应"——而不是高度聚焦于一个产品、一个服务或一个市场，这些行为是行政管理逻辑盖过企业家逻辑的信号。

相反，企业家逻辑则是聚焦和专注。想想 1997 年乔布斯重返苹果后是怎么做的。当时很多人预期乔布斯会加紧开发高端产品，或者同其他大公司合作（如 Sun Microsystems）。但乔布斯的做法是，缩小苹果公司的规模与业务范围，在竞争激烈的个人计算机领域，尽力保证苹果的盈利。[①] 他在保证能够生存的前提下，对苹果进行大刀阔斧的重组，仅保留核心部分。比如将苹果的 15 个台式机型号减少到 1 个，将所有的手提和手持设备的产品型号减少到 1 个，剥离打印机及外围设备业务，降低软件开发力度，减少经销商的数量，将几乎所有制造业务转移到中国台湾地区。

（7）官僚期和死亡

当公司进入官僚期，管理层陷入妄想症，开始赤裸裸的政治斗争。公司每个人都陷入派系斗争，没有人有意愿和能力处理客户的需求。官僚期的公司先是变成 0A0i，进而发展为 0A00。最终，当自上而下都不再对公司有实质的承诺时，公司就死亡了，成了 0000。

二、企业衰退的原因

公司衰退常常会呈现出一些迹象：比如随着公司变得风险规避，公司的资金会越积越多，且公司也没有使用这些钱的计划（有些公司会设法并购一些有创业精神的小公司）；比如公司开始强调形式甚于强调功能；比如公司从"法无禁止即可为"变成"法无授权即不可为"；比如公司的权

---

① 当时苹果电脑的市场份额只有 4%，搭载 Windows 操作系统和英特尔处理器的计算机才是市场标杆。

力中心从业务部门（销售、营销）转向行政部门（法律、风险和财务）；比如，在成长阶段，职权是明确的，责任则不明确，而到了衰退阶段则刚好相反，责任是明确的，而职权则不然；比如公司会从销售导向转向利润导向，依靠削减营销、研发支出来提升短期盈利。

在本章第六节中，我们提到过，企业出现增长停滞的线索和原因，无法从财务分析中找到，而只能从企业的竞争环境和管理行为中去寻找。其中，战略和组织方面的因素，是企业增长停滞最重要的原因，占了所有因素中87%的比例，如企业高估自身竞争地位、创新管理失败、过早放弃核心业务、人才储备匮乏、收购失败等。

从 PAEI 的视角来看，以上这些管理不当的行为，背后有深层次的人事和组织层面的原因。对此，爱迪思总结为领导者的风格、领导者对市场竞争的感知、组织结构等因素。

领导风格

不仅是公司，公司领导者和管理者也适用 PAEI 的分析框架。如爱迪思所说，由于 PAEI 四种功能彼此不相容，因此极少有管理者能同时具备这四种能力，并能在适当的时机合理地切换不同的能力。一个有满腔创业热血、喜欢开疆拓土、实现人生理想的人，他可能做不好琐碎、僵化的行政管理的工作，因为前者要求他浪漫主义，后者则要求他绝对现实。

只拥有 P 能力的管理者是勤劳的"老黄牛"，他埋头于工作而无法履行管理职能，并且他的工作是短视的，他勤奋、尽责，但却对行业的格局、公司的战略等宏大、长期的问题很迟钝。他们几乎将所有注意力都放在做事上，但很少关注为什么做、怎么做、联合谁一起做等这些问题。

只拥有 A 能力的管理者有很强的官僚特征。官僚主义者的管理方式的照本宣科，只重形式不重实质，他们往往视变化为眼中钉，希望一切都在绝对的秩序中。

只拥有 E 能力的管理者是"纵火犯"，他们充满激情，四处点火，但对善后缺乏兴趣。他们不遵循任何固定程序，频繁地做出决定、频繁地改变想法，下属总是不知道最终决策指向何方。

只拥有 I 能力的管理者不发挥领导作用，他们是"滑头"主义者，他们对人际关系敏锐，善于利用、组织他人，他们擅长见风使舵，把底牌牢牢抓在自己手里，而下属却不知道他们在想什么。

很大程度上，PAEI 四种能力是相互矛盾的，比如深具创业激情的人，往往在行政管理方面很蹩脚，而擅长整合他人、对人际关系敏感、有人际手腕的人，在实干和战略思考方面常常有欠缺。可以说，极少有人同时拥有 PAEI 四种能力。正因为如此，创业和经营企业需要用团队来补充创始人的能力禀赋。

但值得一提的是，最卓越的企业家，他往往能同时把几种相矛盾的技能都修炼好。而自然界和人类社会的经验一再告诉我们，彼此相矛盾的特质结合在一起，才会产生顶级的效果。① 斯科特·菲茨杰拉德（Scott Fitzgerald）说："第一流的人才考验的是同时在心里坚持两个相反的理想，却仍然能够运作。"②

卓越的企业家总是既内向又外向，既长于直觉又长于细节，既谦逊又有野心。投资也是类似，对于投资机会来说，高价值和低价格往往是矛盾的，好和便宜很难两全，但最优秀的投资策略、最能持久产生超额收益的策略，就是以便宜的价格购买好资产。

所谓领导风格对公司衰退的影响，就是当领导的风格不能满足公司当下阶段的需求时，公司就会陷入衰退，或者无法顺利成长到下一个阶段。

对于初创阶段的公司（孕育期、婴儿期、学步期），理想的领导风格应该是 PaEi，也就是说，领导人应当既是一个梦想家又是一个实干家。孕育期侧重于 E，婴儿期则侧重于 P，到了学步期则应该兼具 E 和 P。所以，典型的创业者往往是 PaEi。

---

① 这个规律的本质是竞争。两种相矛盾的特质结合在一起，会排除掉至少 75% 的竞争对手，因为 $x(1-x)$ 的最大值为 25%（假定 x 代表一种特质，它存在的概率介于 0 和 1 之间）。

② 转引自［美］吉姆·柯林斯、杰里·波勒斯：《基业长青》，真如译，中信出版集团 2019 年版。

公司从初创阶段迈向青春期时，面临第一个衰退和死亡的危险，因为此时公司需要完成领导风格的转型，即把创始人的权力制度化。此时公司的领导者需要发展 A 功能，理想的管理风格是 PAei，E 要向 A 让位。

但棘手的是，A 是一种和 E 相去甚远乃至相矛盾的能力，A 侧重于管理，E 则代表企业家精神和创业者精神。A 是在给定目标和手段的前提下展开的，E 则需要用想象力和冒险精神创造新的目标和手段。林毅夫在《重新理解企业家精神》中说："管理者是使用工具，企业家是创造工具；管理者是实现目标，企业家是创造目标。"[1]

如果创始人自己不能完成对自身 E 的压制和对 A 的发展，或者拒绝为外来的 A 能力（比如职业经理人）让路，那么公司往往会陷入创始人"陷阱"而衰退或死亡，所以这个阶段往往会发生权力斗争。但如果创始人本身有比较强的 I 能力，即有整合他人的敏感度和意愿，那么他更有可能主动完成这种权力更替。

从青春期到壮年期是管理风格的又一次跨越。公司要想迈入壮年期，它需要把此前为了发展 A 而隐退的 E 请回来，当然，此时的 E 是制度化了的 E（如以集体决策制的形式存在）。因此，壮年期公司理想的管理风格是 paEI（P 和 A 可以授权给下属完成）。但倘若此时 PAei 稳居高位，拒绝向 paEI 转型（考虑到 A 是一种黏性和控制力相当强的功能），公司便会陷入衰退。

稳定期、贵族期公司的难题是 E 和 P 的流失，公司想要延缓衰退、挽大厦之将倾，就需要对管理风格做再一次的转型，理想的管理风格是 PaEi。但这种转型是很难的，这个阶段的公司更倾向于以并购初创公司的形式提升自己的 P 和 E 能力，但效果可想而知。领导风格的转换往往需要公司经历重大的危机、面临巨大的压力，但到了壮年期、稳定期和贵族期，公司一般缺乏重大危机和变革领导力风格的压力，因此便难以完成领导力的转型，进而只能走向衰退。

---

[1] 林毅夫：《重新理解企业家精神》，海南出版社 2022 年版。

领导者对市场竞争的认知

第二个导致公司衰退的因素是领导者对市场竞争的感知。我在做股权投资的时候，要大量地参加各种非上市公司的融资路演。一个有意思的现象是，很多公司都会声称自己是行业第一。实际上，是不是第一取决于你怎么定义"行业"，当你界定自己所在"行业"的定语足够多时，你肯定就是行业第一，甚至市占率可以是100%。企业融资时这么营销无可厚非，这是为了打动不明就里的投资人，关键是企业的领导者们自己心里是怎么想的。

如果他真的觉得自己就是行业第一，行业里没有能打的竞争对手，行业外也没有潜在的挑战者，那么这种心态会很大程度上影响他的创业精神和调整自身以适应环境或应对竞争的意愿与速度。所谓战略，很大程度上是公司应对挑战的方式。因为战略的核心内容是分析当下情势、制定指导方针来加以应对。如果一家公司都找不到挑战了，那大概率它的战略要出问题了。这就是所谓领导者对市场份额的感知对企业衰退的影响。能免于和延缓衰退的公司是那些能不断重新定义自己的行业和竞争对手的公司。

我们在上一节中提到的，高估公司优势地位导致的成长停滞就隶属于这个范畴。在所有导致企业增长停滞的因素中，企业高估自身优势地位可能是最重要、最深刻的一项，即管理者在面临新的低价、低质竞争对手的挑战时，不能有效、坚决地做出回应。当然，不能有效做出回应不一定只是因为管理者对公司所在的行业和竞争对手有故步自封的误判，进而没有把低价低质的竞争对手当回事，很多时候，这种回应无力可能来自这个发展阶段的公司在组织结构和管理者个人风格上有根本缺陷。

组织结构的功能性

组织的结构会影响公司的创业精神。不同的部门，其 PAEI 风格不同，因而往往存在冲突。例如，销售部门的职责是满足客户需求，因此是典型的 P 导向，理想的销售风格是 PAei；营销部门也以客户需求为导向，但营销解决的是未来的销售问题，因此营销应当具备 PaEi 导向。同理，生产和工程研发、会计和财务、人事和人才发展、法务风控和销售部门等，都存在着功能风格上的冲突。

公司的组织结构充斥着不同的利益方，当公司需要针对变革制定战略决策时，不同立场的人首先会关注自己的利益。因此，组织结构决定组织行为、组织结构决定组织战略。

从组织结构的角度说，要使一艘小船向左转，船长不能只靠大喊："左转！左转！"然后威胁那些不服从的人，也不能只靠宣讲向左转的价值理念，船长必须改变组织结构和权力结构。

成长阶段公司的衰退，往往是因为组织结构中的 A 发育不足，公司未能充分保护行政管理功能 A，以对抗旺盛的创业精神 E。因而，在成长阶段的公司中，设一个总管会计、人事、法律、风控和IT的高管以加强 A 功能的做法是有益的。相反，壮年期之后的公司，其衰退的原因则在于制度的力量远超个人，从而导致了创业精神 E 和执行力 P 的流失。因此，在衰退阶段则应当将 A 功能打散，以避免 E 和 P 的流失，否则企业便会衰退乃至消亡。

三、投资者应当怎么看待人的因素?

上述基于企业管理者和组织结构的分析勾勒出了企业生命周期演进的动力学机制，但这套分析框架是基于"内部人"视角的，它要求我们拥有对这家企业的文化和人事有很深的了解和感悟。你需要像了解家人和朋友那样，了解这家企业的管理者们，进而才能看懂这家企业的发展动力学，但有几个投资者能做到这种程度呢？

有没有可能通过更易得的信息，比如财务数据，来刻画企业的生命轨迹呢？我们会发现，财务数据的定量测算虽然精确且易操作，但这种刻画天然是滞后的，只能等到事情已经发生了，我们才能在财务数据上找到痕迹。因此，假如我们的投资策略是基于"前瞻"，如我们为企业的"利润增长价值"支付了很高的对价，那么财务数据的这种定量刻画是无益于我们的投资绩效的。

如果我们希望前瞻企业未来的发展轨迹，或者预估企业未来五年、十年的业绩增速，那么我们还是需要回到对"人"的因素和产业前景的分析上来。正如费雪所说，"管理层因素占90%，行业因素占9%，所有其他因素占1%"。

但是，财务数据的定量刻画依然是有益的研究，至少当我们已经身处企业的某个发展阶段时，能在财务数据上理解和确证它，而这对于提升我们的商业智慧有很大的帮助。

定量刻画的方法在于，找到一些财务指标，如盈利增速、市场份额增速、研发费用增速、毛利率变动率、投资规模增速、现金收益比变动率等，对这些指标设定一定的权重，加权计算企业的综合表现，根据计算的结果来判断企业所处的生命阶段。一旦企业进入稳定期和衰退期，就会迎来业绩增速的大幅下滑，而处于扩张期的企业，经营数据则最为优异。就数量而言，A股的大多数上市公司（超80%）已经发展较为成熟，进入稳定乃至衰退的阶段。

对于二级市场股票投资者来说，企业内部的"人"和组织的信息是近乎不可得的。同时，正如我们在第一章第四节中得出的结论，"人"的因素中不存在"真相"，这是因为我们的观察方式是主观易变的，且被观察对象本身会因我们的观察而变动。有鉴于此，在投资中，投资者如何应对"人"的因素，有以下几个方面的结论：

一是普通投资者在积累起丰富的商业阅历、商业智慧之前，应当尽量把投资的重心放在操作型投资上，如指数投资、可转债、股息投资等，并通过分散和充分的安全边际降低投资的风险。

二是当我们拥有一定的商业阅历和商业积累之后，希望投资于洞察型机会以获得更好的投资回报，则在投资对象上应当有所取舍，优先投资于稳定、清晰的企业和生意（可以通过买得便宜增厚收益），慎重投资于以快速成长为标签的企业和生意（因为判断成长很大程度上有赖于我们对企业的管理者和组织结构等"人"的因素的把握），优先投资于企业的资产价值和盈利能力价值，慎重为利润增长价值支付对价。

三是对任何卓越企业的投资要心怀敬畏，卓越是各种人的因素、组织的因素、行业的因素和合而成的结果，这些因素无往而不在变动之中，不存在天然、理所当然就卓越的企业，不要因为一家企业当下是或者曾经是卓越企业，就觉得投资它高枕无忧，要把分散和安全边际放在重要的位置。

四是可以优先把人和组织的因素当作负面排除指标来使用，当企业的各种信息都在透露败象时，如创业精神流失或组织的灵活性下降，即应当将这类企业排除出投资白名单。

第八节 价值"陷阱"与财务造假

一、价值"陷阱"：低价可能是先见之明

本书的投资体系，在很多条线索上都指向了"买得便宜"这条法则。如果说投资的奥义在于"好资产、好价格"的话，那么对于大多数投资者，尤其在投资生涯的早期，其商业积累还不深的时候，"好价格"的重要性远高于"好资产"。买得便宜能大大降低投资的难度，提升投资的胜率和赔率。

所谓买便宜货，它的本义在于，以大幅低于公司内在价值的价格买入公司，当股价回升到公司内在价值时卖出获利。什么是内在价值呢？可以参考本章前四节的相关讨论。

但在实际的投资过程中，一方面，我们对于公司内在价值的评估未必准确靠谱，因为"懂"是一个"黑箱"，很多时候我们以为自己看懂了公司的价值，但事后发现是场误会，尤其是对于盈利能力价值和利润增长价值；另一方面，投资者原本就是因为商业智慧不足，才转而投资便宜的资

产，因而很难要求他对公司内在价值有深刻的理解。因此，买得便宜，虽然它的本义是在价格比价值低时买入，但实际操作时，往往会变成在股票静态估值低时买入，如 5 ~ 10 倍的 PE – TTM 或者估值分位数处在历史低位等。

这种简化版的"买便宜货"容易操作，但可能会带来问题。即便我们以当下极低的估值倍数买入股票，但随后公司的经营状况可能会出乎意料地下滑，股价在过去跌了很长一段时间后继续大幅下跌，甚至随着公司经营业绩的下滑，原本极低的估值倍数反而越跌越高，给"低价"买入的投资者造成了实质性的亏损。

此时我们发现，当初股价便宜，并不是因为市场非理性地低估了公司，而是市场已经预判到了公司未来基本面会每况愈下，当初的股价里正是包含了这一先见之明。这就是所谓"价值'陷阱'"，也叫"低估值'陷阱'"。

价值"陷阱"往往出现在股价跌了很多或者跌了很久的背景下。股价的长期持续大幅下跌，吸引了便宜货投资者。但这里需要区分两种情形，一种情形是股价虽然相比前期高点下跌了很多，但下跌的原因是前期泡沫太大，即便跌了很多，当前的股价哪怕从静态估值看仍显著不便宜。那么，这种情况便与价值"陷阱"无关。如果投资者出现了亏损，它的实质仍然是投资体系中没有"便宜"这根"弦"。

另一种情形是，股价大幅下跌后，静态估值确实已经进入很便宜的区间了，或者股价已经跌到了过去三五年的最低位置，这种情形才是我们说价值"陷阱"时的基本背景。

价值"陷阱"的关键在于，投资者对公司的内在价值，也即公司基本面的未来走向有误判，比如没有预见到公司经营效益的下滑，或者对公司的下滑幅度预估不足。也就是说，公司的基本面出现了超投资者预期的恶化。

那么，什么样的公司，它的基本面会超预期地恶化呢？主要是几种情形，分别是：行业衰退（及伴随而来的竞争格局恶化）、公司战略决策出错和公司财务造假。

二、行业衰退

行业衰退有两类，一类是永久性衰退，另一类是暂时性的衰退。永久性衰退比如因技术路线变革导致的老玩家、老产能被永久性淘汰，典型的例子是智能手机兴起导致对功能手机的需求完全消失，传统手机厂商如诺基亚、黑莓等出局。我们在本章第四节中探讨行业护城河时对此做过介绍，即一个行业有没有护城河，很重要的一个点是，行业是否容易发生"颠覆性创新"，而技术的跨越式变革是颠覆式创新的重要表现形式。

变化不可怕，可怕的是变化往往来得很突然，让行业里的"大象"们措手不及。高新技术的变革，它的出现和繁荣往往是突然而猛烈的。为什么呢？为什么新技术不能慢慢发展并逐渐替代旧技术呢？

因为技术演变的动态系统不是线性发展的，相反，由于系统有天然的"守旧"倾向，它会停滞不前，以抵制变化和变革，从而系统内的压力不断积累，直至到达临界点，系统顷刻崩溃瓦解，并被新系统取代。此后，新系统又进入到稳定期，然后新一轮的循环再次开启。

并且，新技术的普及需要积累足够的网络价值，只有到达临界点时，它才会突然变得摧枯拉朽。在应用量达到一定水平之前，用户和供应商们并不需要进行转变，可一旦达到了那个临界量，不参与其中就会被抛弃。

市场成员的行为模式周而复始地上演：成群结队地行动，不断地兜圈子，然后，突然之间，开始狂奔。龙卷风就是这样形成的。正因为如此，杰弗里·摩尔（Geoffrey A. Moore）将高新技术变革称为"龙卷风暴"。

因此，新旧系统转换的时间实际上很短，短暂的时间窗口，体现为新技术的"超高速增长"和旧技术的"兵败如山倒"。所以，对于技术更迭变迁相当频繁的行业，投资者应当做好心理准备，除非你能非常紧密地与行业发展保持同频，否则投资于这些领域的股票是相当危险的。当然，反过来说，技术变革导致老玩家的永久性衰退，也孕育着新玩家的"超级成长股"的投资机会。但这种投资的难度很大，取决于对短暂的新旧系统转换期的深刻把握。关于这一点，我们已经在第一章和第二章中对投资于"变化"还是投资于"不变"做过讨论。

以光伏行业为例，中国光伏产业 20 多年的发展史，基本是一部技术路线变迁史。2016 年之前，光伏市场是铝背场（BSF）电池的天下，市场占有率一度接近 90%。但在 2018 年，成本更低、转换率更高、工艺更简单的 PERC（Passivated Emitter and Rear Cell，即钝化发射极和背面电池技术）电池（以下简称"P 型电池"）快速崛起。2019 年，P 型电池超越 BSF，成为市场主流，2021 年 P 型电池市占率超过 90%。然而仅仅三年过去，行业共识又从 P 型转向了 N 型（即使用 N 型硅片作为衬底，N 型电池相比 P 型电池有更高的转换效率和更好的耐衰减性能），而 N 型电池又分为 TOP-Con（Tunnel Oxide Passivated Contact，即隧穿氧化层钝化接触）、HJT（Heterojunction，即异质结）和 BC（Back Contact，即背接触）三条技术路线。哪条路线将胜出，行业巨头们也莫衷一是。隆基绿能说"BC 电池是未来 5~6 年晶硅电池的绝对主流"[1]，晶科能源说"BC 技术工艺步骤复杂，降本比较困难，未来 3~5 年 TOPCon 依然是行业主流，将占据 50% 以上市场份额"[2]。此外，无论 P 型还是 N 型电池都属于晶硅电池，而作为新型薄膜电池的钙钛矿，被普遍视为引领性的下一代技术。过去十几年，钙钛矿实验室转换效率从 3.8% 大幅提升到 28%，而晶硅电池达到同样的提升用了 40 年时间。光伏产业技术路线更迭波诡云谲，不仅是技术之争，还有尺寸之争、厚度之争、背板之争，于是我们看到，过去 20 年里，汉能集团、海润光伏、无锡尚德、中电光伏……一代代巨头倒下，行业里"城头变幻大王旗"。

暂时性的行业衰退，则是指需求没有消失，而只是出现了暂时的周期性的波动。但很多时候，这个暂时的时间相当不短，动辄三五年，超过了

---

① 摘引自隆基绿能董事长钟宝申 2023 年 9 月 5 日在隆基绿能 2023 年半年度业绩说明会上的讲话。张英英、吴可仲：《隆基绿能董事长钟宝申：未来 5~6 年 BC 电池技术将是晶硅电池的绝对主流》，中国经营报，2023 年 9 月 5 日。

② 样漾：《光伏技术路线之争再起波澜，晶科能源 CTO：TOPCon 仍将占据主流》，澎湃新闻，2023 年 9 月 22 日。

很多投资者的耐心，我们在前面提到过，市场上个人投资者的平均持股时间为二三十天，而机构投资者如公募基金的平均持股时间为 5~6 个月。进而投资者会过早放弃和卖出，于是虽然是暂时性的行业衰退，但也产生了类似于永久性衰退的效果。暂时性衰退常见于行业的周期性下行，比如国内汽车行业销量增速自 2017 年以来持续下行，直到三年后才恢复正增长；多晶硅的价格从 2008 年中的 241 美元/千克跌至 2012 年底的 20 美元/千克的底部后，一直持续了 8 年，直到 2020 年才重新迎来价格上涨。[1]

相反，有些行业则很少发生需求端的永久性衰退或阶段性衰退，也很少发生技术路线的变革和迭代。这些行业与人类基本的需求和基本的生理心理结构紧密地绑定在一起，长期稳定，甚至亘古不变。这类行业或产品，很大程度上都跟嘴巴有关，如我们吃的食品、喝的饮料、嚼的糖果、抽的香烟、刷的牙膏。就像巴菲特说的："互联网不会改变人们嚼口香糖的方式。"[2] 投资于这类行业和企业，能很大程度上降低我们因行业衰退而踩中低估值"陷阱"的概率。

三、企业战略决策出错

把巨石推上山，需要千辛万苦；而把巨石推下山，却很容易，只需要轻轻一推。因为世间有地心引力，所以巨石向上的倾向和向下的倾向是不对等的。

战略决策也是类似的，人性中有不愿意面对痛苦、困难的天然倾向，也有过度自信、贪婪的天然倾向，这些天然倾向就像"地心引力"，企业管理者做出糟糕的战略决策是自然而然的，管理者有做出坏战略的天性，相反，做出好战略则需要付出刻意的努力。

本章第六节提到，战略方面的因素，是企业出现增长停滞最普遍的原

---

① 东亚前海证券：《洞悉光伏产业链系列三——光伏硅料：光伏产业链的"黑金"，双碳时代拥硅为王》，Wind 金融终端，2022 年 9 月 13 日。

② 摘引自巴菲特 1988 年在美国佛罗里达大学的演讲，笔者根据公开信息整理。

因。其中，比较重要的是企业高估自身竞争地位、创新管理失败、过早放弃核心业务、收购失败等。

在此，本书主要介绍两类比较常见的战略错误：一是贪大求多，多元化经营；二是过度自信，对竞争反应不足。

多元化经营

多元化经营是企业在多个不相关的行业领域中，多线出击，同时经营多项业务，背后是公司管理者以大为美、贪大求多、热衷新事物、轻视资本回报率的价值观。

企业管理者沉迷于新事物、不断寻找新的性感的增长点，就会荒废主业和原本的竞争优势。当然，多元化经营并非绝对不可行，但多元化的前提是聚焦主业和保持主业绝对的竞争优势，然后在主业相邻领域谨慎扩张。即便如此，全世界也少有能把多元化经营做好的企业。

尤其在中国的文化观念下，企业家和管理者对于"大"有一种更深的执念，尤其是面子上的"大"、看起来的"大"。从 20 世纪的巨人集团、德隆集团、三九集团，到近几年的北大方正、清华紫光、力帆集团等，都在急功近利的多元化扩张上越走越远。

20 世纪 90 年代初，春兰是国内空调的代名词。1994 年，春兰以 15.55 亿元的销售额、1.96 亿元的净利润位居国内空调业第一。同年，春兰股份在上交所上市。

随后春兰推出了第一个五年计划，确定"立足空调产业，进行产业扩张，形成多元经营框架"。

1994 年，春兰就开始布局汽车、摩托车和镍氢动力电池，很早就花费 15 亿元巨资投入新能源甚至自动驾驶汽车的开发，并明确了家电、电动车、新能源三大支柱产业。同年底，春兰推出了"春兰虎""春兰豹"两款高档摩托车。1996 年，春兰将产品线延伸到洗衣机、除湿机等行业并与韩国 LG 集团开始合资生产电冰箱。多元化后，春兰配置在空调主业方面的资源明显不足，经销商大量转投格力等其他厂商。此后，春兰继续多元化，1997 年春兰并购南京东风汽车有限公司，进入中型卡车市场；1998 年收购建立无锡春兰电视机厂，生产春兰牌电视；2000 年追逐互联网行业的热点，要投资 10 亿元建设电子商务体系。此外，春兰还计划组建春兰银行、春兰投资公司和春兰证券。①

2005 年，春兰空调年销量仅有 75 万台，跌出行业前十名。2008 年，春兰股份连续三年亏损，随后被暂停上市。2009 年 11 月，春兰恢复上市，但主业已不是家电，而是房地产。

2022 年，坚守空调业的格力销售额达到 1900 亿元，归母净利润 245 亿元；而春兰 2022 年销售额只有 2.8 亿元，归母净利润 1.2 亿元，其中还有近 5000 万元是投资净收益。②

类似的案例还有零售业的苏宁易购（002024.SZ）。根据苏宁易购 2011 年年报披露的信息，其 2011 年的营收达到 900 多亿元，净利润近 50 亿元，门店 1600 多家，是中国零售行业的老大。当时的阿里、京东还只是 100 多亿元营收的体量。

但随后的 2012 年，京东发起价格战，刘强东提出"未来三年内大家电产品零利润，并保证比苏宁、国美便宜 10% 以上"③。在家电领域，电商逐渐盖过了苏宁这样的线下卖场。虽然 2013 年苏宁马上改名为"苏宁云商"，开始线上线下融合，但线上线下都没有显著的改善。

家电零售业务受挫后，苏宁没有坚守主业，而是选择了多元化布局，先后投资了地产、物流、体育、金融等产业。

在体育领域，苏宁投资了江苏舜天足球俱乐部（收购后更名为"江苏苏宁足球俱乐部"）、体育数据运营公司创并科技、足球体育社区懂球帝；商业地产和零售方面，投资了恒大地产、万达商业、西班牙零售企业子公司迪亚中国，与恒大共同出资设立恒宁商业；电商领域投资了阿里、8 天

---

① 杨旭然：《专注竞争优势》，机械工业出版社 2019 年版。国元证券：《全产业链铸就龙头深厚壁垒——空调行业深度报告之二》，Wind 金融终端，2020 年 11 月 18 日。

② 数据来自格力电器、春兰股份 2022 年年度报告。

③ 刘夏、刘兰兰：《京东大家电"零毛利"叫板苏宁国美》，载于《新京报》2012 年 8 月 15 日。

在线、易果生鲜、达令、辣妈帮；科技和互联网领域投资了努比亚、VST、当贝市场、Insta 360、龙珠直播、中国联通、商汤科技；物流领域出资收购天天快递；金融方面，联合深创投成立物流基金，成立产业并购基金，参与云峰基金三期，认购华泰证券定增股份，成为华泰证券第七大股东……①

多元化投资给苏宁的现金流带来了巨大的压力。苏宁易购历年年报披露信息显示，2013～2022 年，苏宁净经营性现金流的总额为 –407 亿元；2019～2022 年，苏宁的营业收入分别为 2692 亿元、2523 亿元、1389 亿元和 714 亿元，归母净利润为 98 亿元、–43 亿元、–442 亿元和 –168 亿元，账上现金分别为 339 亿元、259 亿元、180 亿元和 160 亿元，资产负债率则分别达到 63%、64%、82% 和 89%。目前，苏宁线下零售市场份额已显著收缩，门店大量剥离，股票代码也变成了 ST 易购，市值从高点的 1144 亿元跌至当前的 150 亿元不到，跌去了近 90%。

贪大求多、热衷新事物，是人们普遍的心理倾向。多元化投资既能快速做大企业的规模，又能简单地进入高增长的、性感的新领域、新行业，可以说是最符合人性的战略选择。尤其在企业发展进入停滞期，内部创业精神萎靡时，管理层天然会选择以投资并购的方式从外面购买"发展动力"回来。

多数企业需要的是更聚焦，而不是更多创意和想法，聚焦不是什么有创意的事，但在市场竞争中却非常管用。打仗时，统帅不会把军队分成十组，然后让每组提交一种计策，但这样的事在公司中却很普遍。

有趣的是，多元化发展的公司最后往往会把触角伸向金融业务，如银行、投资、保险、消费贷（原因是多元化会带来巨大的现金流压力），但最终这些公司也受金融业务的拖累而一落千丈。施乐公司（Xerox）是复印技术的发明者，一度是世界第一的复印机、打印机厂商，20 世纪 80 年代，施乐扩张到保险、共同基金、投行等金融业务，但这些金融业务最后为施乐带来了 8 亿美元的坏账，最后施乐宣布完全退出金融领域。西尔斯

---

① 笔者根据公开信息整理。

百货、克莱斯勒、福特、通用电气、IBM 等的金融业务也都是类似结局。

优秀的企业管理者应当从"能力圈"和资本回报率的角度审视应当涉足哪些业务、抛弃哪些业务。对于企业不熟悉的业务，管理层应当果断放弃，把全部精力聚焦在企业的优势领域上，即便行业整体进入逆风期，也不应该轻易放弃主业；对于企业长期不赚钱或者根本无望赚钱的业务，管理层也应当果断放弃，避免企业长期毁灭股东价值。威廉·桑代克（William N. Thorndike）在《商界局外人：巴菲特尤为看重的八项企业家特质》（*The Outsiders：Eight Unconventional CEOs and Their Radically Rational Blueprint for Success*）中总结指出：一个 CEO 的职责有两个，一是经营好公司的业务，二是合理地配置公司经营活动中产生的现金流。大多数 CEO 只专注于经营好公司的业务，而卓越的 CEO，把主要的精力放在了资本配置上，将公司的资金、资源配置到最需要的地方，在资金暂时没有好去向的时候，宁愿加大分红或者回购公司股票，以最大化股东的价值。长期来看，衡量企业价值的金标准是 ROIC、ROE 和每股自由现金流，而不是企业的规模。

从股票投资的角度来说，一个不聚焦主业、随意多元化投资经营的企业，很可能导致股东的资本回报率恶化。除非有特别说得过去的理由（如极度低估或者短期套利），否则投资者应当慎重考虑它的投资前景与风险。

对竞争反应不足

2023 年 11 月 28 日，拼多多（PDD. O）公布 2023 年第三季度财报，业绩大幅上涨，随后的 11 月 30 日，拼多多市值一举超越阿里巴巴（BABA. N），成为美股市值最大的中概股。

拼多多于 2018 年 7 月 26 日在美国纳斯达克上市，当时的市值为 296 亿美元，彼时阿里市值为 4994 亿美元，是拼多多的 17 倍。2023 年 11 月 30 日，拼多多市值收盘达 1959 亿美元，首次超过阿里（1907 亿美元）。而截至 2024 年 3 月末，拼多多市值约 1544 亿美元，阿里则约 1829 亿美元。[①]

---

① 资料来源：Wind 金融终端。

当然，就体量而言，拼多多仍与阿里有巨大差距，阿里的业绩规模数倍于拼多多。根据拼多多和阿里披露的 2022 年年报和 2023 年第三季度财报，2022 年全年，拼多多营业收入为人民币 1306 亿元，归母净利润 315 亿元，2023 年前三季度则分别为 1588 亿元和 367 亿元；阿里 2022 年全年营收为人民币 8687 亿元，归母净利润为 725 亿元，2023 年前三季度则分别为 7193 亿元和 765 亿元。

根据浙商证券研究所的估算，2023 年，阿里、京东、拼多多、抖音、快手的 GMV 占比分别为约 40%、20%、20%、15% 和 5%，而 2017 年，阿里的电商 GMV 占比近 80%，京东和拼多多则分别约占 20% 和 2%。[①] 几年时间里，拼多多等竞争对手快速崛起，大量侵蚀行业老大阿里的市场份额，已经可以说明在此过程中阿里对于市场竞争的应对是不足的。

由于长期以来拥有中国电商市场最多的买家流量，阿里的业务模式实际上变得非常简单，简单说就是流量"收租"。即只需要把当年的利润目标做下拆解，摊派到各条业务线，业务线把利润指标摊派给淘宝、天猫上的卖家，卖家再摊派给终端买家。如果卖家摊派不下去呢？拿出利润来买流量，或者做活动、给买家发红包，直至没有利润，退出阿里平台。对于阿里来说，只要流量基本盘在，以上业务逻辑始终是畅通的。

但这整套流程，只是一个分"蛋糕"的过程，而没有做大"蛋糕"的环节。只要流量大池能维持住甚至增长，业务目标就能完成，完成的方式不是做业务，而是收租——电商业务变成了"金融"业务。阿里作为长期以来电商市场的流量霸主，它对于讨好买家（如通过超低价、"仅退款"等手段）的动力便不像它竞争对手那样强，对于竞争的回应也显得不够坚决和及时（比如阿里虽然推出了"淘宝特价版"，但在市场中激起的水花有限）。

事实证明，电商是个高竞争的行业，用户对平台也并没有太多忠诚度

---

① 浙商证券研究所：《中通快递－W（2057.HK）：厚积薄发打造优势壁垒，行业龙头持续领跑》，Wind 金融终端，2024 年 5 月 18 日。

或者黏性可言，用户的出走又会导致平台卖家的出走。而过去三年居民收入和收入前景的下滑加速了流量从阿里向拼多多等竞争对手转移的进程——所谓"消费降级"。

四、财务造假

财务造假是公司内在价值"超预期"恶化的另一种重要同时也较难规避的情形。因为我们的投资，势必以假定公司财务数据真实为前提，如果这个前提不成立，那么我们的各种商业判断也就无从谈起了。

A股出现频率最高的财务造假方式包括：虚增收入和利润、关联方资金占用、隐藏关联方担保、虚假货币资金和虚减费用等。

虚增收入和利润

虚增收入或利润是最普遍的财务造假形式。上市公司虚构收入往往有赖于客户和供应商的配合，可以设立空壳公司或者利用关联交易来操作，也可以找关系好的真实客户、供应商。有的上市公司会找海外的公司来配合，因为对海外公司审计的难度比较大。有了帮忙的客户和供应商，接下来就需要虚构交易合同、原材料出入库单据、生产记录、银行对账单等，同时还要编造大量成本支出。

有的上市公司利用子公司将产品销售给第三方，确认该子公司的销售收入，再由另一公司从第三方手中把产品买回，这就避免了集团内部交易需要抵销的要求，确保在合并报表中确认收入和利润。再如，关联交易中存在很多"抽屉协议"，正规协议上写明货款是2亿元，但抽屉协议写的实际货款是1亿元，那么就产生了1亿元的虚增收入。

关联交易是财务造假的"沃土"，如果一家上市公司的收入和利润有很大一部分来自关联交易，那么它的业绩就是不可靠的，我们可以关注上市公司前五大、前十大客户的收入占了公司营收的多少比例，其中是否有关联公司，这类关联交易往往伴随着大量的应收账款和较低的经营性现金流。

虚构出业务后，更关键的是，虚增收入和利润需要资产负债表科目配合，比如虚增资产，而虚增的资产则需要以"财务洗澡"的形式进行消化。消化虚增的资产的常见的方式是存货减值、固定资产减值、商誉减值或虚增货币资金。

农林牧渔行业的存货数量很难盘点，于是其存货减值就比较容易操控。有的企业一开始虚增了预付款，那么将预付款转为存货，存货再转为在建工程，最后转为固定资产，就可以通过大额计提固定资产减值，完成最初这笔虚增的预付款的消化。再如，通过高估值并购形成巨大商誉，之后再声称投资失败，进行大额商誉减值计提。

识别虚增收入、利润，需要进行行业对比和过往年度对比。如果行业处于向下趋势中，而公司的营收却节节攀升，这就需要仔细看看这种增长的背后逻辑是否扎实。再如，看到公司有远高于行业平均水平的应收账款占比（如占总资产比例）、应收账款周转率、高额的预付账款等，那么就要看看数据是否与公司在行业中的位置相符。

此外，需要将收入与其他财务科目勾稽起来看。如果看到公司的收入增长迅速，但收入的含金量很低，经营性现金流净额为负，且伴随着应收账款金额过大、占总资产比例过大、周转率过低、账龄过长或者坏账准备计提比例过低等情况，这就有很高的造假风险。再如，毛利率攀升但存货周转率却向下，这种背离就不符合常识，因为一般产品热销时毛利率才会上升。

2024 年 4 月，沪深交易所发布《股票发行上市审核规则（征求意见稿）》，拟将多年不分红或者分红比例低的公司纳入 ST（实施其他风险警示）。例如，主板上市公司，最近三个会计年度累计现金分红①总额低于年均净利润的 30%，且累计分红金额低于 5000 万元的公司，实施 ST。创业板和科创板公司的分红金额绝对值标准是 3000 万元，但有一些豁免 ST 的

---

① 回购注销金额纳入现金分红金额计算。

情况。一旦 2025 年 1 月 1 日起强制分红新规实施，投资者对于那些应收账款金额、比例过大的公司要尤其当心。因为很可能这些公司的营收、利润是虚假的、夸大的，进而它们没有真实的分红能力，要警惕它们财务"大洗澡"的风险。

由于应收账款、存货等流动资产科目造假会引起利润和现金流脱节，有的上市公司会选择在固定资产上作假，如在建工程。很多上市公司都需要建设厂房、购买固定资产，这些资产的价格本身就很高，难以精准定价，且事后审计不容易查证，因而可以借此套取资金。先抬高资产价格，然后把虚高的那部分资金转移出去，有的进入相关个人的腰包，有的可以回来购买上市公司的产品，做大上市公司的营收、利润。

关联方资金占用、隐藏关联方担保

占用上市公司资金的关联方大多是上市公司的控股股东、实控人。具体的形式有，上市公司代替控股股东或关联方承担费用、偿还债务，或者直接给关联方提供借款；在关联交易中，关联方预收上市公司大额款项或者拖欠应付款，交易付款期限长于行业惯例；上市公司为大股东借款提供担保，大股东到期还不上，上市公司履行保证责任代为清偿。

这些事项一般体现在上市公司的预付款、其他应收款、其他流动资产这些资产科目里。我们需要关注这些资产科目里前五大欠款方的情况，是否与公司大股东存在关联关系，一般公司会披露在财务报表附注中。如果确实与大股东存在关联交易，还需要进一步关注这些科目的余额和变动情况、回款情况、商业合理性、定价依据等。如果这些科目占到公司净资产或总资产的比重比较高，要结合行业情况判断是否有明显异常。

虚增货币资金

识别货币资金是不是假的，首先要看公司是否存在存款和贷款双高现象，也就是说公司手里有大量现金但同时还向银行借了大量资金。

其次，存贷双高并不意味着存款就是虚增的或者大股东已经占用了公司的存款，因为有的公司就利用人民币和外币汇率的波动来进行理财安排，或者利用较低的借款利率融到钱后给产业链上下游放贷款。但是，如果公司存贷双高且利息收入很低，利息收入和存款金额对不上，那就要小心了，存款可能是伪造的。

此外，观察货币资金占其他资产的比重及变化。如果货币资金占资产的比重过大，并且逐年递增，那就要找找有没有业务上坚实的逻辑。

最后，与其他所有造假一样，如果公司频繁更换会计师事务所，或者公司聘用的会计师事务所名声不佳，那也要多留个心眼。

操纵费用

操纵费用是重要的利润调节工具，比如少记费用、费用转移、费用资本化、费用递延和推迟费用确认时间等。对操纵费用的识别，主要的方法还是与同行业企业比较和与往年数据比较，如果上市公司的费用比例等数据显著异于同行，或者某年出现异常波动，那投资者就需要深究，看看有没有合理的解释了。

少计或者不计费用是最简单的费用操纵，比如少计销售费用、管理费用等。

推迟费用确认也可以起到当期少计费用的效果，比如推迟年终奖到第二年发放，可以增加当年的利润。

费用转移的方法有，少提或不提固定资产折旧，将应该列入成本或费用的项目挂在递延资产或待摊费用科目，把应该反映在当期的费用挂在待摊费用和递延资产或预提费用借方这几个跨期摊销账本中。

费用资本化是把本该计入利润表（进而会拉低利润）的费用进行资本化的处理。有些费用是应该资本化的，比如购买机器设备的费用，这笔费用实际上是一笔投资，转化成了资产负债表中的一项资产——机器设备，而不应该记在利润表的费用项中。但有些费用是不应该作资本化的，把不应该资本化的费用作资本化处理（主要是借款费用和研发费用），便可以实现利润调节的目的。

　　例如，企业的研发可以分为研究和开发两个阶段，研究阶段主要是研发的前期基础工作，开发阶段主要是将研究成果进行应用开发。研究阶段产生的费用只能计入当期损益，开发阶段必须满足五个条件，才能将费用计入无形资产成本，其中有一个条件是，要能够证明该无形资产能够在市场上有价值或者内部使用时有价值。一般研发活动只有到开发阶段后期，才应该进行资本化。有的企业研发费用资本化比例极高，达到60%，光这一项可能就是净利润的好几倍，而同行企业的研发费用资本化率可能仅在10%左右，横向进行比较，可以发觉其中的蹊跷。

第五章

投资与练习

> 如果我去大学当老师教投资，我只会开设两门课：第一门课
> 是如何看待市场波动；第二门课则是如何给企业估值。[①]
>
> ——沃伦·巴菲特

　　本书前面几章内容旨在探讨如何构建一个好的投资体系，从背后的世界观支撑，到一个基本投资体系的简略框架，再到对这个投资体系中的两种投资类型——操作型投资和洞察型投资，进行具体拆解和细化。

　　本章作为全书的最后一章，则希望讨论如何对前述投资体系中涉及的基本能力进行练习，即"做什么"和"怎么做"背后的"怎么做到"的问题。具体而言，本章的两个小节的内容分别是：如何对投资能力（尤其是商业分析能力）进行训练，以及如何有效地调整投资中的心态和情绪。这两个方面，正对应着巴菲特说的投资中的两门课——如何给企业估值和如何看待股价的波动。

第一节　投资能力与刻意练习

一、投资与运气

　　世上大多数事情，几乎都同时受到实力和运气两种因素的支配。区别

---

① 伯克希尔·哈撒韦 2008 年年度股东大会上巴菲特与股东的问答。

只是，两者各占多大比重。

有的事几乎是纯运气的，如抛硬币、买彩票；有的事则几乎是纯实力的，如百米短跑、下象棋。而大多数事情，都处在这个"实力—运气"连续统的中间某个位置。生活中大多数事情，实力和运气交缠在一起，以至于很难一目了然地看清，到底主要是运气还是实力促成了结果。

如果说，股票投资也是实力和运气的结合，估计大多数人都认可。但真到预测未来和反思过去时，人很容易忘记这个实力和运气交缠的复杂性，而倾向于把因果关系简化。股票涨了，往往我们要问为什么涨，并且要找到一个确定的"原因"；今年投资收益率100%，往往我们要在年度总结里说是因为"今年我的认知进化了"。

怎么看待股市中的运气因素，关乎我们的底层投资理念、关乎我们怎么看待股市中的因果关系，以及我们怎么去设计自己的投资系统。例如，如果我们认为，长期下来运气因素会相互中和，而最终是实力主导了投资回报，那我们的投资方法可能会偏向长期主义，以使运气因素相互抵消，并且我们会专注于修炼自己的投资技能，如商业分析能力，就像棋手只专注研究棋谱、打磨自己的技术；而如果我们认为企业经营的胜败主要是偶然因素、运气因素占主导，所谓商业逻辑只是"幸存者偏差"，那我们就不会太认真地去打磨自己的商业感觉，进而可能完全否定投资这件事，或者转而去更多关注股价波动或者情绪博弈。

运气在股票投资中究竟占多大比重？是占主导还是无足轻重？是40%还是70%？这个问题很难明确回答。但有一些线索可以帮助我们去思考这个问题。

例如，一件事如果是运气占了主要因素，它往往表现出一些特征：①你很难从中找到一目了然的因果关系；②它总是很快会回归均值；③业内专家对它的预测总是很不靠谱。越是复杂的、与人相关的事物，越满足这三个特征。人有感觉，人很多时候还不依理性行事，这使得你很难像把握物理实验那样去把握人。想想看，如果分子和原子也有感觉和情绪，物理学该会有多难研究。

从因果关系来说，投资行当，很难找到一目了然的因果关系。今天股票涨了，是因为我们的眼光好吗？不一定，也可能是市场风格突然轮动到了这个板块；这个月某只股票跌了，是因为公司业绩不行了吗？不一定，也可能是因为公司突然被美国人纳入了负面清单。绝大多数时候，我们讲不清楚股票涨跌的原因，很多时候，股票涨跌并没有什么特别的原因。同样，我们也没法从一个人短期的投资业绩去推断他的投资能力，并不是认知正确就能赚钱，也不是认知错误就会亏钱。

从均值回归来说，股票投资几乎很少有常胜将军。大赚之后往往是平庸或者大亏。如果我们总是在年初买入上一年业绩最好的基金，那么一年下来，我们的收益大概率不会再那么优秀。有人用 A 股的情况做过数据分析，上一年度排名前 10% 的基金，今年排进前 50% 的概率为 51.7%，基本与随机概率相同。而一个优等生，这次英语考了高分，下次他大概率还是高分。这两件事的区别在于，实力能多大程度决定结果，而运气又占了多大比重。

从专家预测来说，股市是专家屡屡被"打脸"的地方。没有人能持续靠谱地预测未来，那些猜对了市场顶底而名声大噪的人，把他们所有的预测记录拿出来看，肯定也是不合格的。

所以，从这三个特征来说，找不到清晰的因果关系、均值回归、专家预测不靠谱，投资可以说都完全符合。运气在投资中，尤其是对于股价的中短期走势，占的比重相当之大。就我个人感受而言，中短期内，运气对投资结果的影响超过 50%。

面对一件运气占大头的事，如果我们仍然想长期地从事它，甚至想在这件事上有所成就，我们应该怎么做？

想象这样一种场景：有两个罐子，一个代表实力、一个代表运气；每个罐子里分别放着三个球，实力罐子里的三个球的分值分别是 -3、0、3，运气罐子里的三个球分别是 -4、0、4；分别从实力和运气罐子里随机拿出一个球，组合在一起的总分值，就是我们做某件事的结果，比如实力罐拿出的是 3，运气罐拿出的是 -4，最后的结果是 -1，这代表强实力但坏运气，最后绩效不尽如人意。

这里，之所以运气球的方差设定得比实力球大，是因为按照我们的判断，短期内对投资的影响，运气要大于实力。

这个组合有 -7、-3、-1、0、1、3、7 共七种结果。最弱的实力和最差的运气带来最糟的结果 -7，最强的实力和最好的运气带来最好的结果 7。短期内，运气是不可控的，我们可能抽到 4，也可能抽到 -4；但长期看，好运气和坏运气会相互抵消，运气球的期望是 0。

显而易见，在这个基础上，我们能做的，是始终保持每次都从实力罐里抽到 3。当实力总是 3 的时候，长期来看，即便考虑运气因素，我们的期望值还是 3，显著大于 0。

这个实验给我们的启示是，对于运气占主导的事情，我们应当遵循这样的态度：

① 提升自己的实力，且每次都保持实力的最大发挥；

② 接受运气，避免在坏运气中出局，同时成为运气的朋友，耐心等待好运气的到来，或者坏运气与好运气的中和。

提升实力很好理解，这是个关于能力和技能练习的问题。我们将会在本节中具体讨论如何进行投资能力的刻意练习，以及如何有技巧地养成训练的习惯。

每次都保持实力的最大发挥，则意味着不要出现无谓的失误，这要求我们的行为过程必须做到遵守纪律和规范。对应到投资中，我们需要制定投资的检查清单，在每笔投资操作之前要核对清单，提升投资"过程"的质量。每次投资都遵循严格的规范，每次投资都要过一遍检查清单，那些必须要做的动作（如未经长期观察不能重仓、如清晰地写出自己的投资逻辑、如要对公司进行估值并且评估安全边际、如要过一遍自己常犯错的认知偏差），那些坚决不能做的动作（如在不了解的情况下跟风买入、如单吊一只股票或者一个行业），都要每条照对，逐一检查，防止有所遗漏。

接受运气，避免在坏运气中出局，进而成为运气的朋友，耐心等待好运气的到来，或者坏运气与好运气的中和，则要求我们首先确保自己不出局，在此前提下，理性平和地对待市场的短期波动，等待坏运气与好运气的相互抵消。这要求我们修行自己的投资心态和情绪，克服贪婪与恐惧。实际上，投资情绪与生活情绪是连通的，修行投资情绪也是修行我们的生活和人生。或者说，只有修行我们的生活和人生才能从根本上完成我们对投资情绪的修行。这是本章第二节的主题。

巴菲特曾说，如果他去大学当老师教投资，他只会开设两门课，第一门课是如何看待市场波动，第二门课则是如何给企业估值。实际上，这两门课也可以看作是如何看待运气和如何看待实力，如何看待自己不可控制的事和如何看待自己可控制的事。

所谓如何给企业估值这门课，说的就是我们要提升自己的实力，当然，投资的实力不仅仅是给企业估值（还有如何进行仓位管理、如何进行资产配置等），巴菲特讲的只是投资能力中最重要的一项——给企业估值的能力；而所谓正确看待股价波动，则是我们对待运气需要秉持的态度：接受运气，避免在坏运气中出局，进而成为运气的朋友，耐心等待好运气到来，或者坏运气与好运气的中和。

实际上，以上心态和理念是非常普世与常识性的。两千三百多年前的古希腊斯多葛主义（Stoicism）[1] 就很清楚地阐述过这些道理。斯多葛学派的主要代表之一、古罗马的政治家鲁齐乌斯·安奈乌斯·塞涅卡（Lucius Annaeus Seneca，约公元前 4 年至公元 65 年）多次提到对"美德"和"运气"的信念，后人将其收录在《道德和政治论文集》（*Seneca Moral and Political Essays*）[2] 中，我认为很适合作为投资者构建投资大厦的基石。

斯多葛主义者的第一个信念是，美德——即我们内在的卓越——是唯一真正的好东西；

第二个信念则是，有些事情取决于我们，有些事情则不是，我们应该

---

① 斯多葛主义，是古希腊四大哲学学派之一（另外三个著名学派是柏拉图的学园派、亚里士多德的逍遥学派和伊壁鸠鲁学派），也是古希腊流行时间最长的哲学学派之一。斯多葛学派强调个人内心的坚韧、理性思考、道德和自律，它教导人们如何应对生活中的挑战、痛苦和不确定性，并倡导通过理性和道德行为来实现内心的平静与幸福。

② ［古罗马］塞涅卡：《道德和政治论文集》，袁瑜玎译，北京大学出版社 2010 年版。

把注意力集中在那些实际上在我们控制范围内的事情上。

因此本章接下来的内容，将分别探讨在投资中如何进行投资能力的训练，以及如何有效地调整投资心态和投资情绪，以应对市场的不可控。

二、什么是"刻意练习"？

我们是怎么样学习和练习技能的呢？无论是学开车还是学做菜，一般而言，我们的学法和练法都是类似的：找到老师，不管是现实中的老师还是书上的、视频里的老师，获得指导，然后开始练习，达到上手的水平，进而熟能生巧，直到这项技能变得自然而然。

如果只需要达到尚可的水平，那么以上的学习方法并没有什么问题。但这种学习和训练会让我们在达到中等水平后停滞下来，很难再向上突破。并且，长此以往，技能还可能退化。例如，一个开了二十年车的老司机，很可能开车的水平会比自己刚开五年的时候差一些。

这种常规的练习方式被称为"天真"的练习（重复做一件事，并希望重复练习能带来进步），想要成为某个领域的专家甚至大师、想在某个领域做出卓越的绩效，仅仅是这种天真的练习方法还不够。

与天真的练习相对应的是"刻意练习"。安德斯·艾利克森（Anders Ericsson）和罗伯特·普尔（Robert Pool）在两人合著的《刻意练习：如何从新手到大师》（*Peak：Secrets from the New Science of Expertise*）① 一书中，系统总结了"刻意练习"是什么以及怎么做。

所谓刻意练习，它首先是一种有目的的练习，这就与我们日常生活中大多数漫无目的的重复练习区分开了；其次，相比单纯的有目的的练习，刻意练习有体系性的训练章法和客观的评价标准。概括起来，刻意练习有以下几个特点。

---

① ［美］安德斯·艾利克森、罗伯特·普尔：《刻意练习：如何从新手到大师》，王正林译，机械工业出版社 2016 年版。

① 在本行业领域内，已经发展出了行之有效的系统性的相关技能的训练方法，且往往有专门的导师或教练来设计和监督训练，这些教练既懂行又懂得怎么教，他们熟悉高水平选手达到了什么样的能力层次，也熟悉怎么能最好地提高这种能力。

② 刻意练习要求我们清晰定义练习的目标，而不仅仅是泛泛的总体目标。一旦设定了总目标，教练要制订一个计划，把大目标拆解成小目标，一步一步实现选手的小进步，最后把这些进步累积起来。

③ 刻意练习是有意而为的，它需要我们有意识地练习，而不只是完成任务。

④ 刻意练习要求我们不断突破舒适区，持续不断地做那些刚好超出我们目前能力范围的事情。因此，刻意练习需要我们付出极限程度的努力。我们的目标不仅仅是发掘自己的潜能，而是要建造它，以便以前不可能做到的事变成可能。这要求我们挑战体内平衡，并迫使大脑和身体适应。这不是吃饭逛街，是相当艰难的。

⑤ 刻意练习包含反馈。在练习的过程中，导师或教练要大量地给出反馈，监测选手的进步，指出存在的问题，提高改进的方法。选手也必须学会自我监测，发现自己的错误，做出相应的调整。

⑥ 刻意练习与"心理呈现"（mental representation）高度相关。提高水平需要建立起出色的心理呈现，而随着我们水平的提高，我们的心理呈现也会变得越来越清晰和详尽。心理呈现就像一把尺子，可以准确地监测我们什么时候做得对、什么时候不对。

三、心理呈现与大脑地图

艾利克森和普尔对于刻意练习的核心观点是：那些高水平的人，拥有一种较强的记忆能力——长时记忆。长时记忆是区分卓越者与普通人的一个重要能力，它也是刻意练习的本质所在。

那些卓越的专家，能够将工作记忆与长时记忆对接起来，在进行专业活动时，能够调用更大容量的工作记忆。例如，国际象棋大师在长时记忆这块"硬盘"中存储了 5 万到 10 万个关于棋局的组块。专家们已经将自己的大脑升级了，工作记忆内存条可以同时调用一块 SSD 硬盘来当虚拟内存用，而新手们往往还在使用小内存跑。

《刻意练习：如何从新手到大师》一书中提到，对于别人实际对弈出来的棋局，国际象棋大师可以在研究几分钟之后，记住大约 2/3 的棋子的位置；但国际象棋新手只能记住大概 4 个棋子；水平中等的棋手，则介于两者之间。但如果棋子是随机摆放的（不是实际对弈出来的），那么无论是大师、中等选手还是新手，能记住的棋子数都差不多，大概都是两三个棋子。

以上事实的原理类似于，当我们记忆一些有意义的句子时，比如诗词或者名人箴言，我们往往能记得比较顺利，但如果是随机打乱的一些汉字，我们就很难记住了。

国际象棋大师并非记忆力异于常人，而是对于棋局的各种"模式"（棋子与棋子之间的关系）的记忆非常出色。这种对"意义"的记忆，是一种长时记忆，棋手把这些棋局的模式装在了自己的长时记忆里，而这种长时记忆被称作"心理呈现"（mental representation）。就像我们在第四章中举的米开朗基罗的例子，他的心中有"大卫"的心理呈现。

所谓心理呈现，就是我们大脑对外部事物的一种抽象和储存。心理呈现越强，这种储存就越详尽和准确。假如我们此生从未尝过和见过冰淇淋，那么别人对冰淇淋的描述——"冰凉、顺滑、绵密的口感，甘甜，外面裹着威化筒"，对我们就是无意义的。但如果我们经常吃冰淇淋，我们的头脑中就会建立起冰淇淋的心理呈现，当我们看到、听到这个词的时候，我们马上能想到冰淇淋的种种细节。我们对冰淇淋越熟悉，对冰淇淋的心理呈现就会越强，我们能联想到的有关冰淇淋的细节就越丰富、准确。

将杰出人物与普通人区别开来的，正是心理呈现的质量与数量。想要成为一名卓越的棋手，我们就需要花无数个小时来研究大师下过的棋局，也就是一般说的"打谱"。在打谱的过程中，我们要深入分析棋子的位置，预测下一步应该怎么走，看看跟大师的走法区别在哪，是不是自己哪里考虑不周，想想自己究竟漏算了什么。研究表明，预测一名棋手棋艺水平的最重要的指标，就是他在这样的打谱上花了多长时间，而不是他花了多长时间和别人下棋或比赛。要想成为大师级选手，往往至少要打谱训练十多年。

把时间花在打谱上，而不是花在对弈上，这就是练习心理呈现的关键所在。《列子·汤问》里"纪昌学射"的故事也说了类似的道理，学射箭的关键不在于不断练习拉弓放箭，而在于把"眼力"练好。纪昌向飞卫学射箭，飞卫只是让他练眼力："你要学好箭，就要先下功夫练好眼力，要牢牢盯着一个目标，不能眨一下眼。"纪昌回家后，就躺在织布机下面，妻子织布时，他就盯着梭子来来去去，这样学了两年。但飞卫说你还是要多练眼力，要能把极小的东西看到极大。纪昌于是用头发丝绑着一只虱子，吊在窗口，每天注视这只虱子，最后虱子在纪昌眼里大得像车轮。此后，飞卫才开始教纪昌怎么拉弓、怎么放箭。不久，纪昌就出师了，成了百发百中的神射手。

篮球运动员是怎么抢篮板球的？当球打在篮筐或者篮板上，篮下球员需要在刹那间判断球会弹向哪个方向，并提前卡位。优秀篮板球手的视力与我们常人没什么区别，反应速度也不会比常人更快。但他们拥有出色的心理呈现。心理呈现使球员能迅速识别出球的速度、与篮筐的接触位置、有没有带旋转，并马上判断出球会往哪个方向飞去。甚至只要他们看到了投手的手型、出手点，就可以大致预判球会向哪个方向弹去。

在美国职业篮球联赛（NBA）四大中锋的肆虐篮下的时代，身高 2.01 米、体重 95 公斤（这个身高块头甚至不如一些控球后卫）的芝加哥公牛队（Chicago Bulls）中锋丹尼斯·罗德曼（Dennis Rodman），连续拿下 7 届篮板王，职业生涯场均 13.1 个篮板。在身形明显吃亏的情况下，罗德曼成为"篮板球大师"，靠的是长期训练对大脑神经回路的改变，这些神经回路构成了出色的心理呈现，使快速识别篮球的运动规律成为可能。

丽贝卡·施瓦茨洛泽（Rebecca Schwarzlose）在其《大脑地图：我们为何会以现在的方式记忆、想象、学习、思考与行动》（*Brainscapes：The*

Warped，Wondrous Maps Written in Your Brain – *and How They Guide You*）① 中阐述了与心理呈现类似的道理：大脑用画地图的方式来认识世界。

我们的大脑中有无数张地图。以视觉为例，我们的大脑皮质上有专门控制视觉的区域，被称为视觉皮质，视觉皮质是我们视觉的"司令部"，对视网膜传来的信息进行整合归纳，告诉我们看到了什么。但大千世界五光十色，视觉皮质无法对视网膜看到的物体进行一比一还原。于是，我们在视网膜里进化出了一块区域，叫作黄斑，里面聚集着高密度的感光细胞。对于视觉皮质来说，如果是黄斑传来的信息，那么就给予最高的重要性，视觉皮质会用主力资源来处理黄斑传来的信息。我们的大脑就是用这种"抓大放小"的思路来绘制外部世界。本质上，施瓦茨洛泽所说的大脑地图，与刻意练习语境下的心理呈现是同一事物。

尽管这种绘制并非一比一真实还原，但最重要的信息在大脑中保存了下来。对于每一个事物，大脑中都有与之对应的地图，我们越熟悉、精通这个事物，这幅地图就越丰富、准确。

更重要的是，大脑地图是可塑的。例如，研究者让从没接触过钢琴的受试者进行 15 个月的钢琴训练，进行了一年多的训练以后，大脑运动皮质中管理手指运动的区域显著扩大了。天才钢琴家并非天生如此，而是需要通过后天练习，把大脑运动皮质中掌管手指运动的"地图"扩大。

心理呈现可以帮我们更好地理解和分析信息。如果我们找来一群大学生对一篇专业文章做阅读理解，比如这篇文章是关于橄榄球这项运动的，然后出题测试他们，看看他们记住了多少内容。这些人的测试结果取决于什么呢？是他的阅读理解水平或者记忆力或者智商吗？其实不是。测试结果主要取决于他们对橄榄球这项运动了解多少，也就是橄榄球在他们头脑中的心理呈现。

心理呈现也能帮我们更好地找到事物的规律。普通人看来随机凌乱的

---

① ［美］丽贝卡·施瓦兹洛斯：《大脑地图：我们为何会以现在的方式记忆、想象、学习、思考与行动》，伍拾一译，中信出版集团 2023 年版。

东西，专家和大师能看出门道。普通人看到的是一棵一棵树，高手看到的是一片森林。找出事物规律是我们对事物进行预测的前提，所以高手常常能更前瞻、准确地预测事物的走向，就像罗德曼对篮板球的预判、就像商业专家对企业命运走向的预判。

四、刻意练习的方法

刻意练习需要我们树立起对技能练习的正确观念：万事皆可练习，有效的练习方法会带来进步。

因此，我们首先需要摒弃的一种思维是对能力、技能的固定思维，即别人在某件事上做得好，是因为他有"天赋"，我做不好，是因为我天生就不是这块料。实际上，任何人的能力都是流动变化的，而不是生来如此或者固定不变的。我们需要以变化和成长的思维来看待能力，能力是有效训练、刻意练习的结果，不要抱着"我不是那种……的人""我没有……方面的天赋"这样的观念。大量的经验表明，在各行各业走得比较远、做出卓越成绩的人，几乎都是这种对人的能力抱成长信念的人。

另一种需要摒弃的思维是，只要努力、只要时间花得多，就一定能变得卓越。现实是，刻意练习要求有效的练习方法。有效的练习方法至少包含以下几个方面。

首先，我们要找到本领域内真正的卓越人物，搞清楚是什么使他们变得卓越，特别是那些让他们变得卓越的内在因素（毕竟外部环境是无法学习的）。找到榜样和识别出他们的取胜因素都是不容易的。

比如，对于股票投资，有些人会找错榜样，他们觉得名头响亮的基金经理就是领域内的卓越人物；有些人会归错因，把次要因素当成核心因素，比如，很多人觉得巴菲特的成功主要来自他的上流圈层和内幕信息[①]。

---

① 他们的依据有：巴菲特2022年减仓比亚迪，两年后拜登开始全面制裁中国电动汽车企业；2023年巴菲特加仓西方石油，半年后，欧美日集体发声退出电动车战略；2024年巴菲特减仓苹果公司，一个月后苹果宣布放弃造车项目。不能说上层圈层的信息对于巴菲特的投资完全没有帮助，但这肯定不是他成功的核心因素。

找到了领域内的卓越人物和他们卓越的核心原因后，我们要在此基础上提出训练目标和训练计划。目标和计划需要一层层分拆，并尽量做到可定量监测。

其次，是找到优秀的导师或教练。优秀的导师或教练不仅可以教授我们领域内的知识和见识，更重要的是他们可以给我们的训练过程提供反馈，并能督促我们不断突破舒适区。没有反馈，我们就没法修正错误；没有突破舒适区，训练就变成了无效的重复练习。

最后，是花上足够长的时间不断精进。大多数人都听说过"1万小时法则"的说法——只要你在任何一件事情上花1万小时来练习，就会成为大师。这个说法广受诟病，因为从刻意练习的层面来说，练习的关键是正确的方法，而不是具体练了多少小时。但我认为，"1万小时法则"这个说法功大于过，因为再有效的方法，没有长期的努力，就不可能成就卓越。有效的方法是一方面，十年如一日地练习是更重要的方面。大多数人其实都挺清楚怎么做是有效的，但能日拱一卒、长期坚持的人是极少的。

五、投资者怎么"打谱"？

训练棋艺最好的方法不是实战，而是打谱。一个人想要提高自己的下棋水平，他需要花无数个小时的时间来研究大师下过的棋局。通常这个训练过程需要持续十年以上，普通人才能达到大师级的水平。

棋手打谱的时候，需要深入分析棋子的位置，预测下一步应该怎么走，然后看看自己的想法跟大师的区别在哪，是不是自己哪里考虑不周，想想自己究竟漏算了什么。

那么，投资者又该怎么打谱呢？本书将股票投资区分为两种类型，一是操作型投资，二是洞察型投资。前者比如指数投资、资产配置、可转债投资、高股息投资等，后者则指以深入理解特定企业基本面（如预测企业未来五年的自由现金流状况）为前提的投资方法。针对这两类投资，打谱的方法也有所不同。

　　由于现实中投资导师或教练非常少见，即便是投资教育机构的老师，往往也只是发挥授课的功能，与教练的作用有很大区别，所以，很大程度上我们只能自己扮演自己的教练，并且尽量向刻意练习的基本原则靠拢。另外，此处投资能力的训练不包括对心态的修行，这部分将在下一节单独讨论。

操作型投资

　　操作型投资，它的核心是基于简单的操作来进行投资。简单操作的基础是什么呢？是公开的财务数据、市场数据，以及这些数据的历史统计规律。

　　例如，当我们买入一只指数基金的时候，我们买入的依据是，指数目前的 PE – TTM 处于过去二十年历史数据的最低5%位置，属于很便宜的状态，因而持有两三年时间，有很大的概率能录得正收益，这就是对历史数据的简单操作。

　　因此，一方面，投资者需要对企业和股票市场的过往数据做到充分了解和领会；另一方面，由于是过去的统计数据，是否仍然适用于未来，我们只能说大概率适用，因此要为超越历史的罕见情况做好准备，也就是说，投资者需要有风险控制的能力。

　　有鉴于此，操作型投资的刻意练习至少有以下一些方面可以训练。

　　（1）搭建备选资产数据库

　　搭建备选资产的数据库，做好投资机会的筛选和储备工作。可以对此设定目标，如每年/每月/每周梳理多少家上市公司的数据。由于操作型投资主要基于股票、指数、基金的过往数据，因此财务数据和基本信息是最重要的梳理对象。

　　对于股票，下载所有历年年报，参考公司业务概要、管理层讨论与分析、公司治理几个模块，梳理公司这些年的发展脉络；锁定若干关键指标，如 ROE、ROIC、毛利率、净利率、FCFF、股息率、分红比例、资产周转率、有息负债率、业绩增长率、资本开支等，用 Excel 或者 Wind 等工具制作可视化的模板，萃取公司的商业模式和财务特征；基于过往数据，初步计算公司估值和击球区。股票或公司的选择并非漫无目的，可以基于自己的投资体系，先用选股器对关键指标（如 ROE、股息率、资产负债率等）进行筛选，进而初步锁定潜在研究对象。

对于指数基金、可转债、债券等的梳理也是类似，找出关键指标（如估值倍数、股息率、转股溢价率等），做成模板，定期整理，积少成多。

此外，为了避免以上练习陷入机械的重复劳动，我们需要不断突破舒适区。大量记忆这些关键数据或信息是一个很好的办法。对于梳理出来的信息，可以做成便签，养成每日回顾、记忆，甚至一有空闲时间就回顾、记忆的习惯。通过不断的刻意记忆，对重点公司的信息做到烂熟于心，达到基本可以默写出大多数关键数据的程度。长此以往，投资者将可以对大量上市公司、指数的基本数据，以及不同投资选择之间的性价比关系，做到如数家珍。这也解决了如何在没有教练的情况下监测我们的进步进而不断突破舒适区的问题。

（2）追踪市场"水温"

我们应当针对市场"水温"建立起一套追踪系统，定期更新市场"水温"数据，以对我们所处的市场周期的位置有所感知。具体指标而言，可以参考第三章第三节提到的一些指标，如指数估值倍数、股债性价比、股市总市值/GDP、平均股价等。

市场短期走势有很大的随机成分，但3~5年级别的周期却呈现比较稳定的规律。为了训练这方面的心理呈现，我们可以对不同市场、不同时期的历史走势进行复盘，在市场特殊位置（如极热或极寒区间）预测其后续走势，并与实际走势进行比对，看看是否吻合；如果不吻合，搞清楚是自己有所遗漏，还是市场走势异常；如果市场走势异常，研究当时的原因是什么。

趋势投资大师吉姆·罗杰斯（Jim Rogers）曾说："在过去的许多年里，我花费大量的时间，把所有市场的交易资料、数据都记在我的脑子里。我对许多市场都做过大量的分析和研判。当我退休后在哥伦比亚商学院教书时，我对许多市场的交易历史都谙熟于心，因此在课堂上能如数家珍，我的学生对此总是感到十分吃惊。对于商品期货、债券以及股票方面的大量书籍，我都反复仔细研读，因此我才能知晓许多市场过去的情况。举一个例子，我知道棉花期货市场在1861年爆发过大牛市，当时棉花期货的价格从1美分涨到了1.05美元。"①

（3）加强风险控制

由于操作型投资的本质是基于历史数据进行投资，因而只有少数投资品种能纳入到操作型投资的范畴，即这些品种的稳定性、确定性比较强，从它们的过去能比较好地预测它们的未来。

哪些品种满足这样的属性？比如业务稳定（乃至垄断）的高息股、比如指数、比如3~5年的库存周期等。相反，有些投资对象，我们很难从它的过去中预测它的未来，比如成长型企业、科技型企业的净利润增速。

但世界上不存在一成不变的事物，万事万物实际上都处在变动的过程中，只是有些事物的变动相比其他事物要更为缓慢一些。所以，即便是确定性比较高的操作型投资，它的历史规律也终有被打破的一天，小概率事件终归会发生，从而风险控制非常重要。

风险控制的手段包括高安全边际、分散持仓、差异化配置、仓位管理，以及提高对股息率、分红比例、负债率等指标的要求等。以上技能，也都可以作为我们刻意练习的项目。

例如，由于A股的波动性极高，仓位管理是一种非常重要的风控手段。我们在第三章中提到过，过去二十年，A股的波动率大约是60%；美股过去百年，其大盘股和小盘股的波动率则分别为20%和30%。每4年左右，A股投资者就需要经历一次高达30%的回撤，而美股投资者每30年才会经历一次。

那么怎么进行仓位管理呢？这需要我们对市场所处的周期位置有清醒

① ［美］杰克·D. 施瓦格：《金融怪杰：华尔街的顶级交易员》，戴维译，机械工业出版社2015年版。

的认知，并在此基础上做到"高位减仓、低位重仓"。无论是加仓还是减仓，都是一个逐步的过程。例如，不要觉得市场"极冷"就一下子满仓，因为市场可能继续超预期下跌。对上述技能的练习，首先，核心是学会把握市场"水温"，尤其对于极端"水温"要培养出敏感的感知能力。其次，我们需要摸索出一套适合自己的根据市场"水温"定量调整仓位的操作机制。

洞察型投资

（1）投资大师的心理呈现

投资大师[①]区别于普通投资者的地方在哪呢？除了性格和投资情绪上（如高度理性、独立）的卓越外，最核心的在于投资大师在以下几件事情上拥有高水平的心理呈现：一是对于企业的经营发展；二是对于胜率、赔率、赢面、估值、安全边际、机会成本等投资技能；三是对于企业经营管理者的品性和特性。

其中，投资的理论知识非常重要，但它并不难习得和精通；对人（经营管理者）的认知也很重要，但它比较难把握，艺术的成分多于科学的成分，偶然的因素大于必然的因素；而对企业经营发展的高水平的心理呈现是卓越投资者的最关键所在。

在 2006 年查理·罗斯（Charlie Rose）做的一次访谈中，巴菲特说起公司现在有 400 亿美元现金，但去年没有一次收购。查理·罗斯于是问，你想买什么就买什么，为什么不买通用汽车呢？巴菲特顺口就说，通用汽车当时价格为 28～29 美元，大概 5 亿股本，总市值 150 亿美元，但通用汽车有庞大的退休职工养老金和医疗保险负担，公司在巅峰期签下了这份合同，但现在汽车制造业地位下滑，合约还在，所以通用汽车并不是一家汽车厂商背负着沉重的合同，而是一份沉重的合同附带着一家汽车厂商。

可以看到，随便一家公司，在一个任意的时点，巴菲特对公司的价

---

① 此处的投资大师是指以基本面投资为基本理念的大师，如本杰明·格雷厄姆、沃伦·巴菲特等。

格、股本、经营逻辑，都了解得清清楚楚。甚至他可能对大多数美股上市公司都能做到这种程度的了解，所谓"台上一分钟，台下十年功"，这就是很深的刻意练习的痕迹。

有一次巴菲特被问到从哪里获取投资的知识，他说："我每天会读很多东西，比如出版物的周刊、月刊、年度报告、10–K（美股上市公司年报）、10–Q（季报）……四十年前，我时不时地去线下拜访公司，并和企业管理层谈话，当时大概拜访了15家或20家的企业。现在我已经很久很久没这么做了，我发现的有价值的信息都在公开文件里，我购买克莱顿房屋（Clayton Homes）的时候，从来没有拜访过这家公司，也从没见过公司的管理层。我读过吉姆·克莱顿（Jim Clayton）的书，也看10–K，我要做的是充分了解它的竞争对手。我不会带着任何先入为主的观念去理解这个行业，而是通过足够且优质的信息来评估此行业的所有企业，我们不认为和管理层交谈会特别有帮助。有些公司的管理层经常想来奥马哈和我谈话，他们会使用各种各样的理由约我见面，他们的目的在于让我对他们的股票产生兴趣，这样的行为不会影响到我的判断。在大多数情况下，管理层并不是最好的报告方，财务数字告诉我们的信息远比管理层告诉我们的要多，因此我们不会花费太多时间与管理层交谈。当我们收购一家企业时，我们会查看他们的历史业绩报告来了解管理层的情况，并推导、评估管理层的每个人。我们不关心任何人的预测，甚至不想听到关于他们的事情，比如他们是否会继续为公司工作？他们将来要做什么？我们不认为这样的信息有价值。你只需要基础的商业知识来判断哪些信息是有效的、哪些信息是无效的。随着时间的推移，你会学习到很多东西。"[1]

托德·库姆斯于2010年加入伯克希尔·哈撒韦，成为政府雇员保险公

─────────

[1]　摘录自2003年伯克希尔·哈撒韦股东大会上巴菲特与股东的问答。这里，巴菲特对于与企业管理层交谈的态度与第四章提到的菲利普·费雪的态度是有很大分歧的。我认为原因在于，一方面两人投资面向的对象有很大区别，费雪投资于"变化"（成长股），巴菲特更看重"不变"的稳定的企业，而第四章中已经探讨过，对于企业的"变化"，需要深入企业内部观察"人"的因素；另一方面巴菲特在早年积累了大量与企业管理层面对面交谈的经验（15～20家），很大程度上建立了评估企业管理者的心理呈现，这为他后来更关注公开财务数据打下了基础。

司（GEICO）的 CEO，他也曾谈到过自己与巴菲特和芒格平时"练习"投资的场景。

库姆斯经常在巴菲特家的客厅跟巴菲特交流投资，他们会问这样的问题，以作为估值的手段：你看一家公司时，你有多大把握能预测它五年后的情况？芒格第一次见到库姆斯，问他的第一个问题就是：五年后，标普500 企业有多少家会变得（比现在）更好？

关于运用哪些指标来衡量好企业的经营表现，又该怎么去量化，库姆斯的回答是，每天都要问自己，所投公司的护城河是变宽了还是变窄了。

巴菲特经常会问，未来 12 个月，标普指数中有多少家公司会到 15 倍 PE？有多少家五年后会赚到更多钱（置信区间为 90%）？有多少家会达到 7% 的年复合增长率（置信区间为 50%）？他们就是用这个方式找到了苹果公司，而当时测试时有 3~5 家公司会反复通过测试。

（2）洞察型投资的刻意练习

从库姆斯透露的信息来看，卓越投资者对于心理呈现的练习，核心是看懂企业未来五年的业务情况。不仅是搞清楚五年后公司会不会赚更多的钱、能达到多少增长率、公司的护城河未来会怎么变，还要搞清楚我们自己究竟有多大把握预测以上情况。

当然，上述能力主要是针对以深入理解特定企业基本面（如预测企业未来五年的自由现金流）为前提的投资体系。其他的投资理念或投资体系要求投资者拥有不同的心理呈现和能力集。

针对洞察型投资来说，我认为至少可以对以下一些方面进行刻意练习：首先是对企业业务经营发展的复盘，尤其是对卓越企业和失败企业。类似于在操作型投资中对股票池的梳理和储备，复盘企业案例也是为了在我们的心理呈现中储备足够多的有关企业发展的原型和范本。但在洞察型投资的练习中，这种梳理和储备需要更加细致与深入。

更细致与深入的地方，就在于对上市公司的业务历程、商业模式、竞争优势（护城河）、增长来源、管理团队品质、行业格局等方面的研究。

操作型投资的语境下，这些定性的认知和判断是辅助性的，核心是上市公司过往的财务数据，或者指数、可转债过往的估值信息。但在洞察型投资的范畴内，这些定性的方面才是核心。

对这些定性能力的练习，靠的主要是大量阅读。除了阅读上市公司的历年定期报告（年报/半年报/季报）、招股书外，还包括公司公告①、公司舆情、新闻资讯、投资者调研纪要、沪深交易所在线问答、券商研究所的研报、行业白皮书、企业传记、企业家传记、企业管理层访谈等。

如果是消费品公司，还可以收集整理不同线上渠道（如天猫、京东、抖音等）的公开销售数据，跟踪产品销售状态。例如，不同的消费品（高端的、低端的），其历史上历次提价的情况，提价后导致的产品销量、公司营收、利润的变化等，这些信息中隐藏着不同消费品的提价能力。如巴菲特所说："你要大量阅读年度报告，因为你需要在你的头脑中构建一个数据库，这样你就可以通过数字推导出该公司的业务类型。"②

不仅要阅读当下的，还要阅读历年的资料以梳理其脉络；不仅要阅读公司本身的资料，还要阅读竞争对手、产业链上下游玩家的资料。这些资料不是漫无目的地读，刻意练习的核心在于有目的地训练，因此在阅读时始终要带着企图要解决的问题。

例如，对于上市公司年度报告，可以把连续几年的报告对比起来读，重点关注当年和上年相比发生的变化，还可以把公司的年报和竞争对手的报告对比起来读，体会两者的不同之处。一般而言，如果每天花费半小时，那么需要 3~5 年才可以比较靠谱地搞明白一家企业。

巴菲特在 1995 年伯克希尔·哈撒韦股东大会上也说："查理和我在阅读一家企业的资料时，总是会将其与别的几十家企业相比较。我们已经习惯成自然了……我觉得最好的方式莫过于大量阅读。假如你每年读几百份年报而且读过格雷厄姆和费雪等人的书籍，那么很快你就能够看出你面前

---

① 深交所投资者教育中心出版过一本《上市公司公告解读 25 讲》，投资者可以学习参考。
② 伯克希尔·哈撒韦 2003 年年度股东大会上巴菲特与股东的问答，笔者根据公开信息整理。

的企业是好是坏了。假如你对各种行业中的不同企业都心里有数，那么你就有很好的背景知识进行衡量……假如我现在考虑买可口可乐，我就会去找 20 世纪 30 年代《财富》杂志对可口可乐的报道……这些历史资料可以让我知道企业在长期是怎么演化的，什么东西没变，什么东西变了，等等所有的一切。"[1]

除了卓越的、高价值的企业，我们还需要阅读失败企业的资料，既要明白优秀企业长什么样、怎么发展的，也要明白失败企业是如何失败或者舞弊的，从而对卓越企业和失败企业都建立起有效的心理呈现。对于财务造假，可以收集和学习证监会通报的处罚案例、证监会对 IPO 排队企业的问询反馈以及国外研究机构［如香橼（Citron）和浑水（Muddy Water）］的做空报告等资料，研究上市公司的做假手法，思考如何识别做假线索。

例如，识别收入虚增的一个思路是行业比对，看到公司有远高于行业平均水平的非流动资产比例，或者高额的预付账款等，需要看看数据是否与公司在行业中的位置相符。那么，这就要求我们对一个行业什么是"正常"的非流动资产比例、应收账款比例、应收账款周转率、预付款比例有基本的概念。这些都是典型的心理呈现。

由于上述信息大多为文字，不适合以 Excel 表格等数据库等形式存在，因此可以使用笔记软件进行整理和记录。通过笔记软件每日推送历史笔记，反复温习记忆，最终达到烂熟于心的水平。对于尤为关键的一些信息或数据，我们可以做成纸质便签，随身携带，随时复习。

除了对企业经营发展的复盘，另一块可以刻意练习的内容是对"大师棋局"的打谱。

复盘投资大师的经典投资案例和失败案例，包括当时的宏观环境、公司基本面、行业格局、估值和投资大师的买卖操作、思考过程、投资回报率等。并在此基础上思考，如果是我，我在那样的场景下会如何思考和操作？我在哪些方面有缺失或错误？这些信息可能来自投资类教材、传记、

---

[1]　伯克希尔·哈撒韦 1995 年年度股东大会上巴菲特与股东的问答，笔者根据公开信息整理。

上市公司年报（比如伯克希尔·哈撒韦的年报）、投资人致合伙人或股东的信、备忘录、优秀投资人的访谈等。

例如，1972 年，喜诗糖果（See's Candies）的接班人准备向巴菲特出售公司。当时喜诗的销售额为 3133 万美元，净利润为 208 万美元，净资产约为 800 万美元（从而 ROE 高达 26%，远高于大多数企业），售价则为3000 万美元。但巴菲特比较犹豫，他觉得价格太贵，PB 高达 3.75 倍。但最终他以 2500 万美元的价格（3 倍出头的 PB）买下喜诗，这是他过往绝对不会碰的价格。发展到 2007 年，喜诗期间总共投入的资本只有从利润中再投入的 3200 万美元，而三十多年下来，喜诗为股东贡献了 13.5 亿美元的税前利润。后来巴菲特曾说："在美国，像喜诗这样的公司并不多。一般来说，一个企业的利润从 500 万美元增至 8200 万美元，需要大约 4 亿美元的资本投入。成长中的公司不仅需要维持其销售增长的运营成本，还有大量的固定资产投入需求。"①

从打谱的角度来说，我们应该问自己，在面对 3000 万美元的喜诗糖果时，我们会作何感想，会觉得贵还是便宜？在 1972 年，我们愿意以多高的对价来买下这家公司？为什么一家企业的利润从 500 万美元增加到 8200 万美元，需要大约 4 亿美元的资本投入？如果不查阅数据的话，我们知道 A 股大多数公司资本投入和销售额增长之间的统计关系吗？不同行业的区别又是什么？我们了解一般成长性企业的销售增长与经营运资本、资本开支间的统计关系吗？

这种打谱的难点在于，细节丰富全面的大师投资案例往往比较难找，并且外人对投资大师思考过程的记录未必准确，甚至大师自己也会因为有所隐瞒或者遗忘的原因而没有交代得太准确。因此，应当找那些事实尽量丰富的案例，阅读尽量多的资料并比对各个来源的信息，以相互印证。并且，关键不是案例的各种细节，而是其中一些关键的思维线索，这才是我们最应该打谱的地方。

---

① 资料来源：巴菲特 2007 年致伯克希尔·哈撒韦全体股东的信。

情境知识

就投资而言，刻意练习的方法论并非万无一失。例如，这套理论似乎更适用于复杂性比较低的技能，如下棋、运动、弹钢琴等。但投资的复杂性相当高，甚至算得上是复杂性最高的一门技艺。

复杂性高与低，它的区别主要体现在"隐性知识"的多寡。所谓隐性知识，是很大程度需要在实践中获取的知识。

隐性知识，哈耶克（Friedrich August von Hayek）称它为实践知识（practical knowledge），与科学知识（scientific knowledge）相对，迈克尔·波兰尼（Michael Polanyi）则称它为不可言说的默性知识（tacit knowledge）。哈耶克说："我们只要稍加思索就会发现，现实生活中无疑还存在着一种极其重要却未经系统组织的知识，亦即有关特定时空之情势的那种知识……一个靠不定期货船的空程或半空程运货谋生的人，或者一个几乎只知道瞬间即逝之机会的地产捐客，或者一个从商品价格在不同地方的差价中获利的套利人，都是以他们所具有的有关其他人并不知道的那些一瞬即逝之情势的特殊知识为基础而在社会中发挥极大作用的。"①

隐性知识的学习受到情境的制约或促进，我们要学习的东西将实际应用在什么情境中，那么我们就应该在什么样的情境中学习这些东西。在这个过程中，语言的指导是比较少的，更重要的是模仿和行动，找到行动时的那种具体感受。例如，如果我们要学习营销技巧，就应该在实际的营销场合中学习，而学习投资中的情境知识，也需要到相应的情境中去。

由于本书的投资体系立足于基本面投资，因而此处所讲的投资中的情境知识，主要是企业经营相关的知识（操作型投资中的情境知识则相对较少），也就是段永平所说的：要学会看懂什么是好生意，最好的办法就是去做这个生意，别的办法都要比这个慢而且不扎实。

刻意练习比较难处理情境知识，但投资者自己需要有意识、有目的地

---

① 张维迎：《重新理解企业家精神》，海南出版社 2022 年版。

去学习和练习情境知识。核心是两个方面，一是找到学习共同体，二是更多到情境中去学习。

找到学习共同体，是因为大量情境知识存在于学习共同体的事件中。例如，程序员在 GitHub 这样的网站练习编程、股票投资者在雪球等论坛讨论投资。此外，投资者可以自行组织或参加投研俱乐部等学习共同体，弥补自己的情境知识盲区。

另外是学会和加强线下调研，去实地感受生意、企业的具体面貌，多与不同领域的行业中人或内部人交流。当然，行业中人的说法并非就是对的，很多时候，由于"灯下黑"的缘故，他们身处在行业中心，反而看不到行业的全貌和主要矛盾。到行业中去与行业中人交流，目的是弥补投资者自己对情境知识和实践知识的盲点，避免自己闭门造车、一叶障目。很多投资者可能会抱怨没有时间和人脉门路，但时间是可以挤的，人脉是可以积累的，如果情境知识的练习对于投资的绩效确实非常重要，就不应该存在没时间、没资源的问题。

总体来说，对于投资能力的练习，我认为对基础商业能力和投资能力的刻意练习比情境知识的练习更重要，前者是基础，后者是锦上添花。所以投资者势必先花大量的时间和精力把前面这块训练工作做好。在此基础上，如果想在投资上更上一层楼，再花时间、精力到学习共同体和情境中练习也不迟。

六、关于养成习惯

前面探讨的都是刻意练习的原理，以及如何对投资能力进行刻意练习。但在现实中，我们面临的一个巨大难题是，怎么样把这种"知"转化为"行"。比如我很早就知道读上市公司年报、财报和招股书的重要性，上学那会参加国泰君安证券给实习生安排的培训大会，就对研究所黄燕铭所长的一句话印象深刻，他说要像（喜爱）读小说那样地（喜爱）读上市公司年报。但真去做的时候，动辄数百页的报告和铺天盖地的官话、空话让人很是提不起兴趣读下去。所以"知"是一回事,"行"是另一码事。投资者还需要解决怎么把这些事情培养成习惯的问题。

对于培养习惯,我认为福格(B. J. Fogg)的行为模型可以给我们很大的帮助。福格在《福格行为模型》(*Tiny Habits: The Small Changes That Change Everything*)① 中的核心观点是:行为的发生,需要"动机"(motivation)、"能力"(ability)和"提示"(prompt)三个要素同时发挥作用。换句话说,三要素同时齐备,行为才会发生。动机和能力越强,行为就越容易发生;行为越容易发生,就越有可能成为习惯。此外,没有提示,任何行为都不会发生。

什么是动机呢?就是我们很想做某件事的渴望。我们非常喜欢做某件事,或者觉得做这件事会得到巨大的利益,那么我们就有很大的动机去做它。能力则很好理解,我们越是擅长这件事,我们的能力就越强,反之则越弱。提示则是某些信号让我们想起来要去做这件事。

比如,刷短视频就是一种中高动机、高能力、高提示的行为,所以它很容易成为一种习惯。短视频未必很有意思,但它每个都很短,激励着我们不断探索下一个,所以我们有相当不小的动机去做这件事;刷短视频很简单,动动手指滑动屏幕就可以了,所以在这件事上我们是高能力;手机每时每刻都在手边,随便打开一个软件,在推荐页里都充斥着短视频,所以在刷短视频这件事上,我们被高提示。中高动机、高能力、高提示,刷短视频便极易发生,极易养成习惯。

很多人觉得,要让行为发生、要养成习惯,就必须先解决动机问题。所以每当做不到一些事情的时候,大多数人会自责决心不够、毅力不够、主观能动性不够。

但实际上,动机应该是最后一步要解决的问题,因为它复杂、容易波动,因而常常靠不住。相对来说,改变提示是最容易的,要改变行为,我们应该先问有没有足够的提示,比如把事项放在显眼位置;如果改变提示

———————————

① 〔美〕B. J. 福格:《福格行为模型》,徐毅译,天津科学技术出版社2021年版。

不奏效，我们再去检查自己的能力够不够，是不是能力不够导致做不好，做不好导致不愿意做，有没有办法把难度降低；如果能力也不是问题，再最后去看看是不是动机不足。

在三要素的底层逻辑下，我们如何培养行为习惯呢？以下是一些基本的步骤。

首先，应当有想要实现的愿望或梦想。比如想要成为卓越、顶尖的投资者，或者通过投资让自己的财富实现飞跃。愿望是抽象的、模糊的，它们是行为的起点，但还不是行为本身。

其次，在愿望的基础上，我们开始设计最有助于实现我们愿望的行为和习惯。在此，我们需要列出一组有助于实现这个愿望的具体行为，列出越多越好，不用考虑我们做不做得到。例如，有哪些一次性的事可以做？有哪些可以养成的习惯？有哪些需要改掉的习惯？

我在此罗列一些有助于实现我们成为卓越投资者愿望的行为选项：

① 形成自己的投资体系；

② 制定投资的检查清单和不为清单；

③ 养成每笔投资操作前都比对检查清单和不为清单的习惯；

④ 养成读上市公司年报、财报的习惯；

⑤ 养成阅读上市公司公告的习惯；

⑥ 搭建股票、指数、基金、可转债数据库；

⑦ 养成梳理标的并充实数据库的习惯；

⑧ 将数据库中信息做成便签，反复阅读、记忆；

⑨ 建立上市公司的信息笔记系统；

⑩ 反复阅读、记忆笔记系统中的信息；

⑪ 戒掉频繁查看股价的习惯；

⑫ 阅读卓越投资者的书籍和传记；

⑬ 养成草根调研的习惯；

⑭ 记录每笔投资操作，写明背景和逻辑，并事后回顾检验；

⑮ 与志同道合者建立投研小组并定期讨论；

⑯ 加入投资机构，积累行业人脉（如消费、医药行业）和投研资源；

⑰ 设立自己的私募基金公司或投资机构；

⑱ 写作投资类专业书籍；

……

上面这些行为选项，既有一次性的，也有习惯类的；既有要做到或养成的，也有要戒除的。

有了行为选项，我们要在这些选项中找到我们的"黄金行为"（golden behavior）。所谓黄金行为，就是既非常有助于我们实现愿望，且我们又有足够的能力做到的那些行为。我们可以画个坐标轴，横轴代表行为的可行性，左端是"我完全没有能力做到这件事"，右端则是"我很有能力做到"；纵轴代表这个行为对我们想要达成的愿望有多大影响力，上端是"这个行为对达成我们的愿望很有帮助"，下端是"没有帮助"。

于是，我们可以把自己罗列的行为选项逐一放入这个坐标轴内，先评估它对于实现我们的愿望帮助有多大，再评估我们做到它容不容易，以此确定它在坐标轴中的准确位置。

在此基础上，我们便得到了第一象限（右上角）中的那些行为选项。上面罗列的这些投资相关的行为选项中，对我而言，位于第一象限的有：

- 构建自己的投资体系；
- 制定投资的检查清单和不为清单；
- 养成每笔投资操作前都比对检查清单和不为清单的习惯；
- 记录每笔投资操作，写明背景和逻辑，并事后回顾检验；
- 加入投资机构，积累行业人脉（如消费、医药行业）和投研资源；
- 搭建股票、指数、基金、可转债数据库；
- 建立上市公司的信息笔记系统；
- 养成读上市公司年报、财报的习惯；
- 写作投资类专业书籍。

锁定了黄金行为之后，下一步是降低黄金行为的难度，比如缩减它的规模、提升我们的能力或者依靠工具资源，以让我们尽量能做到。人的天性决定了我们无法长期坚持做令自己痛苦的事，但如果从很容易做的事情开始，我们就可能变得很自律。假如我们的黄金行为是每天做 20 个俯卧撑，那不妨把它变成每天做 2 个靠墙俯卧撑。再比如，把每天阅读缩减成每天翻开书，把每天多喝水缩减成每天喝一口水，把每天冥想 1 小时缩减成每天感受呼吸 3 次。对于前面第一象限的几个黄金行为，可以将它们设计为如表 5 – 1 所示。

表 5 – 1　　　　　　　　　对黄金行为的简单化

黄金行为	将行为简单化
构建自己的投资体系	收集 1 名优秀投资者的投资体系
制定投资的检查清单和不为清单	收集 1 份其他优秀投资者的检查清单和不为清单
养成每笔投资操作前都比对检查清单和不为清单的习惯	把检查清单和不为清单打印出来贴在墙上、桌上和手机背面
记录每笔投资操作，写明背景和逻辑，并事后回顾检验	将每笔投资操作的基本信息（价格、股数）截图
加入投资机构，积累行业人脉和投研资源	在股票论坛上关注不同行业背景的投资者
搭建股票、指数、基金、可转债数据库	每天收集一只股票的 3 个数据
建立上市公司信息的笔记系统	每天收集一家公司的 1 则信息
养成读上市公司年报、财报的习惯	养成每天下载或打印一份上市公司年报的习惯
写作投资类专业书籍	每天收集与书的主题相关的 1 个数据或 1 则素材

当然，从培养习惯的角度来说，以上行为数量太多了一些。初期我们可以做些精简，只保留最重要、最迫在眉睫的一些，随着这些习惯固化之后，再向新的习惯去拓展。

将行为简单化之后，下一步是为每个行为找到有效的提示。有几类常见的提示：一种是常规的提示，它们往往来自外部，如便利贴、App 通知、闹钟等；另一种是把我们日常的一些固定行为变成提示，如上厕所及早上睡醒后起床、倒水、刷牙、吃饭、打开微信等。

后一种提示的效果更好。比如，我养成每天做俯卧撑的习惯，最初靠的就是行为提示，我要求自己只要在家里上完厕所，就必须靠在卫生间的洗手台上做 5 个简易俯卧撑。久而久之，我逐步养成了做俯卧撑的习惯，到现在每天会做 60 个以上标准俯卧撑。同样，类似的思路也可以用在前面那些简单的微习惯上，比如每天睡前收集一页年报，每天吃完晚饭后收集一家上市公司的 3 个财务数据或 1 则业务信息。

微习惯的惊人之处在于，它会自己生长，当我们每天都能很容易做到这些微习惯时，我们很自然、顺利地就会进一步去把这些习惯做大，比如从做 1 个俯卧撑到做 3 个俯卧撑再到做 20 个俯卧撑。本质上，福格行为模型也是刻意练习的一种。一次只解一个结，不断继续，让小改变不断生长，逐渐感受成功，不断突破，最后变成颠覆性的大改变。

在此过程中，不断庆祝、不断鼓励自己，创造积极的情绪。庆祝是习惯养成的"肥料"，每一次庆祝都会让相应的习惯扎根。就像王家卫导演的电视剧《繁花》中汪小姐和魏总说的："经常庆功，就能成功。"我的庆祝方式是完成任务后在清单软件中打钩，每次打钩时软件发出的"叮"的一声提示音，总是让我很有成就感。

第二节 | 正念、正定与投资情绪的修行

前面一节的主旨是我们如何刻意练习自己的投资能力（尤其是商业智慧），而本节则是要探讨如何调整我们的投资心态，修行我们的投资情绪。简单说，投资情绪的修行，就是对贪婪与恐惧这两种情绪的克服。

一、恐惧与贪婪从何而来?

受苦是因为我们不明了世界的真相

所谓"贪婪"与"恐惧"，是这样一回事：当我们的感官接触某种令人愉快的事物时，无知的心就动念去抓取与执着于它；反之亦然，当我们的感官接触某种令人不愉快的事物时，无知的心就动念去闪躲与逃避它。

我们每个人每天都在经历这个循环的变化形式。在投资中，我们看到自己的持股在两分钟内快速拉升了15%，气势如虹。虽然在前一刻，我们的内心还是平静与满足的，但这个视觉印象——佛陀称之为"根境接触"，便引起了巨大的愉悦与兴奋。

渴爱从这个根境接触中生起："涨！涨！涨！"我们在心中兴奋疾呼。我们的心追求并扩大这些愉悦的想法。财富来得太快了！"我要赚更多的钱换大房子！"现在执着生起："这些财富是我的。"

突然间，我们发现朋友圈里、股票论坛上，有很多人也在热烈地表达着市值上涨的喜悦。甚至，他们的财富上涨得更多、更快。此时我们心生嫉妒与失落，我们内心的满足感遭到破坏。我们可能会去陌生人的帖子下面去质疑他、否定他、嘲讽他。

更不用说当股价突然溃败，大幅下跌，我们的财富快速蒸发时，内心的痛苦和不甘了。到手的鸭子飞了，我们咒骂市场吃人，资本割韭菜，悔恨在上涨的时候为什么没有卖出。

一旦心生渴爱，自私、嫉妒、痛苦通常就无法避免。只要我们把一个东西判定为"好的"，我们就会执着于它。它使我们开心、使我们自我感觉良好，并变成我们的自我认同。当渴爱的对象是重大的事物——比如钱，代价就更高了，世间严重的暴力和无尽的痛苦大多与它相关。如果我们能反转这个循环，一步步回溯我们的情感与心理原因，便能从源头断除痛苦。

那么，这个痛苦循环的源头是什么呢，为什么我们会想要抓取一些东西，又急于躲避另一些？我想，这个源头就是我们对这个世界的误解、对世界真相的不明了。

一方面，我们认为这个世界上的事物都是独立的、坚固的、恒常不变的；另一方面，向内部看，我们相信有一个独立、坚固、恒常不变的作为意识主体的"我"需要我们去坚守和执着。

但往古来今的很多先贤告诉我们，事物其实是"无常"的。随着时间的推移，高山大海、飞禽走兽、鲜花绿叶、芯片与城市，一切事物，都会变化、瓦解或消亡。正因为有这些变化，如果我们执着地要去抓住什么东西，希望它恒常、持久，就会导致痛苦。

为什么是无常的呢？因为一切事物都是由它的无数原因聚合在一起而存在的，佛陀称之为"因缘和合"，缘聚则事物生起、缘散则事物落下，因而世上的一切事物都是"借"来的，都不可能自主地、独立地存在，这就是为什么事物总是不坚固、不持久。

从佛陀的观点来看，我们人类活在一个非常奇怪的生活模式中。虽然身边每一件事都在不断变化，我们却仍然将无常的事物看成是恒常不变的事物，欲望来自无知——不了解事物的不持久。因而，当事物变化时，我们便体会到了苦。

同样，既然一切事物都依因缘而生，彼此相互依存，那么我们内在的那个"我"或者"自我"也是如此，它并不像我们想象的那样独立、坚固、铁板一块。佛陀称之为"无我"，即所谓"我""自我""我的"，只是一种心理幻象。阳光照射在水面，水升上天，只要因缘具足，这个过程就会发生，在其中并没有也不需要一个叫作"我"的主宰者。汽车由很多零部件组成，只要各种零件的因缘具足，汽车就可以跑动，里面没有也不需要一个叫"我"的东西。

有人会说，人和汽车怎么会一样呢？一个是智慧生命，一个是无生命体。但当我们说"智慧"生命时，是否先入为主地预设了作为意识主体的"我"的存在呢？如果我们真的愿意去深究这个问题，我们会发现"我"和"自我"远没有我们想象的那么坚固、那么与众不同、那么值得坚守和维护。实际上，就像世界上所有其他事物一样，"我"也是"借"来的，它并不独立、牢固和持久。"自我"更像是我们头脑强加给我们的一种心理感觉，它是我们看待世界的一种视角，就像我们深信太阳是圆形的，但圆形只是一种心理感觉，太阳无所谓圆不圆形，太阳就是太阳而已。

所以，面对贪婪和恐惧等种种苦，我们应该怎么办呢？与其尝试控制外部的世界，让世界配合我们的好恶，以使我们感到快乐，还不如努力地释放自己心中的烦恼，在源头上告别受苦。先贤们告诉我们，所谓"开悟"，就是"受苦的终结"。

那些看起来让人快乐的事物，其实是痛苦的来源。为什么？因为它们总是不持久，而我们又太执着于这些不持久的事物。

作为投资者，对财富完全断绝渴爱是很难做到的。但即便不是完全地断绝渴爱，只要我们能稍微减少一些渴爱和执着的强度、烈度，就一定能从根本上减少痛苦。

如何减少渴爱呢？核心是明了世界的真相，对治我们对这个世界的误解，而"正念"和"正定"是切中肯綮的对治疗法。我们投资情绪的修行，很大程度上就是对正念和正定的修行。

正念，就是对世界正确的看法。怎么样是正确的看法？往圣先贤们说，就是"时时刻刻注意当下"。因而，正念没有什么高深的，它就是注意当下，观察事物本来的样子。只是我们的注意和观察总是掺杂了太多个人的喜怒哀乐、高下判断，我们的心总是在过去和未来，以至于原本简单的正念，变成了世间罕有的东西。

人之为人，在于头脑对现实的种种歪曲，我们对周遭世界的感知是概念化的、标签式的，是零散与混乱的，充斥着我们的好恶。正念要求我们终止一切概念、价值判断、评论、意见、诠释、畅想、回忆、懊悔，而是像一面镜子一样，毫无扭曲、完全如实地观看眼前的事物。

想象自己是一只猫，在追逐房间里的老鼠，此时老鼠躲进墙角的小洞里面去了，你便守在洞口，凝心聚气，精神高度专注，脑中没有任何杂念，只是盯着，紧紧地盯着洞口，等待老鼠出现。这种状态，就是正念。

为什么仅仅是注意当下，就能看到事物真实的面目？因为我们人本来就拥有看到事物真相的能力，只是我们的喜好、渴望、判断、回忆、畅想这些东西，在时时刻刻蒙蔽着我们的眼睛，导致我们反倒看不见这些一目了然的真相。比如说股价，如果我们真的能以正念来感知股价，我们就很容易会看到股价本然的样子——它无往而不在变动之中，就像长江之水永恒奔腾那样自然而然，而一旦我们脱离了正念，心识离开了当下，被个人的喜好、渴望、判断、回忆、畅想所蒙蔽，我们就会忘掉股价本然的样子，希望股价上涨，进而坚信股价理所当然"应该"上涨，进而感到今天股价下跌"伤害"了我们。股价的上下起伏像滚滚长江之水一样自然，当我们的心识全然在当下时，我们就不会觉得江水东逝是在伤害我们。

熄灭情绪苦痛的方法，在于用"正念"生活，留心、注意、觉察当下发生的事物，用清晰、直接的方式体验，而不被各种精神困惑所蒙蔽。正念就是时时注意当下，如实观察世界。正念就像减震器一样运作，如果我们逐渐习惯去面对日常生活的不圆满苦，并觉知它们是非常自然的事件，那么，当我们遇到困难或痛苦的情况时，就能勇敢与平静地面对它。

那么正定呢？正定是那股把心安定在一点上的力量，因而正定是一种工具，它是正念的力量来源。如果正定的力量不足，我们就无法获得和维持正念。

比如说股价，我们很清楚，当我们身心充满能量时，我们往往更能以正念看待股价的下跌，此时我们能意识到股价起起伏伏再自然不过，就像长江之水不舍昼夜地涌动；而一旦我们身心疲惫、能量微弱时，我们可能就很难停留在当下，如实看待股价的自然起伏，而是感到愤怒、沮丧，因为我们的心识飘到了过去和未来，我们没有力量把心安守在当下。如果说正念是把重物举起，那么正定就是我们的肌肉。正定的获得也像我们锻炼自己的肌肉一样，需要借由长期的、勤勉的练习。

如何练习正定和正念？冥想是非常好的法门。所谓冥想，就是把心拉回当下。

冥想有很多种形式，比如对呼吸冥想、对走路冥想、对我们的身体冥想、对我们的情绪冥想……但所有冥想的关键都是一样的——停止对我们的情绪和想法的过度执着，专注于当下的任何对象，而不是脑海中的情绪和想法。

呼吸是冥想最主流的对象，当我们说冥想时，往往指的是观呼吸。观呼吸是我们以呼吸为对象的一种正定和正念练习：我们如实地观看着空气在鼻尖的每一次流出与流入，而对此不掺杂任何思维的干扰。

为什么观的是呼吸呢？因为呼吸是一个普遍的过程，每个人都具备，它稳定、连续，每时每刻都在，因而是很合适的正念和正定的对象。

观呼吸的过程，就像静置一杯浑浊的水。起初我们的头脑中思绪混乱，我们不断懊悔过去，畅想未来，我们的心无法完全地安住在呼吸上——佛家将此称作"猴子心"和"思维的瀑流"。但随着我们越坐越久，泥沙沉淀，水变得清澈，我们进入正定，进入对呼吸的正念之中。

我们坐下来观呼吸和我们坐下来弹钢琴的原因是一样，都是为了学习本领。观呼吸的目的是练习、学会正定和正念。练习需要时间，如果你希望练习三天就学会弹奏巴赫的《哥德堡变奏曲》，那你就会放弃练习钢琴。观呼吸也是同理。

假以时日，当我们已经学会并且习惯了将心安住在呼吸上之后，我们便对正定和正念有了直接的体会。哦，原来"如实观察"是这个感觉！此时，我们具备了将这种正定和正念向其他事物延伸的能力。比如如实地观察我们的身体，时时刻刻体会我们身体各个部位的感受，手是否放松、脚是否放松，即使是在看电影、跑步、坐火车的时候，都在如实地观察我们的身体。如李辛在《精神健康讲记：一个中医眼中的心身调适与精神发展》里所说："我们可以一边吵架，一边清楚知道自己在生气，知道身体紧张、情绪涌动。"①

我们还可以观刷牙、观走路、观美食、观路边的一花一叶。例如，每次上下楼梯时，我们每一步都全神贯注，完全集中注意力；或者洗手的时候，关注与洗手有关的所有感觉：水的声音和触感、手的活动、洗手液的气味。

自然，还有观投资，观投资中的我们自己、观股价的涨跌、观我们面对股价涨跌时的情绪振动、观企业的生老病死、观行业、观其他投资者。通过在冥想垫上和在日常生活中练习正念，我们会发现自己在投资中获得正念的能力也大大增强了。最终，我们发现自己一整天都很清醒——我们

---

① 李辛：《精神健康讲记：一个中医眼中的心身调适与精神发展》，中国古籍出版社 2019 年版。

总是能意识到内心与外部世界发生了什么。

现代心理学和神经科学的眼光

我们说情绪上的痛苦源自我们对这个世界的真相的误解，即误以为万事万物独立、坚固、持久，误以为我们身体里那个作为意识主体的"我"独立、坚固、持久。那么，现代科学又如何看待这个问题呢？尤其是，现代科学如何看待"我"和"自我"，如何看待冥想这件事呢？

（1）"无我"与作为"显示屏"的意识

普林斯顿大学（Princeton University）进化心理学教授罗伯特·赖特（Robert Wright）在《洞见：从科学道哲学，打开人类的认知真相》（*Why Buddhism is True*）① 一书中探讨了现代心理学怎么看待佛教中的"无我"观念。实际上，根据现代心理学的研究，"自我"对我们想法和行为的控制力很弱小，而不像我们一般想象的，"自我"在大脑中扮演着 CEO 的角色。

在进化心理学领域，研究者逐渐达成共识，认为思维是"模块化"的。大脑由很多专门的模块组成，模块可以评估状况，并对状况作出反应，模块的相互关系塑造了我们人类的想法和行为。模块不是某个物理实体，大脑也不是一个个抽屉或一个个 App，同一个模块可能分布在大脑的不同区域。如赖特所说，"模块之间没有等级区分，所有模块都不需要向部门领导汇报——这是一个放任自由、自组织的体系"。因此，并不是"自我"控制着想法和情绪，而是想法自己产生想法，情绪自己产生情绪。

我们的大脑由很多功能不同的小模块组成，而且意识对这些模块并没有控制力。意识只是作为一块"显示屏"存在，任由这些小模块此起彼伏、此消彼长，赖特对此说："它（意识）只宣读投票的结果，而无法控制投票的过程。"② 果真如此的话，那么我们还有什么理由认为，"我"或

---

①② ［美］罗伯特·赖特：《洞见：从科学到哲学，打开人类的认知真相》，宋伟译，北京联合出版社 2020 年版。

者"自我"是一种坚实、独立而值得我们去执着的存在呢？

哈佛大学医学院（Harvard Medical School）的神经解剖学家吉尔·泰勒（Jill Bolte Taylor）在 1996 年不幸左脑血管爆裂，遭遇严重的左脑中风，在经过治疗和长达八年的训练后，她奇迹康复，并将自己的经历写成了《左脑中风，右脑开悟》（My Stroke of Insight）[①] 这本书。由于对中风研究的贡献，泰勒获选美国时代杂志世界（*TIME*）"2008 年全球百大影响人物"。在书中，泰勒详细地还原了她在中风期间——左脑关闭、右脑正常运行，自己的大脑和意识状态的种种表现。

泰勒在书中写道："我感觉自己是由液体组成的，而非固体。我不再感知自己是一个与其他事物分离的完整物件。相反的，现在的我，已经与周围的空间和流体混合在一起了……我的优势左脑惯于进行分析，但现在我的意识里不再存有它原本具有的区别事物的功能。少了那些思想禁制，我已经越过了对于自己是独立个体的认知。没有左脑来帮我，辨认自己是一个由许多相互依赖的系统构成的复杂生物，或是把我定义为一群功能片段的集合体，我的意识大胆自由地跑进我的神圣右脑的宁静平和之中。"

"少了左脑定向力联络区的正常功能，我对自我身体疆界的认知不再只限于皮肤所接触到的空气。我自觉仿佛是从魔瓶里放出来的精灵。我的精神能量似乎在流动，犹如一头大鲸鱼泅过无声的幸福之海……没有肉体疆界，真是最辉煌的祝福之一。"

"当我不再把自己看成与周围物件分离的单独、固态、具有边界的实体，我的整个自我认知也都跟着改变了。我知道就最基础的层次而言，我是一种流体……所有我们身边的、与我们有关的、在我们中间的、在我们内部的以及介于我们之间的事物，都是由不停振动的原子和分子所组成的……我的左脑被训练成把自己看成一个固体，和其他实体是分离的状态。但是现在，自从逃出那个有限的回路，我的右脑快乐地搭上了永恒之流。我不再疏离与孤单。我的灵魂和宇宙一样宽广，在无垠的大海里快活嬉戏。"

---

① ［美］吉尔·泰勒：《左脑中风，右脑开悟》，杨玉龄译，海南出版社 2011 年版。

　　"对很多人来说，如果我们把自己想成灵魂犹如宇宙般宽广的流体，与所有能量流相连，通常会让我们感觉不安。但是在缺乏左脑的判断来告诉我说我是固体时，我的自我认知便回到这个天然的流体状态。很明显，我们每个人都是数以兆计个粒子的软振动。我们是装满液体的皮囊，存在于一个液态的世界里，而这个世界里的所有东西都是动态的。不同的实体由不同密度的分子所组成，但是降到底，所有的像素都是由跳着细致舞蹈的电子、质子和中子构成，每一个像素，包括你我体内的每个小点，以及看似在空间中的每个像素，都是原子物质和能量。我的眼睛没办法再把事物看成彼此独立的个体。相反地，所有事物的能量好像都混合在一起了。"

　　由于左脑关闭，而右脑正常运行，泰勒对世界的感知呈现出一种无语言、无分析判断、无数字、无功利、无时间、无空间、无边界、无"我与他人的对立"的状态——也就是"无我"的状态。作为人，我们清晰地感受到在我们身体里面，那个作为意识主体的"我"和"自我"，它疆界清晰，它独立、坚固、持久，但泰勒的奇迹经历告诉我们，这种感受或许只是头脑（尤其是左脑）强加给我们的一种心理感觉，它并非真理、并非事物本然的样子。

　　那么，既然如此，为什么人类会对"我"或者"自我"这个概念抱以极深的执念呢？因为人类是自然选择的产物，人类的大脑也是自然选择的产物。自然选择（即造物主）只关心一件事情，那就是我们能生存下去，并把尽量多的基因传递给下一代。因而，有利于我们基因传播的特性就繁荣昌盛，不利于我们基因传播的特性就被淘汰。至于事实真相是什么样的，自然选择并不在乎，如果在我们的头脑中植入一些幻觉更有利于我们把基因传递下去，那么自然选择很乐意这么做。

　　对"我"和"自我"的感觉就是这么一种有用的幻觉。自然选择灌输给我们的是：你这个特定的生物体，是独特的；你的利益就是最重要的利益，因此你评估世间事物好坏的视角就是正确的视角。显然，这样一种观念，非常有利于人类在残酷的环境中一代一代最大化自己的利益，进而尽可能地将基因传承下去。但从"求真"的角度来说，这种观念是错误的。

或许，世界的真相真的是"无我"。

当然，彻底地接受"无我"的观念是非常艰难和残酷的。作为人类，我们不可能不偏心地疼惜自己的身体、自己的亲人和自己的财富，否则，我们将很难顺利地在这个世界上生活、工作。

但我认为，"无我"的观念至少可以给我们一些启发，即便不是彻底地放弃"我"和"自我"的观念，至少我们可以试着弱化对"我"和"自我"的执念。尤其是对于像投资这样的特殊的事业——它不同于我们日常的生活，它的成功很大程度上取决于投资者对"真相"的把握。

例如，今天我们的股票账户市值跌去 5%，如果我们执着于"我"和"我的"财富，认为昨天的市值都是属于"我"的，那我们就会倍感痛苦，因为"我"失去了"我的"财富。但如果我们能削弱一些对于"我"和"我的"财富的执着，把股价的涨跌和此刻"我"油然而生的心理疼痛仅仅看作是一些不牢固的、变动不居的信息流和感觉流，只是如实地看着它们流过、看着它们溜走，而不去太执着于它，那么我们就可能能更好地处理股价的下跌和股价下跌带来的疼痛，而不至于在恐惧慌乱中坠入不理性操作的"陷阱"里，进而造成实质的亏损。这就好像我们是在远眺海面上波浪的不断起伏，我们只是客观地看着这些起伏，而不会对某一朵浪花的下落感到伤痛。

就像赖特说的："我不会建议你忽略所有服务于你个人的感觉。我们每个人都应该花一些时间照顾自己，也应该照顾自己爱的人。以往你做事的默认前提是，你的东西和你所拥有的东西是独一无二的，我不建议你彻底停下所有这些事情。但是，如果你处理的不是日常事务，而是在思考一些基本的、形而上的问题呢？如果你想要厘清影响我们对'本质'的感觉在客观意义上是否为真呢？我们提出这些问题时，是否应该从你的视角或从任何一个人的视角出发呢？"[①]

---

① ［美］罗伯特·赖特：《洞见：从科学到哲学，打开人类的认知真相》，宋伟译，北京联合出版社 2020 年版。

（2）大脑的默认模式和杏仁核

当代认知神经科学的迅速发展，已经证实了长期的冥想对于我们负面情绪（如贪婪、恐惧、焦虑、嫉妒）的削弱作用。

我们的大脑有两种运行模式，一种叫任务模式，比如我们做数学题时的那种状态；另一种叫默认模式，比如我们神游或者胡思乱想时的状态。前者是有意识的思维，后者是不自觉的思维。实际上，一些研究表明，人类一天中45%的时间都处在不自觉的白日梦状态中。

大脑的默认模式全称为默认模式网络（default mode network，DMN），是人在静息、没有执行任务的状态下（但不是睡眠状态），大脑自发性的运作模式网络。

DMN是一个大脑系统，它包含一些功能联系紧密的脑区，往往在我们进行内部心理活动时激活。[①] DMN一旦活跃起来，我们会不自觉地进入精神内耗的状态。明明人在此刻，但脑子跑到了过去，带来了愤怒、伤心、悔恨、愧疚等情绪；或者，人在此刻，脑子跑到了未来，于是产生了压力、焦虑、恐慌。研究显示，DMN消耗的能量占了我们大脑整体能量消耗的60%~80%。这也是为什么，很多时候我们坐着什么事也不做，却感到很累。

大量的研究发现，在很多精神疾病和行为障碍者的大脑中都存在DMN的异常活跃，如阿尔茨海默病（AD）/轻度认知障碍（MCI）、注意缺陷多动障碍（ADHD）、帕金森病（PD）、多发性硬化症（Multiple Sclerosis）、自闭症（ASD）、抑郁症等情感障碍、创伤后应激障碍（PTSD）和精神分裂症（Schizophrenia）等。[②]

美国马萨诸塞大学的贾德森·布鲁尔（Judson Brewer）教授在2011年发表论文说，他对有10年以上冥想经验的人研究后发现，DMN主要部位

[①] 这些脑区包括后扣带回/前楔叶（PCC/Precuneus）、内侧前额叶（MPFC）、双侧角回（bilateral AG）、双侧外侧颞叶（bilateral lateral temporal cortex，LTC）、双侧海马（bilateral hippocampus，HF+）。

[②] 李雨、舒华：《默认网络等神经机制、功能假设及临床应用》，载于《心理科学进展》2014年第22卷第2期，第234~249页。

（内侧前额叶皮质和后扣带皮质）的活动可以通过冥想来抑制。那些经常做冥想的人，和普通人相比，DMN 的活跃度更低。[①]

造成我们负面情绪的另一个大脑组织是杏仁核。杏仁核是大脑边缘系统的一部分，它看上去像一块小小的杏仁，位于海马体的末端。杏仁核负责恐惧、悲伤等负面情绪的产生、编码和储存。当外界环境可能对我们产生威胁时，杏仁核会被激活，产生恐惧、焦虑的情绪，以帮助我们识别环境中的危险，决定是去战斗还是逃跑。

具体来说，杏仁核触发的一个关键反应是 HPA 轴（神经内分泌系统的一个反应链）的激活。HPA 轴受到刺激时，肾上腺会释放肾上腺激素、去甲肾上腺素和皮质醇，这些激素被普遍称为"压力激素"，因为它们的作用是帮我们适应压力。压力激素让我们做好战斗或逃跑的准备，在我们的大脑里，它提高了我们的警惕性、注意力和记忆力，它告诉我们的大脑要保持警惕，集中注意力，记住我们所看到的东西，并随时准备采取行动。因此，当杏仁核特别活跃的时候，我们会处于强烈的紧张和压力情绪中，而当杏仁核的活动受到抑制时，我们更容易感到快乐和幸福。

在投资中，当市场瀑布式下跌时，我们感到恐惧、焦虑，此时就是杏仁核被激活了。当杏仁核活跃起来时，我们大脑掌管高层次思考和理性决策的前额叶皮质就会被抑制（杏仁核与前额叶皮质是此消彼长的对抗关系），此时，我们更容易做出不理性的行为。

与对 DMN 的抑制类似，长期的冥想也可以降低杏仁核的激活水平。美国马萨诸塞州总医院（Massachusetts General Hospital，以下简称麻省总院）的一项研究[②]表明，经过八周的冥想，被试大脑右基底外侧杏仁核区域灰质密度减少了，也就是说，杏仁核的影响范围缩小了；并且，大脑负责专注、决策和理性的前额叶皮质也变厚了，前额叶—顶叶网络的作用也

---

① Judson Brewer, Meditation experience is associated with differences in default mode network activity and connectivity. *Proceedings of the National Academy of Sciences*, No. 50, 2011, pp. 20254 – 20259.

② Gard T, Hoelzel B K, Lazar S W, The potential effects of meditation on age – related cognitive decline: a systematic review. *Ann N Y Acad Sci*, No. 1307, 2014, pp. 89 – 103.

得到了加强。

冥想或者打坐一方面可以弱化感知和想法（思维）之间的联系，另一方面可以弱化伴随感知和想法出现的感觉、情感共鸣。如果我们的弱化工作做得很彻底，感知受到情绪的影响越来越小，那么我们的性格和世界观也很可能会因此改变。

马斯洛所说的"自我实现"，就是正念正定的境界

亚拉伯罕·哈罗德·马斯洛（Abraham Harold Maslow），也就是那位以"马斯洛需求层次"广为人知的著名心理学家，在《动机与人格》（*Motivation And Personality*）[1] 一书中，对"自我实现者"（self - actualizer）的形象作了描绘。我发现，"自我实现者"的样貌与达到了正定正念的修行者如出一辙，并且也与伟大投资者的形象高度契合！

为什么自我实现、正定正念和投资这三个相去甚远的领域，对于彼此领域中的卓越之境的描绘是相似的？其实很简单。因为它们对于卓越之境的描绘都指向了人性和精神的充分成长。

例如，马斯洛是人本主义心理学的代表人物，而人本主义作为当时与精神分析学派、行为主义三足鼎立的心理学流派，它的主张正在于让人性充分成长，这与其他心理学派关注"疾病"和"治病"的基本立场是截然不同的。

在马斯洛的语境里，"自我实现"不是指我们个人实现自己的理想、抱负、目标，而是指一个人"才能、潜能的充分利用与开发""探索真理、成为有创造力的、美好的人""向着越来越完美的存在前进"。因而，自我实现是指我们人性的充分"成长"。自我实现者是那些已经达到或正向着力所能及的"完满人性"和"健康成长"状态发展的人。

马斯洛得出结论，自我实现者拥有一些显著的个人特征。

① 自我实现者对现实有更有效和更准确的感知，以及与现实之间有更

---

① ［美］亚伯拉罕·马斯洛：《动机与人格》，许金声译，中国人民大学出版社 2013 年版。

舒服的关系。这类人会根据当下掌握的事实对未来展开预测，且比其他人更准确，因为他们往往较少基于个人愿望、欲望、焦虑、恐惧，或者由性格决定的某种乐观或悲观。这种品质是一种对绝对客观事实的感知。

②自我实现者接纳自我、他人与自然。他们只是在简单地注意并观察事物的真相，他们不会争论或苛责事物不该如此。他们的眼睛可以看到面前的真实事物，而不需要通过各式眼镜来对现实进行扭曲、塑造或着色。

③自我实现者的行为特征简单而自然。自我实现者很少会允许传统惯例妨碍他，或阻止他做他认为十分重要或有原则性的事情。自我实现者不进行一般意义上的奋斗，而是关注发展。他们尝试着发展到完美的地步，并采用自己的风格来逐渐充分发展。

④自我实现者以问题为中心，而非以自我为中心，他们通常不会找自身的问题，也不会过度关注自我。

⑤自我实现者有疏离的品质。他们有能力将注意力高度集中，这是普通人所不能及的。这样的疏离很容易被"正常"的人解读为冷漠。

⑥自我实现者的满足感的主要来源并不在于依靠现实世界、他人、文化或各种手段以达到目的，或者与大多数人一样依附于外部的满足；相反，这类人会依赖自身的潜力以及潜在资源来实现自身发展和持续进步。

⑦自我实现者拥有一种奇妙的能力，他们能一次又一次充满新鲜感和天真地欣赏生活中的平凡事物，带着敬畏、愉悦、惊奇甚至狂喜来生活，尽管这些体验对他人来说稀松平常，有人称这种能力为"新奇力"。

⑧自我实现者有神秘体验与高峰体验。

⑨自我实现者通常都对人类有一种深刻的认同、同情或亲切感。

⑩自我实现者有更深刻的人际关系。

⑪自我实现者有民主的性格结构。只要是性格合适的人，他们都能与之友好相处，不分对方的阶级、教育程度、政治信仰、种族或者肤色。事实上，他们通常对这些差异甚至毫无意识，但对于普通人而言，这样的差异却显著且不容小觑。

⑫ 自我实现者有哲学而善意的幽默感。他们不会因为带有敌意的幽默（通过伤害别人而让人发笑）、带有优越感的幽默（嘲笑别人的低人一等），或离经叛道的幽默（比如无聊低级或淫秽的笑话）而发笑，他们眼中的幽默与哲学密切相关。

⑬ 每一位自我实现者都通过不同的方式表现某种特殊的创造性、独创性或发明能力。他们有更强烈的新鲜感、洞察力和更高的效率，他们似乎更容易看到真实。

⑭ 自我实现者并没有完全被社会同化。他们会以各种方式与文化相处，但可以说他们每个人在某种意义深远的程度上，对文化都有抵制，面对身处的文化环境，他们保持着内心的超脱感。

我们会发现，无论是马斯洛所说的"自我实现"，还是正念和正定，都共同指向了几个核心的状态。

一是以"无常"和流变不居的眼光与心态来看待世间一切，不执着于事物的标签，不执着于大众观念、传统观念，进而对事物真相有相比普通人更准确的把握。这对于投资而言，几乎是最重要、最宝贵的品质，因为投资的根本在于求"真"，只有把握真相的人才能持续赢得投资。

二是"无我"的心态带来的看待事物时纯真无瑕的眼光，不将个人的愿望、欲望、焦虑、恐惧、乐观、悲观强加在事物之上。这对于投资、对于如实看待企业、股价，也是最为关键的。很多投资者对企业的了解巨细靡遗、如数家珍，但他们却常常南辕北辙地误判企业。除了不能跳出无穷的细节去审视更为基本的问题外，另一个重要的原因是他们往往将自己的情感、愿望投射给了企业，进而对企业不再如实观察。

三是专注于"当下"的能力。自我实现者可以将注意力高度集中，他们驻足当下，能一次又一次充满新鲜感和天真地欣赏生活中的平凡事物；而正定和正念，它的本意则正是时时刻刻地注意当下，对"当下"完全地接纳、享受、热诚，而不是把当下当作手段、障碍、敌人。永远专注于当下的人，才能进行高水平的刻意练习，只有进入当下、享受当下，我们才能日复一日地精进投资能力和投资心态。

二、投资中的正定与正念

我认为，正定和正念能从内在彻底改变我们的心，因而也能消除我们在投资中的贪婪和恐惧，甚至也能很好地帮助我们进行投资能力的刻意练习。

修习正念与正定的目的就是净化内心，清除困扰我们的贪心、恐惧与嫉妒等烦恼。修行为我们带来平静与觉醒，达到一种安定与内观的境界。没有人——包括我们的家人和朋友在内，能像我们自己的清净心一样帮助我们。一颗训练良好的心，将会为我们带来快乐。

良好的投资心态就是正念

正念就是，对任何事物，都只是如实观察、毫无扭曲。而如实观察，就是洞见世界"无常"和"无我"的真相。

正定则为正念提供力量，使得正念成为可能。正定把心安住在当下，让注意力稳稳地锁定在一点上。

投资中正确的心态，意味着以"无常"的心态去看待股价波动和市场起伏。股价的状态是由无限多个因缘和合而成的，如成千上万投资者的心境、宏观事件、市场资金出入、公司发布的业绩数据等。这些因素聚在一起，促成了当下的股价，而这些因素一旦散了，当下的股价便不复存在，向着新的因缘和合变动。

万千投资者的心境是无常的、市场资金的流入流出是无常的、突发事件是无常的，因而股价自然是无常的。投资者以这种心态去看待股价，便不再会执着于任何一个时刻的股价，就像不会执着于海面上的某一朵浪花一样。股价只是一个事件，而不是一个实在的"东西"，东西可能是牢固的，但事件永远都在流变不居中，都在产生、发展、衰败、消亡的循环中。

其次是"无我"的心态。我们很容易将我们的各种想法、情感看作是

"我的"，是我们的一部分，但这种想法很可能是错误的。现代心理学显示，意识中的"自我"对我们想法、情绪和行为的掌控比我们想象中要弱得多。大多时候，是想法自己产生想法、情绪自己产生情绪。无我意味着不要太在意我们头脑中的想法和心中的情绪，不要把这些想法、情绪，把个人的愿望、欲望强加在股价之上，或幻想股价的波动朝着自己预设的方向运动。同样，对于企业的发展，无我的心态也要求我们不要将自己的愿望、欲望强加在企业之上，而是如实地看待企业本来的样子。

斯多葛主义者马可·奥勒留（Marcus Aurelius）说："抛弃'我受到了伤害'这个判断，你受到伤害的感觉就消失了。抛弃'我受到了伤害'这个判断，你就摆脱了伤害。"① 就像自我实现者可以纯真无瑕地看待客观事物，他们"较少基于个人愿望、欲望、焦虑、恐惧，或者由性格决定的某种乐观或悲观"，"他们只是简单地注意并观察事物的真相，他们不会争论或苛责事情不该如此，他们可以看到面前的真实事物，而不需要通过各式眼睛来对现实进行扭曲、塑造或着色"。

如果我们在投资中感到焦虑、恐惧、贪婪，通过冥想，我们能习得一种能力，就是只去审视这种感觉，而不会被它牵着鼻子走，这就是正念所谓"如实观"的境界。要审视这种感觉，就要求弄清楚它在我们身体中的位置以及它表现出来的形态。当我们只是单纯地审视这种感觉，深入地、专注地审视这种感觉，我们会发现自己体会到的痛苦和贪婪逐渐消散了。

为了提升我们正定和正念的能力，我们可以从一些更简单的事情上找找感觉，如以正定和正念看待天气。当我们的思维抱怨天气时，不要与它作对，此时我们可以尝试着进入正念。例如，当思维开始想"天气太热了，感觉太难受了"的时候，不要纠结这种想法，而是问问自己："天气是如何变热的呢？'天气很热'是什么意思，是一种什么样的感觉，它发

---

① ［美］大卫·菲德勒：《与塞涅卡共进早餐》，谭新木、王蕾译，上海社会科学院出版社2022 年版。

生在我身体的哪些部位，哪里的感受最强烈？"提醒自己，有一颗 1.5 亿
公里外的恒星温度很高，我们可以真切地感受到它的热量，这是多么奇迹
的事啊！用我们更高层次的心灵去欣赏和感受现实，而非用思维去抱怨。
沉浸式地去感受这些问题。当我们能做到只是如实地观察和觉知天气时，
我们往往就不会感到那么热了。冥想则是另一种培养正定和正念的练习，
此时我们如实观察的是"呼吸"这个东西。

　　同样，当我们以正念审视投资中内心的沮丧时，比如说当身边所有股
票都在上涨，而我们的持股好几个月都是波澜不惊，此时我们便不再将沮
丧看作我们身体的一部分，不再拥有它。一种看似我们身体的一部分的感
觉，一种深深植根于我们内心、使我们盲目遵从的感觉，此时看起来好似
一种别的什么东西、一种可供观察的物体。一旦我们把注意力投注到沮丧
上，甚至不需要等沮丧消解，它就立刻不再是我们身体的一部分。此刻我
们在某一场合摒弃了某一种感觉，略微缩小了自我的范围。就好像我们是
在看着电视剧里的某位投资者，他的股票有好几个月没涨了。此时我们会
说"噢，我知道了"，仅此而已，我们关注到了这一切，但对此我们不会
太过上心。

　　溺水的人会不顾一切地抓紧手边的"救命稻草"，比如漂浮的木板，
当股价疯狂下跌时，我们也会不顾一切地扑腾挣扎，在慌乱中清仓，低价
卖出我们的持股。因为我们认为当我们不再持有股票，账户不再下跌时，
我们的内心就不再会那么难受。问题是，如果第二天市场大幅反弹，我们
只能望洋兴叹，于是我们就会再次崩溃。而如果我们不再将恐惧和慌乱看
作我们身体的一部分，不再盲目地认同、共振于这种情绪，不再坚定地认
为自己"溺水"了，而是以一定距离远远地观察这些情绪，像看电视剧里
的情节那样观察它，此时我们会发现恐惧和慌乱会神奇地消退，不再是
"我"的一部分。这便是正念要达到的效果。

　　佛陀告诉我们，苦是我们主动选择的结果，要减少苦，就要更清晰准
确地看到现实、看到事物的实相，而不加以演绎、评价。我们为什么会对
演绎、评价如此上瘾呢？因为我们认同这些思维（思维是与正念截然不同

的一种心理活动），我们从这些思维的过程中获取自我感。思维和思绪尽力使过去发生的事情复活，因为如果没有过去，我们将会是谁？我们的思维认为，一旦我们停止思维活动，"我"将不复存在。这是一种求生的本能。

它还不断把自己投射到未来，以确保它继续存活，在未来寻找某种慰藉与满足。即使当我们看似在关切当下——比如当我们盯着此刻屏幕上起伏的股价时，我们所关切的也不是眼前的当下，因为我们的思维看待当下的方式是完全错误的——它以过去的眼光来看，或者把当下当作达成未来目的的手段。对思维来说，当下时刻几乎不存在，只有过去和未来才是重要的，这完全是颠倒是非。

避免恐惧、焦虑、压力的唯一方法是，不要在精神上向前或向后延伸，而是生活在当下，并意识到当下就是完整和完美的。无论何时，当我们感到内心产生了消极的心态时，觉知和观察它，把它当作一种提示："注意，此时此地，请保持警惕。"

有意思的是，正念和正定让我们从头脑中喋喋不休的想法、心中涌动的情绪中解脱出来——吉尔·泰勒在左脑中风后也体会到了这种解脱感，这种效果类似于酒精。实际上，很多人酗酒的动机，就在于摆脱头脑中的这些喋喋不休的消极的想法和情绪，让头脑和心安静下来。正念和正定同样也能达到这样的效果，甚至它的效果更好、更彻底，且它没有任何负面作用，我们不需要在此过程中变得迟钝、糊涂、堕落和不健康。

正定为投资的正念提供力量

投资能力的刻意练习，它在两个层面上需要投资者具备正定和正念。一方面，所谓投资能力，它的核心是我们投资者"求真"的能力，即求取企业和市场"真相"（有些领域只有主观的、近似的"真相"）的能力，如公司的价值、护城河的变动、行业的趋势格局、管理人的品行、市场的水温等。

既然是求真，就离不开对"无常""无我"的如实观察。股价的波动是因缘聚散，那么公司的经营同样也不是铁板一块，同样也在流动不居。即便我们投资的是"不变"，也不要指望这些东西真的不变、一劳永逸。但相对来说，相比股价波动，公司经营的因缘聚散要更稳定一些、更有章可循一些。比如公司的商业模式、护城河等，常常能让一个优秀企业长久地优秀下去。因此，企业分析，似乎是要在"无常"之中，找到最低限度的相对的"有常"，并对此下注。

但即便如此，企业经营的底层逻辑依然"无常"，伟大投资者在挖掘、搜寻伟大企业的过程中，始终把"足够便宜（安全边际）""分散""能力圈""业务易懂且稳定"这些考量放在更前置、更基础的位置。

同样，"无我"的心态使得我们可以以纯真无瑕的眼光去观察一家公司。如果我们强烈地期望公司业务青云直上，那么在一家公司过去 3 年净利润年复合增长 30% 时，我们便会"保守"地"断定"它未来五年会继续以每年 25% 的增长，这是我们把"愿望、欲望"强加给了公司。当新生儿人口过去五六年从 1700 多万跌到 900 多万，跌去了一半之后，我们便断定未来有更多的人不想生孩子了，再过五年新生儿会降到一年 300 万，这是我们把"恐惧、焦虑"强加给了现实。

另一方面，投资能力的刻意练习，要求我们完全地"进入当下"。高水平的刻意练习，需要我们摆脱受苦思维，把心安住在当下，对当下的练习充分接纳、享受、热诚。

巴菲特一辈子都在日复一日地翻阅财报，他终生居住在小城奥马哈，终生住在自己二十多岁时买的灰色小楼里，一生都在吃汉堡、喝可乐。只有进入"当下"，接纳当下、享受当下、对当下热诚，我们才可能进行长期高水平的刻意练习、才可能培养出卓越的投资能力。

相反，大多数投资者对待当下的心态并非接纳、享受、热诚，而是把当下对投资能力的训练当作即刻变现的工具，甚至是快速赚钱的障碍、敌人，认为日复一日地翻阅财报是迂腐的，或是"纸上谈兵"。没有正定，心无法安住在当下，就无法带来商业洞察和估值能力的精进。

正定要求我们全然地进入当下。就像马斯洛说的，"自我实现者有能力将注意力高度集中，这是普通人所不能及的"，"自我实现者拥有一种奇妙的能力，他们能一次又一次、充满新鲜感和天真地欣赏生活中的平凡事物，带着敬畏、愉悦、惊奇甚至狂喜来生活，尽管这些体验对他人来说可能已经十分陈旧"。这种"专注力""新奇力"就是正定，它是我们投资能力精进的基础。

须知，正念和正定并非单纯来自思维上的领悟，而是主要来自亲身的奋斗与求索，来自日复一日的练习。佛学中有个著名的比喻，叫"以手指月"。我们指着月亮当然需要手，但手只是把我们的眼光引向月亮的中介，如果把手当作是月亮本身，那就是犯傻、是舍本逐末。思维上的领悟就像是中介，将我们的视线导向了真理，但只有亲身奋斗与求索，才能触及真理本身。这也是我们在第四章第六节"什么是懂"中反复讨论的，"懂"的状态无法通过语言和文字进行传授，需要投资者亲自上路、亲身抵达。

冥想是提升正定的很好的练习，正定则又为正念提供力量，因此我推荐有志于提升自己投资心态的投资者，养成每天冥想（也就是观呼吸）的习惯，哪怕只是 20 分钟。一般来说，当我们练习一年之后，我们每天将能安稳、舒适地坐上一个小时。

坐定，让呼吸自由地在鼻孔进出，将注意力放在鼻孔的边缘，单纯地注意呼吸掠过鼻孔边缘的感觉：在吸气完即将呼气之前，我们会注意到呼吸有一次短暂的停顿，在呼气完即将吸气之前，同样也有一次短暂的停顿。两次停顿发生的时间如此之短，以至于我们几乎觉察不到它们的存在。但当我们有正定和正念的时候，就能注意到它们。

在呼吸的过程中，你会感到脸痒、腿麻、背痛，不要随便乱动，此时把注意力从呼吸上挪开，去用正念观看这些痒、麻、痛，看它们发生在哪里、它们的范围有多大、它们的程度有多剧烈，这一秒是否比上一秒更痒、更麻、更痛，看它们起伏的韵律，当我们以正念这么看着它们的时候，我们会发现它们慢慢消退了。痒、麻、痛像所有事物那样，都在不断的产生、发展、衰退、消失的循环之中。

当然，并非说坚持观呼吸就能获得正定和正念，更不是说坚持观呼吸就能获得好的投资心态或者练就卓越的投资能力、商业能力。观呼吸只是修行的主题之一，当我们在观呼吸上体会到了正定和正念的感受时，把它向其他所有事情（如投资）传递便会顺利很多。

如铃木大拙所说："禅的真理是这样的：我们如想将它彻底参透，就得经过一番大大的奋斗，这往往需要很长的时间和不断的警策才行。从事禅的锻炼，不是一件容易的事情。有位禅师曾经说过，出家修行是大丈夫的事，非将相之所能为。这倒不是说出家需要实施严格的头陀苦行，而是说这事需将一个人的精神力提升到最高的限度。所有伟大禅师的一切言语或行为，悉皆打从这种精神的提升而来……因此，这把开启智慧宝库的钥匙，只有在我们经过一番耐心而又艰苦的精神奋斗之后，才会交给我们。"①

正念与正定虽然与佛学以及往古来今很多宗教有着深厚的渊源，但我们投资者的关注点不是在宗教本身，而在这种心性练习背后的心理学原理和神经科学原理。也就是说，对于正念和正定，投资者需要进行"祛魅"（disenchantment），即马克思·韦伯（Maximilian Karl Emil Weber）所说，对神、圣构成一种消解。投资者的要务，仅仅是把心安住在当下，如实观察事物本然的样子，以此来对治我们在投资中贪婪与恐惧的顽疾、静不下心来精进投资能力的顽疾。当然，不仅是投资，其实生活中任何事情，正念和正定都能给予我们有益的启发和惊人的能量。

---

① ［日］铃木大拙：《铃木大拙缠论集之自性自见》，徐进夫译，海南出版社 2017 年版。